Gotthilf Gerhard Hiller
Rainer Trost
Hans Weiß
(Herausgeber)

Der diagnostische Blick

(Sonder-)Pädagogische Diagnostik
und ihre Wirkungen

Gotthilf Gerhard Hiller
Rainer Trost
Hans Weiß
(Herausgeber)

Der diagnostische Blick

(Sonder-)Pädagogische Diagnostik
und ihre Wirkungen

Festschrift für Ursula Kerpa

Armin Vaas Verlag

Die Herausgeber danken
dem Förderkreis Reutlinger Lehrerbildung e.V.,
der Körperbehindertenförderung Neckar-Alb e.V. und
der Fakultät für Sonderpädagogik der Pädagogischen Hochschule Ludwigsburg,
die durch einen Druckkostenzuschuss
zum Erscheinen dieser Festschrift beigetragen haben.

Umschlagbild: Luc Tuymans: Der diagnostische Blick IV (1992),
mit freundlicher Genehmigung der Galerie Zeno X, Antwerpen
Portrait Seite 2: Lisa Berlinger, Walldürn
Satz: C&S, Laupheim
Druck und Bindung: AZ Druck und Datentechnik, Kempten
ISBN 978-3-88360-144-1

Inhalt

Vorwort

Sehr wahrscheinlich weckt der Titel dieses Buches in Verbindung mit dem gleichnamigen Bild des belgischen Malers Luc Tuymans ambivalente, wenn nicht negative Gedanken- und Gefühlsassoziationen. Das Gesicht, die Augen eines Menschen, der als Objekt einem entpersönlichenden und abstrahierenden „diagnostischen Blick“ ausgesetzt und also seiner Lebendigkeit beraubt ist, verunsichern den Betrachter, ziehen ihn in ihren Bann. Auch er fühlt, was es heißt ausgeliefert zu sein, zur Gänze durchschaut, als Objekt analysiert, zerlegt und beurteilt von jemandem, der in bestimmten Bereichen mehr von einem zu wissen scheint als man selbst. Die Wissens*macht* des„diagnostischen Blicks“ erzeugt ein hierarchisches Verhältnis, das sich in diesem leeren Gesicht spiegelt.

Mit der Diagnostik in der (Sonder-)Pädagogik, vor allem unter dem konzeptionellen Anspruch einer Förderdiagnostik, verbinden jedoch viele mittlerweile ein ganz anderes Bild von ‚diagnostischem Sehen’: eine dem Kind freundlich zugewandte (sonder-)pädagogisch-psychologische Fachperson, die bei Schwierigkeiten im individuellen Lernprozess einfühlsam nach Gründen für die aufgetretenen Probleme sucht – vielleicht gemeinsam mit dem Kind probierend, begleitend, vormachend und unterstützend. Ihr Blick will Kinder und Jugendliche nicht zu Objekten machen, deren Gesichter, wollte man sie portraitieren, weckten hoffentlich ganz andere Assoziationen als dieses Titelbild.

Gleichwohl gehören Momente des Distanzierens und Abstrahierens zwingend zum diagnostischen Handeln, unabhängig von den Fragestellungen, den methodischen Vorgehensweisen und sonderpädagogischen Arbeitsfeldern, in denen es sich vollzieht. Wer Hypothesen über mögliche Gründe von aktuellen oder längerfristigen Lern- und Verhaltensproblemen finden und sie überprüfen will, braucht ein Mindestmaß an Distanzierung und Abstrahierung, damit er sich z.B. in einem förderdiagnostischen Kontext von den unmittelbaren (Beobachtungs-)Eindrücken in der Interaktionssituation mit einem Schüler lösen kann. Distanz – letztlich auch ein Stück weit emotionale Distanz – im diagnostischen Prozess und in der Vermittlung der gewonnenen Befunde erscheint vor allem dann vonnöten, wenn es um das subtile Auffinden und die Weitervermittlung schmerzlicher, leidvoller ‚Tatbestände’ und ‚Sachverhalte’ geht (die objektivierenden Begriffe sind hier bewusst gewählt). Dies betrifft nicht nur den Arzt, der sich aus dem Mit-Leiden mit dem Kranken ein Stück weit lösen muss, um diagnostisch wie kurativ handlungsfähig zu bleiben. Gleiches gilt auch für psychologische und (sonder-)pädagogische Fachpersonen, wenn sie, etwa in der Frühförderung oder vor der Einschulung eines Kindes, dessen „Förderbedarf“ ermitteln sollen – unter Umständen im Beisein der Eltern – und wenn dann die Frage einer möglichen Behinderung im Raum steht. Wenn Eltern gerade in solchen Situationen ‚Diagnostiker'[1], seien es Ärzte oder andere, nicht selten als distanziert, ja kalt und sich selbst als ‚entspersönlicht' erleben, ähnlich wie in dem Bild von Tuymans, mag dies auch damit zu tun haben, dass (emotionale) Distanz in der Face-to-face-Situation als Selbstschutz eingesetzt wird.

Jenseits von Distanz(ierung) hat der diagnostische Blick noch zahlreiche weitere Dimensionen. Dies spiegelt sich deutlich wider in den Beiträgen zu diesem Buch. Worauf sich der Blick im diagnostischen Prozess richtet, hängt von der jeweiligen Fragestellung, vor allem aber von den impliziten und expliziten Theorien sowie von den Wissensbeständen ab, die für die Fragestellung und den Fragesteller Bedeutung haben. Das bekannte Diktum von Goethe aus der *Italienischen Reise* „Man sieht nur, was man weiß", das zur Überschrift eines Beitrages wurde, bringt deutlich zum Ausdruck, wie sehr unsere Theorien und das uns verfügbare Wissen samt den daraus sich ergebenden Perspektiven und Hypothesen das diagnostische Sehen bzw. Wahrnehmen, Urteilen und Bewerten beeinflussen.

Welchen Förderbedarf hat der sechsjährige Peter, der als noch nicht schulreif gilt? – so lautet die Frage, als der Junge (eigentlich schon verspätet) in der Frühförderstelle vorgestellt wird. Erst einmal soll sein kognitiver Entwicklungsstand diagnostisch abgeklärt werden. Dabei stellt sich heraus, dass der Junge nicht altersgemäße Probleme beim simultanen Erfassen kleiner konkreter Mengen hat. Da sagt die Mutter: „Aber er kann schon bis 50 zählen". Der Sonderschullehrer, vor rund 30 Jahren noch stark geprägt von Piagets Theorie der Zahlbegriffsentwicklung, gibt der Mutter damals – zwar vorsichtig, dennoch unmissverständlich – zu verstehen, dass es bei der Entwicklung des Zahlverständnisses weniger auf das Zählen als vielmehr auf das Erfassen von Mengen ankomme. Piagets Theorie, in der das Zählen beim Aufbau des Zahlbegriffs gering eingeschätzt wird, gilt mittlerweile in diesem Punkt als überholt. Über die Wirkungen dieser überholten Theorie auf die diagnostische Beurteilung und der damit verbundenen fragwürdigen, wahrscheinlich entmutigenden Botschaft auf die Mutter kann hier nur gemutmaßt werden.

Die Abhängigkeit diagnostischer Prozesse und Ergebnisse von der Theoriebildung und dem Wissens- und Forschungsstand, die für die jeweilige Fragestellung relevant sind, verdeutlicht dieses Beispiel eindrücklich. Zugleich zeigt es, dass sich die Akteure in diagnostischen Prozessen immer wieder neu in (selbst-)kritischer Reflexion ihre ‚Blickrichtungen', Annahmen, Theorie- und Wissensreferenzen bewusst machen müssen. Wer in diagnostischen Versuchen Kinder und Jugendliche in ihren Verhaltensweisen und Problemen verstehen lernen will, benötigt reflexive Distanz auch zu den eigenen kulturell-lebensweltlichen und lebensgeschichtlichen Erfahrungen und Prägungen.

[1] In diesem Buch wird versucht, weitgehend die weibliche und männliche Form von Personenbezeichnungen zu verwenden. Wo dies sprachlich zu umständlich erscheint, wird die männliche Form gebraucht. Es ist zu hoffen, dass diese Ungenauigkeit durch die bessere Lesbarkeit aufgehoben wird.

(Sonder-)pädagogische Diagnostik erfolgt in vielfältigen Handlungsfeldern, die von der Frühförderung bis in den Erwachsenenbereich reichen. Auch bezüglich ihrer Fragestellungen zeigt (sonder-)pädagogische Diagnostik eine nicht minder große Bandbreite, wenn es z.B. auf der einen Seite darum geht, die Entwicklungspotentiale schwer(st)behinderter Menschen aufzuspüren, andererseits aber auch ermittelt werden soll, welche psychischen Belastungen für Hochbegabte aus den Diskrepanzen zwischen ihren Möglichkeiten und den Erwartungen bzw. Anforderungen ihrer Umwelt resultieren. Diese Diagnostik vollzieht sich in den Alltagssituationen von Unterricht (einschließlich fortlaufender Förderplanung), Begleitung und Unterstützung behinderter und benachteiligter Menschen und ihrer Angehörigen ebenso wie in eigens dafür vorgesehenen Untersuchungsszenarien, wenn z.B. die Frage des Förderbedarfs eines Kindes geklärt werden soll, um daraus Empfehlungen für die ihm angemessene Schule abzuleiten.

Und schließlich umfasst (sonder-)pädagogische Diagnostik unterschiedliche Methoden. Dazu zählen Tests, um quantifizierbare Aussagen zum Entwicklungsstand eines Kindes in bestimmten Fähigkeitsbereichen zu erhalten (so z.B. im Rahmen der Intelligenzdiagnostik), ebenso wie Methoden einer Verstehenden Diagnostik, um die spezifischen Handlungsweisen eines Jugendlichen vor dem Hintergrund seiner Lebenswelt und Lebensgeschichte zu deuten. Von all dem wird in den hier veröffentlichten Beiträgen berichtet. Sie vermitteln in der Verknüpfung von diagnostischen Fragestellungen mit fachwissenschaftlichen, (fach-)didaktischen, erziehungs- und sozialwissenschaftlichen Fragen ein facettenreiches Bild (sonder-)pädagogischer Diagnostik einschließlich ihrer Nachbargebiete (z.B. der Pränataldiagnostik und deren gesellschaftlicher Wirkungen).

Ebenso heterogen wie die Aufgabenstellungen, der Personenkreis, die Formen und Methoden (sonder-)pädagogischer Diagnostik sind auch deren Wirkungen einschließlich ihrer ‚Risiken und Nebenwirkungen'. Diagnostische Entscheidungen sind hinsichtlich ihrer Konsequenzen oftmals nur schwer zu überprüfen. Aus der erfolgreichen Rückschulung eines Kindes aus der Förderschule in eine Regelschule nach einiger Zeit ließe sich der Schluss ziehen, dass die ursprüngliche Diagnose mangelhaft und die entsprechende Schullaufbahnempfehlung falsch waren; eine genau gegensätzliche Schlussforderung kann jedoch nicht weniger Plausibilität für sich beanspruchen: Beides (Diagnose und Empfehlung) war damals absolut richtig, weil sich gezeigt hat, dass der Start in der Förderschule dem Kind einen Zugewinn an Stabilität ermöglicht hat.

Die Vermittlung der Diagnose an Eltern, ihr Kind sei als ‚geistig behindert' einzustufen, hat für Eltern, auch unabhängig davon, wie diese Diagnose ihnen nahegebracht wird, oftmals schockähnliche Wirkungen (sie stehen unter einem „Diagnoseschock", heißt es in einem Beitrag). Daraus kann sich aber auch der Beginn eines Prozesses ergeben, in dem sich Eltern an diese für sie ‚neue' und belastende Situation anzupassen lernen.

Wirkungen und Nebenwirkungen (sonder-)pädagogischer Diagnostik liegen jedoch nicht nur auf der individuell-persönlichen Ebene. Sie haben immer auch eine gesellschaftliche Dimension. Würde man sich bei der Entscheidung über die Ein- bzw. Umschulung von Kindern in Schulen mit dem Förderschwerpunkt Lernen nicht auf Intelligenztestergebnisse, sondern auf eine sozialwissenschaftliche Analyse ihrer sozialen Herkunft und Lage stützen, so käme man – ähnlich wie in Untersuchungen aus den 60er- und 70er-Jahren des letzten Jahrhunderts – bis auf wenige Ausnahmen auf dieselbe Schülerschaft. So gesehen wird die gesellschafts- und bildungspolitische Anstößigkeit einer Schulart primär für die Armen und gravierend Benachteiligten durch den Einsatz einer individuumsbezogenen Intelligenzdiagnostik bei der Einweisung von Kindern und Jugendlichen in Förderschulen abgeschwächt. Intelligenzdiagnostik statt einer sozialen Herkunftsanalyse einzusetzen, hat auch eine Legitimationsfunktion.

Derartige Implikationen und andere Aspekte ihrer gesellschaftlichen Funktion muss die (sonder-)pädagogische Diagnostik (wieder) intensiver in den Blick nehmen. Entsprechende Blickerweiterungen, wie sie im Ansatz der „Kind-Umfeld-Diagnostik" oder im Kontext der ICF bereits vorliegen, bedürfen einer noch konsequenteren und stringenteren Konzeptionalisierung im Sinne einer Diagnostik der Strukturen und Relationen. Dies schließt eine Evaluation bzw. ‚Diagnostik' der Wirkungen von Lehrmethoden und Bildungsinstitutionen ein, wie in einem Beitrag für die Hauptschule gezeigt wird. Spätestens hier müsste sich der „diagnostische Blick" auch auf die Akteure der (sonder-)pädagogischen Diagnostik selbst richten – und es würde ihnen genauso gut tun wie den Menschen, für die sie fachliche Verantwortung tragen.

Die Autorinnen und Autoren dieses Bandes kommen aus unterschiedlichen wissenschaftlichen und praktischen Arbeitsfeldern der Sonderpädagogik. Die meisten stehen bzw. standen in ganz unterschiedlichen Arbeitszusammenhängen, viele waren langjährige berufliche Weggefährten von Frau Professorin Dr. Ursula Kerpa, der dieses Buch als Festschrift gewidmet ist. Frau Kerpa hat an der Reutlinger Fakultät für Sonderpädagogik über Jahrzehnte in der Fachrichtung Körperbehindertenpädagogik die Fächer sonderpädagogische Psychologie und Diagnostik mit einem akzentuierten Profil vertreten und gelehrt.

Reutlingen, im August 2008

Gotthilf Hiller | Rainer Trost | Hans Weiß

Fritz Butzke

Förderdiagnostik bei hochbegabten Kindern (im Leonardo da Vinci Gymnasium Neckargemünd) – Eine Aufgabe der Sonderpädagogik

Problemstellung

Diagnostik bei hochbegabten Kindern, die von der Grundschule ins Gymnasium wechseln sollen, lässt sich nicht reduzieren auf die Durchführung und Auswertung von Intelligenztests und auf Beratungsgespräche zum Zweck der Erkennung der Hochbegabung und des Förderbedarfs. Beim Aufnahmeverfahren der als hochbegabt getesteten Kinder für die 5. Klasse des im Jahre 2004 gegründeten Leonardo da Vinci Gymnasiums für Hochbegabte Neckargemünd unterlagen wir noch dem Irrtum, dass der IQ die wesentliche Entscheidungshilfe sei. Die Praxis des ersten Schuljahres zeigte indes die Notwendigkeit einer aufwändigeren Diagnostik. Die nach Klauer (1992) so wichtige, weit überdurchschnittliche Motivation von hochbegabten Kindern, die hohe Leistungen bringen sollen, ist auf Grund der erhobenen Daten eher vermutet worden. Sie mit einiger Sicherheit zu diagnostizieren und in der Prognose als stabil zu bewerten, schien uns angesichts der noch instabilen Persönlichkeitsstruktur von acht- bis zehnjährigen Kindern unmöglich. Die motivationalen Komponenten durch besondere Wertschätzung, Hilfestellung und eine besondere Unterrichts- und Schulgestaltung zu fördern, stand dagegen im Vordergrund.

Wenn Hochleistung das Ergebnis der Förderung sein soll, dann sind neben dem Begabungsprofil, der Motivation, der Kreativität etc. auch Störfaktoren zu beschreiben, die beim Kind und im Umfeld liegen. Nur auf Grund einer sorgfältigen Anamnese und mit Hilfe geeigneter Förderung kann es gelingen, die Auswirkungen dieser Störfelder zu beseitigen und das Begabungspotential zu entfalten. Nichts anderes will die Sonderpädagogik. Der Begriff „Förderdiagnostik" beschreibt die Problematik und formuliert die Zielstellung.

Die Hochbegabungsforschung beschäftigte sich lange überwiegend mit leistungsorientierten, leistungsmotivierten und anstrengungsbereiten Kindern, die ihrer hohen Begabung wegen herausragende Leistungen versprechen. Argumente waren: Hochbegabte sind fast in allen Bereichen Spitze, sie werden mit jeder Situation fertig und verhalten sich auch in sozialen Konflikten angemessen bzw. durchsetzungsfähig. Insofern schien der Gedanke abwegig, Hochbegabung für ein Thema der sonderpädagogischen Forschung und Praxis zu halten (vgl. Hoyningen-Süess/Gyseler 2005).

Jene zwei Prozent aller Menschen, die als besonders begabt oder hochbegabt eingestuft werden (Ulbricht 2002), leben allerdings keinesfalls mehrheitlich auf der so genannten Insel der Glückseligen, auch sie sind eingebunden in die raue Realität der gesellschaftlichen Verhältnisse mit all ihren Störungen, Widersprüchen und Herausforderungen. Die groß angelegte Tagung der Evangelischen Akademie Bad Boll im Jahre 2003 zum Thema „Ein Problem ist nicht genug – ADHS und Hochbegabung“ hat das sehr deutlich gemacht (Fitzner/Stark 2004). Sonderpädagogisches Denken und Einfühlungsvermögen eröffnet auch solchen Kindern eine Chance, die zwar als hochbegabt identifiziert sind, aber zum Beispiel durch Verhaltensprobleme emotionaler und sozialer Art oder durch das soziale Umfeld in ihrer Entfaltung behindert werden. Es wäre bedauerlich, wenn sie nicht gefördert würden. Werner Esser, Gründungsleiter des sächsischen Landesgymnasiums Sankt Afra in Meißen, stellt fest (Esser 2001), dass etwa 150.000 hochbegabte Kinder und Jugendliche mit schulischen und sozialen Problemen kämpfen. Das ist die Hälfte jener rund 300.000 Mädchen und Jungen, die nach Stapf (2003) in Deutschland als hochbegabt gelten. Diese Aussage wird durch die Erfahrungen des Leonardo da Vinci Gymnasiums bestätigt, wo über die Hälfte der aufgenommenen Schüler der ersten Klassen bislang in allgemeine Schulen zurück wechselte. Die Gründe dafür waren unterschiedlich. Das ebenfalls im Jahr 2004 eröffnete Landesgymnasium für Hochbegabte in Schwäbisch Gmünd berichtet von ähnlichen Tendenzen.

In diesem Beitrag sollen deshalb zwei Fragen erörtert werden:
(1) Wie lässt sich das Aufnahmeverfahren am Leonardo da Vinci Gymnasium mithilfe sonderpädagogischer Kompetenz so weiterentwickeln, dass verlässlichere Prognosen zustande kommen?
(2) Welche „Schnittstellen“ gibt es grundsätzlich zwischen der Hochbegabtenpädagogik und der Sonderpädagogik

Die Weiterentwicklung des Aufnahmeverfahrens für das Leonardo da Vinci Gymnasium (LdVG)

Wenn von 18 Schülern, die 2004 in Klasse 5 (die damals die erste und einzige Klasse des LdVG war) aufgenommen wurden, am Ende des Schuljahres mehr als die Hälfte an andere allgemeine Schulen zurück wechselten, muss es dafür besondere Gründe geben. Alle Schüler, die sich für das LdVG beworben hatten, wurden in unserem Auftrag von den Mitarbeitern des Psychologischen Institutes der Universität Tübingen unter Leitung von A. Stapf mit dem Adaptiven Intelligenz Diagnostikum 2 (AID 2) getestet. Dieses Verfahren ermöglichte im Vergleich mit anderen Tests nach unseren Erfahrungen eine relativ seriöse Prognose, die sich im Verlauf des Schuljahres bestätigte. Diese Aussage kann sich allerdings nur auf die Intelligenz beziehen, nicht auf das Verhalten der Schüler, das zu erheblichen Verunsicherungen und zu Konflikten zwischen Schülern, Lehrern und Eltern führte. Denn auch die Leistungen der Kinder blieben in Folge von Störungen hinter unseren Erwartungen zurück. „Sie könnten, wenn sie nur wollten!", so war vom Lehrerkollegium des LdVG oft zu hören. Eine sonderpädagogisch orientierte Anamnese unterblieb jedoch meistens. In Einzelfällen kam es nach bestem Wissen zu sonderpädagogischen Interventionen, zu konfliktlösenden Strategien, hin und wieder auch zu Formen einer unter den Lehrern abgestimmten Unterrichtsmethodik, die darauf zielte, Störungen zu vermeiden oder zu beseitigen. All dies wurde aber nicht konzeptionell erarbeitet. Supervision fehlte. Das Beratungsgespräch mit Eltern und Kindern zu Beginn des Aufnahmeverfahrens hatte offensichtlich keine hinreichend nachhaltige Wirkung.

Es erschien daher zweckmäßig, das Beratungsgespräch und den Intelligenztest durch weitere Abklärungsmaßnahmen zu ergänzen. Probeunterricht bot sich dafür als ein geeignetes, relativ leicht zu organisierendes Mittel an. Die Beobachtung der Schüler während eines zweitägigen Probeunterrichts sollte die erhobenen Daten vervollständigen und Aufschluss bringen über weitere Kompetenzen der Betroffenen, wie Motivation, Konzentrationsfähigkeit, Lern- und Arbeitsstil, auch über störende Verhaltensweisen. Ziel war vor allem, die Aufnahme von Kindern zu vermeiden, die in der zu bildenden Klasse aller Voraussicht nach als Störfaktoren eine zu große Herausforderung für Mitschüler und Lehrkräfte darstellen könnten. Weniger beabsichtigt war, während dieses Probeunterrichts etliche Hinweise und Ansatzpunkte zur Förderung von individuell zugeschnittenen Lernkarrieren (zum Beispiel in den Sprachen, in den Naturwissenschaften, im Sport oder in Musik) zu entdecken. Im anschließenden Gespräch verglichen die beteiligten Lehrkräfte ihre jeweils subjektiven Eindrücke und fanden überwiegend zu einem gemeinsam getragenen Ergebnis. Einheitliche Beobachtungskriterien wurden nicht zugrunde gelegt. Drei von achtzehn Kindern erhielten danach wegen ihres unangemessenen Verhaltens keine Zusage. Trotz dieser verbesserten „Diagnostik" wurde auch diese zweite Klasse im Verlauf des Schuljahres zum Problem. Und es ist zu vermuten, dass die Kinder künftiger Klassen nicht leichter zu führen sein werden.

Verschiedene Faktoren, die sich im Zusammenspiel verstärken, können für diese Befunde verantwortlich gemacht werden: Die Anfangsprobleme der neu gegründeten Schule, individuelle Überforderung, da Kinder aus der 3. oder sogar 2. Klasse der Grundschule nun gemeinsam mit anderen eine 5. Gymnasialklasse besuchen, einseitige Begabungsprofile, Kindern von Alleinerziehenden und von Eltern mit hohen Ansprüchen und (über-)großen Hoffnungen, Enttäuschung ob der tatsächlich realisierten Möglichkeiten und den daraus resultierenden (Selbst-)Zweifeln; die Problematik der „Underachiever" (die häufig nicht als hochbegabt erkannt werden und daher nur wenig Selbstwertgefühl besitzen); Lehrer ohne zusätzliche pädagogische Ausbildung und Sensibilisierung (zum Beispiel ohne ECHA-Diplom [ECHA: European Council for High Abilities]). Solchen Lehrern fehlt ein hinreichendes Wissen in zentralen pädagogischen, didaktischen und psychologischen Bereichen wie zum Beispiel in Diagnostik sowie Intelligenz- und Lerntheorie. Sie wissen zu wenig über Projektarbeit und über differenzierende bzw. individualisierende Unterrichtsmethoden, über Portfolio-Arbeit, über Konfliktregelung und über die Chancen, die in der Supervision liegen. Schließlich lässt sich feststellen, dass sowohl die Eltern der Hochbegabten als auch deren Lehrer im LdVG überwiegend nur jene Kinder im Blick haben, die sich wissbegierig und störungsfrei in die verschiedenen Fachgebiete einarbeiten. Diese Einstellung hat zur Folge, dass weder im Aufnahmeverfahren noch in der Unterrichtspraxis im LdVG die Störungen bei Kindern in einer angemessenen Weise Berücksichtigung finden. So erklärt sich denn auch der Wunsch des LdVG, die Aufnahme von Problemkindern von Anfang an zu vermeiden und sich nach Möglichkeit den nicht Auffälligen zuzuwenden. Damit treten wichtige Themen einer inneren Schulentwicklung (Erarbeitung von verbindlichen Konfliktlösungsstrategien, Supervision, Hinterfragung der Unterrichtspraxis und der Elternarbeit etc.) in den Hintergrund

Wünschenswert wäre jedoch, dass neben den Stärken auch die Schwächen der hochbegabten Kinder diagnostiziert würden, mit dem erklärten Ziel, auch schwierige und unbequeme Kinder zu fördern und um die Struktur der Schule entsprechend zu gestalten (Stichworte: Differenzierung, Individualisierung, Enrichment, Projektorientierung, Drehtürmodell, Lernkarussell etc.). Das Kompetenzzentrum des Leonardo da Vinci Gymnasiums Neckargemünd und des Landesgymnasiums für Hochbegabte in Schwäbisch Gmünd hat sich dieser mittelfristig zu lösenden Aufgabe inzwischen angenommen.

Schnittstellen zwischen Hochbegabtenpädagogik und Sonderpädagogik

Helga Ulbricht (2002) berichtet, dass Lehrkräfte zwar die voranschreitende, intellektuelle Entwicklung beobachten, aber mit Sorge in anderen Bereichen Defizite wahrnehmen.
Für diese asynchrone Entwicklung seien zwei Ursachen maßgebend:
(1) Die besonders gute intellektuelle Entwicklung verlaufe nicht synchron mit der übrigen Persönlichkeitsentwicklung, die altersgemäß bleibe; das führe zu einer „Enttäuschung“, die auf einer zu hohen Erwartungshaltung der Erwachsenen beruhe.
(2) Die Entwicklung des Kindes werde selektiv begünstigt. Bestätigung erfolge nur in den Stärken, weniger gut ausgeprägte Fähigkeiten müssten kaum unter Beweis gestellt werden. So entstehe Angst zu versagen; die Frustrationstoleranz werde nicht trainiert. Ulbricht beschreibt des Weiteren (ebd.), wie schwierig es ist, hochbegabte Kinder zu identifizieren, die eine Sekundärsymptomatik aufweisen, wie sie sich zum Beispiel in Verhaltensstörungen oder Lernverweigerung manifestiert. Deshalb fordert sie beispielsweise für so genannte „Underachiever“ eine ebenso sorgfältige Diagnostik, wie sie für Legastheniker oder Lernbehinderte zur Verfügung steht.

Nach Weinert (2000) greift bei der Transformation hoher Begabung in exzellente Leistung „das Lernen“ (Arbeiten, Üben) als der entscheidende kognitive Mecha-

nismus nicht immer problemlos. Er nennt verschiedene Risiken und Gefährdungen beim Lernprozess wie zum Beispiel individuelle Lernüberheblichkeit, inhaltliche Lernbeliebigkeit, erworbene Lernhemmungen, externe Lernbeschränkungen, aufgezwungene Lernisolierung oder überhöhte Leistungserwartungen. Zusammenfassend hält er hochbegabte Kinder für nicht weniger störanfällig als durchschnittlich begabte Kinder. Die berühmte Terman-Studie (1923–1926), die über 30 Jahre hinweg als hochbegabt identifizierte Menschen begleitete, kommt wie Mönks (2004) zum Ergebnis, dass ohne besondere Förderung Hochleistung am Ende von Lernprozessen nicht garantiert sei. Hoyningen-Süess und Gyseler (2005) thematisieren Erziehung und Bildung hochbegabter Kinder und Jugendlicher aus sonderpädagogischer Sicht. Sie wollen sonderpädagogische Kompetenz in den Dienst der Hochbegabtenpädagogik stellen und fordern, die Förderdiagnostik bei Hochbegabten zur Aufgabe der Sonderpädagogik zu machen. Das Institut für Sonderpädagogik an der Universität Zürich befasst sich daher seit Jahren mit der Hochbegabtenpädagogik, das Institut für Sonderpädagogik der Universität Köln seit etwa 1976 (K.J. Kluge) ebenso das Internationale Centrum für Begabungsforschung (ICBF) an der Universität Münster (F. Mönks, Chr. Fischer) in Kooperation mit der Katholischen Universität Nijmegen. Dort wurde die Bedeutung einer sonderpädagogischen Förderung für Hochbegabte, basierend auf einer aufwändigen Diagnostik, schon früh erkannt. Das vom ICBF angebotene ECHA-Studium berücksichtigt reformpädagogische und sonderpädagogische Inhalte. Wie Hoyningen-Süess ausführt (ebd.), ist in den USA hohe Begabung ein fest etabliertes Thema der Sonderpädagogik; dort haben diese Kinder ein gesetzlich verbrieftes Recht auf sonderpädagogische Förderung ihrer „special needs". Ulbricht (2002) hat für Hochbegabte „mögliche Ursachen erwartungswidriger Schulleistungen" zusammengestellt. Die von ihm verwendeten Begriffe zur Beschreibung von Störungen bei Hochbegabten entsprechen weitestgehend denjenigen der Sonderpädagogik: zum Beispiel Teilleistungsstörungen, niedrige Frustrationstoleranz, zu geringe Anstrengungsbereitschaft, mangelndes Selbstwertgefühl, Misserfolgserwartungen. Sie nennt als Ursachen u.a. körperliche Lern- und Leistungsgrundlagen, kognitive, motivationale, emotionale und soziale Lernvoraussetzungen, die zeitweise oder dauerhaft eingeschränkt sind.
Unabhängig von auftretenden Störungen stellt die Förderung Hochbegabter eine besondere sonderpädagogische Herausforderung für jede Schule dar, ganz gleich, ob sie in Formen eines integrativen Modells organisiert ist oder in der Form der beiden genannten Schulen, die in Baden-Württemberg ausschließlich Hochbegabte aufnehmen.

Aus den dargelegten Forschungsansätzen und aus unseren Erfahrungen lassen sich somit zwei Folgerungen ableiten:

1. Die Erforschung von Störungen bzw. entwicklungshemmenden Konstellationen im Erziehungs- und Bildungsprozess von Kindern und Jugendlichen ist eine wesentliche Aufgabe der Sonderpädagogik. Kinder und Jugendliche mit Behinderungen stehen daher im Mittelpunkt der Sonderpädagogik. Auch Hochbegabte entwickeln sich nicht störungsfrei. Also sind sonderpädagogische Inhalte und sonderpädagogi-

sches Denken auch für sie von zentraler Bedeutung (vgl. Hoyningen-Süess/Gyseler 2005).
2. Die Diagnostik und Identifikation von hochbegabten Schülern sowie die Formen und die Methodik des Unterrichts für Hochbegabte lassen sich teilweise mit den Begriffen der Sonderpädagogik beschreiben. Wer Sonderpädagogik studiert, befasst sich intensiv mit der Test- und Förderdiagnostik sowie mit dem Beratungsgespräch, man lernt, wie man den Unterricht differenziert und individualisiert und wie man Projektarbeit plant, organisiert und durchführt. Eine Schule für hochbegabte Kinder sollte daher die Zusammenarbeit mit Sonderschullehrern suchen.

Die Chancen einer entsprechenden Weiterentwicklung des LdVG stehen diesbezüglich gut: Sein stellvertretender Schulleiter, der auch die Aufnahme der Schüler leitet, ist Sonderschullehrer, der Verfasser des Beitrags, ein Mitgründer des LdVG, ebenfalls.

Literatur

Esser, W.: Erste staatliche Schule für Hochbegabte gegründet. In: Klett-Themendienst Schule – Wissen – Bildung, Nr. 8, 2001.

Fischer, C.; Mönks, F.; Grindel, E.: Curriculum und Didaktik der Begabtenförderung. Münster 2004.

Fitzner, T.; Stark, W. (Hg.): Genial, gestört, gelangweilt? Weinheim, Basel 2004.

Hoyningen-Süess, U.; Gyseler, D.: Erziehung und Bildung hoch begabter Kinder und Jugendlicher. Überlegungen aus sonderpädagogischer Sicht. In: Zeitschrift für Heilpädagogik, 56, 2005, 497–504.

Klauer, K.J.: Zur Diagnostik von Hochbegabung. In: Hany, E.A.; Nickel, H. (Hg.).: Begabung und Hochbegabung. Theoretische Konzepte, empirische Befunde, praktische Konsequenzen. Bern, Göttingen, Toronto, Seattle 1992, 206–214.

Stapf, A.: Hochbegabte Kinder. München 2003.

Ulbricht, H.: Hochbegabung – Konzepte, Probleme und Förderung. Vortragsmanuskript, 2002.

Weinert, F.E.: Lernen als Brücke zwischen hoher Begabung und exzellenter Leistung. Vortrag, Salzburger Konferenz zu Begabungsfragen und Begabtenförderung, 13.10.2000.

Weiterführende Literatur:

Kornmann, R.: Förderdiagnostische Ansätze in der Hochbegabungsdiagnostik. In: Hany, E.A.; Nickel, H. (Hg.): Begabung und Hochbegabung. Theoretische Konzepte, empirische Befunde, praktische Konsequenzen. Bern, Göttingen, Toronto, Seattle 1992, 143–158.

Marsh, H.W.: Big-Fish-Little-Pond Effect on Academic Self-Concept. In: Zeitschrift für Pädagogische Psychologie, H.9, 2005, 119–128.

Barbara Fornefeld

„Der diagnostische Blick" Diagnostik als interdisziplinäre heilpädagogische Aufgabe

Zur Einführung

Der aktuelle sozial- und bildungspolitische Reformdruck zeigt seine Folgen in der veränderten Lebens- und Erziehungswirklichkeit von Menschen mit geistiger Behinderung. Heute werden Anforderungen an den einzelnen und an Institutionen der Behindertenversorgung gestellt, die ein Umdenken im sonderschulischen wie im rehabilitativen Bereich der Diagnostik verlangen. Einleitend werden einige wenige Beispiele dieses umfassenden Veränderungsprozesses der Behindertenhilfe mit ihren Folgen genannt, um zu verdeutlichen, dass die Diagnostik infolge der ökonomisch begründeten Reformen in der Gefahr steht, zu einem Instrument der Selektion, der Marginalisierung und einer neuen Diskriminierung zu werden.

Rektoren von Schulen mit dem Förderschwerpunkt Geistige Entwicklung klagen, dass infolge der begonnenen Bildungsreformen und dem damit verbundenen Leistungsdruck zunehmend ‚schwierige' Schüler aus den Schulen mit den Förderschwerpunkten Lernen und Emotional-soziale Entwicklung überwiesen würden. Teils geschehe dies viel zu spät, nämlich erst im Pubertätsalter, was bei den Betroffenen oft zu starken Identifikationsproblemen führe. Bei all ihren Versagenserfahrungen wollen diese Schüler nicht auch noch als geistig behindert gelten.

Probleme wie Alkohol- und Drogenmissbrauch, stark fremdaggressives Verhalten (unter Einsatz von Schlagstöcken und Ähnlichem) bis hin zu völliger Verweigerung waren bislang für diese Schulform untypisch; angesichts der Bedarfe ihrer eigentlichen Klientel, der Kinder und Jugendlichen mit geistiger Behinderung, ist derlei für die Lehrerinnen und Lehrer kaum zu bewältigen. Darum kritisieren sie, dass ihre Schule durch das Abschieben der schwierigsten Schüler aus anderen Schulformen zum Sammelbecken und zur ‚Rest-Schule' werde. Die Lehrsituation verschärfe sich außerdem durch die Zunahme von Schülern mit geistiger und mehrfacher Behinderung, die in den meisten Schulen mit dem Förderschwerpunkt Geistige Entwicklung bei 30–50 Prozent liegt. Lehrer beklagen, dass sie den heterogenen Ansprüchen ihrer Schülerschaft nicht mehr gerecht werden können. Ihr Unmut wächst, weil pädagogische Konzepte auf der Grundlage gezielter Differentialdiagnostik fehlen, der Unterrichtsalltag sie zum Handeln zwingt und zu

wenig Raum für diagnostische Analysen und pädagogisch-didaktische Reflexionen lässt. Um den vielfältigen Anforderungen wenigstens annähernd gerecht werden zu können, versuchen einige Schulen eine Komplexitätsreduktion, indem sie eine äußere Differenzierung nach Lern- und Lehrbedarfen vornehmen, das heißt, sie bilden so genannte ‚Therapiegruppen', in denen die leistungsstarken und im Verhalten schwierigen Schüler zusammengefasst und weitgehend nach dem Bildungsplan der Schule mit dem Förderschwerpunkt Lernen und/oder Emotional-soziale Entwicklung unterrichtet werden. In ‚Spezialkursen' erhalten Schüler mit schwerer Behinderung aus verschiedenen Klassen gemeinsam basale Lernangebote. Dies geschieht meist ohne eine gründliche Diagnose ihrer Wahrnehmungs- und Lernmöglichkeiten, aufgrund derer zu erkennen wäre, dass bei adäquater Elementarisierung des Unterrichts diese Schüler nicht ausgeschlossen werden müssten. Kinder und Jugendliche mit schwerer Behinderung wollen lernen und brauchen darum mehr als jahrlang dieselben Stimulationsangebote oder Snoezelen.
Wendet man nun den Blick auf den Bereich der Rehabilitation, wird deutlich, dass der mit der Agenda 2010 begonnene Umbauprozess des Sozialstaates seine Folgen zeigt (vgl. Fornefeld 2007). Nach der ökonomisch motivierten Formel ‚Fördern und Fordern' verlangen heute Einrichtungen der Behindertenversorgung mehr Leistung von ihren ‚Nutzern'. Die Verantwortung des Sozialstaates ist zur Verantwortung für den Sozialstaat geworden. Das bedeutet: Sozialleistungen werden nur noch gewährt, wenn Gegenleistungen erfolgen und diese Gegenleistungen erfordern ein höheres Maß an Selbstständigkeit, an Fähigkeiten zur Selbstbestimmung und Eigenverantwortung sowie eine größere Integrationsfähigkeit. Diese Anforderungen können nur die leistungsstärkeren Menschen mit geistiger Behinderung erfüllen, die weitgehend selbstbestimmt ambulant-betreut leben können, über ein persönliches Budget verfügen, im Produktionsbereich der Werkstatt für behinderte Menschen arbeiten oder gar in Integrationsprojekten auf dem ersten Arbeitsmarkt eine Tätigkeit finden. Mit den Leitprinzipien Selbstbestimmung/Autonomie und Integration/Inklusion verbinden sich Normerwartungen, die zu Ausschlusskriterien für Menschen mit hohem Hilfe- oder Unterstützungsbedarf werden, für die „Systemsprenger". Obwohl bislang kaum systematische empirische Untersuchungen über neue Marginalisierungs- und Ausgrenzungspraktiken gegenüber Menschen mit Behinderung vorliegen, gibt es „zahlreiche Hinweise darauf, dass Menschen mit Komplexer Behinderung in besonderem Maße" (Dederich 2008, 43) davon betroffen sind. Die Bezeichnung ‚Menschen mit Komplexer Behinderung' (vgl. Fornefeld 2008, 65ff.) bezieht sich auf eine sehr heterogene Personengruppe, deren verbindendes Merkmal die Gefahr ihrer Diskriminierung und ihres Ausschlusses aus dem Bildungs- und Unterstützungssystem ist. Zu dieser Gruppe gehören Kinder, Jugendliche und Erwachsene mit schwerer Behinderung, mit geistiger Behinderung und schwierigem Verhalten oder fehlender Verbalsprache, die so genannten Kanner-Autisten sowie Menschen mit Doppeldiagnose, also mit einer geistigen Behinderung und mit psychischen Störungen. Trotz der Unterschiede in ihren Beeinträchtigungen und Bedarfen ist ihnen gemeinsam, dass sie heute an den Rand eines Systems gedrängt werden, das einmal auch für sie geschaffen wurde und in dem es jetzt für sie keinen

Platz mehr zu geben scheint. In seiner ‚Typologie des Ausschlusses' zeigt Dederich (vgl. 2008, 44) in welcher Form Sonderpädagogik und Behindertenhilfe selbst zur Exklusion ihrer Klientel beitragen. Neu ist, dass wir es nicht länger nur mit einem Ausschluss von Menschen mit geistiger Behinderung aus der Gesellschaft, sondern auch mit einem *Ausschluss innerhalb des Behindertenversorgungssystems selbst* zu tun haben. Das Hilfesystem erweist sich heute als janusköpfig.

Diagnostik ist ein wichtiges Instrument der Steuerung, das lebenslange Bildung, soziale und kulturelle Teilhabe ermöglichen, aber auch verhindern kann. Ich will der Bedeutung der Diagnostik in einer wertveränderten Zeit nachgehen, um über einen ästhetischen und phänomenologischen Zugang die Notwendigkeit einer Neubewertung der *Diagnostik als interdisziplinäre heilpädagogische Aufgabe* zu belegen, mit der sich die Rechte des behinderten Menschen gegen ökonomisch-politische Interessen durchsetzen lassen. Als interdisziplinäre Diagnostik bewährt sich die aus den Niederlanden stammende Konsulentenarbeit gerade für Menschen mit Komplexer Behinderung, weil sie wesentlich zur Verbesserung ihrer Lebensqualität beiträgt. Der Stellenwert der Konsulentenarbeit erschließt sich aus einem skizzenhaften Rückblick auf die Entwicklung der heilpädagogischen Diagnostik.

Diagnostik im Wandel

Nach 1945 wurde die Behindertenpädagogik stark von Medizin, Psychiatrie und Psychologie mit ihren kurativen und kompensatorischen Intentionen beeinflusst. Im Vordergrund stand die Diagnose von Symptomen und deren Behandlung mit dem Ziel der Heilung oder zumindest der Kompensation von Defiziten, damit dem Menschen mit Behinderung Lernen, Entwicklung und soziale Integration ermöglicht wird. In dieser auf Gesundheit und Normalentwicklung ausgerichteten Diagnostik wurde der Mensch mit Behinderung zum Objekt der Analyse. Die Diagnostik war Mittel zur Klassifikation von Behinderungen und Beeinträchtigungen, um hierdurch sonderpädagogische Förderbedarfe und -orte sowie individuelle Hilfebedarfe festzulegen, um monetäre, institutionelle und persönliche Unterstützung planbar zu machen. Diese Aufgabe erfüllt die Diagnostik im Behindertenbereich in einer veränderten Form bis heute.

Mit dem umfassenden Wandel der Leitgedanken der Behindertenhilfe (Normalisierung, Integration/Inklusion, Selbstbestimmung/Empowerment, Partizipation) haben sich in den vergangenen 30 Jahren Konzeption und Methoden der Diagnostik im Behindertenbereich verändert und sind aus den schulischen und rehabilitativen Handlungsräumen nicht mehr wegzudenken. Diagnostik umfasst „wesentlich mehr als nur die Feststellung von Behinderungsursachen, förderrelevanten Behinderungsarten oder eines individuellen Intelligenzwertes" (Stahl/Irblich 2005, V). Diagnostische Fragestellungen durchziehen heute „alle Aspekte professionellen Arbeitens in der Behindertenhilfe, angefangen von der Beurteilung des Entwicklungsstandes über die Planung und Kontrolle von Förder- und Behandlungsprozessen, die Suche nach Ursachen und Veränderungsmöglichkeiten problematischer Erlebens- und Verhaltensweisen bis hin zu prognostischen Fragen und zur Analyse des Lebensumfeldes. Auch sozial- und arbeitsrechtlich oder forensisch relevante Entscheidungsprozesse stützen sich in starkem Maße auf fachlich begründete diagnostische Einschätzungen" (ebd.). Während sich in der Rehabilitation das ‚Case-Management' verbunden mit der 'Individuellen Hilfebedarfsplanung' durchsetzt, hat sich im Bereich der schulischen Erziehung und Bildung, der Sonderpädagogik inzwischen das Konzept der Förderdiagnostik etabliert. Ihr geht es um die Erfassung individueller Lernbedarfe von Schülern mit Beeinträchtigungen und Behinderungen, die Entwicklung spezifischer Lernangebote sowie deren Evaluation. „Konkret bedeutet dies, dass die Einzeltätigkeit der Lernstandserfassung, der Bestimmung der Lernziele, der Auswahl der Lernangebote und Vermittlungsformen sowie der Evaluation der Lernerfolge und Entwicklungsschritte miteinander verbunden und koordiniert werden müssen; daraus resultiert die Adaptation der Förderangebote mit dem Ziel der Verminderung oder Überwindung der Lernprobleme des Kindes" (Buholzer/Luder/Niedermann 2006, 293f.).

Zwar betont die Behindertenpädagogik heute, ihre Defizitorientierung überwunden zu haben und ressourcenorientiert zu sein, doch reichen „Förderdiagnostik", „Verstehende Diagnostik", „Kind-Umfeld-Diagnostik" oder „Case-Management" aus, um den Menschen mit Behinderung in seiner aktuellen Lebenslage zu verstehen, seine persönlichen Bedarfe so zu erfassen, dass sich hieraus pädagogisch relevante Maßnahmen zur Lebensbegleitung, zur Erziehung und Bildung ableiten lassen? Wenn sich die heilpädagogische Diagnostik heute bewusst von einer medizinischen und syndromorienierten Diagnostik abgrenzt und eine rehistorisierende Diagnostik (Jantzen 2005) vertritt, bleibt die Frage dennoch bestehen, ob es ihr wirklich gelingt, die Lern- und Unterstützungsbedarfe des Menschen mit Behinderung so zu erfassen und zu vertreten, dass es dabei nicht zu einer Entpersonalsisierung im Diagnoseprozess kommt. Diese Frage ist insofern von Bedeutung, als Pädagogik mit ihrem Auftrag zur Realisierung des lebenslangen Bildungsanspruches ja gerade zur Entfaltung der individuellen Persönlichkeit beitragen muss, sich die Diagnose aber immer nur auf sehr begrenzte Facetten einer Person beziehen kann. Obwohl die Diagnostik aus der Behindertenpädagogik nicht wegzudenken ist, bleibt deren Verhältnis brüchig. Das mag auch daran liegen, dass die anthropologischen Dimensionen dieses Verhältnisses bislang zu wenig thematisiert wurden. Ich will diesen Dimensionen nachgehen, indem ich einerseits auf das Phänomen der Behinderung und andererseits auf das Verständnis von Bildung schaue, weil sich beide im heilpädagogischen Handlungsprozess mit einander verbinden. Von hier aus ist zu zeigen, dass im pädagogischen Feld eine ‚Diagnostik der Relationen und Strukturen' (Hiller/Trost/Weiß) notwendig ist. Eine solche ist sich ihrer Werthaltungen, ihrer ethischen und anthropologischen Prämissen bewusst und bezieht diese mit in den diagnostischen Erkenntnis- und Interpretationsprozess ein. Was damit gemeint ist, soll nachfolgend und mit Hilfe eines ästhetischen Beispiels verdeutlicht werden.

Der diagnostische Blick auf das Phänomen der Behinderung

„Zwei hellblaue Augen schauen durch den Betrachter hindurch. Die blassen Gesichtszüge sind frei von Falten. Der schmale Mund ist geschlossen, die Lippen wirken aufeinander gepresst. Die Augen liegen mit leerem Blick tief in ihren Höhlen, sind rot umrandet und umgeben von dunkleren Schatten. Die Linie der Augenbrauen verläuft leicht nach unten. Auf Nase und Wange befinden sich zwei deutliche Rötungen. Man erkennt den Ansatz eines Kragens am rechten unteren Bildrand. Weder Haare, noch Ohren oder Kinn liefern einen eindeutigen Hinweis auf Alter und Geschlecht. Darüber hinaus zeigt das Gesicht keine auffälligen anatomischen Eigenheiten. Die sichtbaren Teile sind einheitlich, monoton und unpersönlich gestaltet: die Nase schlicht und gerade, die Augen in wässrigem Blau, ohne Lichtreflexe, der Mund matt und blass“ (Herber 2008, 10).

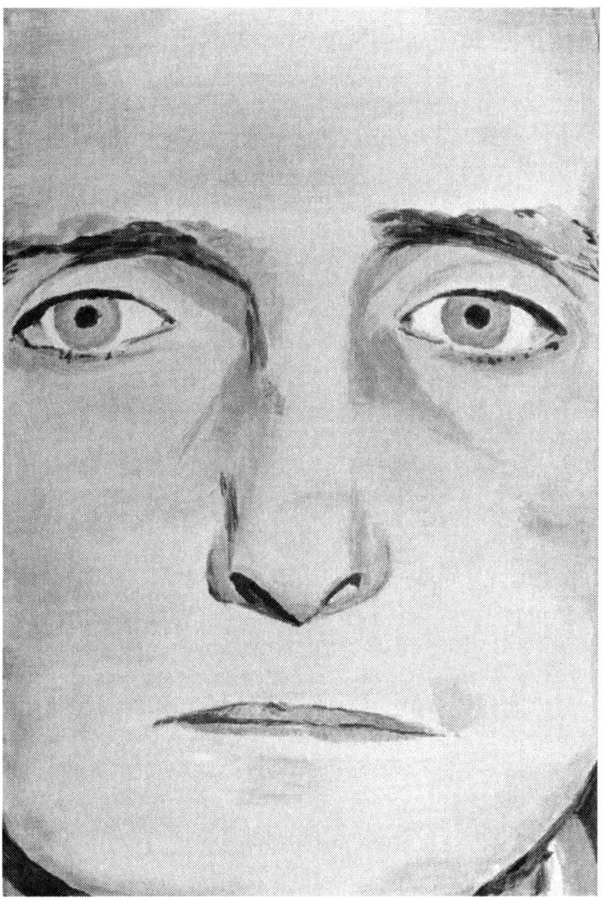

Luc Tuymans:
Der Diagnostische Blick IV, 1992
Quelle: http:// de.wikepedia. org/wiki/Luc_Tuymans

Das beschriebene Portrait ist das vierte aus einer Serie von zehn Arbeiten des belgischen Malers Luc Tuymans, die in der Zeit von 1990 bis 1992 entstanden und heute in den großen Museen der Welt zu sehen sind. Für mich lassen sich im Bild und in der Konzeption der Tuymanschen Werkreihe mit dem Titel „Der diagnostische Blick“ wichtige anthropologische Dimensionen erkennen, auf die die heilpädagogische Diagnostik ihren Blick bislang zu wenig gerichtet hat.

Diese Portraits sind bemerkenswert, weil sie dem Betrachter bewusst keinen emphatischen Zugang zum Kranken ermöglichen. Tuymans will nicht Mitleid mit dem Kranken erzeugen. Als zeitkritischer und politischer Maler gilt sein Interesse einer weiterreichenden Frage, wie nämlich Ärzte zu ihren Aussagen über Krankheiten und zu ihren Diagnosen kommen. Inspiriert wurde er zu dieser Werkreihe durch ein deutsches Anatomiebuch aus den 1960er Jahren mit dem Titel „Der diagnostische Blick“, bei dessen Durchsicht er sich fragte, wie es möglich wird, dass Medizinstudenten anhand von Abbildungen lernen, Symptome zu erkennen, Diagnosen zu stellen und Krankheiten als solche zu beschreiben. Seine kritische Auseinandersetzung mit der medizinischen Vorlage führte ihn zu der Erkenntnis, dass für den Arzt zum Diagnostizieren eine Reduktion des Kranken auf seine Symptome und damit eine gewisse Entpersonalisation des betroffenen Menschen erforderlich ist. Und genau das will er in seiner Werkreihe zum Ausdruck bringen: „Obwohl hier noch im Sinne einer naturalistischen Darstellung gearbeitet wurde, haben diese Bilder“, so erläutert Tuymans, „nichts mit der wirklichen Erscheinung gemein. Letztlich erscheinen sie wie eine leere Hülle, eine bloße Schale, die sich in ein Trauma verwandelt“ (Tuymans in Herber 2008, 10). Wenn man vor den Portraits Tuymans steht, beschleicht einen jenes Gefühl, das man von eigenen Arztbesuchen kennt, wenn man sich einer körperlichen Untersuchung unterziehen muss und der Arzt währenddessen den Blick von uns abwendet, um sich auf die Eindrücke seiner tastenden Hände zu konzentrieren. In diesem Moment beschleicht einen das Gefühl, Gegenstand der Untersuchung zu sein, verobjektiviert und entpersonalisiert zu werden. Weder die Krankheit an sich, noch ihre Konsequenzen für den Kranken transportieren diese Bilder. Der leere Blick der abgebildeten Personen spiegelt den Raub ihrer Eigenschaften wider. Tuymans Bilder stehen für Verlust von Bedeutung. Er hebt traditionelle Sehgewohnheiten aus den Angeln und „ruft beim Betrachter eine nicht näher definierbare Beklemmung und Irritation hervor“ (Herber 2008, 10).

Personalakten von Erwachsenen mit geistiger Behinderung sind voll von Diagnose-Berichten, meist Diagnosen ihrer Abweichungen und Defizite. Der Mensch hinter den Diagnosen erscheint nicht, denn man erfährt aus diesen Akten in der Regel nichts über seine Vorlieben, Begabungen oder besonderen biographischen Erfahrungen. Warum der Diagnostizierende immer in der Gefahr steht, durch sein Tun den anderen zu entpersonalisieren, ergibt sich aus der Behinderung. Sie ist kein Zustand, den man so leicht erfassen könnte, sondern ein Phänomen mit „chaotisch-mannigfaltiger Bedeutsamkeit“ (Schmitz 2005 nach Fornefeld 2008, 69f.), das sich nie in seiner Gänze erschließt.

Dirk Schmoll und Andreas Kuhlmann geben in ihren „Phänomenologischen Zugängen zum kranken Menschen" (2005) ein Beispiel, an dem deutlich wird, was Phänomene auszeichnet. Seine Verwendung sollte aber nicht als Gleichsetzung von Krankheit und Behinderung missverstanden werden, sie ist ausdrücklich nicht beabsichtigt. Das Beispiel von Schmoll und Kuhlmann zeigt, dass die Krankheit mehr ist als das, was durch Diagnosen erklärbar wird. Sie fragen, was sich dem Arzt zeigt, wenn er dem Kranken begegnet: Es sind „die geröteten Wangen, die vibrierende Stimme und sein weicher, feuchter Händedruck" (Schmoll/Kuhlmann 2005, 11). Der Arzt ist von der Ausstrahlung des Leidenden unmittelbar betroffen, das heißt, der Arzt nimmt den Kranken wahr, spürt und erlebt seine Ausstrahlung, noch ehe ihm bewusst wird, was er am Kranken wahrnimmt. „Um die Vielfalt der Eindrücke einer Krankheit zuordnen zu können, muss er die Phänomene auf Symptome reduzieren. Dazu muss er Abstand nehmen, sich aus der Befangenheit lösen, eine Untersuchung durchführen und Befunde erheben" (Schmoll/Kuhlmann 2005, 11). Der Arzt muss „sich aus der Befangenheit lösen", das heißt, er muss von seinem Erleben des Kranken abstrahieren, um handlungsfähig zu werden. Er richtet sein Augenmerk, sein Denken und Analysieren auf ganz bestimmte Aspekte, die er am Kranken zuerst erfahren und dann wahrgenommen hat. Vor allem bei den funktionellen, den nicht auf körperliche Krankheiten zurückführbaren Leiden sei die Analyse von Symptomen kein gradliniger, in einer Richtung verlaufender Prozess, sagen Schmoll und Kuhlmann. Es sei eine Vermittlung zwischen der objektiven und der subjektiven Ebene, „zwischen Symptom und Phänomen notwendig, um den Patienten überhaupt zu erreichen. Nicht selten beeinflusst die Art der Beziehung zum Patienten dasjenige, was der Arzt an ihm wahrnimmt (oder eben gerade nicht) und damit die Auswahl der diagnostischen und therapeutischen Maßnahmen" (Schmoll/Kuhlmann 2005, 11f). Krankheit erschöpft sich nicht in Symptomen und deren Erfassung, sie ist mehr als eine spezifische Symptomatik und deren Diagnose. *Die Krankheit zeigt sich in Relation zum Arzt.* Zur Krankheit gehören das Empfinden und Erleben der Krankheit seitens des Arztes. Er hat insofern Anteil am Kranksein des Kranken, indem er dessen Krankheit unmittelbar wahrnimmt, empfindet und danach deutend wertet, um therapeutische Notwendigkeiten erkennen zu können. Die Dimension, die vor der Erkenntnis der Krankheitssymptome liegt, das unmittelbare Erleben der Krankheit, die ‚Alltagserfahrung', gehört zum Wesen der Krankheit und macht sie zu einem ‚Phänomen'.

Schmoll und Kuhlmanns Aussagen zur Krankheit lassen sich auf das Phänomen der Behinderung übertragen. Die Diagnose „Frühkindliche Hirnschädigung unklarer Genese mit erheblichen Entwicklungsstörungen, fehlende Verbalsprache und aggressives Verhalten" attestiert dem Menschen zwar eine so genannte geistige Behinderung, doch sie sagt nichts darüber aus, wie sich diese Behinderung im Lebenskontext des betroffenen Menschen zeigt. Diese Diagnose zeigt lediglich Objektivierungen als Resultat von Analysen. Sie nennt Symptome und gibt keinerlei Auskunft über die subjektiven Erfahrungen der Menschen, die diese Diagnose getroffen haben. Diagnosen sind aber immer Wertungen und als solche sind sie immer relativ, abhängig vom Kontext, in dem sie entstanden sind. Sie ergeben sich aus der „Vermittlung zwischen Symptom und Phänomen“ (Schmoll/Kuhlmann 2005, 11f), von objektiver und subjektiver Ebene der Behinderung. Die Alltagserfahrungen, aus denen heraus Objektivierungen (Diagnosen, Klassifikationen, Definitionen und schließlich auch pädagogisch-therapeutische Interventionsmaßnahmen) getroffen werden, sind zum Verstehen von Behinderung wichtig, denn sie gehören dazu. Sie machen *Behinderung zu einem Phänomen, das als solches immer mehr ist, als wir denkend von ihm erfassen können.*

Im heilpädagogischen Kontext ist ein weiterer ethischer Aspekt von Bedeutung. Der Mensch ist nicht autonom im Sinne völliger Unabhängigkeit. Er ist immer ein ‚bedürftiger Mensch‘, und das unabhängig von Behinderung oder Krankheit (vgl. Schnell 2008, 154), das heißt, er ist insofern ‚bedürftig’, als er auf den anderen Menschen angewiesen ist. „Im Hinblick auf die *Personalität* brechen wir mit dem Egoismus der ersten Person Singular (‚Ich will…‘) und gehen von dem Vorrang der 2. Person Singular aus, welcher besagt: ‚Dem Anderen ist zu geben!‘“ (Schnell 2008, 154). Mit dieser Feststellung verweist Schnell auf die Ambiguität des Ich.

Der Mensch ist ein responsives Wesen, das in Antwortstrukturen der Mit- und Umwelt eingebunden ist. „Vom Standpunkt der Phänomenologie der Leiblichkeit aus“, sagt Ursula Stinkes, „begegnen Menschen einander, indem sie aufeinander und auf eine gemeinsame Welt, die jedoch nicht für alle die gleiche ist, antworten. Mit Responsivität ist eine ‚Antwortstruktur‘ unseres Verhaltens gemeint, welche unabhängig von Geschlecht, Begabung, Rasse oder Kultur ist, weil es auf Situationen antwortet, in denen es immerzu verstrickt ist“ (Stinkes 2008, 93f.). Der andere Mensch gehört meiner Situation so an, wie ich der seinen, d.h., Menschen sind in inter-subjektive Lebenszusammenhänge eingebunden, sind existentiell aufeinander angewiesen, bedürftig eben.

Für Ursula Stinkes stellt das responsive Verhältnis die genuin ethische Grundlage der Pädagogik dar. „Das pädagogische Verhältnis als antwortendes Verhältnis ist ein Verhältnis der *Verantwortung.* Die Pädagog/inn/en sind keine Bildner, sondern kritisch-parteiliche, engagierte Parteinehmer/innen für das Kind, den Jugendlichen oder den Erwachsenen, die bei der Selbstgestaltung helfen. (…) Dieses ‚Beziehungshandeln‘ ist störanfällig und muss gegenüber demjenigen, dem Bildung und Erziehung zukommt, verantwortet werden. Dies schließt die Bedingungen der Bildung (bildende Verhältnisse) ein. Dieses Handeln mutet den Individuen zu, dass sie sich als verletzbare Subjekte zeigen, was bedeutet, dass sie erlernen sich gegenseitig als angewiesen und anerkannt zu erfahren“ (Stinkes 2008, 99f).

Responsivität macht Selbstbestimmung erst möglich. Selbstbestimmung erreicht der Mensch nicht solipsistisch, sondern nur in der Relation mit anderen und anderem, also auf der Grundlage responsiver Verhältnisse.

Überträgt man diese Überlegungen auf die heilpädagogische Diagnostik wird deutlich, dass sich Lehr-, Lern- und Unterstützungsbedarfe des Menschen mit geistiger Behinderung nur aus *seinen responsiven Verhältnissen,* aus seinen Relationen, heraus bestimmen lassen. In der Konsulentenarbeit sehe ich eine Möglichkeit, der Entpersonalisierung des Menschen im diagnostischen Prozess vorzubeugen, weil es ihr gerade um die Erfassung responsiver Relationen geht, in denen der Mensch mit Komplexer Behinderung lebt. Die Konsulentenarbeit ist eine Antwort auf die komplexer werdende Alltagswirklichkeit in Einrichtungen der Behindertenhilfe im Zeitalter von ‚Fördern und Fordern'.

Konsulentenarbeit als Modell interdisziplinärer heilpädagogischer Diagnostik

Die ‚Konsulentenarbeit' entstand in den 1990er Jahren in den Niederlanden und ist ‚Beratungsarbeit' in Form einer mehrperspektivischen Analyse der aktuellen Lebenssituation eines Menschen mit Behinderung, wobei dessen eigene Interessen im Vordergrund stehen. Spezielle diagnostische Fragen werden in Zusammenarbeit von Fachkräften unterschiedlicher Profession und im engen Kontext mit der Problemlösung geklärt. Anlass für die Entwicklung der Konsulentenarbeit war „ein Ende der achtziger Jahre publizistisch aufgearbeiteter Einzelfall, an welchem deutlich wurde, dass es in Einrichtungen der Behindertenhilfe zu festgefahrenen Situationen kommen kann, die ohne Hilfe von außen nicht zu lösen sind. Auch in Deutschland kommt es häufig aufgrund von Verhalten, welches als unverständlich oder selbst- und fremdschädigend erscheint, zu Hilflosigkeit der Betreuungspersonen und zu Situationen, in denen die Persönlichkeitsrechte und die Selbstbestimmung der Menschen, die wir behindert nennen, eingeschränkt werden. In solchen Situationen stehen auch die Mitarbeiter mit dem Rücken zur Wand" (Braun/Elger 2008, 1). „Wenn Mitarbeiter keine Handlungsalternativen mehr sehen, kommt es zum Einsatz von freiheitseinschränkenden Maßnahmen oder Medikamenten. Diese sollen Klient und Mitarbeiter vor schweren Verletzungen und lebensbedrohlichen Situationen schützen. Gleichzeitig wird nach möglichen Verhaltensursachen und besseren Handlungsansätzen gesucht. Dies geschieht immer häufiger mit der Hilfe externer Experten, die zu speziellen Hilfefragen Beratung durchführen" (Kompass-Flyer). Die eingangs dargestellten strukturellen Veränderungen in den Schulen mit dem Förderschwerpunkt Geistige Entwicklung und in anderen Einrichtungen der Behindertenversorgung, zum Beispiel dem stationären Wohnen, zeigen, dass es heute bei uns verstärkt zu Situationen kommt, in denen Menschen mit geistiger Behinderung wie deren Bezugspersonen „mit dem Rücken an der Wand stehen". Diese Tatsache hat den Landschaftsverband Rheinland bewogen, am 01.01.2006 nach niederländischem Vorbild das Institut Kompass, Institut für Konsulentenarbeit (www.consulenten.lvr.de) in Jülich bei Aachen zu gründen. Die „Beratungsarbeit findet in der Regel dort statt, wo der Mensch lebt und arbeitet, das kann in einem Wohnheim, im Elternhaus oder in der eigenen Wohnung sein" (Kompass-Flyer, S. 2). Auch Werkstätten für behinderte Menschen oder Förderschulen wenden sich an Kompass, wenn die „Bemühungen bezüglich festgefahrener, leidvoller Verhaltensweisen bei Menschen (...) erfolglos sind und stagnieren" (ebd.).

Das Konsulententeam besteht aus vier Diplom-Psychologen und einer Diplom-Heilpädagogin, die die Beratung vor Ort durchführen und im Verlauf des diagnostischen Prozesses weitere Experten zu Rate ziehen. Zur Arbeit der Konsulenten gehören die Befragung und Beobachtung des Betroffenen selbst sowie die Rekonstruktion seiner Lebensgeschichte und die Abklärung seines Gesundheitszustandes. Die umfängliche Problemanalyse bezieht sich auch auf die Beziehungen zwischen dem Menschen mit Behinderung und seinen Bezugspersonen, deren Antwortverhalten sowie die strukturellen Bedingungen der Einrichtung. Aus diesen Analysen werden Empfehlungen mit den Betroffenen erarbeitet und Anregungen zur Umsetzung gegeben. „Im Einzelnen beziehen sich die Empfehlungen des Instituts auf: Pädagogisch-therapeutische Hilfen, Milieugestaltung, Personenorganisation, Arbeitsabläufe, Einsatz externer Berater, Unterstützung durch Case Management, Fortbildung, ergänzende Schulungen" (Braun/Elger 2008, 3).

Seit zwei Jahren bewährt sich die Konsulentenarbeit. Sie konnte vielen Menschen mit Behinderungen und deren Bezugspersonen aus verfahrenen Situationen helfen, weil ihre Philosophie anthropologisch ist, d.h. die „Perspektive des Klienten" hat für die Konsulenten Vorrang (Kompass-Flyer). Ziel ist die Verbesserung der Lebensqualität des behinderten Menschen und die Vermeidung von Exklusion. Da es der Konsulentenarbeit um „einen Ausgleich der Interessen zwischen Klient und Betreuer" (ebd.) geht, spielen die responsiven Verhältnisse in der Problemanalyse eine zentrale Rolle. Das Problem wird vor dem Hintergrund persönlicher Beziehungen und Einstellungen sowie struktureller Lebensbedingungen reflektiert. Lösungsstrategien werden von hier aus mit allen Beteiligten entwickelt.

Die Warteliste für eine Beratung durch Kompass ist lang, was zeigt, dass die Bedarfe groß sind und sich der Erfolg der Konsulentenarbeit mittlerweile weit über die Grenzen NRWs verbreitet hat. Ich sehe in der Konsulentenarbeit ein diagnostisches Verfahren, das durch seine interdisziplinäre und heilpädagogische Ausrichtung wert wäre, auf andere Bereiche übertragen zu werden.

Literatur

Buholzer, A.; Luder, R.; Niedermann, A.: Förderdiagnostisches Arbeiten in Theorie und Praxis. Ergebnisse einer qualitativ-empirischen Studie. VHN, 75, 2006 (4), 293–304.

Braun, R.; Elger, I.: Vernetzt(e) Psychotherapie. Unveröffentlichtes Manuskript zum Symposium: Grenzüberschreitende Vernetzung und Wissensmanagement in der Beratung von Menschen, die wir behindert nennen und deren Assistenten. Jülich 05.03.2008.

Dederich, M.: Der Mensch als Ausgeschlossener. In: Fornefeld, B. (Hg.): Menschen mit Komplexer Behinderung. Selbstverständnis und Aufgabe der Behindertenpädagogik. München 2008, 31–49.

Fornefeld, B.: Was geschieht mit dem ‚Rest'? Anfragen an die Behindertenpolitik. In: Dederich, M.; Grüber, K. (Hg): Herausforderungen – Mit schwerer Behinderung leben. Frankfurt 2007, 39–53.

Fornefeld, B. (Hg.): Menschen mit komplexer Behinderung. Selbstverständnis und Aufgabe der Behindertenpädagogik. München 2008.

Herber, V.: Begleitheft zur Ausstellung: Luc Tuymans – Wenn der Frühling kommt. Haus der Kunst München. 02.03.2008 bis 12.05.2008.

Jantzen, W.: „Es kommt darauf an, sich zu verändern …". Zur Methodologie und Praxis rehistorisierender Diagnostik und Intervention. Gießen 2005.

Schmitz, H.: Was ist ein Phänomen? In: Schmoll, D.; Kuhlmann, A. (Hg.): Symptom und Phänomen. Phänomenologische Zugänge zum kranken Menschen. Freiburg, München 2005, 16–28.

Schmoll, D.; Kuhlmann, A. (Hg.): Symptom und Phänomen. Phänomenologische Zugänge zum kranken Menschen. Freiburg, München 2005.

Schnell. M. W.: Der bedürftige Mensch – Eine ethische Grundlegung. In: Fornefeld, B. (Hg.): Menschen mit komplexer Behinderung. Selbstverständnis und Aufgabe der Behindertenpädagogik. München 2008, 148–160.

Stahl, B.; Irblich, D. (Hg.): Diagnostik bei Menschen mit geistiger Behinderung. Göttingen 2005.

Stinkes, U.: Bildung als Antwort auf die Not und Nötigung sein Leben führen zu müssen. In: Fornefeld, B. (Hg.): Menschen mit komplexer Behinderung. Selbstverständnis und Aufgabe der Behindertenpädagogik. München 2008, 82–107.

Tuymans, L.: Wenn der Frühling kommt. Ein Rundgang mit Luc Tuymans. Flyer zur Ausstellung, Haus der Kunst München. 02.03.2008 bis 12.05.2008.

Alfred Fries

Zum Problem der Diagnostik in der Bewältigungsforschung (Coping-Forschung) – Überlegungen und Konstruktion eines Fragebogens zur Bewertung und Bewältigung stigmatisierender Erlebnisse. Auszüge aus einer Studie bei körperbehinderten Menschen

Vorbemerkungen

Die folgenden Ausführungen sind den sehr komplexen Themen der Coping-Forschung (Bewältigungsforschung) zuzuordnen, wobei die Frage der Diagnostik von Bewältigungsverhalten unter verschiedenen Aspekten dargestellt und diskutiert werden soll.
Ausgehend von einer eigenen empirischen Studie soll am Ende des Beitrages ein Fragebogen zum Bewältigungsverhalten vorgestellt werden. Da gesellschaftliche Diskriminierungen für behinderte Menschen große psychische Belastungen bedeuten können, kommt dieser Thematik eine hohe Relevanz für die Heilpädagogische Psychologie insgesamt und für Fragen der Coping-Forschung im Speziellen zu.

Coping-Forschung

Kaum ein Konstrukt hat nach Broda (1993, 67) die Diskussion der letzten Jahre in der klinischen und medizinischen Psychologie so geprägt wie das Konzept der Bewältigung oder des Coping (in diesem Beitrag werden die Begriffe „Coping“ und „Bewältigung“ gleichsinnig gebraucht, da sie in der deutschsprachigen Literatur inhaltlich meist nicht klar gegeneinander abgegrenzt werden; vgl. auch Heim 1998).
Die Anzahl der Publikationen ist nahezu unübersehbar geworden, die Vielfalt der Themen innerhalb der Bewältigungsforschung reicht von „Triathlon bis chronische Krankheit, vom Examensstreß bis zum Verlust von Angehörigen“ (Broda 1993, 67), von der Belastung und Bewältigung bei einer progredienten Sehschädigung (Tschamper 1997), der Auseinandersetzung von Vätern und Müttern mit der Behinderung ihrer Kinder (Hinze 1999), der Bewältigung von Brustkrebs (Aebischer 1987), der Entwicklung sozialer Beziehungen und dem Umgang mit Belastungen und seelischer Gesundheit von Theologiestudenten (Jacobs 1994), ferner von der Bewältigung von

Prüfungsängstlichkeit (Küpfer 1997), der Bewältigung und Hilfe bei Fehl- und Totgeburt (Beutel 1996) bis hin zu kleinen Widrigkeiten, Unannehmlichkeiten („hassles") des täglichen Lebens (Weber/Knapp-Glatzel 1988; Weber 1997, 8).

Nach Tesch-Römer et al. (1997) zentriert sich die wissenschaftliche Coping-Forschung u.a. auf die Beantwortung folgender Fragen:

- Was kann unter Bewältigung verstanden werden und wie lässt sich Bewältigung beschreiben?
- Welche Wirkungen auf körperliches Wohlergehen, psychische Befindlichkeiten und soziale Beziehungsnetze haben Bewältigungsprozesse?
- Auf welche Ressourcen kann bei Bewältigung zurückgegriffen werden – und nützt es, das zu tun?
- Wann kann von der Beendigung eines Bewältigungsprozesses ausgegangen werden?

Beutel und Muthy (1988; zit. in Krause 1997, 87) datieren den Beginn systematischer Coping-Forschung auf das Erscheinen des programmatischen Buches von R. S. Lazarus: Psychological Stress and the Coping Process (1966).
Fragestellungen im Zusammenhang mit der Bewältigung chronischer Krankheiten und der Erforschung kritischer Lebensereignisse bestimmen seit über zwanzig Jahren die Schwerpunkte forscherischer Tätigkeiten innerhalb der Bewältigungsforschung (vgl. Krause 1997). Im Bereich der Behindertenpädagogik und Behindertenpsychologie werden erst in letzter Zeit Themenbereiche wie „Bewältigung der Geburt eines behinderten Kindes" (vgl. Lang 1999), „Alltagsbewältigung mit behinderten Kindern" (vgl. Krause 1997; Lang 1999) und ebenso Fragestellungen zum Umgang mit Behinderung aus der Sicht betroffener Menschen (vgl. Leyendecker 1992) unter Bewältigungsaspekten dargestellt bzw. vorliegende Ergebnisse im Lichte der Bewältigungsforschung neu interpretiert (z.B. Phasenmodell der Akzeptanz eines behinderten Kindes; vgl. Lang 1999).

Zur detaillierten Darstellung des aktuellen Standes von grundlegenden Fragen der Forschungen zum Bewältigungskonzept sei auf die Publikation von Tesch-Römer, Salewski und Schwarz (1997) verwiesen, ebenso auf eine Bestandsaufnahme des Forschungsstandes der 90er Jahre von Heim (1998).

Coping: Begriff

Nach Leyendecker (1992, 52) werden mit dem Begriff „Coping" bzw. „Bewältigung" ganz allgemein alle Formen der Konflikt- und Krisenbewältigung eines Menschen bezeichnet. Nach Broda fassen viele Autoren unter „Coping" alle Bemühungen eines Individuums zusammen, „mit einer belastenden Situation fertig zu werden, unabhängig davon, ob die Bemühungen von unmittelbarem (oder mittelbarem) Erfolg begleitet sind" (Broda 1987, 19).

Präziser formulieren Lazarus und Folkmann (1984), die in der Coping-Forschung zu den bedeutendsten Autoren zählen; sie schlagen vor, Coping zu bestimmen als „sich ständig verändernde, kognitive und verhaltensmäßige Bemühungen einer Person, die darauf gerichtet sind, sich mit spezifischen externen und/oder internen Anforderungen auseinanderzusetzen, die ihre adaptiven Ressourcen stark beanspruchen oder übersteigen" (Lazarus/Folkmann 1984; zit. in Brüderl 1988a, 15).

Diese Definition enthält folgende wesentliche Komponenten:

- Bewältigung ist ergebnisunabhängig, von Bewältigung (bzw. Bewältigungsversuchen) wird auch dann gesprochen, wenn die Bemühungen einer Person nicht unbedingt von subjektiv erlebtem Erfolg „gekrönt" sind.
- Bewältigung ist prozess- und nicht statusorientiert: Bewältigungsprozesse haben somit eine zeitliche Komponente, sind revidierbar und können einer ständigen Überprüfung bzw. Neubewertung ausgesetzt werden.
- Bei Bewältigung wird differenziert zwischen externen und/oder internen Anforderungen.
- Bewältigung beinhaltet kognitive und handlungsorientierte Aspekte (Bewältigungsstrategien).
- Bewältigung ist von Ressourcen abhängig, auf die eine Person im Bewältigungsprozess zurückgreifen kann (z.B. Abhängigkeit von vorherigen Erfahrungen, von der Verfügbarkeit sozialer Unterstützung in den zu bewältigenden Situationen, von der Ausprägung von Persönlichkeitsmerkmalen etc.).

Die Entwicklung der Coping-Forschung leitet sich aus Forschungen innerhalb der *Psychoanalyse* der 50er/60er-Jahre des letzten Jahrhunderts ab, wobei man davon ausging, dass jedem psychopathologischen Bild eine bestimmte Abwehrstruktur zugeordnet werden könne. Der Begriff Coping, der die Persönlichkeitsstile im Umgang mit belastenden Situationen umschreiben soll, ist eine Art Überbegriff für die klassischen Abwehrmechanismen, um mit einer belastenden Situation fertig zu werden.

Ein weiterer Grundstein für die heutigen Konzepte der Bewältigungsforschung liegt im *Stresskonzept* begründet (z.B. Selye 1956, 1974).

Beutel (1988, 2) bemerkt zusammenfassend, dass sich ein Wandel des Bewältigungsparadigmas zu dem Zeitpunkt abzeichnete, als erkannt wurde, dass bei der Lösung von Belastungen nicht die Art, Häufigkeit oder Intensität der Stressperioden entscheidend sind, sondern die Art und Weise, wie Personen Belastungen wahrnehmen und bewältigen, welche Ressourcen und Kompetenzen für die Bewältigung stressvoller Situationen zur Verfügung stehen und wie der permanente Austausch zwischen Person und Umwelt aussieht. Im Zuge dieser veränderten Sichtweise bekommt somit auch die soziale Umwelt eine größere Bedeutung für den Umgang mit und die Verarbeitung von Belastungen.
Des weiteren nimmt die *Theorie der Salutogenese* (Antonovsky 1987; Heim 1994; Schüffel et al. 1998) Einfluss auf die aktuelle Coping-Forschung: Nach den Annah-

men der Vertreter der Theorie der Salutogenese befindet sich der Mensch immer auf einer Gratwanderung zwischen Gesundheit und Krankheit, er kann jederzeit je nach seiner Biographie/Ganzheitlichkeit und seinen Ressourcen (pathogene Belastung oder förderlicher Eustress) in Richtung Gesundheit oder Krankheit abbiegen. Ein „erfolgreiches" Abbiegen Richtung persönlichen Wohlergehens wird auch und vorrangig durch zur Verfügung stehende Ressourcen bestimmt, aus denen heraus der Mensch Belastungen minimieren und bewältigen kann. Somit erhalten beispielweise soziale Unterstützung und die Ausprägung bestimmter Persönlichkeitsdimensionen schon in den frühen Annahmen der Salutogenese Bedeutung.

Coping: Ressourcen im Bewältigungsprozess

Die Frage stellt sich, wie es möglich ist und durch welche Mechanismen es zu erklären ist, dass die gleichen objektiven Belastungen bei verschiedenen Personen zu ganz unterschiedlichen Emotionen und Verhaltensreaktionen führen. Wie kommt es, dass bestimmte Personen mit einer Vielzahl von Belastungssituationen besser zurechtkommen als andere? Auch Überlegungen dieser Art tangieren Fragen der Diagnostik von Bewältigungsverhalten.
Ein Grund für dieses Phänomen ist, dass der Bewältigungsprozess durch sogenannte „Moderatorenvariablen" mit bestimmt wird, die quasi als „Puffer" wirken: Die Bedrohlichkeit belastender Situationen kann nach diesen Annahmen minimiert bzw. als weniger belastend erlebt werden. Nach Beutel (1988) sind es vor allem personale und soziale Ressourcen, die im Verlauf von Bewältigungsprozessen in unterschiedlicher Weise wirksam werden können. Somit wird sich die Diagnostik von Bewältigungsverhalten auch mit der Frage nach der Verfügbarkeit und dem Stellenwert von beispielsweise sozialer Unterstützung zu beschäftigen haben.
Die Bedeutung von Persönlichkeitsfaktoren als Moderatoren im Bewältigungsprozess liegt nach Bossong (1999, 9) darin begründet, dass sie nur mittelbar in das Geschehen eingreifen, „indem sie das Auftreten spezifischer Bewertungen, Emotionen und Bewältigungsformen entweder begünstigen oder erschweren". Vor allem denjenigen Persönlichkeitsfaktoren, die sich um den „Selbstwert" eines Menschen gruppieren, wird in der Bewältigungsforschung besondere Beachtung geschenkt.

Nach Sommer (1989, 9) stellt soziale Unterstützung eine Art „Schutzschildmodell" dar, indem durch die soziale Unterstützung Belastungen vom Individuum ferngehalten bzw. vorhandene Probleme von Personen aus dem Netzwerk bewältigt werden können. Soziale Unterstützung beinhaltet also, in welchem Ausmaß Individuen ihre sozialen Interaktionen und Beziehungen als unterstützend, hilfreich und fördernd wahrnehmen und wie sich soziale Unterstützung und deren Inanspruchnahme auf Gesundheit und Krankheit auswirkt (Sommer 1989, 3).

Fazit: Die Erfassung solcher Ressourcen ist auch ein Teilaspekt der Aufgaben von Diagnostik im Zusammenhang mit der Untersuchung von Bewältigungsverhalten.

Coping: Das Transaktionale Modell der Bewältigung nach Lazarus und Mitarbeitern

An dieser Stelle möchte ich in den theoretischen Überlegungen zum Themenfeld „Coping" auf das „Transaktionale Bewältigungsmodell" von Lazarus und Folkmann (1984, 1987) eingehen; denn nach Bossong (1999, 5) können im Rahmen dieses Modells, das „zur Zeit die breiteste Akzeptanz besitzt" (ebd.), grundlegende Fragen der Bewältigungsforschung am besten beantwortet werden. Zugleich ist dieses Modell auch bedeutsam, wenn Fragen der Diagnostik von Bewältigung unter dem Aspekt der Erfassung des zeitlichen Verlaufes von Bewältigungsbemühungen einer Person erörtert werden sollen. Gerade dies Fragestellung hält Wendt (1995, 95ff.) für eine der zentralen Fragestellungen der Coping-Diagnostik.

Vor einer kurzen Darstellung des Ansatzes von Lazarus und Mitarbeitern soll aus einer Studie des Verfassers Folgendes zur Verdeutlichung angeführt werden:
Danach gefragt, wie er als körperbehinderter Mensch Diskriminierungen durch nicht behinderte Menschen und gesellschaftliche Institutionen sieht und bewertet, antwortete eine Person im Rahmen einer Untersuchung des Verfassers dieses Beitrages (vgl. Fries 2005): „Ja, früher habe ich mich darüber sehr aufgeregt, fühlte mich verletzt, war unsicher. Aber im Laufe der Jahre hat sich das geändert. Es macht mir viel weniger aus, wenn mich jemand blöd anquatscht oder anschaut. Ich spreche ihn auch manchmal an, oder es ist mir einfach wurscht ..." Die Antwort dieses behinderten Menschen macht deutlich, dass Reaktionen auf belastende Umstände einer Veränderung unterworfen sein können. Entlang eines Zeitkontinuums kann sich die Wahl des Umganges mit belastenden Situationen in Form von Bewältigungsstrategien ändern und infolgedessen die ursprünglich sehr schwierige Situation („in der Öffentlichkeit blöd angeschaut oder angequatscht zu werden") für den betroffenen Menschen an Belastungen und Schärfe verloren haben.

Grundlage des Bewältigungsprozesses nach Lazarus und Mitarbeitern ist das Transaktionale Modell der Beziehungen zwischen Personen und Situationen (Umwelt):

1. Kernpunkt dieses Modells ist die Annahme, dass die Person nicht passiv irgendwelchen Belastungen ausgesetzt ist, sondern zwischen der Person und ihrer Umwelt eine prozesshafte, dynamische und wechselseitige Beziehung besteht.
2. Die transaktionale Konzeption der Auseinandersetzung der Personen mit Verlusten, Bedrohungen und Herausforderungen impliziert, dass dieses Wechselspiel von Bewältigungsversuchen und Neubewertungen solange fortgesetzt wird, bis entweder die Bedrohung eliminiert, das Ziel erreicht ist oder die Person sich von nicht erreichbaren Zielen innerlich abgelöst, d.h. sich stressfrei arrangiert hat (vgl. Bossong 1999, 6).
3. Bewältigung ist zusammenfassend ein ständig fortschreitender Prozess und kein Zustand oder ein Ergebnis. Dabei besteht dieser Prozess in aktiven Leistungen des Menschen, bei dem keine Unterschiede zwischen gutem und schlechtem Coping gemacht und diese Bemühungen auch unabhängig vom Ergebnis gesehen

werden (vgl. Broda 1993, 67f.). Gerade unter diesem Aspekt sind die Annahmen des Transaktionalen Modells für Bereiche der Heilpädagogik bedeutsam, allerdings schränkt Wendt (1995, 87) für die Umsetzung in die Diagnostik ein, wenn sie schreibt: „Ein weiteres Problem (der Coping-Diagnostik) liegt darin, dass bisher kaum statistische Modelle zur Verfügung stehen, um die Daten von den verschiedenen Messzeitpunkten auszuwerten.“

Die folgende Abbildung soll eine komprimierte Übersicht über Faktoren geben, die den Copingprozess bedingen bzw. beeinflussen (vgl. Fries 2005, 91):

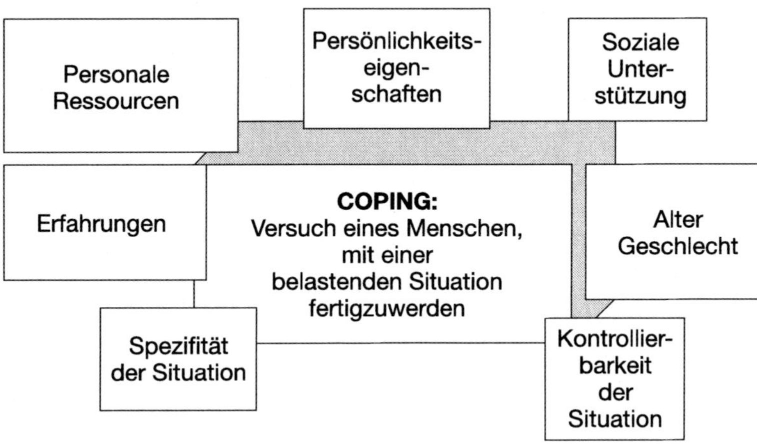

Coping: Zur Frage der Diagnostik von Bewältigungsverhalten – Möglichkeiten und Probleme

Die Frage, wie Bewältigungsverhalten gemessen werden kann, wird sehr unterschiedlich beantwortet, wobei mehr Einigkeit darüber besteht „welche Probleme bei Messungen auftreten“ (Wendt 1995, 83). Nach Wendt (1995, 90ff.) existieren viele Erfassungsmethoden, die auf unterschiedliche Weise miteinander kombiniert werden können. Diese unterschiedlichen Erfassungsmethoden werden von Wendt (ebd.) dargestellt und diskutiert unter den Aspekten:

- situationsspezifische versus globale Messung
- standardisierte versus teil- bzw. nicht standardisierte Verfahren
- Selbstbericht oder Fremdbeurteilung
- mehrdimensionale Diagnostik
- retrospektive versus prospektive Messung.

Einigkeit besteht in der Literatur darin (vgl. Wendt 1995; Beutel 1988; Brüderl 1988a; Rüger 1990), dass bei der Erfassung von Copingprozessen quantitative und qualitative Aspekte der empirischen Sozialforschung, vor allem in *Kombination* beider Forschungsstrategien, von großer Bedeutung sind. Mit Prystav (1981, 207) kann festgestellt werden, dass „Fragebogenverfahren einer kriterienorientierten und mehrdimensionalen Persönlichkeitsdiagnostik nicht gerecht werden können und (...) als ausschließliche Informationsquelle ungeeignet sind, wenn sie nicht durch Verhaltens-, Test- und Interviewdaten ergänzt werden".

Mit kombinierten Forschungsdesigns sollen vor allem zwei – insbesondere für die Erfassung von Copingprozessen wichtige – Ziele verfolgt werden:
- vorhandene theoretische Annahmen über die Anwendung kognitiver, emotionaler und handlungsorientierter Verhaltensweisen im Copingprozess mit Hilfe quantitativer Verfahren überprüfen;
- Einsatz von qualitativen Interviewformen zur Erfassung subjektiver Bewertungen von Belastungen und des Verlaufs von Copingprozessen (Messung von Änderungen), insbesondere unter Berücksichtigung von situationalen Kontexten.

Coping: Probleme bei der diagnostischen Erfassung von Bewältigungsverhalten (Versuch einer Zusammenschau)

Wie schon erwähnt, wird die Frage, wie Bewältigung gemessen werden kann, in der Literatur sehr unterschiedlich beantwortet. Nach Wendt (1995, 83) beleuchten verschiedene Autoren entweder ein Problem von allen Seiten oder skizzieren jedes Problem mit wenigen Sätzen (zu Literaturhinweisen siehe Wendt 1995, 83). Zu den grundlegenden Problemen zählt Wendt (1995, 83ff.) – zusammenfassend – die Fragen,
a) ob theoretische Konzepte zur Verfügung stehen, auf deren Grundlage spezifische Entwicklungsverfahren entwickelt werden können – und
b) wie Bewältigung als Prozess gemessen werden kann.

Bemängelt wird von Schwarz et al. (1997, 2), dass in der Bewältigungsforschung – mit wenigen Ausnahmen – kaum Versuche unternommen worden sind, Bewältigungskognitionen differenziert zu erfassen. Nach Weber (2000, 224) lassen sich in den derzeit vorliegenden Ansätzen drei Möglichkeiten unterscheiden, potentielle Formen von Bewältigungsverhalten zu strukturieren:
- Ein Strukturierungsversuch besteht darin, mit einer in der Regel eher willkürlichen Zusammenstellung von inhaltlichen Kategorien wesentliche Formen des Bewältigungsverhaltens zu inventarisieren (dies betrifft vor allem die große Anzahl von Fragebogenverfahren).
- Der zweite Strukturierungsversuch besticht nach Weber (2000, 224) durch seine „Sparsamkeit" und beinhaltet die Reduktion aller möglichen Bewältigungsmöglichkeiten auf die Definition von zwei Klassen von Bewältigungsverhalten: Problemzentriertes vs. emotionszentriertes und assimilatives vs. akkomodatives Bewältigungsverhalten.

- Unter einem dritten Strukturierungsgesichtspunkt werden einzelne ausgewählte Verhaltensformen aus einer Theorie abgeleitet und im Kontext der Theorie interpretiert (dazu mehr: Weber 2000, 224ff.).

Wendt (1995, 84) zeichnet zu den Problemen des Verhältnisses von theoretischer Fundierung und diagnostischer Praxis von Bewältigung ein eher pessimistisches Bild, wenn sie schreibt: „Immer wieder fehlen die theoretischen Grundlagen, auf denen die Erfassung von Bewältigungsverhalten aufbauen kann.“ Unter der Maßgabe, dass Coping prozesshaft (vgl. die Annahmen des Transaktionalen Modells von Lazarus und Mitarbeitern) verläuft, ergibt sich weiter folgende wichtige Frage: Wie kann ein Prozess bzw. wie können mehrere Prozesse im Verlauf der Zeit und unter sich verändernden Bedingungen gemessen werden?

Wenn es darum geht, einen Prozessverlauf zu messen, so müssen Veränderungen gemessen werden (vgl. Wendt 1995, 85). Dies gelingt dadurch, dass mehrere Messzeitpunkte gewählt werden, mit deren Hilfe die Veränderungen im Prozessverlauf abgebildet werden können. Problematisch ist hierbei, dass oft der Beginn des Prozesses in der Vergangenheit liegt und folglich nicht klar ist, an welcher Stelle die erste Messung stattfindet, weil die Ausgangsbedingungen nicht bekannt sind. Es kann also sein, dass die erfasste Bewertung im Copingprozess bereits eine Rückkopplung (nach Lazarus eine „Neubewertung“) ist.
Komplizierend kommt hinzu, dass es sich hier nicht um lineare Zusammenhänge handelt sondern um interdependente Faktoren, weil sich Ursache und Wirkung gegenseitig verändern. Aus psychologischer Sicht besteht zusätzlich das Problem, dass mehrere Messungen bei derselben Person zu Messfehlern führen können, weil diese für ihr Verhalten sensibilisiert werden kann, sie ihm mehr Aufmerksamkeit schenkt und so das Verhalten die Messung beeinflussen kann (vgl. Wendt 1995, 86). Letztendlich ist auch unklar, wie lange ein Copingprozess dauert bzw. wie seine Effektivität erfasst werden kann.

Welche Konsequenzen ergeben sich aus den angedeuteten Schwierigkeiten und welche Bedingungen müssen erfüllt sein, um Copingprozesse adäquat erfassen zu können?
Ideal wäre es, Coping von dem Moment an zu erfassen, in dem eine Person mit einem belastenden Ereignis konfrontiert wird. Dies könnte nur durch Beobachtung geschehen, ohne in die Situation einzugreifen und sie zu verändern. Aber wie kann Coping für eine Verhaltensbeobachtung operationalisiert werden? Bisher gibt es meiner Kenntnis nach keine Bemühungen in diese Richtung.

Günstig für die Messung ist es, wenn sie zeitlich nicht weit entfernt vom belastenden Ereignis stattfindet, weil in der Zeit vom Ereignis bis zur Messung Copingprozesse stattfinden können (vgl. Beutel 1988). Problematisch ist dabei, dass damit in den Prozess eingegriffen und er verändert wird. Ereignisbegleitend kann nicht gemessen werden, da kein geeignetes Verfahren existiert und die Situation unterbrochen würde. Es bleibt also die am meisten angewandte Methode der retrospektiven Erfassung von Copingprozessen übrig.

Coping: Darstellung von Ergebnissen und Überlegungen aus einer empirischen Studie (Fries 2005)

Im Rahmen einer größeren Forschungsstudie (vgl. Fries 2005) wurde u.a. der Frage nachgegangen, wie körperbehinderte Menschen gesellschaftliche Stigmatisierungen und Diskriminierungen wahrnehmen, bewerten und wie sie damit umgehen.
Ständige Diskriminierungen von Menschen mit Behinderung, deren Selbstbild aufgrund der mitunter sichtbaren Einschränkung und daraus resultierender ständiger Vergleiche mit Nichtbehinderten bereits verändert sein kann, könnten nach Cloerkes (1997) dazu führen, dass sich diese Personen im Zuge ihrer Realitätsüberprüfung in ihrem negativen Selbstbild bestätigt sehen, was „unter Umständen (eine) fatale Gefährdung der Identität und der psychischen Integrität von Menschen“ (Cloerkes 1997, 176) nach sich ziehen kann.
Ein Versuch, mit Schwierigkeiten in Form von subjektiv als belastend erlebten Situationen fertig zu werden, kann schließlich das Anwenden von Copingstrategien sein, die den Schutz und Erhalt der Identität und des Selbstwertgefühles eines Menschen zum Ziel haben und den unangenehmen Zustand reduzieren bzw. beseitigen können, mit dem Ziel, Entlastung zu erhalten.

Art der Studie

Befragt wurden 75 körperbehinderte Menschen mit einem durchschnittlichen Alter von 25,16 Jahren. Die Dauer der Untersuchung betrug im Schnitt etwa 120 bis 150 Minuten, wobei allerdings entsprechend der physischen Verfassung und der sprachlichen Kompetenz der Versuchspersonen auch längere Untersuchungszeiten notwendig waren.

Die Studie sollte u.a. Auskunft über folgende Fragestellungen geben:

1. Welche Erfahrungen und Erlebnisse (negativer wie positiver Art) haben bzw. hatten körperbehinderte Menschen im Umgang mit nicht behinderten Menschen und gesellschaftlichen Institutionen?
2. Wie werden diese Erfahrungen und Erlebnisse von den behinderten Menschen bewertet?
3. Gibt es spezifische Bedingungen und Situationen, die erlebte gesellschaftliche Diskriminierungen als besonders belastend oder weniger belastend erscheinen lassen?
4. Wie verarbeiten körperbehinderte Menschen belastende (oder auch positive) Erlebnisse, die im Umgang mit nicht behinderten Menschen oder gesellschaftlichen Institutionen geschildert worden sind?

5. Wer oder was hat den behinderten Menschen im Umgang mit belastenden Ereignissen geholfen? Hier stellen sich vor allem die Frage nach dem sozialen Netzwerk, in dem sich der behinderte Mensch befindet, und die Frage nach dem Stellenwert von sozialer Unterstützung bei der Lösung anstehender Probleme (Bezug zur Copingforschung: Stellenwert sozialer Unterstützung als Ressource im Bewältigungsprozess).
6. Welche Verarbeitungsstrategien werden gewählt, um die Folgen diskriminierender Erlebnisse zu bewältigen? Welcher Zusammenhang besteht zwischen der Wahl von Bewältigungsstrategien und bestimmten Dimensionen der Persönlichkeit? Was sind aus der Sicht der behinderten Menschen die effektivsten Verarbeitungsstrategien, um das Problem gesellschaftlicher Diskriminierungen so zu bewältigen, dass eine Gefährdung des persönlichen Wohlbefindens minimiert werden kann? (Bezug zur Coping-Forschung: Wahl von Verarbeitungs- und Bewältigungsstrategien im Rahmen des Copingprozesses und Stellenwert von Persönlichkeitsvariablen als Ressourcen im Bewältigungsprozess).

Im Rahmen der Studie (vgl. Fries 2005) wurde qualitative Sozialforschung durch Fragebögen und problemzentrierte Interviews realisiert, ebenso durch die projektive Methode, indem die Personen gebeten wurden, sich spontan zu einer Bildvorlage zu äußern.

Auszüge aus der Studie mit Blick auf Fragestellungen aus dem Bereich der Coping-Forschung

Der Interviewleitfaden enthielt beispielsweise folgende Fragen:
„Sie haben eben ein Erlebnis geschildert, das Sie in der Begegnung mit nicht behinderten Menschen oder gesellschaftlichen Institutionen belastet hat. Bitte überlegen Sie:

a) Haben Sie sich in oder nach dieser für Sie belastenden Situation an andere Menschen gewendet und
b) Wer hat Ihnen am meisten geholfen, mit dieser für Sie belastenden Situation fertig zu werden
c) Wodurch waren Sie erleichtert, entlastet?“

Mit dieser Frage sollte Auskunft darüber erhalten werden, welche Bedeutung der Aspekt der sozialen Unterstützung im Bewältigen der diskriminierenden Erlebnisse hat. Wie bereits erwähnt, besitzt „soziale Unterstützung“ einen herausragenden Stellenwert in der Bewältigungsverarbeitung (vgl. Beutel 1988; siehe auch Punkt 5 in der obigen Auflistung von Fragestellungen).

Frage 2 des Interviewleitfadens lautete:
„Wir haben Ihnen bei Frage 1 einige Meldungen aus der Zeitung gezeigt. Es wäre jetzt wichtig, wenn Sie uns eigene Erlebnisse und Ereignisse zum Umgang mit nicht behinderten Menschen kurz beschreiben.“

Konstruktion einer Itemliste im Rahmen der Frage 1 des Interviewleitfadens

Nach einer kurzen Hinführung zum Anliegen der Studie erfolgt in Frage 1 die Vorgabe von konkreten Ereignissen in Form von drei Zeitungsmeldungen, die den Versuchspersonen, falls nötig, von der Interviewerin bzw. dem Interviewer vorgelesen wurden:

„In einer Zeitung konnte man vor einigen Jahren folgendes lesen:
Ein Ehepaar, das in der Türkei Urlaub machte, erhielt durch ein Gerichtsurteil die Hälfte der Reisekosten wieder zurückerstattet, da im gleichen Hotel und zur gleichen Zeit eine Gruppe behinderter Menschen auch ihren Urlaub verbrachte. Der Richter, der dieses Urteil fällte, begründete seine Entscheidung damit, dass der Anblick behinderter Menschen dem Ehepaar nicht ‚zumutbar' sei (Meldung 1).
Weiter konnte man in dieser Zeitung lesen, dass den Bewohnern eines Heimes für geistig und körperlich behinderte Kinder grundsätzlich der Zugang zum örtlichen Schwimmbad verweigert wurde (Meldung 2).
In einer Fernsehsendung berichteten körperbehinderte Menschen, dass sie in der Fußgängerzone der Stadt von Passanten angestarrt wurden (Meldung 3)."

Nach der Vorgabe der Zeitungsmeldung wurde wie folgt fortgefahren:

Frage 1a des Fragebogens lautet:
„Sagen Sie mir bitte, was Ihnen im Augenblick durch den Kopf geht!"
Diese offene Frage erlaubt es den Versuchspersonen, frei zu antworten und ihre subjektive Einschätzung von den Ereignissen oder von Assoziationen zu berichten. Für den Fall, dass keine spontane Antwort gegeben wird, ist die Interviewerin/der Interviewer dazu aufgefordert, die Versuchsperson durch den Zusatz „Fällt Ihnen dazu etwas ein?" zum Erzählen zu ermutigen.

Frage 1b: Itemliste zur Erfassung von Bewältigungsreaktionen
Nach diesem ersten Interviewteil folgt ein *Fragebogen,* der kognitive, emotionale und handlungsorientierte Reaktionen auf die vorgegebene Zeitungsmeldung mit diskriminierenden Inhalten erfassen soll.

Die Frage lautet:
„Was empfinden Sie jetzt, wenn Sie an diese Meldungen denken? – Solche Meldungen..."

Die Itemliste umfasst insgesamt 27 Items, die auf einer 7-stufigen Beurteilungsskala mit den Polen 0 = „stimmt überhaupt nicht" und 6 = „stimmt auf jeden Fall" eingeschätzt werden sollen.

Item 1: Gefühl, minderwertig zu sein
Item 2: Machen mir Angst
Item 3: Lassen mich Hilflosigkeit fühlen

Item 4: Machen mich traurig
Item 5: Lassen mich kalt
Item 6: Machen mir Sorgen
Item 7: Machen mich wütend
Item 8: Machen mich aggressiv
Item 9: Es gibt wichtigere Dinge, über die ich nachdenken muß
Item 10: Ich denke an etwas Angenehmes
Item 11: Ich nehme das von der leichten Seite
Item 12: Ich möchte am liebsten nicht an meine Zukunft denken
Item 13: Diese Meldungen werden mir so schnell nicht aus dem Kopf gehen
Item 14: Ich will diese Meldungen am liebsten gleich vergessen
Item 15: Ich möchte mich am liebsten zurückziehen, um niemanden zu sehen
Item 16: Ich möchte über diese Meldungen mit jemandem reden
Item 17: Ich möchte jetzt am liebsten irgendetwas an die Wand werfen
Item 18: Es ist nun mal so, ich versuche, damit zurechtzukommen
Item 19: Ich möchte das verstehen, mir erklären können
Item 20: Ich habe das Bedürfnis, die Meinung von jemandem anderem zu hören
Item 21: Ich denke, es ist alles halb so schlimm
Item 22: Ich tue etwas, das mich ablenkt
Item 23: Mir passiert so etwas nicht, das geht mich nichts an
Item 24: Ich denke „Damit werde ich schon fertig!"
Item 25: Ich habe keine Lust mehr, mit Nichtbehinderten in Kontakt zu treten
Item 26: Das macht mich Nichtbehinderten gegenüber misstrauisch
Item 27: Ich könnte mit meiner Behinderung besser leben, wenn es solche Meldungen nicht gäbe.

Folgende Tabelle zeigt noch einmal in der Übersicht die Items mit den zugeordneten Copingformen und Persönlichkeitsebenen (emotional, kognitiv und handlungsorientiert):

Copingform	**Itemformulierung**	**Ebene**
Selbstabwertung	Geben mir das Gefühl, ein minderwertiger Mensch zu sein	emotional
Bedrohung, Fluchttendenz	Machen mir Angst	kognitiv, emotional
Kontrollverlust	Lassen mich Hilflosigkeit fühlen	kognitiv, emotional
Depression	Macht mich traurig	kognitiv, emotional
Abwehr/Vermeidung	Lässt mich kalt	kognitiv
Aggravieren	Macht mir Sorgen	kognitiv

Copingform	Itemformulierung	Ebene
Emotionen ausleben	Macht mich wütend Macht mich aggressiv	emotional
Ablenken	Es gibt wichtigere Dinge, über die ich nachdenken muss	kognitiv
Ablenken, Entspannung	Ich denke an etwas Angenehmes Ich nehme es lieber von der leichten Seite	kognitiv
Selbstinstruktion	Ich denke mir: Lass dich nicht unterkriegen	kognitiv, emotional
Rückzug	Ich möchte am liebsten nicht an die Zukunft denken	kognitiv
Problemlösung	Dieses Ereignis geht mir nicht aus dem Kopf Ich denke daran, wie dieses Problem gelöst werden könnte	kognitiv
Selbstaufwertung	Ich denke, ich bin ein wertvoller Mensch, der Fähigkeiten hat, die nichtbehinderte Menschen nicht sehen	kognitiv
Aktives Ablenken	Ich gehe einer mir vertrauten Tätigkeit nach, um dieses Erlebnis zu vergessen	handlungsorientiert, kognitiv
Rückzug	Ich ziehe mich zurück, will niemanden sehen	handlungsorientiert
Suche nach sozialer Unterstützung	Ich suche den Kontakt zu nicht behinderten Menschen, um mit ihnen zu reden Ich frage jemanden um Rat	handlungsorientiert
Gefühle ausleben	Ich möchte jetzt am liebsten etwas an die Wand werfen	handlungsorientiert, emotional

Copingform	Itemformulierung	Ebene
Akzeptieren	Es ist nun mal so, ich versuche damit zurechtzukommen	kognitiv
Sinngebung	Ich möchte das verstehen, mir erklären können	kognitiv
Suche nach sozialer Unterstützung	Ich habe das Bedürfnis die Meinung von jemand anderem zu hören	handlungsorientiert, kognitiv
Relativieren	Ich denke, das ist alles halb so schlimm	kognitiv
Handelndes Ablenken	Ich tue etwas, das mich ablenkt	handlungsorientiert
Wahrnehmungsabwehr	Das geht mich nichts mehr an	kognitiv
Anpacken, Optimismus	Damit werde ich schon fertig	kognitiv
Sozialer Rückzug, Frustration	Ich habe keine Lust mehr mit nicht behinderten Menschen in Kontakt zu treten	kognitiv, emotional
Misstrauen	Das macht mich gegenüber nicht behinderten Menschen misstrauisch	kognitiv, emotional

Tabelle 1: Copingformen und Persönlichkeitsebenen der Items

Anmerkungen zur Konstruktion der Itemliste

Die Items des Fragebogen zur Frage 1b (Itemliste 1b) wurden dem BEFO-Fragebogen (Berner Bewältigungsformen; Heim et al. 1991), dem Streßverarbeitungsfragebogen (SVF) von Janke und Mitarbeitern (1985) und dem Freiburger Fragebogen zur Krankheitsverarbeitung (FKV; Muthny 1989) entnommen und zur beschriebenen Itemliste neu zusammengestellt.
Der BEFO-Fragebogen orientiert sicht sich vom theoretischen Hintergrund her am integrierten Copingmodell von Heim (vgl. Wendt 1995). Dieses Modell ist spezifiziert auf psychosoziale Belastungen als Konsequenzen von Krankheiten. Der standardisierte Fragebogen von Janke und Mitarbeitern ist nicht spezifisch auf bestimmte Belastungen, sondern auf eine sehr allgemeine Belastungssituation bezogen. „Wenn ich durch irgendetwas oder irgendjemanden beeinträchtigt, inner-

lich erregt oder aus dem Gleichgewicht gebracht worden bin ..." (Erfassungsbogen SVF). Im Unterschied zur BEFO werden Versuche des Menschen, mit belastenden Situationen umzugehen, eher als zeitlich und situativ stabil bzw. länger überdauernd angesehen. Insgesamt werden 19 Copingformen durch je 6 Items operationalisiert.
Der Freiburger Fragebogen zur Krankheitsbewältigung (FKV) geht von einer mehrdimensionalen Erfassung von Coping aus, in dem Sinn, dass die Krankheitsverarbeitung auf kognitiver, emotionaler und handlungsbezogener Ebene abläuft. Es wird versucht, vor dem Hintergrund der Theorie von Lazarus eine umfassende Messung von Coping zu erreichen. Jede der Copingformen wird durch 3–9 Items repräsentiert. Dabei werden insgesamt 27 Copingformen unterschieden, die anhand von einer spezifischen Situation gemessen werden. Zu Beginn wird die Versuchsperson aufgefordert diese Situation zu schildern.
Die BEFO kommt den Anforderungen an eine Methode, die subjektiven Bewertungen Raum lässt, meiner Meinung nach am nächsten (zu weiteren Ausführungen zu den drei vorgestellten Coping-Fragebögen vgl. Wendt 1995).

Statistische Verrechnung der Itemliste zu Frage 1b:

Für die Verrechnung der Daten werden vorrangig folgende statistische Verfahren verwendet:
1. Faktoren- und Itemanalyse
2. Berechnung der Stanine-Werte zum Zwecke der Standardisierung nach erfolgten Berechnungen der Faktorenanalyse und Itemanalyse
3. Berechnungen diverser korrelativer Beziehungen und Mittelwertsvergleiche zu ausgewählten unabhängigen Variablen bzw. Fragestellungen.

Ergebnisse der Faktoren- und Itemanalyse

Aus den Ergebnissen faktorenanalytischer Berechnungen wird eine 6-Faktorenlösung ausgewählt, die folgende Kennwerte enthält:

Varianz-Gesamt: 58.70 %

1.Faktor:	Varianzanteil:	13.25 %	(6 Items)
2.Faktor:	Varianzanteil:	9.83 %	(4 Items)
3.Faktor:	Varianzanteil:	8.68 %	(3 Items)
4.Faktor:	Varianzanteil:	9.24 %	(4 Items)
5.Faktor:	Varianzanteil:	7.98 %	(3 Items)
6.Faktor:	Varianzanteil:	9.71 %	(3 Items)

Durch die Berechnungen der Faktorenstruktur fallen von den ursprünglich 27 Items 4 Items aus den weiteren Analysen.
In einem 2. Schritt werden die Items der 6-Faktorenlösung einer Itemanalyse unterzogen, was zu einer endgültigen Reduzierung der ursprünglich 27 Items auf 21

Items führt. Die Ergebnisse der Faktoren- und Itemanalyse sind in der folgenden Tabelle 2 abgebildet.
In einem 3. Schritt werden die endgültigen Items des Fragebogens zu den Reaktionen auf Zeitungsmeldungen entsprechend der Zugehörigkeit zu den Faktoren in Stanine-Werte per Computerprogramm umgerechnet, so dass 6 neue Variablen entstehen. Mit diesem Verfahren kann jeder Versuchsperson ein individueller Stanine-Wert zugeordnet werden, bezogen auf die individuelle Ausprägung auf jedem der 6 Faktoren. Dieses Verfahren dient der weiteren Verrechnung der Daten, erlaubt die Erstellung eines Antwortprofils einer jeden Person und ist bedeutsam für einen späteren Vergleich qualitativer Aussagen (Spontanantworten) mit quantitativen Aussagen (Fragebogen).

Faktor 1: Emotionale Betroffenheit			
V20:	Gefühl der Minderwertigkeit	rit.: .652	2.507
V21:	Angst	rit.: .734	2.573
V22:	Hilflosigkeit	rit.: .763	2.733
V23:	Traurigkeit	rit.: .713	4.013
V25:	Sorgen	rit.: .769	3.822
Faktor 2: Affektive Reaktionen			
V27:	Machen mich aggressiv	rit.: .791	2.486
V36:	Ich möchte am liebsten etwas an die Wand werfen	rit.: .760	1.760
V43:	Ich denke: „Damit werde ich schon fertig!“ (codiert)	rit.: .720	3.872
Faktor 3: Verdrängung, Abwehr			
V31:	Ich möchte am liebsten nicht an meine Zukunft denken	rit.: .746	1.892
V33:	Ich möchte diese Meldungen am liebsten gleich vergessen	rit.: .793	2.405
V38:	Ich möchte das verstehen, mir erklären können (codiert)	rit.: .679	3.849
Faktor 4: Sozialer Rückzug			
V34:	Zurückziehen, niemanden sehen	rit.: .837	1.216
V41:	Ich tue etwas, das mich ablenkt	rit.: .835	2.893
V44:	Ich habe keine Lust mehr, mit Nichtbehinderten in Kontakt zu treten	rit.: .669	0.387
Faktor 5: Suche nach sozialem Kontakt			
V26:	Macht mich wütend	rit.: .718	4.311
V35:	Ich möchte über diese Meldungen mit jemandem reden	rit.: .845	4.000
V39:	Ich habe das Bedürfnis, die Meinung von jem. zu hören	rit.: .740	4.333
Faktor 6: Blockierung von Gefühlen			
V24:	Lassen mich kalt	rit.: .743	1.373
V28:	Es gibt wichtigere Dinge, über die ich nachdenken muss	rit.: .781	3.595
V29:	Ich denke an etwas Angenehmes	rit.: .821	2.392

Tabelle 2: Ergebnisse der Faktoren- und Itemanalyse zu Frage 1b: Reaktionen auf Zeitungsmeldungen (hinter den rit.-Angaben: Mittelwerte der Skala 0–7)

Die Trennschärfe-Indizes der Items können bei allen sechs Faktoren als „gut" bis „sehr gut" bezeichnet werden. Die Trennschärfekorrelationen reichen bei den Items des Faktors 1 („Emotionale Betroffenheit") von .652 bis .769, bei den Items des Faktors 2 („Affektive Reaktionen") von .720 bis .791, bei den Items des Faktors 3 („Verdrängung, Abwehr") von .679 bis .793, bei den Items des Faktors 4 („Sozialer Rückzug") von .669 bis .837, bei den Items des Faktors 5 („Suche nach sozialem Kontakt") von .718 bis .845, bei den Items des Faktors 6 („Blockierung von Gefühlen") von .743 bis .821.

Mit der oben beschrieben Itemliste, nach statistischen Kriterien verrechnet, wird somit ein Messinstrument zur weiteren Verwendung (vor allem in der Forschung) vorgeschlagen, das
a) statistische Kriterien erfüllt und
b) als wichtige Ergänzung zur Analyse der Spontanaussagen (qualitativer Aspekt) gewertet werden darf. Die Bewertung der Items und die Grundstruktur des Umganges der behinderten Menschen mit den belastenden Zeitungsmeldungen in den Spontanaussagen sind in vielen Fällen in Übereinstimmung und ergänzen sich.

Die Gewinnung der Itemliste erfolgte aus einer Analyse der Bewertung von belastenden Zeitungsmeldungen. Eine sehr ähnliche Struktur hat auch die vorgelegte Itemliste zu Frage 3 ergeben, in der die Personen *eigene* erlebte Erlebnisse berichten und auf der oben vorgestellten Itemliste bewerten sollten.

Auch in diesem Fall haben sich beide Zugangswege, quantitativ und qualitativ, als effizient erwiesen, da sie im Zusammenspiel den Vorgang der Bewältigungsverarbeitung erhellen konnten.
Weiter wurden über die Itemlisten Effekte bestimmter Persönlichkeitsdimensionen (z.B. erfasste Kontrollüberzeugungen oder Selbstwertgefühl) wie in der Literatur beschrieben nachgewiesen (in der Studie wurden dabei verschiedene Persönlichkeitsfragebögen verwendet, z.B. zu Selbstwertgefühl, Kontrollüberzeugung). Es hat sich ergeben: Selbstsichere Menschen und Menschen mit höherer Kontrollüberzeugung präferieren selbstwertdienlichere Bewältigungsstrategien als Menschen mit einem geringer ausgeprägten Selbstwertgefühl.
Damit spiegelt sich in den Beantwortungen der Itemliste eine wichtige Annahme der Bewältigungsforschung wider, nämlich die, dass Persönlichkeitsvariablen in der Wahrnehmung diskriminierender Erlebnisse als eine Art „Puffer" oder Filter dahingehend wirken, belastende Reaktionen weniger intensiv wahrzunehmen, ihnen eine geringere subjektive Bedeutsamkeit beizumessen oder sie somit als weniger „bedrohend" zu bewerten und zu interpretieren.

Zusammenfassende Aspekte zur Diagnostik von Bewältigungsverhalten
- Schwarz et al. (1997, 2) haben darauf hingewiesen, dass ein Methodenpluralismus in der Bewältigungsforschung eine Chance bietet, sich dem komplexen

Phänomen des Belastungs-Bewältigungszusammenhanges auf unterschiedliche Weise zu nähern. Ich habe versucht, dieser Möglichkeit in meiner Studie dadurch Rechnung zu tragen, dass ich – auch im Rahmen der Fragen zur Bewältigung – qualitative *und* quantitative Forschungsmethoden zur Beantwortung von Fragen eingesetzt habe.

- Die Methodik und der Aufbau der vorliegenden Studie haben gezeigt, dass eine Kombination von Forschungsmethoden der Komplexität der in dieser Studie angesprochenen Fragestellungen am ehesten gerecht wird.
- Weiter kann über die Studie eine standardisierte Diagnoseskala im Bereich der Diagnostik von Bewältigungsstilen zur Diskussion gestellt werden.

Allerdings soll erwähnt werden, dass die Gewinnung der Itemlisten auf sehr spezifische Situationen bezogen war (nämlich den Umgang und die Bewältigung von diskriminierenden Erlebnissen), so dass es geboten ist, zu überprüfen, ob die Itemliste auch für andere spezifische Belastungsfelder Bewältigungsvorgänge abbilden kann (hier wird das Problem der „Spezifität vs. Generalität der Erfassung von Bewältigungsverhalten" angesprochen; vgl. Wendt 1995, 91).
Die Bewältigung von Diskriminierungen und Stigmatisierungen kann ohne Zweifel als ein eher spezifisches belastendes Problem angesehen werden, auf das sich die beschriebene Itemliste bezieht. Es wäre somit interessant zu überprüfen, ob und inwieweit die verwendeten Items auch auf andere thematische Bereiche aus dem komplexen Gebiet der Verarbeitung von behinderungsspezifischen Inhalten anzuwenden sind. Dazu müssten neue und weiterführende statistische Berechnungen angestellt werden.

Es soll weiter darauf hingewiesen werden, dass auch in der Arbeit von Fries (2005) noch anstehende Probleme der Coping-Forschung nicht gelöst werden können, so z.B. folgendes Problem: Durch die Reduktion der Fragen zur Bewertung und zum Umgang mit diskriminierenden Ereignissen auf der konkreten wie abstrakten Ebene auf schwerpunktmäßig problemorientierte und emotionsorientierte Items kann und will ich (im Rahmen der Intention der Arbeit) nicht den Anspruch erheben, dass hier auch nur annähernd alle denkbaren Verarbeitungsstrategien erfasst worden sind.

Zum Schluss bleibt der eher ernüchternde Hinweis von Wendt (1995, 85), die sich in ausführlicher Form sehr kritisch mit Problemen der Theorie und speziell der Diagnostik von Bewältigungsverhalten auseinandersetzt und feststellt, dass es schwierig bleibt, „den Prozess der Bewältigung zu messen".

Literatur

Aebischer, K.: Brustkrebs. Psychische Belastung und deren Bewältigung. Bern 1987.

Antonovsky, A.: The salutogeneic perspective: toward a new review health and illness. In: Advances 1987, 4, 47–55.

Beutel, M.: Bewältigungsprozesse bei chronischen Erkrankungen. Weinheim 1988.

Beutel, M.: Der frühe Verlust des Kindes. Bewältigung und Hilfe bei Fehl-, Totgeburt und Fehlbildung. Göttingen 1996.

Beutel, M.; Muthy, F. A. (Hg.): Konzeptualisierung und klinische Erfassung von Krankheitsverarbeitung – Hintergrundtheorien, Methodenproblem und künftige Möglichkeiten. In: Psychotherapie und medizinische Psychologie, 38, 1988, 19–27.

Bossong, B.: Stress und Handlungskontrolle. Die volitionale Kompetenz bei der Betreuung und Bewältigung aversiver Erfahrungen. Göttingen 1999.

Broda, M.: Wahrnehmung und Bewältigung chronischer Krankheiten. Eine Vergleichsstudie unterschiedlicher Krankheitsbilder. Weinheim 1987.

Broda, M.: Coping-Forschung und Gesundheitsforschung. Zur Effektivität und protektiven Wirkung von Coping-Skills. In: Franke, A.; Broda, M. (Hg.): Psychosomatische Gesundheit. Versuch einer Abkehr vom Pathogenese-Konzept. Tübingen 1993, 67–78.

Brüderl, L. (Hg.): Theorien und Methoden der Bewältigungsforschung. Weinheim, München 1988[a].

Brüderl, L. (Hg.): Belastende Lebenssituationen. Untersuchungen zur Bewältigungs- und Entwicklungsforschung. Weinheim, München 1988[b].

Cloerkes, G.: Soziologie der Behinderten. Eine Einführung. Heidelberg 1997.

Fries, A.: Einstellungen und Verhalten gegenüber körperbehinderten Menschen. Aus der Sicht und im Erleben der Betroffenen. Oberhausen 2005.

Haußer, K.: Identitätspsychologie. Berlin 1995.

Heim, E.: Salutogenese versus Pathogenese – ein neuer Zugang zu einer alten Weisheit. In: Schweizerische Medizinische Wochenschrift, 124, 1994, 1267–1275.

Heim, E.: Coping – Erkenntnisstand der 90er Jahre. In: PPmP Psychotherapie Psychosomatik Medizinische Psychologie, 48, 1998, 321–337.

Heim, E.; Augustiny, K.; Blaser, A.; Schaffner, L.: Berner Bewältigungsformen (BEFO). Handbuch. Bern, Göttingen, Toronto 1991.

Hinze, D.: Väter und Mütter behinderter Kinder. Der Prozeß der Auseinandersetzung im Vergleich. Heidelberg 1999[3].

Jacobs, Ch.: Theologiestudenten im Priesterseminar. Entwicklung sozialer Beziehungen, Umgang mit Belastungen und seelische Gesundheit. Freiburg/Schweiz 1994.

Janke, W.; Erdmann, G.; Kallus, W.: Streßverarbeitungsfragebogen (SVF). Handanweisung und Testmappe. Göttingen, Toronto, Zürich 1985.

Krause, M.P.: Elterliche Bewältigung und Entwicklung des behinderten Kindes. Eine Längsschnittuntersuchung unter besonderer Berücksichtigung des Interaktionsverhaltens. Frankfurt 1997.

Küpfer, R.: Zur Bedeutung der Unterscheidung zwischen Selbst- und Fremdwahrnehmung in der Rehabilitation von körperlich Behinderten. In: Berufverband deutscher Psychologen: Psychologische Hilfen für Behinderte. Weinsberg 1984, 147–152.

Küpfer, K.: Prüfungsängstlichkeit bei Studenten: Differentielle Diagnostik und differentielle Intervention. Frankfurt 1997.

Lang, M.: Bewältigungsprozesse in Familien mit einem behinderten Kind. In: Probst, H. (Hg.): Mit Behinderungen muß gerechnet werden. Solms-Oberbiel 1999, 287–299.

Lazarus, R. S.: Psychological stress and the coping process. New York 1966.

Lazarus, R. S.; Folkman, S.: Stress, appraisal and coping. New York 1984.

Lazarus, R. S.; Folkman, S.: Transactional theory and research on emotions and coping. In: European Journal of Personality 1, 1987, 141–169.

Leyendecker, Ch.: Die Behinderung akzeptieren - oder ausblenden? In: Psychologie heute 19, 1992, 1, 52–56.

Leyendecker, Ch.: Geschädigter Körper, behindertes Selbst oder „In erster Linie bin ich Mensch". Eine Einführung zum Verständnis und ein systematischer Überblick zu Körperschädigungen und Behinderungen. In: Kallenbach, K. (Hg.): Körperbehinderungen. Schädigungsaspekte, psychosoziale Auswirkungen und pädagogisch-rehabilitative Maßnahmen. Bad Heilbrunn 2000, 13–52.

Muthny, F. A.: Freiburger Fragebogen zur Krankheitsverarbeitung. Manual und Testmappe. Weinheim 1989.

Prystav, G.: Psychologische Copingforschung. In: Diagnostica 27, 1981, 189–214.

Rüger, U.; Blomert, A.F.; Förster, W.: Coping. Theoretische Konzepte, Forschungsansätze, Messinstrumente zur Krankheitsbewältigung. Göttingen 1990.

Schüffel, W.; Brucks, W.; Johnen, R.; Köllner, V.; Lamprecht, F.; Schnyder, U. (Hg.): Handbuch der Salutogenese – Konzept und Praxis. Wiesbaden 1998.

Schwarz, G.; Salewski, Ch.; Tesch-Römer, C.: Psychologie der Bewältigung – Variationen über ein altbekanntes Thema. In: Tesch-Römer, C.; Salewski, Ch.; Schwarz, G. (Hg.): Psychologie der Bewältigung. Weinheim 1997, 1–6.

Selye, H.: The stress of life. New York 1956.

Selye, H.: Streß-Bewältigung und Lebensgewinn. München 1974.

Sommer, G.: Soziale Unterstützung: Diagnostik, Therapie, Konzepte. F-SOZU. Tübingen 1989.

Tesch-Römer, C.; Salewski, Ch.; Schwarz, G.: Psychologie der Bewältigung. Weinheim 1997.

Tschamper, I.: Belastung und Bewältigung bei einer progredienten Sehschädigung. Darstellung am Beispiel der Retinitis Pigmentosa. Luzern 1997.

Weber, H.: Zur Nützlichkeit des Bewältigungskonzeptes. In: Tesch-Römer, C.; Salewski, Ch.; Schwarz, G. (Hg.): Psychologie der Bewältigung. Weinheim 1997, 7–16.

Weber, H.: Bewältigung von kritischen Lebensereignissen. In: Möller, J. (Hg.): Psychologie und Zukunft. Göttingen 2000, 219–239.

Weber, H.; Knapp-Glatzel, B.: Alltagsbelastungen. In: Brüderl, L. (Hg.): Belastende Lebenssituationen. Untersuchungen zur Bewältigungs- und Entwicklungsforschung. Weinheim 1988, 140-157.

Wendt, A.: Diagnostik von Bewältigungsverhalten. Landau 1995.

Waltraud Hackenberg

Wie geht es weiter nach dem „Diagnoseschock“? Bewältigungsprozesse von Eltern behinderter Kinder

Die Diagnose einer Behinderung bei einem jungen Kind wird von den Eltern in der Regel als eine tiefe Krise erlebt, die sie aus ihrem normalen Lebensablauf wirft. Dennoch gelingt es den meisten Eltern im Laufe der Zeit, sich konstruktiv mit ihrer neuen Lebenssituation auseinanderzusetzen, sich den besonderen Erfordernissen anzupassen und zu einem befriedigenden Zusammenleben mit ihrem behinderten Kind zu gelangen. Im Folgenden soll der Blick auf den Prozess der elterlichen Auseinandersetzung und seine langfristigen Resultate gerichtet werden. Hieraus leiten sich Aufgaben professioneller Unterstützung ab.

Der „Diagnoseschock“ und die Belastungen der Eltern

In der Regel sind für die Eltern mit der Geburt eines Kindes, insbesondere ihres ersten Kindes, Hoffnungen und Wünsche verbunden, die zentrale persönliche und existentielle Dimensionen berühren. So versprechen sich die Eltern von dem Zusammenleben mit ihrem erwarteten Kind besondere Lebensqualitäten wie Sinnhaftigkeit des eigenen Lebens, Lebendigkeit, die Entwicklung neuer Fähigkeiten, eine eigene Verortung in der Welt, ein Fortleben in den folgenden Generationen (vgl. Beck-Gernsheim 1989). Aufgrund der heute geringen Kinderzahl pro Familie ist jedes einzelne Kind mit erheblichen elterlichen und gesellschaftlichen Erwartungen befrachtet (Nave-Herz 2002, 36). Durch die medizinischen Fortschritte und die Möglichkeiten der Pränataldiagnostik hat sich zudem ein Machbarkeitsglaube herausgebildet, der zu der Annahme verleitet, durch genügende Vorsorge die Garantie für ein gesundes Kind zu haben.

Tritt dann doch eine schwere Behinderung auf, sind viele Eltern in ihrem Selbstvertrauen und ihrer Kontrollüberzeugung erschüttert. In den meisten Fällen stellt die Schädigung des Kindes ein unerwartetes und unerwünschtes Ereignis dar. Auf die Diagnose einer Behinderung reagieren viele Eltern zunächst mit Schock und Abwehr. Die durch die Mitteilung ausgelösten heftigen Emotionen von Enttäuschung und Schmerz, Angst und Trauer können zunächst kaum zugelassen werden. Die Eltern erleben eine narzisstische Kränkung ihres Selbstwertgefühls hinsichtlich ihrer Elternschaft und ihrer persönlichen Identität. Neben diesen tief greifenden emotionalen Erschütterungen sind die Eltern in der folgenden Zeit mit zahlreichen

weiteren Belastungen und Anforderungen konfrontiert. In der Regel stehen sie unvorbereitet vor den Aufgaben der oftmals aufwändigen und schwierigen Pflege und Versorgung des Kindes sowie der Neuorganisation ihres Tagesablaufes. In vielen Familien müssen materielle Einschränkungen – bedingt durch höhere Kosten und verringerte Einkünfte – verkraftet werden (vgl. Engelbert 2003). Weitere gravierende Belastungsfaktoren liegen für die Eltern im Bereich der sozialen Beziehungen und der sozialen Zugehörigkeit. Denn sie erfahren sich plötzlich als Mitglieder einer sozialen Randgruppe, auf die sie möglicherweise vorher selbst negativ reagiert haben (vgl. Seifert 1997). Sie werden mit diskriminierenden Reaktionen aus ihrem näheren und weiteren sozialen Umfeld konfrontiert, die sich beeinträchtigend auf ihr psychosoziales Gleichgewicht auswirken. Daher wird gerade in der Anfangszeit oftmals sozialer Rückzug als Notlösung gewählt, um weiteren Kränkungen aus dem Wege zu gehen.
Im Hinblick auf die elterliche Partnerschaft treten Belastungen durch die bei Mutter und Vater unterschiedlich verlaufenden Prozesse der inneren Auseinandersetzung mit der Behinderung auf. Innerhalb ihrer Rollenverteilung kommt es verstärkt zu einer in der Regel ungewollten Retraditionalisierung, wenn die Mutter sich auf den häuslichen Bereich konzentriert und zur Spezialistin für die Belange des Kindes wird, während der Vater als Alleinverdiener in Abstand zum Familiengeschehen gerät. Hinsichtlich der kontrovers diskutierten Frage nach den Einflüssen eines behinderten Kindes auf die Qualität und die Beständigkeit der elterlichen Partnerschaft weisen neuere empirische Studien auf leicht negative Einflüsse auf die Partnerschaftszufriedenheit hin (vgl. Risdal/Singer 2004). Eine Schwächung oder Stärkung der elterlichen Partnerschaft durch ein behindertes Kind steht jedoch in Zusammenhang mit einer Reihe weiterer psychosozialer Faktoren aus dem Leben der Eltern, wie Qualität der Partnerschaft vor der Geburt des behinderten Kindes, sozioökonomischer Situation und Alltagsstress, Familienatmosphäre oder Bewältigungsverhalten.

Elterliche Anpassungsprozesse

Trotz der oft großen Belastungen, mit denen die Eltern nach der Geburt eines behinderten Kindes konfrontiert sind, gelingt den meisten von ihnen in den folgenden Jahren eine Anpassung an ihre neue Lebenssituation und an die besonderen Erfordernisse des Zusammenlebens mit ihrem Kind (vgl. z.B. Heiman 2002; Hastings et al. 2005; Blacher/Baker 2007). Dieser Anpassungsprozess verlangt von den Eltern erhebliche Anstrengungen. Neben der innerpsychischen Auseinandersetzung der Mütter und Väter mit der Behinderung ihres Kindes und mit ihrer veränderten Elternschaft spielt die gemeinsame Suche nach einer neuen, für alle Familienmitglieder befriedigenden Lebensgestaltung und Rollenverteilung eine wichtige Rolle.
Für das Verständnis der innerpsychischen Auseinandersetzungsprozesse von Eltern behinderter Kinder haben sich die tiefenpsychologisch fundierten Phasenmodelle bewährt, die den Trauerprozess von Eltern, die mit dem Verlust ihres erträumten

gesunden Kindes und dem Abschied von zentralen Lebenshoffnungen konfrontiert sind, beschreiben und in eine idealtypische Verlaufsgestalt einordnen. Wenn auch die angenommene Regelhaftigkeit des Phasenverlaufs von anfänglicher Erstarrung und Abwehr über Ausbrüche heftiger Emotionen bis hin zum Stadium von Anpassung und Neuorientierung oftmals kritisiert wurde, so werden die Phasenmodelle doch von Praktikern als wichtige Verstehenshilfen geschätzt. Relativierend muss auf die fragliche Allgemeingültigkeit der Zielstufe der „Bewältigung“ hingewiesen werden, zumal wenn hierunter eine Form von „Annahme“ verstanden wird (vgl. Weiß et al. 2004, 137).
Auf einer allgemeineren Ebene beschreiben die Bewältigungs- oder Copingtheorien die Prozesse der Wiederherstellung des Gleichgewichtes zwischen Individuum und Umwelt, wenn dieses durch Belastungen oder besondere Herausforderungen gestört oder bedroht wurde. Die Bewältigungsstrategien dienen der Problemlösung und der Regulation von emotionalem Stress. Sie umfassen Veränderungen der eigenen Wahrnehmungen und Einschätzungen sowie Versuche, die Situation selbst zu verändern. In der Forschung werden zwei Grundtypen von Coping unterschieden: das assimilative Bewältigungsverhalten, das auf problemorientiertes Handeln und eine Veränderung der Umwelt ausgerichtet ist, und das akkomodative Bewältigungsverhalten, das im Aufgeben nicht erreichbarer Ziele, der Reduktion des Anspruchsniveaus und der positiven Neubewertung erreichbarer Ziele liegt (Lindenberger 2002, 390). Beide Typen von Bewältigungsverhalten finden sich bei der Auseinandersetzung von Eltern mit der Behinderung ihres Kindes (vgl. z.B. Hackenberg 1983, 2008; Hinze 1991). In einer Studie von Grant und Whittell (2000) wurden spezifische Schwerpunkte im zeitlichen Verlauf des Auseinandersetzungsprozesses herausgearbeitet. Während bei den Bezugspersonen von behinderten Kindern im Altersbereich von der frühen Kindheit bis ins Jugendalter ein zunehmendes Repertoire an aktiven Problemlösestrategien zu beobachten war, zeigten sich in den späteren Jahren, wenn die Grenzen des durch die Förderung Erreichbaren deutlicher werden, vermehrt Anpassungsstrategien.

Zentrale Herausforderungen liegen für Eltern behinderter Kinder im Bereich der sozialen Beziehungen. In Anbetracht der sozialen Dimension des Phänomens Behinderung ist davon auszugehen, dass ein wesentlicher Teil der besonderen Belastungen der Eltern nicht direkt auf die Schädigung des Kindes zurückzuführen ist, sondern durch soziale Rahmenbedingungen und negative gesellschaftliche Einstellungen hervorgerufen wird. Eltern teilen in der Regel die Einstellungen der Gesellschaft, der sie zugehören. Für die Anpassung an ihre neue Lebenssituation als Eltern eines behinderten Kindes ist es daher erforderlich, dass sie sich intensiv mit den gesellschaftlichen Normen und Werten auseinandersetzen und eine eigene Position finden, die auch Schwäche und Unvermögen integriert. Im Verlaufe dieses Prozesses der Neuorientierung hinsichtlich eigener Einstellungen und Werthaltungen und im Zusammenhang mit dem Vertrautwerden mit der Individualität des eigenen Kindes verändert sich die subjektive Bedeutung der Diagnose für die Eltern. Im günstigen Fall treten die defizitären Zuschreibungen in den Hintergrund und die persönlichen Eigenarten und die individuellen Fortschritte des Kindes gewinnen an Bedeutung. Hierin liegt eine wichtige Basis für ein neues befriedigendes elterliches Selbstverständnis.

Die Frage der Perspektive

In Wissenschaft und Forschung zur Situation von Familien behinderter Kinder hat sich in den vergangenen 20 Jahren – angestoßen durch die Elternselbsthilfe und die Empowermentbewegung – ein Perspektivenwechsel vollzogen. Während bis in die 1990er Jahre oft einseitig die Belastungen der Eltern behinderter Kinder und die Störungen ihres psychosozialen Gleichgewichtes im Zentrum wissenschaftlicher Untersuchungen standen, lässt sich in der letzten Zeit eine zunehmende Fokussierung der Fachleute und Wissenschaftler auf die Stärken und Ressourcen der Familien beobachten. In der empirischen Forschung wurde der Blick verstärkt auf positive Erfahrungen der Eltern und eine konstruktive Bewältigung ihrer veränderten Lebenssituation gerichtet. In mehreren neueren Studien wurde gezielt nach positiven Erfahrungen und dem persönlichen Gewinn der Eltern durch ihre besonderen Erfahrungen mit ihrem behinderten Kind gefragt (vgl. z.B. Stainton/Besser 1998; Taunt/Hastings 2002). Hierbei konnte eine Reihe von interessanten Ergebnissen gewonnen werden. So wurde deutlich, dass die familiären Belastungen und die positiven Gefühle der Eltern relativ unabhängige Dimensionen darstellen. Erhöhter Stress ist also nicht unbedingt mit weniger positiven Gefühlen verbunden (vgl. Hastings/Taunt 2002). Die von den Eltern geschilderten positiven Effekte beziehen sich vor allem auf ihre direkte Freude am behinderten Kind, auf ihre eigene persönliche Weiterentwicklung und auf positive Einflüsse auf die zwischenmenschlichen Beziehungen.

Die Erfahrungen von persönlichem Gewinn durch das Zusammenleben mit dem behinderten Kind entwickeln sich in einem Prozess der Anpassung und Umorientierung, in dem es gelingt, die Behinderung in das eigene Leben zu integrieren (vgl. Hackenberg 1998). Dieser Prozess ist jedoch niemals ganz abgeschlossen. Denn auch bei einer günstigen Familienentwicklung und einer effektiven Auseinandersetzung der Eltern tauchen mit der Entwicklung des behinderten Kindes – oftmals im Zusammenhang mit Schwellensituationen wie Kindergarteneintritt, Einschulung oder Auszug aus dem Elternhaus – immer wieder neue Herausforderungen und Probleme auf, die jeweils neue Lösungen auf praktischer, emotionaler und kognitiver Ebene erfordern.

Die Betonung der Stärken von Familien und von elterlichem Erleben positiver Auswirkungen eines behinderten Kindes dient dem Anliegen, der lange tradierten defizitorientierten Perspektive ein konstruktiveres Bild gegenüberzustellen. Hiermit erfahren die Anpassungsleistungen der Eltern eine angemessene Aufmerksamkeit und Anerkennung. Dennoch dürfen dabei die gravierenden Belastungen der Familien nicht bagatellisiert werden. Sonst bestünde die Gefahr, dass die positiven Entwicklungswege normativen Charakter erhalten und hieraus für andere Eltern behinderter Kinder ein zusätzlicher Erwartungsdruck oder Versagensgefühle entstehen könnten. Nicht dem Idealbild von positiv eingestellten und erfolgreich die Situation bewältigenden Eltern zu entsprechen, würde zu einer zusätzlichen Belastung werden (vgl. Saetersdal 1997). In einer zeitgemäßen Sonderpädagogik sind beide Perspektiven zu berücksichtigen. Neben dem Blick auf die verstärkten Belastungen und den besonderen Unterstützungsbedarf von Eltern behinderter Kinder müssen die positiven Effekte auf das Familienleben beachtet und weiter erkundet werden. Doch welche Strategien der Auseinandersetzung sind für die Eltern behinderter Kinder eher hilfreich, welche weniger?

Strategien positiver Bewältigung

Wenn es um den Erfolg der Auseinandersetzung mit belastenden Erlebnissen oder mit Lebenskrisen geht, muss zunächst die Frage nach den Kriterien des Bewältigungserfolgs erörtert werden. Nach einem ursprünglichen Verzicht auf Bewertungen von Bewältigungsstrategien im Rahmen der Stresstheorie wird in der neueren Copingforschung den subjektiven Einschätzungen durch die betroffenen Personen ein entscheidender Stellenwert zugesprochen. Entsprechend greifen auch Forschungsarbeiten zur Bewältigung von Eltern behinderter Kinder hinsichtlich der Frage des Erfolgs der Bewältigungsbemühungen überwiegend auf die Selbsteinschätzungen betroffener Eltern zurück (vgl. Hackenberg 2008). Neuere Untersuchungen im englischsprachigen Raum konnten eine Reihe von elterlichen Strategien und Persönlichkeitsmerkmalen identifizieren, die mit einer subjektiv erfolgreichen Bewältigung in Zusammenhang stehen. Dabei fällt auf, dass hilfreiche Bewältigungsstrategien sich oftmals mit den Ressourcen, die der Familie zur Verfügung stehen, überschneiden. Es handelt sich um ein untereinander vernetztes Geflecht von günstigen Bedingungen und erfolgreichen Handlungsansätzen.
In der groß angelegten Fragebogenstudie von Wilgosh et al. (2000) wurden Zusammenhänge zwischen einer von den Eltern als erfolgreich eingeschätzten Bewältigung einerseits und ihren Lebensstrategien, Persönlichkeitsmerkmalen und Erfahrungen persönlicher Veränderung andererseits herausgearbeitet (vgl. Tab. 1). Günstige elterliche Strategien im Umgang mit der Lebenskrise der Behinderung liegen vor allem in eigenen Umorientierungen, die zu einer Wertschätzung der veränderten Elternrolle und der individuellen Entwicklung des behinderten Kindes führen. Weiterhin spielen die Gewinnung und effektive Nutzung von Ressourcen eine große Rolle, sowohl innerhalb der Familie als auch in der Zusammenarbeit mit dem Hilfesystem. Auch persönliche Eigenschaften der Eltern sind für einen als erfolgreich erlebten Umgang mit der kindlichen Behinderung von Bedeutung. So erleichtern eine optimistische und flexible Haltung, Vertrauen in die eigenen Kräfte und diejenigen anderer Menschen sowie die Fähigkeit zu rationalen Entscheidungen die elterliche Bewältigung. Die persönlichen Veränderungen, die Eltern an sich selbst im Verlaufe der Auseinandersetzung mit der Behinderung ihres Kindes erleben, werden oftmals als Gewinn erlebt. Diese neu erworbenen Kompetenzen

1. Lebensstrategien der Eltern

Umgewichtung (Reframing)

- Umgewichtung des Bildes vom Kind (Wertschätzung des Kindes als Gewinn für die Familie, Stolz auf seine Entwicklung)
- Umgewichtung des Bildes von der eigenen Elternrolle (Wertschätzung von Durchsetzungsfähigkeit, Vertrauen in die eigenen Kompetenzen im Umgang mit dem Kind)
- Umgewichtung in der Lebensplanung (Gewinn an Flexibilität in der Alltagsplanung)

Umgang mit familiären Rollen und Verantwortlichkeiten

- Partnerschaft als Ressource nutzen
- Abgrenzung gegenüber externen Erwartungen
- Sicherstellung der elterlichen Gesundheit in körperlicher und seelischer Hinsicht
- Ausgleich von Zeit und Zuwendung zwischen allen Kindern der Familie
- Wohlbefinden mit dem behinderten Kind in der Öffentlichkeit gewinnen

Nutzung von Ressourcen

- Entwicklung von Fähigkeiten zur Zusammenarbeit mit professionellen Helfern
- Entwicklung von Strategien zur Informationsgewinnung

2. Persönlichkeitsmerkmale der Eltern

Persönlichkeitseigenschaften (Geduld, Optimismus, Entschlusskraft, Lernbereitschaft, Humor, Flexibilität)

Entscheidungstechniken (Vertrauen in die Erfahrungen und Ratschläge anderer, Differenzierung zwischen emotionalen Reaktionen und rationalen Überlegungen)

Grundüberzeugungen (Kontrollüberzeugung, Glaube, Vertrauen in die eigenen Kräfte und die des Kindes)

3. Erleben von persönlichen Veränderungen

Veränderungen von Fähigkeiten und Fertigkeiten (Gewinnung von Kompetenzen im Einsatz für das Kind, von Anteilnahme und persönlicher Stärke)

Veränderungen der Bezogenheit (veränderte Lebensperspektive, Entwickeln neuer Werte)

Tab. 1: Strategien, Persönlichkeitsmerkmale und Entwicklungsprozesse von Eltern behinderter Kinder, die ihre Bewältigung als erfolgreich einschätzen (nach Wilgosh et al. 2000)

gehen als Ressourcen in die zukünftigen Bewältigungsprozesse bei neuen Herausforderungen ein.

Der Frage nach dem Einsatz unterschiedlicher Bewältigungsstrategien bei Eltern behinderter Kinder ging die Studie von Taanila et al. (2002) nach. Die Autoren stellten fest, dass die subjektiv erfolgreicheren Familien keine grundlegend anderen Strategien als die weniger erfolgreichen Familien einsetzten, sondern sie nutzten mehr und vor allem mehr unterschiedliche Strategien. Eine größere Flexibilität im Umgang mit unterschiedlichen Lösungsversuchen und die Mobilisierung verschiedener Ressourcen stehen also mit einer besser gelingenden Bewältigung der erhöhten Anforderungen in Zusammenhang. Ein großes Manko der bisherigen Forschung über die Bewältigungsprozesse von Eltern behinderter Kinder liegt in einer tendenziellen Mittelschichtorientierung vieler Studien. Dies schränkt die Verwendbarkeit der Ergebnisse für die Praxis der Begleitung von Familien mit behinderten Kindern, unter denen sozioökonomische Benachteiligungen gehäuft anzutreffen sind, deutlich ein. Weitere zielgruppenorientierte Forschung ist in diesem Gebiet dringend erforderlich.

Aufgaben der professionellen Unterstützung

Zentrale Bedeutung für eine erfolgreiche Bewältigung von kritischen Lebensereignissen kommt den zur Verfügung stehenden und den im Prozess der Auseinandersetzung gewonnenen Ressourcen zu. Die Beratung und Begleitung von Familien behinderter Kinder sollten von Anfang an auf die Stärkung ihrer Ressourcen ausgerichtet sein (vgl. Ziemen 2003). Hierbei sind neben Hilfen bei der Absicherung der materiellen Basis der Familie die personalen Ressourcen der Eltern, ihre familiären Beziehungen und das soziale Netzwerk zu berücksichtigen.
Bei der Übermittlung fachlicher Informationen zur Entwicklung und zu den Schwierigkeiten des Kindes, die nach der ersten Diagnosestellung die weiteren professionellen Kontakte begleiten, muss die Ebene der subjektiven Bedeutung für die Eltern immer mit reflektiert und bei Bedarf thematisiert werden (vgl. Krause 2005). Um die Eltern bei einer konstruktiven Auseinandersetzung mit der Behinderung ihres Kindes zu unterstützen, ist es erforderlich, sie bei der Überarbeitung ihrer Lebensentwürfe zu begleiten. Denn die Eltern stehen vor der Aufgabe, die besonderen Anforderungen nach Möglichkeit so in ihr bisheriges Lebenskonzept zu integrieren, dass eine zufriedenstellende Fortsetzung des eigenen Lebens (hinsichtlich Arbeit, Autonomie, Partnerschaft und Familienleben) oder sogar eine auch als Bereicherung erlebte Modifikation ihrer Lebensgestaltung gelingt.
Die Gestaltung der professionellen Helferbeziehung sollte zu einer Stärkung der Eltern beitragen. Im heute als richtungweisend angesehenen Kooperationsmodell wird ein gleichberechtigtes Verhältnis zwischen Eltern und Fachleuten angestrebt, in das beide Seiten ihre besonderen Kompetenzen einbringen: die Eltern als Spezialisten für ihr Kind, die Helfer als Spezialisten ihres Fachgebietes. Auf der Ba-

sis von Partnerschaftlichkeit und gegenseitiger Wertschätzung werden gemeinsam Lösungen für die Probleme und Anliegen der Familie erarbeitet. Hierbei müssen die professionellen Hilfeangebote individuell und flexibel auf die wechselnden Unterstützungserfordernisse der Eltern ausgerichtet werden. Gerade in Situationen des Übergangs im Familienzyklus stellen formelle Hilfeangebote eine große Entlastung dar, da die Familien hier Anforderungen gegenüberstehen, die ihre bisher erworbenen Routinen und Anpassungsleistungen oftmals übersteigen.
Ein weiterer bedeutender Pfeiler der Unterstützungsangebote für Familien behinderter Kinder ist die Elternselbsthilfe (vgl. Wilken/Jeltsch-Schudel 2003). Elterngruppen bedeuten eine wichtige Unterstützung, da die Eltern hier Informationen zu vielfältigen Fragen austauschen und die Erfahrung machen können, mit ihren Problemen und Sorgen nicht alleine dazustehen. Bei der wissenschaftlichen Auswertung eines amerikanischen „Eltern-helfen-Eltern-Programms" wurde festgestellt, dass Eltern, die den persönlichen Gewinn durch ihr behindertes Kind als hoch einschätzen und die über effektive Bewältigungsstrategien verfügen, eine wichtige Ressource für stärker belastete Familien darstellen (vgl. Singer et al. 1999).
Die professionellen Unterstützungsangebote sollten dazu beitragen, dass den Eltern langfristig eine konstruktive Auseinandersetzung mit der Diagnose der Behinderung gelingt und sie für sich und ihre Familie Möglichkeiten einer zufrieden stellenden Lebensgestaltung finden.

Literatur

Beck-Gernsheim, E. (1989): Mutterwerden – der Sprung in ein anderes Leben. Frankfurt/M. 1989.

Blacher, J.; Baker, B. L.: Positive Impact of Intellectual Disability on Families. In: American Journal on Mental Retardation, 112, 2007, 330–348.

Engelbert, A.: Behinderung im Hilfesystem: Zur Situation von Familien mit behinderten Kindern. In: Cloerkes, G. (Hg.): Wie man behindert wird. Heidelberg 2003, 209–223.

Grant, G.; Whittell, B.: Differentiated Coping Strategies in Families with Children or Adults with Intellectual Disabilities: The Relevance of Gender, Familiy Composition and the Life Span. In: Journal of Applied Research in Intellectual Disabilities, 13, 2000, 256–275.

Hackenberg, W.: Die psycho-soziale Situation von Geschwistern behinderter Kinder. Heidelberg 1983.

Hackenberg, W.: Integration der Behinderung – was bedeutet das für die Eltern behinderter Kinder? In: Vereinigung für Interdisziplinäre Frühförderung e.V. (Hg.): Frühförderung und Integration. Beiträge vom 9. Symposion Frühförderung in Köln 1997. München, Basel 1998.

Hackenberg, W.: Geschwister von Menschen mit Behinderung. Entwicklung, Risiken, Chancen. München, Basel 2008.

Hastings, R. P.; Taunt, H. M.: Positive Perceptions in Families of Children With Developmental Disabilities. In: American Journal on Mental Retardation 107, 2002, 116–127.

Hastings, R. P.; Beck, A.; Hill, C.: Positive Contributions Made by Children with an Intellectual Disability in the Familiy: Mother's and Father's Perceptions. In: Journal of Intellectual Disabilities, 9, 2005, 155–165.

Heiman, T.: Parents of Children With Disabilities: Resilience, Coping, and Future Expectations. Journal of Developmental and Physical Disabilities, 14, 2002, 159–171.

Hinze, D.: Väter und Mütter behinderter Kinder. Der Prozeß der Auseinandersetzung im Vergleich. Heidelberg 1991.

Krause, M. P.: Psychologische Aspekte der Diagnosemitteilung bei einem Entwicklungsproblem. In: Stahl, B.; Irblich, D. (Hg.): Diagnostik bei Menschen mit geistiger Behinderung. Göttingen, Bern, Toronto, Seattle 2005, 136–156.

Lindenberger, U.: Erwachsenenalter und Alter. In: Oerter, R.; Montada, L. (Hg.): Entwicklungspsychologie. Weinheim 2002[5], 350–391.

Nave-Herz, R.: Familie heute. Wandel der Familienstrukturen und Folgen für die Erziehung. Darmstadt 2002[2].

Risdal, D.; Singer, G. H. S.: Marital Adjustment in Parents of Children with Disabilities: A Historical Review and Meta-Analysis. In: Research and Practice for Persons with Severe Disabilities, 29, 2004, 95–103.

Saetersdal, B.: Forbidden Suffering: The Pollyanna Syndrome of the Disabled and Their Families. In: Family Process, 36, 1997, 431–435.

Seifert, M.: Was bedeutet ein geistig behindertes Kind für die Familie? In: Geistige Behinderung, 36, 1997, 237–250.

Singer, G. H. S.; Marquis, J.; Powers, L. K.; Blanchard, L.; Divenere, N.; Santelli, B.; Ainbinder, J. G.; Sharp, M.: A Multi-side Evaluation of Parent to Parent Porgrams for Parents of Children With Disabilities. In: Journal of Early Intervention, 22, 1999, 217–229.

Stainton, T.; Besser, H.: The Positive Impact of Children with an Intellectual Disability on the Family. In: Journal of Intellectual and Developmental Disability, 23, 1998, 57–70.

Taanila, A.; Syrjälä, L.; Kokkoonen, J.; Järvelin, M.-R.: Coping of Parents with Physically and/or Intellectually Disabled Children. Child: Care, Health and Development, 28, 2002, 73–86.

Taunt, H. M.; Hastings, R. P.: Positive Impact of Children with Developmental Disabilities on Their Families: A Preliminary Study. In: Education and Training in Mental Retardation and Developmental Disabilities, 37, 2002, 410–420.

Weiß, H.; Neuhäuser, G.; Sohns, A.: Soziale Arbeit in der Frühförderung und Sozialpädiatrie. München, Basel 2004.

Wilgosh, L.; Scorgie, K.; Fleming, D.: Effective Life Management in Parents of Children with Disabilities: A Survey Replication and Extension. In: Developmental Disabilities Bulletin, 28, 2000, 1–14.

Wilken, U.; Jeltsch-Schudel, B. (Hg.): Eltern behinderter Kinder. Empowerment – Kooperation – Beratung. Stuttgart 2003.

Ziemen, K.: Kompetenzen von Eltern behinderter Kinder. In: Frühförderung interdisziplinär, 22, 2003, 28–37.

Gotthilf Gerhard Hiller und Hicham Hmiza

Welchen „Marktwert" haben Hauptschulabschlüsse? Plädoyer für eine Diagnostik des attestierten Bildungskapitals

Vorbemerkung

„Pädagogische Diagnostik ist das Insgesamt von Erkenntnisbemühungen im Dienste aktueller pädagogischer Entscheidungen" (Klauer 1978, 5). Wie steht es um dieses „Insgesamt" von „Erkenntnisbemühungen" gut 30 Jahre später? Ist die Behauptung falsch, die Pädagogische Diagnostik beschränke sich nach wie vor nahezu ausschließlich auf eine Bestimmung der Qualität erreichter Leistungsstände von Individuen in Relation zu schulsystemimmanent definierten Leistungsnormen, die kritiklos hingenommen werden, auch wenn die Zunft sich seit Jahren nach Kräften darum bemüht, von einer die Defizite ihrer Klientel ermittelnden Platzierungsdiagnostik umzustellen auf eine nicht minder problematische Leistungsstands- und Förderungsdiagnostik, die vorgibt, sich eher für die bereits erworbenen Kompetenzen von lernenden Individuen und deren viel versprechende Dispositionen zu interessieren? Wäre es nicht längst an der Zeit, den diagnostischen Blick zu weiten und sich mit vergleichbarer Akribie zum Beispiel auch einer Diagnostik der Kompetenzen des Personals in Schulen und sonstigen pädagogischen Einrichtungen (vgl. dazu Hiller 2001) oder einer Diagnostik der Unterrichtsmethoden sowie der Lehr- und Lernmittel einschließlich ihrer Nebenwirkungen zuzuwenden, die in bestimmten Bildungsgängen Konjunktur haben?

Am Beispiel einer empirischen Studie zum Zusammenhang zwischen der Qualität von 439 tatsächlich erreichten Hauptschulabschlüssen, die im Jahr 2005 an zwölf Hauptschulen der Region Aalen/Schwäbisch Gmünd (Baden-Württemberg) zustande kamen, und den anschließend tatsächlich vollzogenen Übergängen dieser Schülerschaft in weiterführende Schulen und Berufsausbildungen wird im Folgenden demonstriert, zu welchen Befunden eine pädagogische Diagnostik gelangt, die das Anschlusspotential von Bildungskapital analysiert, das in einem umstrittenen Bildungsgang zu einem festgelegten Zeitpunkt in einer bestimmten Region attestiert wurde, und die sich somit als Diagnostik von Relationen in pädagogischen Feldern begreift .

Zum Kontext der Untersuchung

Wer nach dem „Marktwert" von Hauptschulabschlüssen fragt, möchte wissen, welche Wege in Erwerbsarbeit und Leben den Absolventinnen und Absolventen von Hauptschulbildungsgängen tatsächlich offenstehen, je nachdem, wie deren Abschlusszeugnis ausgefallen ist. Eine Möglichkeit, dies ziemlich genau zu prüfen, besteht darin, dass man die Qualität von erreichten Notenprofilen in tatsächlich zustande gekommenen Abschlusszeugnissen ins Verhältnis setzt zu den Anschlüssen, die diejenigen nachweislich erreichten, denen diese Zeugnisse ausgestellt wurden. Mit der Frage nach dem tatsächlichen „Marktwert" von Hauptschulabschlüssen wird also der Blick vom Abschluss des Bildungsgangs auf dessen Anschlusspotential umgestellt. Damit stellt sich im Blick auf die Hauptschulen die Frage, ob sie eher *abschlussfixiert* oder *anschlussorientiert* arbeiten. Gegebenenfalls wäre zu klären, wie „mehr Anschlussorientierung" in den Hauptschulen zu buchstabieren ist.

In Zusammenarbeit mit Gotthilf Gerhard Hiller hat Benjamin Richert eine erste Untersuchung dieser Art vorgelegt (Richert 2000). Sie wurde im Rahmen des Nürtinger Symposiums „1900 – 2000 Jahrhundert des Kindes" erstmals vorgestellt (Hiller/Richert 2000) und in einer gekürzten Fassung später noch einmal publiziert (Hiller 2006). Damals wurden die Notenprofile von 445 Hauptschulabschlüssen analysiert, die 1998 an zwölf Hauptschulen in Reutlingen und Umgebung zustande gekommen waren. Sie wurden fünf Güteklassen zugewiesen. Von 425 dieser Abgängerinnen und Abgänger war bekannt, wo sie im Herbst 1998 ihre schulische bzw. berufliche Ausbildung jeweils fortsetzten. Angesichts der damals ermittelten Befunde fiel die Bilanz ernüchternd aus: *„Die Hauptschulen agieren de facto in erster Linie als Zubringer zu den Berufsfachschulen – das ist ihr empirisch nachgewiesenes Ziel; und sie tun dies um den Preis der staatlich organisierten Verwahrlosung eines Fünftels ihrer Schülerschaft" (Hiller 2006, 29).*

Die zweite Untersuchung hat Hicham Hmiza durchgeführt (Hmiza 2007). Er konnte sich methodisch zwar an der Erstuntersuchung orientieren, doch die Auswertungsverfahren waren erstens dem inzwischen umgestalteten Hauptschulbildungsgang (Stichwort: Fächerverbünde) und der veränderten Hauptschulabschlussprüfung anzupassen. Außerdem war allgemein und speziell für die zu untersuchende Region zu prüfen, ob und gegebenenfalls wie sich die Chancen von Hauptschulabgängerinnen und -abgängern am Übergangsmarkt zwischenzeitlich verändert hatten. Aufgrund exakterer Datenbestände konnten in der Zweituntersuchung die Zusammenhänge zwischen den Güteklassen der vorliegenden Abschlusszeugnisse, den tatsächlich vollzogenen Übergängen und den damit verbundenen Risiken genauer dargestellt werden, als dies in der Erstuntersuchung möglich war.

Fragestellung, Anlage und Methodik der Untersuchung

Eine Untersuchung zum „Marktwert" von Hauptschulabschlüssen dient der Klärung folgender Fragen:

- Wie viele Hauptschulabschlüsse *welcher Qualität* sind an Hauptschulen einer ausgewählten Region am Ende eines bestimmten Schuljahres zustande gekommen?

- Welchen Weg haben die Absolvent/inn/en mit diesen Zeugnissen unmittelbar im Anschluss (also im Herbst des gleichen Jahres) eingeschlagen, freiwillig oder gezwungenermaßen?
- Mit welchen Risiken sind die eingeschlagenen Wege behaftet?

Aus diesen Fragen ergibt sich die Anlage der mehrteiligen Untersuchung:

Teil 1: Identifizierung der faktisch vorhandenen Anschlussmöglichkeiten für Abgängerinnen und Abgänger aus Hauptschulen allgemein und in der festgelegten Region.
Klärung der jeweiligen Zugangsvoraussetzungen/Anforderungsprofile allgemein und regionsspezifisch.
Typisierung der Anschlussmöglichkeiten und Ermittlung der dafür jeweils erforderlichen Zeugnisnoten.
Methoden: Dokumentenanalyse (Schulgesetz, Verordnungen des Kultusministeriums, Informationsschriften der Berufsberatung der Agentur für Arbeit, Statistiken der Kammern). Problemzentrierte Interviews mit den Fachleuten der Berufsberatung und der Kammern, die für die Region zuständig sind.

Teil 2: Beschaffung der anonymisierten Notenprofile von ca. 350 bis 450 Hauptschulabschlüssen, die in der festgelegten Region zum festgelegten Zeitpunkt zustande gekommen sind, jeweils mit Angabe, wo die/der Betreffende ihren/seinen Bildungs- bzw. Ausbildungsgang anschließend fortgesetzt hat.
Festlegung des Berechnungsmodus, mit dem für jedes Hauptschulabschlusszeugnis im Blick auf die Anforderungen von Ausbildungsbetrieben eine Güteklasse zuerkannt werden kann.
Ermittlung der Anzahl der Fälle pro Güteklasse, Darstellung und Bewertung der Befunde.
Festlegung eines Berechnungsmodus zur Feststellung eines generellen Karriere-Risikos aufgrund unzureichender Schulleistungen. Ermittlung der Anzahl generell riskanter Karrieren.
Methoden: Datenerhebung und -analyse

Teil 3: Ermittlung der Anzahl faktischer Übergänge in typisierte Anschlussmöglichkeiten.
Festlegung eines Berechnungsmodus zur Feststellung, ob der Übergang in weiterführende, schulische Bildungsgänge mit Risiken behaftet ist.
Ermittlung der Anzahl schulisch riskanter Anschlüsse.

Teil 4: Darstellung und Diskussion der Zusammenhänge zwischen den in den Hauptschulabschlüssen erreichten Güteklassen, den faktisch vollzogenen Übergängen und deren Risiken. Schlussfolgernde Empfehlungen

Hauptschulabsolventinnen und -absolventen im segmentierten „Übergangsmarkt"

Wer aus der Hauptschule entlassen wird, ist als Minderjähriger kraft Gesetzes gezwungen, seinen weiteren Weg in Erwerbsarbeit und Leben entweder in schulischen Bildungsgängen fortzusetzen oder eine Berufsausbildung zu absolvieren. De jure ist Hauptschulabsolventen weder das unmittelbare Überwechseln in ein Beschäftigungsverhältnis noch das einfache Verbleiben in der häuslichen Gemeinschaft gestattet.

Die faktisch vorhandenen Anschlussmöglichkeiten lassen sich zu fünf Kategorien bündeln.
Die Analyse dieser Kategorien wird hier stark verkürzt referiert (Genaueres dazu in Hmiza 2007, 9–16). Es zeigt sich, dass es für vier dieser fünf Wege teils sehr spezifische Zugangsvoraussetzungen oder Anforderungsprofile gibt. Im Folgenden wird insbesondere dargestellt, welche Rolle das Hauptschulabschlusszeugnis bzw. die erreichten Zensuren in bestimmten Fächer(kombinatione)n aus bereits früher erteilten Zeugnissen jeweils spielen.

Die Werkrealschule

Wer in die Werkrealschule (im Folgenden WRS) überwechseln will, um dort binnen einen Jahres einen Mittleren Abschluss zu erreichen, muss gemäß Versetzungsordnung am entsprechenden Zusatzunterricht ab Klasse 8 teilgenommen und im Halbjahreszeugnis der Klasse 9 einen Durchschnitt von 2,4 aus den Fächern Deutsch, Mathematik, Englisch *und* der jeweils besten Note aus Physik bzw. Biologie/Chemie *und* Technik bzw. HTW oder Informatik/Wirtschaftslehre erreicht haben. Wo anstelle der genannten Einzelfächer in den Zeugnissen nur noch Noten für so genannte Fächerverbünde auftauchen, wird die jeweils bessere Note aus den Verbünden Materie-Natur-Technik (MNT)/Wirtschaft-Arbeit-Gesundheit (WAG) bzw. Welt-Zeit-Gesellschaft (WZG)/Musik-Sport-Gestalten (MSG) zur Errechnung des Durchschnitts herangezogen Die Versetzungsordnung sieht allerdings vor, dass auch Schüler, die erst im Abschlusszeugnis der Hauptschule die geforderten Voraussetzungen erfüllen, die Klasse 10 ebenfalls besuchen können.

Die zweijährigen Berufsfachschulen

Wer nach Klasse 9 in eine zweijährige Berufsfachschule (künftig: 2jBFS) überwechseln will, um dort die Fachschulreife zu erlangen, muss gemäß Ausbildungs- und Prüfungsverordnung nachweisen, dass er im *Hauptschulabschlusszeugnis* in den Fächern Deutsch, Englisch und Mathematik einen Schnitt von 3,0 erreicht hat, wobei die Note in Deutsch mindestens „befriedigend" sein muss. De facto müssen sich die Bewerber jedoch bereits mit dem *Halbjahreszeugnis* aus Klasse 9 an diesen Schulen anmelden und dabei den Nachweis führen, dass sie die geforderten

Noten erreicht haben. Sie erhalten dann die vorläufige Zusage eines Schulplatzes. Dabei wird unterstellt, dass sie auch im Abschlusszeugnis die erforderlichen Noten nachweisen können. Ist dies nicht der Fall, können sie nicht in diesen Bildungsgang aufgenommen werden. Dies hat dramatische Folgen für diejenigen, deren Leistungen sich im zweiten Halbjahr so verschlechtern, dass ihnen die vorläufige Zusage nichts mehr nützt. Sie haben dann weder einen Platz in einer weiterführenden Schule noch einen Ausbildungsvertrag und müssen deshalb zwangsläufig ein Berufsvorbereitungsjahr besuchen. Umgekehrt haben diejenigen, die sich mit dem Halbjahreszeugnis aufgrund unzureichender Leistungen nicht anmelden konnten, jedoch im Abschlusszeugnis die erforderlichen Noten doch noch erreichen, nur in Ausnahmefällen die Chance, einen Platz in einer solchen zweijährigen Berufsfachschule zu erlangen. Auf sich alleine gestellt, gelingt es ihnen in aller Regel nicht, während der Sommerpause diejenigen Schulen ausfindig zu machen, die noch offene Plätze haben. Auch sie landen zwangsläufig in einem Berufsvorbereitungs- bzw. Berufseinstiegsjahr (BVJ/BEJ). Es wurde deshalb geprüft, in wie vielen Fällen die Zeugnisse von Überwechslern ins BVJ/BEJ zumindest formal zum Besuch einer 2jBFS berechtigt hätten.

Über zweijährige Berufsfachschulen erlangen leistungsfähige Hauptschülerinnen und -schüler den Zugang zu beruflichen Gymnasien und damit zur allgemeinen Hochschulreife. Oder sie können anschließend über ein Berufskolleg die Fachhochschulreife erwerben. Zweijährige Berufsfachschulen gibt es in den folgenden Fachrichtungen:

Gewerblich-technisch mit den Berufsfeldern
Metalltechnik (M)
Elektrotechnik (E)
Bautechnik/Holztechnik (B)
Nahrung/Textiltechnik (N)
Kaufmännisch (Wirtschaftschule)
Hauswirtschaftlich- sozialpädagogisch
Gesundheit und Pflege
Landwirtschaft
Ökologie

Wenn ein Hauptschüler nach der zweijährigen Berufsfachschule eine betriebliche Ausbildung in einer dieser Fachrichtungen beginnt, *kann* ihm ein Jahr auf die Ausbildungszeit angerechnet werden. De facto kommt es jedoch nur in Ausnahmefällen zu solchen vorab vertraglich zugesicherten Ausbildungsverkürzungen.

Die Berufsausbildung

> *„'Hinter' den scharf durch Notenschnitte begrenzten Zugangsmöglichkeiten zu weiterführenden Schulen liegt das angeblich weite Feld der betrieb-*

lichen Ausbildungen. Sieht man sich jedoch genauer an, welche Ausbildungen für Hauptschüler/innen tatsächlich offenstehen, so zeigt sich, dass dieser Ausbildungsmarkt deutlich segmentiert ist.“ (Hiller 2006, 25)

Diesem Zitat aus dem Bericht über die Reutlinger Erstuntersuchung haben alle Fachleute zugestimmt, die im Rahmen der Zweituntersuchung im Jahr 2006 zu den Chancen von Hauptschülerinnen und -schülern am aktuellen Ausbildungsmarkt befragt wurden. Die *absolute* Zahl der Ausbildungsplätze ist zwar in Deutschland in den Jahren seit 2000 kaum zurückgegangen (vgl. dazu Kammerer 2006, 199 sowie den Berufsbildungsbericht 2006). Deutlich gestiegen ist jedoch die Nachfrage. Außerdem wurden die Anforderungen an alle Bewerberinnen und Bewerber deutlich anspruchsvoller. Dies gilt insbesondere für die Mehrzahl der Berufe in der Regie der Industrie- und Handelskammern. Dort nimmt die Zahl jener Berufe laufend zu, für die mindestens der Realschulabschluss, wenn nicht die Fachhochschulreife oder gar das Abitur zur faktischen Eingangsvoraussetzung geworden sind. Hauptschüler haben keine Chance, direkt in solche Berufsausbildungen zu gelangen. Dies gilt zum Beispiel für alle IT-Berufe.

Das Segment der Ausbildungsberufe, zu dem Hauptschüler Zugang haben, wird somit zunehmend kleiner. Für Hauptschülerinnen gilt dies in noch viel schärferer Weise.

Was die Zugangsvoraussetzungen zu betrieblichen Ausbildungen betrifft, hat sich seit der Reutlinger Erstuntersuchung – so die befragten Experten – nichts Wesentliches geändert.
Dort wurde ausgeführt:
„[Es] lassen sich (...) drei Kategorien unterscheiden:
• die „begehrten“ Ausbildungsberufe
Dazu zählen vor allem der Kfz-Mechaniker, die Industriemechaniker in Großbetrieben mit eigenen Ausbildungszentren, die Arzt- und Zahnarzthelferin sowie der Kaufmann/die Kauffrau in renommierten Betrieben des Einzelhandels. In diesen Fällen entscheidet der großen Nachfrage wegen die schriftliche Bewerbung darüber, ob man zum Vorstellungsgespräch (und Eignungstest) eingeladen wird oder nicht. Das beigefügte Zeugnis sollte in den wichtigen Fächern (Mathematik, Deutsch, Englisch bzw. Technik oder Naturwissenschaften) mindestens einmal die Note 2 enthalten, in den weiteren genannten Fächern sollte die Note 3 nicht unterschritten sein. Von Vorteil ist außerdem, wenn man aus einem zuvor abgeleisteten Praktikum einen positiven Eindruck in demjenigen Betrieb hinterlassen hat, bei dem man sich bewirbt. Zugespitzt formuliert, fungiert hier das Jahreszeugnis aus Klasse 8 bestenfalls als Eintrittskarte zum Bewerbergespräch.

• die „meist besetzten“ Ausbildungsberufe
Von allen Fachleuten wird betont, dass bei der Vergabe dieser Ausbildungsplätze die nachgewiesenen Schulleistungen nur von eingeschränkter Bedeutung sind, man

hält sie für eher „weiche“ Informationen. Sehr viel mehr komme es darauf an, wie die Bewerberin, der Bewerber innerhalb eines Praktikums oder einer Probewoche auftrete und mitarbeite. Es werde zwar erwartet, dass die Noten in den jeweils relevanten Fächern im Schnitt im „befriedigenden“ Bereich lägen, aber Ausnahmen gebe es immer wieder. Im Normalfall finde auch hier das Jahreszeugnis der Klasse 8, seltener die Halbjahresinformation der Klasse 9 Beachtung; insbesondere halte man die „Kopfnoten“ in Betragen und Mitarbeit für wichtige Indikatoren bezüglich der Arbeitstugenden, die ein Jugendlicher mitbringe. Das Abschlusszeugnis der Hauptschule spiele keine wichtige Rolle, denn die Jugendlichen bewerben sich um ihren Ausbildungsplatz bereits anfangs des Jahres vor Ausbildungsbeginn. Wiederholt erhielten wir Hinweise darauf, dass man im Handwerk am ehesten bereit ist, den Hauptschülerinnen und Hauptschülern weitere Entwicklungschancen einzuräumen: „Im Handwerk geht es halt noch relativ sozial zu, und es entscheiden mehr die persönlichen Eindrücke“, heißt es da. Oder auch: „Die Handwerksbetriebe stehen zu ihren Lehrlingen“, auch wenn sich Schwierigkeiten in den theoretischen Fächern der Berufsschulen zeigen; mit Ausbildungsbegleitenden Hilfen (AbH) habe man in solchen Fällen gute Erfahrungen gemacht.

• *die „weniger attraktiven“ oder „unbesetzten“ Ausbildungsberufe*
(...) Wer in den wichtigen Fächern einmal die Note „ausreichend“ bei sonst befriedigenden Leistungen nachweise, werde meist akzeptiert“ (Hiller 2006, 26).

Die einjährige Berufsfachschule

In folgenden Berufsfeldern des Handwerks sind solche Berufsfachschulen (künftig: 1jBFS) eingerichtet:

* Metalltechnik	* Drucktechnik
* Elektrotechnik	* Farbtechnik und Raumgestaltung
* Bautechnik	* Körperpflege
* Holztechnik	* Ernährung und Hauswirtschaft
*Textiltechnik / Bekleidung	* Radio- und Fernsehtechnik

Sie bieten die Grundstufe der entsprechenden Berufsbildung an und gelten deshalb zugleich als erstes Ausbildungsjahr. Um in diese einjährigen Berufsfachschulen einzutreten, ist der Abschluss eines Vorvertrags oder eine schriftliche Ausbildungszusage notwendig. Mit ausreichenden Leistungen in allen Fächern und einer bestandenen Fachpraktischen Prüfung haben die Schüler diese Schule mit Erfolg abgeschlossen. Sie führen anschließend ihre Ausbildung im zweiten Lehrjahr in dualer Form weiter. Immer wieder kommt es jedoch vor, dass Hauptschüler auch ohne einen solchen Vorvertrag oder eine entsprechende Ausbildungszusage in einjährige Berufsfachschulen aufgenommen werden. Dies geschieht in der Regel dann, wenn in diesen Schulen Plätze frei bleiben und die nachrückenden Bewerber aufgrund ihrer Noten im Hauptschulabschlusszeugnis erwarten lassen, dass sie diese Schule erfolgreich durchlaufen. So gesehen stellt der Besuch einer einjährigen Berufsfachschule für die eine oder den anderen eine überdenkenswerte Alternative zum Besuch eines Berufseinstiegs- oder -vorbereitungsjahres dar, zu dem sie oder er ansonsten gezwungen wären. Es hängt dann allerdings viel davon ab, ob die Betreffenden im Lauf dieses Schuljahres einen Betrieb finden, in dem sie anschließend ihre Ausbildung fortsetzen können.

Das Berufseinstiegs- bzw. -vorbereitungsjahr (BEJ bzw. BVJ)

> *„Das Berufsvorbereitungsjahr ist Pflichtschule für alle Hauptschüler/innen, die noch nicht volljährig sind und sonst nirgendwo unterkommen konnten"* (Hiller 2006, 27).

Das BVJ wurde in den 80er-Jahren des letzten Jahrhunderts eingerichtet, um spezifischen Gruppen von Jugendlichen die Erfüllung ihrer Berufsschulpflicht zu ermöglichen und ihnen ein schulisches Angebot zur Verbesserung ihrer Berufsausbildungsfähigkeit zu machen, nachdem diese in den allgemein bildenden Schulen nicht erreicht werden konnte. Zu diesen Gruppen zählten schulisch erfolglose Jugendliche und junge Erwachsene, oft mit belasteten Lebensgeschichten und in brisanten Lebenslagen (Kinder aus sozial und ökonomisch schwachen Familien, Migranten, Flüchtlinge). Meist waren es Jugendliche mit schlechtem Hauptschulabschluss, hinzu kamen Abbrecher aus Hauptschulen, Realschulen und Gymnasien sowie Sonderschüler mit und ohne Schulfremdenprüfung.

Weil in den letzten Jahren die Zahl derer ständig wuchs, die zwar einen Hauptschulabschluss erworben hatten, jedoch anschließend damit weder in eine weiterführende Schule noch in ein Ausbildungsverhältnis gelangten, wird für diese Gruppe Jugendlicher seit dem Schuljahr 2006/07 ein „Berufseinstiegsjahr" angeboten. Seither haben zum BVJ nur noch diejenigen Zugang, die keinen Hauptschulabschluss erreichen konnten. Wer das BEJ besucht, erfüllt seine Berufsschulpflicht. Erst danach steht er dem Arbeitsmarkt zur Verfügung und wird folglich erst dann zu einem „Fall", um den sich die Jobcenter bzw. die Arbeitsgemeinschaften der Kommunen und der Agentur für Arbeit zu kümmern haben. Dass allerdings auch Jugendliche, die gute und befriedigende Leistungen in ihren zuvor besuchten Hauptschulen gezeigt haben, mangels Alternativen zum Besuch solcher Berufseinstiegsjahre gezwungen werden, ist ein Skandal.

Schon aus dieser groben Skizze der fünf wichtigsten Anschlussmöglichkeiten für Hauptschülerinnen und Hauptschüler wird ersichtlich, dass man eine Fülle von Detailinformationen benötigt, um im Einzelfall eine qualifizierte Übergangsberatung leisten zu können. Hinzu kommt, dass dieses Übergangssystem in den letzten Jahren fortgesetzten Veränderungen unterworfen war, zum Beispiel durch die Umorganisation der Agentur für Arbeit und deren neues Fachkonzept bezüglich der Berufsvorbereitenden Bildungsmaßnahmen (Bundesagentur 2004). Aber auch hinsichtlich der schulischen Bildungsgänge gibt es fortgesetzt Neuerungen: So wurden bereits vor einigen Jahren so genannte „Kooperationsklassen" für leistungsschwächere Schüler geschaffen. Dabei handelt es sich um zweijährige Bildungsgänge, die in Zusammenarbeit von Haupt- und/oder Förderschulen mit Berufsschulen für Schüler ab Klasse 9 in den allgemeinbildenden Schulen angeboten und im 10. Schuljahr (anstelle eines Berufsvorbereitungsjahres) in der Berufsschule fortgeführt werden. Ob es einjährige Berufsfachschulen für bestimmte Berufsfelder in den verschiedenen Regionen des Landes gibt oder nicht, wird jährlich neu durch die Kammern für deren Einzugsbereiche entschieden. Die Hauptschullehrerschaft benötigt deshalb genaue und aktuelle Kenntnisse bezüglich der *konkreten Ausgestaltung* dieses Übergangssystems *vor Ort* und damit auch bezüglich der tatsächlichen Anforderungsprofile, die für die beschriebenen Anschlüsse jeweils gelten.

Die Recherchen in der Region Aalen/Schwäbisch Gmünd ergaben, dass alle oben beschriebenen Übergangsmöglichkeiten für Hauptschüler in dieser Region institutionalisiert sind. Lediglich die folgenden Präzisierungen wurden hervorgehoben:

Alle Hauptschulen im Land dürfen die Bezeichnung „Hauptschule mit Werkrealschule" führen, wenn sie (Zusatz-)Unterricht erteilen, der zu einem dem Realschulabschluss gleichwertigen Abschluss führt. *De facto wird das 10. Schuljahr jedoch nur an zwei Hauptschulen der Region angeboten.*

Bezüglich des *Zugangs zu den einjährigen Berufsfachschulen* wurde mitgeteilt, dass in die Berufsfachschulen für Holz- und Farbtechnik ausschließlich Schülerinnen und Schüler mit Vorverträgen aufgenommen werden. In den übrigen einjährigen Berufsfachschulen der Region gebe es etwa 60 Schüler, die definitiv keinen Vorvertrag besäßen. In den einjährigen Berufsfachschulen für die Berufsfelder Sanitär, Kfz und Friseur habe jeweils etwa ein Drittel keinen Vorvertrag. Gleichwohl gelten die einjährigen Berufsfachschulen nicht als reguläres Angebot für Hauptschulabsolventen. Lediglich die drei Berufsfachschulen für Hauswirtschaft seien reguläre Berufsfachschulen für Hauptschüler, in die ohne Vorvertrag aufgenommen werde.

Als *Alternative zum Besuch eines Berufsvorbereitungsjahrs* gebe es die zweijährige Berufsfachschule für Büro und Handel eines privaten Trägers. Dieses Angebot werde hauptsächlich von Mädchen wahrgenommen. Diese Fachschule vermittelt Kenntnisse im allgemein bildenden Bereich (Deutsch, Englisch, Gemeinschaftskunde, Sport, Ethik) sowie in Handlungsorientierter Betriebswirtschaftslehre mit Rechnungswesen, in Textverarbeitung, und sie bietet Fachpraxis für Büro und Handel an. Diese Schule führt jedoch zu keinem offiziell anerkannten Abschluss. Die Schulgebühren belaufen sich auf 23 Monatsraten à 50 Euro zuzüglich einer Anmeldegebühr in Höhe von 65 Euro.

Die neu konzeptualisierte berufsvorbereitende Bildungsmaßnahme „Einstiegsqualifizierung Jugendlicher" (EQJ) der Arbeitsagentur stellt nach Auffassung der Berufsberatung für Hauptschulabsolventen in der Regel keine Alternative zum Be-

such eines Berufsvorbereitungsjahres dar. Denn die Agentur für Arbeit vertrete den Standpunkt, dass Hauptschulabsolventen zunächst berufsschulpflichtig sind. Deshalb sei für diesen Personenkreis die Berufsschule und nicht die Arbeitsagentur zuständig. Erst nach dem Besuch eines Berufsvorbereitungsjahres komme EQJ für Hauptschüler in Frage. Dabei handelt es sich um ein betriebliches Praktikum von bis zu 12 Monaten Dauer, in dem Grundkenntnisse in einem anerkannten Ausbildungsberuf vermittelt werden. Der Praktikant erhält in der Regel 192 Euro aus Mitteln der Arbeitsagentur, die zugleich dem Betrieb die Sozialabgaben für den Praktikanten vergütet. Die sonstigen Sach- und Personalkosten trägt das Unternehmen. Ziel dieser Maßnahme ist es, leistungsschwächere Schüler in Ausbildungsstellen zu vermitteln. Der erfolgreiche EQJ-Abschluss wird durch die IHK zertifiziert.
EQJ wird in folgenden Berufsfeldern angeboten: Bau, Wirtschaft und Verwaltung, Handel, Gastgewerbe (Speisenvorbereitung oder Service), Lagerlogistik, Metall, Textil, Druck und Elektrotechnik (vgl. Kammerer 2006, 105f).

Der Vertreter der Berufsberatung machte unmissverständlich deutlich, dass Hauptschüler im Bereich von Industrie und Handel gegenüber schulisch besser Qualifizierten kaum eine Chance haben. Es gebe dort schätzungsweise 100 Berufe, zu denen Hauptschüler keinen Zugang erlangen. So reichen zum Beispiel die Kenntnisse eines Hauptschülers mit einem Durchschnitt seiner Gesamtleistungen im Hauptschulabschlusszeugnis von 1,7 nicht aus, um eine IT-Ausbildung erfolgreich durchzustehen. Auch in vielen anderen Berufsausbildungsgängen, die im Zuständigkeitsbereich der IHK liegen, können Hauptschülerinnen und -schüler trotz guter Leistungen in Englisch und Mathematik nicht mithalten, weil dort die Anforderungen einfach zu hoch sind. Im Übrigen geraten sie in solchen Ausbildungen in Konkurrenz zu Realschülern, die selbst zu kämpfen haben, weil die Betriebe für die anspruchsvolleren Ausbildungen vermehrt auf Schüler mit Fachhochschulreife und Abitur zurückgreifen können.

Wie es tatsächlich um die Chancen von Hauptschulabsolventen *im Bereich der IHK Ostwürttemberg* bestellt ist, macht deren Ausbildungsstatistik für das Jahr 2005 sehr deutlich. Aus dieser geht hervor, dass im Ostalbkreis bis zum 31.12.2005 insgesamt 1210 neue IHK-Ausbildungsverträge abgeschlossen worden waren, davon entfielen nur 343 auf Jugendliche mit einem Hauptschulabschluss. Das sind 28,3 Prozent der Gesamtsumme. Vergleicht man diesen Befund mit den entsprechenden Daten der Reutlinger Erstuntersuchung, so stellt man fest, dass für Hauptschüler im Ostalbkreis sieben Jahren später die Zugangschancen zu IHK-Berufsausbildungen etwas besser sind. Die Statistik der IHK Reutlingen aus dem Jahr 1998 zählte 1460 neu abgeschlossene Ausbildungsverträge, davon entfielen 265 (18,2 Prozent) auf Jugendliche mit einem Hauptschulabschluss.

Wie schwer es für Hauptschulabsolventinnen und -absolventen ist, in diesen Ausbildungsteilmarkt überhaupt hineinzukommen, zeigt die folgende Tabelle. In ihr sind *nur* jene Berufe erfasst, in denen Jugendliche aus Hauptschulen tatsächlich einen

Ausbildungsvertrag erlangen konnten. Aus dem Verhältnis der Gesamtzahl der in diesen Berufen jeweils zustande gekommenen Ausbildungsverträge zur Anzahl der Verträge, die mit ehemaligen Hauptschülern abgeschlossen wurden, ergibt sich ein verlässlicher Indikator für das Ausmaß an Zugangschancen, die Hauptschüler in den aufgeführten Berufen haben.

Auszubildende im Ostalbkreis mit neu abgeschlossenem IHK-Ausbildungsvertrag im Jahr 2005

(dargestellt sind nur die Berufe, in denen Auszubildende mit Hauptschulabschluss vorkommen)
(Quelle: Statistik IHK Ostwürttemberg 2005)

Ausbildungsberufe	Anzahl insgesamt	davon aus Hauptschulen	**Ausbildungsberufe**	Anzahl insgesamt	davon aus Hauptschulen
Gewerbliche Ausbildungsberufe			Übertrag Spalte 1		152
Metalltechnik			***Leder, Textil, Bekleidung***		
Anlagenmechaniker/in	3	1	Modenäher/in	12	3
Fachkraft für Veranstaltungstechnik	4	1	Modeschneider/in	10	6
Gießereimechaniker/in	15	11	Produktveredler/in-Textil	3	2
Industriemechaniker/in	102	33	***Glas, Keramik, Schmuck und Edelsteine***		
Industriemechaniker/ in Geräte und Feinwerktechnik	2	2	Feinoptiker/in	8	1
Industriemechaniker/in Maschinen und Systemtechnik	9	6	***Gewerbliche Sonderberufe nach § 48 BBiG***		
Karosserie und Fahrzeugbaumechaniker	2	2	Modeteilnäher/in	3	1
Konstruktions mechaniker/in	14	10	***Kaufmännische Ausbildungsberufe***		
Kraftfahrzeugmechatroniker/in	10	1	***Industrie***		
Mechatroniker/in	42	2	Industriekaufmann/Kauffrau	118	2
Modellbaumechaniker/in	2	1	***Handel***		
Oberflächenbeschichter/in	4	1	Automobilkaufmann	24	1
Teilezurichter/in	3	1	Fachlagerist/in	14	11
Verfahrensmechaniker/in der Hütten- und Halbzeugindustrie	3	2	Florist/in	8	6
Werkzeugmechaniker/in	33	14	Gestalter für visuelles Marketing	2	1

Zerspanungs-mechaniker/in	98	46
Zerspanungsmechaniker/ in Frästechnik	3	3
Elektrotechnik		
Elektroniker für Betriebs-technik	15	2
Informations- und Tele-kommunikations- System-elektroniker	4	1
Bau, Steine, Erden		
Straßenbauer/in	2	2
Chemie, Physik, Biologie		
Fachkraft für Rohr-, Ka-nal- und Industrieservice	1	1
Fachkraft für Wasser-versorgungstechnik	1	1
Verfahrensmechaniker für Kunststofftechnik	4	2
Papier, Druck		
Drucker/in	1	1
Mediengestalter/in für Digital+Printmedien/ Mediendesign	11	1
Papiertechnologe	1	1
Siebdrucker	1	1
Holz		
Holzbearbeitungsmecha-niker/in	4	2
Zwischensumme		152

Kaufmann/-frau im Einzelhandel	131	64
Kaufmann/-frau im Groß- und Außenhandel	52	6
Verkäufer/in	40	23
Hotel- und Gastgewerbe		
Hotelfachmann/Hotelfachfrau	16	4
Koch/Köchin	42	25
Restaurantfachmann/ -fachfrau	19	5
Verkehrs- und Transportgewerbe		
Berufskraftfahrer/in	5	1
Reiseverkehrskaufmann/-frau	10	1
Sonstige Berufe		
Bürokaufmann/ Bürokauffrau	43	3
Fachkraft für Lagerlogistik	18	4
Kaufmann/Kauffrau für Büro-kommunikation	27	4
Sport- und Fitnesskaufmann/ -frau	4	2
Kaufmännische Sonderberufe		
Verkaufshilfe	22	15
Summe	**1210**	**343**

Nimmt man aus dieser Tabelle jene zehn Berufe heraus, in denen die meisten Hauptschüler einen Ausbildungsvertrag erhalten haben, so ergibt sich, angeordnet nach Häufigkeit, die folgende Liste:

Kaufmann/Kauffrau im Einzelhandel	64
Zerspanungsmechaniker/in	46
Industriemechaniker/in	33

Koch/Köchin	25
Verkäufer/in	23
Verkaufshilfe	15
Werkzeugmechaniker/in	14
Fachlageristin/in	11
Gießereimechaniker/in	11
Konstruktionsmechaniker/in	10
Summe	***252***

252 Ausbildungsverträge von insgesamt 343 – das sind 73,5 Prozent aller IHK-Verträge, die 2005 mit Hauptschülern im Ostalbkreis abgeschlossen wurden. Im Klartext heißt dies, dass drei von vier Hauptschülern, die überhaupt einen IHK-Ausbildungsvertrag bekamen, in einem dieser zehn Berufe gelandet sind.

Die Lehrlingsrollenstatistik der *Handwerkskammer* Ulm (Stand 31.12.2005) wurde ebenfalls ausgewertet. Deren Daten zeigen ein anderes Bild: Im Ostalbkreis kamen im Jahr 2005 im Handwerk insgesamt 694 Ausbildungsverträge neu zustande, 457 davon wurden mit Abgängerinnen und Abgängern aus Hauptschulen abgeschlossen. Das sind 65,9 Prozent oder knapp zwei Drittel aller Lehrverhältnisse. Man kann also sagen, dass das Handwerk noch immer sehr viel für die Integration von Hauptschülern in die Arbeitswelt leistet.

Neu eingetragene Lehrverhältnisse im Ostalbkreis

(dargestellt sind hier nur die Berufe, in denen Verträge mit Hauptschülern zustande kamen)
(Quelle: Lehrlingsrollenstatistik der HK Ulm – Stand 31.12.2005)

Ausbildungsberufe	Anzahl insgesamt	davon aus Hauptschulen	**Ausbildungsberufe**	Anzahl insgesamt	davon aus Hauptschulen
Bau und Ausbaugewerbe			Übertrag Spalte 1		321
Maurer	21	17	***Gesundheits- und Körperpflege/chem. Reinigungsgewerbe***		
Beton- und Stahlbetonbauer	6	6	Augenoptiker	9	1
Zimmerer	30	19	Zahntechniker	5	2
Dachdecker	9	8	Friseur	58	43
Straßenbauer	9	8	Gebäudereiniger	4	4
Fliesen- und Plattenleger	4	3	***Bekleidungs-,Textil- und Ledergewerbe***		
Estrichleger	1	1	Raumausstatter	1	1
Steinmetzen und Steinbildhauer	4	2	***Glas-, Papier-, Keramische und sonstige Gewerbe***		
Stuckateur	28	25	Glaser	9	7
Maler und Lackierer	26	21	***Nicht zugeordnete Berufe***		

Fahrzeuglackierer	10	10
Schornsteinfeger	2	2
Elektro- und Metallgewerbe		
Metallbauer	19	16
Karosserie- und Fahrzeugbaumechaniker	5	2
Feinwerkmechaniker	12	8
Maschinenbaumechaniker	1	1
Zweiradmechaniker (HW)	2	1
Kraftfahrzeugmechatroniker	83	41
Fahrradmonteur	1	1
Mechaniker für Land- und Baumaschinentechnik	5	2
Klempner	5	4
Zentralheizungs- und Lüftungsbauer	1	1
Anlagenmechaniker für Sanitär Heizungs- und Elektroinstallation	47	34
Elektroniker Fachrichtung Automatisierungstechnik (HW)	30	13
Goldschmied	1	1
Holzgewerbe		
Schreiner	29	20
Parkettleger	1	1
Rollladen- und Jalousiebauer	4	4
Nahrungsmittelgewerbe		
Bäcker	38	32
Konditor	3	2
Fleischer	20	15
Bodenleger (HW)	1	1
Bestattungsfachkraft (HW)	1	1
Nicht in Handwerksrolle enthaltene Berufe		
Baugeräteführer	5	4
Verfahrensmechaniker für Beschichtungstechnik	1	1
Zerspanungsmechaniker	1	1
Konstruktionsmechaniker	1	1
Mechatroniker	3	2
Kaufmännische Lehrberufe		
Fachverkäuferin im Nahrungsmittelhandwerk	64	55
Bürokaufmann/-frau	10	2
Bau- und Ausbaugewerbe Teil 2 (§42b HWO)		
Fachwerker Maler und Lackierer	9	2
Metallfachwerker	3	2
Fachwerker für Feinwerktechnik	10	8
Fachwerker für Metallbautechnik	10	5
Autofachwerker	1	1
Holzgewerbe (§42b HWO)		
Holzfachwerker	17	10
Summe		**457**

Nimmt man auch aus dieser Tabelle die zehn Berufe heraus, in denen die meisten Hauptschüler einen Ausbildungsvertrag erhalten haben, so zeigt sich folgendes Bild:

Fachverkäufer/in im Nahrungsmittelhandwerk	55
Friseur/in	43
Kraftfahrzeugmechatroniker/in	41
Anlagenmechaniker für Sanitär/Heizungs- und Elektroinstallateur	34
Bäcker	32
Stuckateur	25

Maler und Lackierer	21
Schreiner	20
Zimmerer	19
Maurer	17
Summe	***307***

307 Ausbildungsverträge von insgesamt 475, das sind 64,6 Prozent aller Verträge, die 2005 im Ostalbkreis im Handwerk mit Hauptschulabsolventen abgeschlossen wurden. Auch wenn dieser Wert um knapp 9 Prozentpunkte niedriger liegt als bei den zehn häufigsten mit Hauptschulabgängern besetzten IHK-Berufen, so ist ebenfalls eine starke Konzentration der ehemaligen Hauptschülerinnen und -schüler auf wenige Handwerksberufe festzustellen.

Daten, wie in den beiden obigen Tabellen aufgeführt, sind in der Regel nur intern bekannt. Normalerweise kennen sie weder die regional zuständigen Berufsberater noch die Hauptschullehrerschaft. Es ist jedoch zwingend erforderlich, dass solche Informationen jährlich all denen bekannt gemacht werden, die mit der Übergangsberatung von Hauptschülern vor Ort befasst sind.

Sowohl der Berufsberater als auch die Vertreter der IHK wiesen außerdem darauf hin, dass man aufgrund der aktuellen Marktlage die im Bericht von Hiller (2006, 26) aufgezählten „weniger attraktiven" oder „unbesetzten" Ausbildungsberufe nicht mehr als solche bezeichnen könne. Zu den „weniger attraktiven" Ausbildungsberufen zählten heute: Gebäudereiniger/in, Textilreiniger/in, Fachkraft für Kanal- und Industrieservice und der Gießereimechaniker, da dies ein körperlich besonders anstrengender Beruf sei. Koch/Köchin hingegen – so die Vertreter der IHK – sei in der Region zum begehrten Ausbildungsberuf geworden; im Jahr 2005 seien 25 von insgesamt 42 Verträgen mit Hauptschülern abgeschlossen worden.

Im Bereich der IHK Ostwürttemberg scheint den teils neu geschaffenen, teils seit langem bestehenden zweijährigen Berufsausbildungsgängen eine eher nachrangige Bedeutung zuzukommen. Vom Deutschen Industrie- und Handelstag und vom Verband des Deutschen Handwerks wurde die Einrichtung und Anerkennung solch theorieentlasteter Kurzausbildungsgänge in den 90er-Jahren des letzten Jahrhunderts zunächst vehement gefordert, um leistungsschwächeren Jugendlichen Chancen einer Berufsausbildung zu eröffnen. Inzwischen sind bundesweit die Ausbildungsverhältnisse in den vorhandenen zweijährigen Ausbildungsberufen zurückgegangen, da die Betriebe anschließend keine Beschäftigung für die Absolventen anbieten können (vgl. Dostal u.a. 1997, 60). Die Vertreterin der HK Ulm sah allerdings in der Neuordnung der Stufenausbildung im Handwerk durchaus Chancen auch für leistungsschwächere Hauptschüler.

Die Qualität der untersuchten Hauptschulabschlüsse

12 Hauptschulen erhielten pro Abschlussklasse einen Erhebungsbogen nebst Anleitung, in den hinreichend anonymisiert für jeden Absolventen alle Noten einzutragen waren, die dieser im Abschlusszeugnis vom Sommer 2005 erhalten hatte. Zwischen dem 25.07.2006 und dem 10.08.2006 gingen von *allen* 12 Schulen aus 21 Klassen *sämtliche Notenprofile* ein. Somit konnten die Hauptschulabschlusszeugnisse von insgesamt 439 Schülerinnen und Schülern (246 Jungen und 193 Mädchen) in die Analyse einbezogen werden. Der vollständige Rücklauf ist ein klarer Hinweis auf das große Interesse, das dieser Untersuchung vor Ort entgegengebracht wurde.
Zur Berechnung der Güteklassen wurde in der Reutlinger Untersuchung für jedes Zeugnis das arithmetische Mittel aus den Noten in den Fächern Deutsch, Mathematik und Arbeit/Wirtschaft/Technik (AWT) bzw. Hauswirtschaft/Textiles Werken (HTW) errechnet. Begründet wurde dies damit, dass diese Noten für den Zugang zu *betrieblichen* Ausbildungen „noch am ehesten von Bedeutung sind" (Hiller/Richert 2000,18).
In den Interviews mit den Experten der Berufsberatung in Schwäbisch Gmünd und der beiden Kammern in Heidenheim und Ulm gab es diesbezüglich keinen Widerspruch. Folglich ließ sich für die Notenprofile von 308 Schülerinnen und Schülern (= 70 Prozent) aus acht Schulen dieses Rechenverfahren erneut anwenden. 131 Schülerinnen und Schüler aus vier Hauptschulen waren bereits in den neu geschaffenen Fächerverbünden unterrichtet, geprüft und beurteilt worden, so dass zu klären war, welche Note anstelle der AWT- bzw. HTW-Zensur in diesen Fällen zur Berechnung des für die Bestimmung der Güteklasse relevanten Notenschnitts herangezogen werden sollte. Wenn man sich die Inhalte der neuen Fächerverbünde vergegenwärtigt, so erscheint die Note in Materie-Natur-Technik (MNT) als das zweckmäßigste Äquivalent. In diesem Fächerverbund sind vergleichsweise zentrale „alte Fächer" und „Teilinhalte/Teilbereiche" von „alten Fächern" enthalten, die für viele Ausbildungsberufe relevant sind. Dieser Ansicht haben alle Experten zugestimmt, die dazu befragt wurden. Somit wurde in den genannten 131 Fällen jeweils das arithmetische Mittel aus den Noten in den Fächern Deutsch, Mathematik und MNT errechnet.

Wenn man aus diesen drei Noten das arithmetische Mittel bildet, dann können rein rechnerisch nur fünf Güteklassen entstehen, die in der folgenden Tabelle dargestellt sind:

Berechnung der Güteklassen für Hauptschulabschlusszeugnisse

Güteklasse	Durchschnitt	aus Deutsch / Mathematik/ Technik oder HTW bzw. MNT in beliebiger Abfolge
(1)	2,3 und besser	mindestens 2/2/3; 1/2/4; 1/3/3
(2)	2,7	2/3/3; 2/2/4; 1/3/4; 1/2/5
(3)	3,0	3/3/3; 2/3/4; 2/2/5
(4)	3,3	3/3/4; 2/4/4; 2/3/5; 1/4/5
(5)	3,7 und schlechter	bestenfalls 3/4/4; 2/4/5

Dieser Berechnungsmodus berücksichtigt somit weder die in den Hauptschulabschlusszeugnissen ausgebrachte „Gesamtnote und (den) Durchschnitt der Gesamtleistungen“ noch die neu hinzugekommene Note für „Leistungen in der themenorientierten Projektprüfung“ (so die offiziellen Bezeichnungen in den Zeugnisformularen).

In der Reutlinger Untersuchung wurde bereits festgestellt, dass sich die betrieblichen Abnehmer für die Gesamtnote nicht wirklich interessieren. Dies wurde erneut bestätigt. Das Gleiche gilt für die „Projektprüfungsnote“. Die Berufsberatung erklärte ausdrücklich, dass sie im Bewerbungsverfahren um Ausbildungsplätze „keine Rolle“ spiele.
Auffällig sei außerdem, dass diese Note in den zurückliegenden Jahren immer schlechter ausgefallen sei. Man dürfe vermuten, dass die Schüler/innen wüssten, dass ihnen diese Projektprüfungsnote nicht wirklich etwas nütze. Die IHK-Vertreter vertraten die Auffassung, es sei Sache der Personalschefs zu entscheiden, ob die Projektprüfungsnote von Bedeutung sei oder nicht. Es habe allerdings noch keinerlei Anfragen seitens der Betriebe gegeben, welches Gewicht dieser Zensur beizumessen sei.

In den Berechnungsmodus der Güteklassen geht auch nicht die Note im Fach Englisch ein. Denn diese Note ist im Blick auf die Ausbildungen, in die Hauptschüler/innen *unmittelbar* eintreten können, von nur nachrangiger Bedeutung. So erklärt sich die in Einzelfällen erhebliche Diskrepanz zwischen der errechneten Güteklasse und der Tatsache, dass mit demselben Zeugnis gleichwohl die Zugangsvoraussetzungen für den Besuch einer 2jBFS erfüllt sind.

Beispiel:
Im Abschlusszeugnis eines Schülers finden sich die folgenden Noten:

Deutsch	3
Englisch	2
Mathematik	4
HTW	4

Nach dem oben beschriebenen Berechnungsmodus fällt dieses Zeugnis in die Güteklasse 5. Dennoch reicht der Schnitt von 3,0 in Deutsch, Mathematik und Englisch aus, um Zugang zu einer 2jBFS zu erlangen.

Wenn man solchermaßen für jedes Abschlusszeugnis dessen Güteklasse ermittelt. ergibt sich die folgende Verteilung:

Güteklassen von 439 Hauptschulabschlüssen aus Hauptschulen im Ostalbkreis im Jahr 2005
(errechnet aus dem Durchschnitt der Noten in den Fächern Deutsch, Mathematik, MNT oder Technik bzw. HTW)

Güteklasse	Notenschnitt	Jungen	Mädchen	Summen
I	2,3 und besser	62	58	120
II	2,7	54	31	85
III	3,0	39	33	72
IV	3,3	44	27	71
V	3,7 und schlechter	47	44	91
Gesamt		**246**	**193**	**439**

In der folgenden Grafik sind pro Geschlecht die absoluten und die Prozentwerte dargestellt und als Balkendiagramme abgebildet.

246 Jungen, davon

> 2,3	2,7	3,0	3,3	3,7<
62	54	39	44	47
25,2	22,0	15,8	17,9	19,1

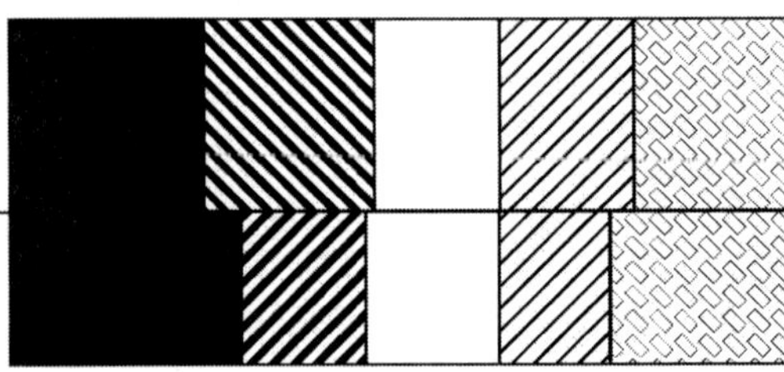

193 Mädchen, davon

>2,3	2,7	3,0	3,3	3,7<
58	31	33	27	44
30,0	16,1	17,1	14,0	22,8

Positiv fällt auf, dass bei den Jungen und bei den Mädchen jeweils knapp die Hälfte (47,2 % bzw. 46,1 %) einen Hauptschulabschluss zustande bringt, der in die Güteklassen 1 und 2 fällt. Der Anteil der Mädchen, die einen Hauptschulabschluss der Güteklasse 1 vorweisen können, liegt dabei um rund 5 Prozentpunkte höher als bei den Jungen. Als bedenklich einzustufen ist andererseits der Befund, dass jeweils ein Fünftel der Zeugnisse (bei den Jungen 19,1 %, bei den Mädchen 22,8 %) der Güteklasse 5 zuzurechnen ist.

Vergleicht man diese Daten mit den entsprechenden Befunden aus der Reutlinger Untersuchung, so ist Folgendes festzustellen (vgl. Hiller 2006, 8f): Auch damals schon fielen insgesamt 45,1 % der Zeugnisse in die Güteklassen 1 und 2 (bei den

Jungen 40,4 %, bei den Mädchen 51,0 %). In der Güteklasse 5 befanden sich damals ebenfalls insgesamt etwa ein Fünftel aller Zeugnisse (21,5 %), bei den Jungen waren es jedoch 26,3 %, bei den Mädchen hingegen nur 15,9 Prozent. Diese Unterschiede erscheinen, wenn man so will, zu Lasten der Mädchen nivelliert.

Generelles Karriererisiko aufgrund des Notenprofils

Wie schon in der Erstuntersuchung wurden auch diesmal alle Zeugnisse unter der Frage analysiert, wie viele davon ein so geringes Bildungskapital bescheinigen, dass daraus den Betreffenden ein generelles Karriere-Risiko erwächst, weil zu befürchten steht, dass sie längerfristig am Ausbildungs- und Arbeitsmarkt nahezu chancenlos bleiben.

Um ein solch generelles Risiko aufgrund unzureichender schulischer Bildung zu prognostizieren, wurden zwei Kriterien angewandt, die *beide* erfüllt sein mussten:
(1) In Deutsch *und* Mathematik fand sich die Note „ausreichend" oder der Durchschnitt aus diesen beiden Noten ergab 4,0 und schlechter.
(2) In den übrigen Fächern (einschließlich der Note für die Projektprüfung) wurde mindestens einmal die Note „ausreichend" oder eine schlechtere Note erteilt.

In insgesamt 83 Fällen, bei 44 Jungen und 39 Mädchen, kam es zu solchen Abschlusszeugnissen. Das sind 18,9 Prozent aller 439 Zeugnisse. Wenn man bedenkt, dass diese Untersuchung diejenigen nicht erfasst, die im Jahr 2005 ohne Hauptschulabschluss (zum Beispiel nach Klasse 7 oder 8) aus den zwölf hier einbezogenen Schulen entlassen wurden, dann ist festzustellen, dass der einleitend zitierte Vorwurf, die Hauptschule betreibe de facto die „staatlich organisierte Verwahrlosung eines Fünftels ihrer Schülerschaft" durch diesen neuerlichen Befund nicht zu entkräften ist.

Tatsächlich realisierte Übergänge

Die Schulen teilten für jede Schülerin und jeden Schüler mit, welchen Weg sie bzw. er im Herbst 2005 eingeschlagen hatte. Im Gegensatz zur Reutlinger Untersuchung weiß man also von *allen* Schülerinnen und Schülern der Zweituntersuchung, wer in welchen schulischen Bildungsgang übergegangen ist, wer einen Ausbildungsberuf ergriffen hat oder in eine sonstige Maßnahme gelangte.

Ausdrücklich darauf hinzuweisen ist, dass die Angaben der Lehrerschaft im Rahmen dieser Recherche nicht überprüft werden konnten. Streng genommen handelt es sich bei den vorliegenden Informationen um Mitteilungen Dritter. Vermutlich wurden diese Informationen zu einem Zeitpunkt erhoben, als die Übergänge noch nicht vollzogen waren. Denn die vorliegenden Angaben sind nicht ganz frei von Widersprüchen. So wurden in insgesamt 16 Fällen Übergänge in die Werkrealschu-

le (3 Fälle) bzw. in eine 2jährige Berufsfachschule (13 Fälle) mitgeteilt, obwohl die Zeugnisnoten den jeweiligen Mindestzugangsanforderungen nicht entsprechen. Möglicherweise wurde der Zugang zur Werkrealschule in den genannten Fällen durch Beschluss der Klassenkonferenz ermöglicht, was gemäß Hauptschulversetzungsordnung möglich ist. Ungeklärt musste bleiben, was mit jenen 13 Schülerinnen und Schülern tatsächlich geschah, die als Überwechsler in zweijährige Berufsfachschulen ohne zureichende Voraussetzungen gemeldet wurden. In der unten dargestellten Bilanz wurden diese Schülerinnen und Schüler – wie von ihren Lehrern angegeben – als Übergänger in die genannten Schulen verrechnet.
In Einzelfällen mussten außerdem Zuordnungen zu den fünf Kategorien vorgenommen werden, in denen Hauptschulabsolventen anschließend vorkommen können: So wurden die Übergänge in die „Fachschule für Büro und Handel" und die Übergänge in Sonderberufsfachschulen (SBFS) als BVJ-Äquivalente verrechnet, ein Übergang in ein Berufsausbildungswerk (BAW) wurde den Übergängen in einjährige Berufsfachschulen zugeschlagen. Unter diesen Voraussetzungen verteilen sich die Übergänge wie hier abgebildet:

Übergänge von 439 Hauptschülern im Ostalbkreis im Jahr 2005

Übergang in	**Jungen**	**Mädchen**	**gesamt**
Werkrealschule	21	29	50
2-jährige BFS	62	64	126
Berufsausbildung	75	23	98
1-jährige BFS	11	7	18
BVJ	77	70	147
Gesamt	**246**	**193**	**439**

Die folgende Grafik (Seite 77) zeigt diese Daten als Balkendiagramm und mit Prozentwerten.

176 Schülerinnen und Schüler von insgesamt 439 besuchen anschließend Schulen, die zu einem mittleren Abschluss führen. Das sind exakt 40 Prozent. Bei den Jungen liegt dieser Anteil um gut 6 Prozentpunkte niedriger, bei den Mädchen dagegen sind es knapp die Hälfte (48,2 %). Vergleicht man diese Werte mit der Reutlinger Untersuchung (Hiller 2006, 29), so ist festzustellen, dass damals fast genau der gleiche Gesamtwert ermittelt wurde (40,2 %). Bei den Jungen gingen jedoch deutlich wenigere auf weiterführende Schulen (30 %), bei den Mädchen waren es 52,3 Prozent.

Die zweitgrößte Gruppe bilden die Schülerinnen und Schüler, die im Anschluss ein BEJ/BVJ besuchen (müssen). Insgesamt sind dies 147 oder 33,5 Prozent. Bei den Jungen sind es drei, bei den Mädchen fast 4 von 10, die keine andere Alternative haben. In der Reutlinger Untersuchung (Hiller 2006, 30) waren es insgesamt 18,3 Prozent, anteilig fast genau so viele Jungen wie Mädchen. Im Ostalbkreis müssen 2005

246 Jungen, davon in

WRS	2jBFS	Ausbildung	1jBFS	BVJ
21	62	75	11	77
8,5	25,2	30,5	4,5	31,3

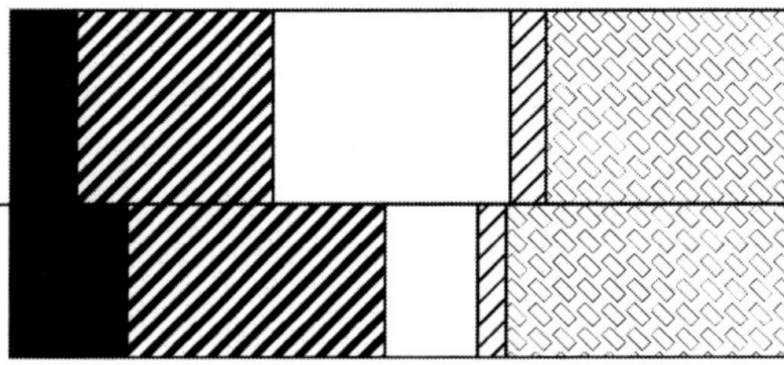

193 Mädchen, davon in

WRS	2jBFS	Ausb.	1jBFS	BVJ
29	64	23	7	70
15,0	33,2	11,9	3,6	36,3

fast doppelt so viele Mädchen wie damals ins BEJ/BVJ, die Zahl der vergleichbaren Jungen ist um 13 Prozentpunkte gestiegen.

In Berufsausbildungen münden unmittelbar 75 Jungen, 11 besuchen einjährige Berufsfachschulen. Ob sie alle einen Vorvertrag haben, konnte nicht geprüft werden. Unterstellt, dass dem so ist, dann gelangen 88 von 246 Jungen, also 35,8 Prozent, direkt und indirekt in betriebliche Ausbildungen. Bei den Mädchen kommen nur 23 unmittelbar in ein Ausbildungsverhältnis (11,9 %), sieben weitere besuchen einjährige Berufsfachschulen. 30 von 193 Mädchen sind 15,5 Prozent. Vor sieben Jahren sah dies in Reutlingen noch ganz anders aus (Hiller 2006, 30): Damals gelangten über die Hälfte der Jungen direkt (44,8 %) oder indirekt (7,0%) in betriebliche Ausbildungen, bei den Mädchen waren es insgesamt 29,2 Prozent (21,5 % direkt, 7,7 % über 1jBFS). Der direkte und indirekte Zugang zu betrieblichen Ausbildungen ist – so gesehen – dramatisch geschrumpft. Zusammengefasst und auf eine grobe Formel gebracht, lässt sich sagen:

> Von den Schülerinnen und Schülern, die 2005 aus den untersuchten Hauptschulen im Ostalbkreis entlassen wurden, gingen bei den Jungen ein Drittel in weiterführende Schulen, ein Drittel kam direkt und indirekt in betriebliche Ausbildungen, ein Drittel musste ins BEJ/BVJ.
> Bei den Mädchen ging die Hälfte auf weiterführende Schulen, vier von zehn mussten ins BEJ/BVJ und nur eine von zehn gelangte in eine betriebliche Ausbildung.

Riskante Übergänge in weiterführende Schulen

Angesichts der hohen Übergangsquoten in Schulen, die zu einem Mittleren Abschluss führen (WRS und 2jBFS), wurden in einem ersten Schritt *alle* Zeugnisse identifiziert, die rein formal zum Übergang in eine zweijährige Berufsfachschule berechtigen. In einem zweiten Schritt wurden diese Zeugnisse mit dem gleichen Verfahren wie in der Reutlinger Untersuchung (Hiller 2006, 30) daraufhin geprüft, ob ein solcher Übergang aufgrund der erteilten Zensuren als riskant eingeschätzt werden muss.

Als Prüfkriterien galten:
(1) Der Durchschnitt in den Fächern Deutsch, Englisch und Mathematik ergibt entweder 2,66 (gerundet 2,7) oder 3,0.
(2) In Mathematik oder Englisch wurde die Note „ausreichend" erteilt.
(3) In den sonstigen Fächern (einschließlich der Note für die Projektprüfung) wurde *zweimal* die Note „ausreichend" oder eine noch schlechtere Note erteilt.

Wenn *zwei von diesen drei Kriterien erfüllt* waren, wurde der Übergang in eine weiterführende Schule auf der Basis eines solchen Zeugnisses als *potentiell riskant* eingestuft.
In einem dritten Schritt werden alle Schülerinnen und Schüler identifiziert, die ein solch potentiell riskantes Zeugnis ausgestellt bekamen *und* von denen mitgeteilt worden war, dass sie tatsächlich in einen weiterführenden Bildungsgang (d.h. in die WRS oder eine zweijährige Berufsfachschule) eintraten. In Folgenden wird davon ausgegangen, dass für die identifizierten Schülerinnen und Schüler künftig ein *konkretes schulisches Risiko* besteht.
In einem vierten Schritt werden zu den Schülerinnen und Schülern mit konkretem Risiko all diejenigen hinzugerechnet, die – wie oben ausgeführt – aufgrund ihrer Noten im Abschlusszeugnis keine Zugangsberechtigung zu einer weiterführenden Schule hatten, jedoch als solche Übergänger gemeldet worden waren.

Aufgrund dieses Verfahrens waren von den 176 Übergängen in weiterführende Schulen insgesamt 54 (30,7 %) als konkret riskant einzustufen. Bei den Jungen waren es 28 von insgesamt 83 (33,7 %), bei den Mädchen 26 von insgesamt 93 (27,9 %). Es gibt mehrere Indikatoren dafür, dass diese Werte realistisch sind. Hiller verweist in seinem Bericht bereits auf eine Untersuchung von Häußler (1998), in der festgestellt wurde, dass in den zweijährigen Berufsfachschulen bis zu 30 Prozent der Hauptschülerinnen und -schüler abbrechen. Dieses Problem ist den Hauptschullehrern im Ostalbkreis ebenfalls – wenn auch nur aufgrund von Einzelfällen – bekannt. So bestätigte der Konrektor einer in diese Untersuchung einbezogenen Schule, dass es in den zweijährigen Berufsfachschulen zu vielen Abbrüchen und „massiven Verschlechterungen" komme. Genauere Daten hierzu habe er jedoch nicht. Angesprochen auf die Untersuchung von Friedrich (2006), nach der Absolventen von zweijährigen Berufsfachschulen am Ausbildungsmarkt keine wirklich verbesserten Chancen haben, weil man ihnen unterstelle, sie hätten sich durch den Wechsel in eine solche Schule nur dem Konkurrenzkampf um einen Ausbildungsplatz entzogen, meinte der Konrektor, der Besuch weiterführender Schulen habe Vor- und Nachteile, die dringend weiter aufzuklären seien. Seines Wissens gebe es keine aktuellen Daten, schon gar nicht für die Region, wie viele ehemalige Hauptschüler im Lauf der beiden Jahre aus den zweijährigen Berufsfachschulen herausfallen und wie viele von denen, die sich zur Prüfung melden, diese tatsächlich und mit welchen Resultaten bestehen. Man wisse auch nichts über die weiteren Karrieren der Abbrecher und derer, die schließlich eine nur mäßige Fachschulreife zustandebrächten.

Wer muss tatsächlich ins BEJ/BVJ und warum?

Als im Datenmaterial plötzlich Schülerinnen und Schüler auftauchten, deren Zeugnisse in die Güteklassen 1 und 2 einzustufen waren, obwohl mitgeteilt wurde, sie seien anschließend in ein Berufsvorbereitungsjahr eingetreten, wurden sämtliche Zeugnisse der 147 BVJ-Kandidaten daraufhin geprüft, welche davon rein formal auch zum Besuch einer zweijährigen Berufsfachschule berechtigt hätten. Dabei entstand ein höchst irritierender Befund: In 28 Fällen wäre ein solcher Übergang, in 13 Fällen sogar *ohne* schulisches Risiko möglich gewesen.

Es lassen sich nur Vermutungen darüber anstellen, warum diese Chancen so oft nicht genutzt wurden:

(1) Die Vertreter der IHK, die auf diesen Befund aufmerksam gemacht wurden, sahen einen ersten Grund in der versäumten oder verspäteten Anmeldung.

(2) Als weiteren Grund gaben sie an, es komme immer wieder vor, dass bereits vertraglich vereinbarte Ausbildungsverhältnisse kurz vor Ausbildungsbeginn aus betrieblichen Gründen abgesagt werden müssten. Sei dies der Fall, dann stehe die bzw. der Jugendliche wenige Wochen oder Tage vor Ausbildungs- bzw. Schuljahresbeginn ohne Alternative da und müsse dann zwangsläufig ins BEJ/BVJ.

(3) Als dritten Grund machten sie geltend, man treffe immer wieder auf Jugendliche, die sich nichts zutrauen, obwohl ihnen gute schulische Leistungen attestiert wurden. Sie bewerben sich weder um eine Ausbildung noch um einen Platz in einer Berufsfachschule.

(4) Es ist nicht auszuschließen, dass sich unter den 27 Fällen eine ganze Reihe von Schülerinnen und Schülern befinden, die erst im Abschlusszeugnis jene Noten vorweisen können, mit denen sie die Zugangsvoraussetzungen zum Besuch einer zweijährigen Berufsfachschule erfüllen. Sie konnten sich also gar nicht zum Anmeldetermin (1. März 2005) bewerben. Für diese Annahme spricht, dass 15 Zeugnisse formal zwar den Zugangsvoraussetzungen genügen, der Besuch einer solch weiterführenden Schule jedoch nach unseren Kriterien mit einem ernst zu nehmenden Risiko behaftet wäre.

(5) Schließlich ist auch die Vermutung nicht abwegig, dass unter den BEJ/BVJ-Kandidaten mit einem guten Hauptschulabschluss etliche sind, die aufgrund ih-

rer Herkunft, ihres Status oder ihrer Zugehörigkeit zu einer gesellschaftlich wenig angesehenen Minderheit keinen Ausbildungsplatz erhalten haben und auch nicht nachdrücklich genug zum Besuch einer weiterführenden Schule ermutigt wurden. Leider wurde bei der Datenerhebung versäumt, danach zu fragen, bei welchen Schülern ein Migrationshintergrund vorhanden ist. Im Nachhinein erweist sich dies als ein Mangel, der in künftigen Untersuchungen ähnlicher Art auf jeden Fall zu beseitigen ist.

Dieser irritierende Befund hatte gleichwohl für die weitere Analyse der vorliegenden Daten eine entscheidende Konsequenz. Er weckte grundsätzliche Zweifel an dem in der Reutlinger Untersuchung behaupteten, jedoch nicht nachgewiesenen *unmittelbaren* Zusammenhang zwischen den Güteklassen der Hauptschulabschlüsse und den Übergängen. Offensichtlich waren im Ostalbkreis im Jahr 2005 immerhin eine größere Zahl von Hauptschülerinnen und -schülern in Berufsvorbereitungs- bzw. Berufseinstiegsjahre gelangt, deren Zeugnisse eindeutig *nicht* in die untersten Güteklassen fielen: Die scheinbare Parallelität zwischen jenen 152 Zeugnissen in Güteklasse 4 und 5 mit den 147 Schülerinnen und Schülern, die anschließend ein BVJ besuchten, hatte ihre Plausibilität verloren. Es lag also nahe, diesen Zusammenhang zwischen den ermittelten Güteklassen und den mitgeteilten Übergängen noch einmal genauer zu untersuchen.

Zusammenhänge zwischen den Güteklassen der Abschlusszeugnisse, den Übergängen und deren Risiken

Da für jeden Schüler die Güteklasse seines Hauptschulabschlusses festgestellt und zugleich von jedem bekannt war, welchen Anschluss er erreicht hatte, mussten diese beiden Daten nunmehr Fall für Fall aufeinander bezogen werden. Außerdem war bekannt, wer aufgrund seines Zeugnisses mit einem generellen Karriererisiko belastet war und wer als Schüler einer weiterführenden Schule aufgrund seiner Noten mit größeren Schwierigkeiten rechnen musste. Auch diese Daten ließen sich in die Korrelation einbeziehen. In den beiden folgenden Tabellen werden diese Zusammenhänge nach Geschlechtern getrennt in absoluten Zahlen dargestellt:

Übergänge und deren Risiken, bezogen auf die Güteklassen (GKL) der erreichten Hauptschulabschlüsse,
(dargestellt in absoluten Zahlen)

A. Jungen	Hauptschulabschlüsse						
Übergänge	GKL 1	GKL 2	GKL 3	GKL 4	GKL 5	Summen	
in die WRS	14	6	1			**21**	
davon mit schulischem Risiko	3	3	1				7
in 2jBFSn	23	24	8	4	3	**62**	
davon mit schulischem Risiko		9	5	4	3		21

in Ausbildung							
Industrie	15	6	6	4		**31**	
Handwerk	6	5	7	13	6	**37**	
davon mit generellem Risiko					1		6
Sonstige	1	2		1	3	**7**	
davon mit generellem Risiko				1	2		3
in 1jBFSn	1	3	3	1	3	**11**	
davon mit generellem Risiko					3		3
ins BVJ	**2**	**8**	**14**	**21**	**32**	**77**	
davon 2jBFS-fähig	1 mit schulischem Risiko	1 ohne/5 mit schulischem Risiko	4 ohne/1 mit schulischem Risiko	3 mit schulischem Risiko	1 mit schulischem Risiko	5 ohne/11 mit schulischem Risiko	
davon mit generellem Risiko				4	28		32
Summen	**62**	**54**	**39**	**44**	**47**	**246**	

B. Mädchen	Hauptschulabschlüsse						
Übergänge	GKL 1	GKL 2	GKL 3	GKL 4	GKL 5	Summen	
in die WRS	22	6	1			**29**	
davon mit schulischem Risiko	1	2	1				3
in 2jBFSn	27	16	12	9		**64**	
davon mit schulischem Risiko	1	8	6	8			23
in Ausbildung							
Industrie	2					**2**	
Handwerk	2		1	1	2	**6**	
davon mit generellem Risiko					1		1
Sonstige	4		6	2	3	**15**	
davon mit generellem Risiko					2		2
in 1jBFSn		2	1		4	**7**	
davon mit generellem Risiko					3		3
ins BVJ	**1**	**7**	**12**	**15**	**35**	**70**	
davon 2jBFS-fähig	1 ohne schulisches Risiko	3 ohne/2 mit schulischem Risiko	4 ohne schulisches Risiko	2 mit schulischem Risiko		8 ohne/4 mit schulischem Risiko	
davon mit generellem Risiko				4	29		33
Summen	**58**	**31**	**33**	**27**	**44**	**193**	

Wenn man in den beiden Tabellen zunächst nur die *Übergänge in Ausbildung* betrachtet, dann stellt man sofort fest, dass es den in der Reutlinger Untersuchung behaupteten eindeutigen Zusammenhang zwischen Güteklassen und Übergängen so nicht gibt:
Insgesamt 35 Jungen mit Abschlusszeugnissen der Güteklassen 1 und 2 gelangen in betriebliche Ausbildungen, 21 davon in der Industrie, 11 im Handwerk und 3 in sonstigen Berufen. Diesen 35 Jungen stehen 40 Jungen mit Abschlusszeugnissen der Güteklassen 3 bis 5 (27 davon nur mit Zeugnissen der Güteklassen 4 und 5) gegenüber, die ebenfalls betriebliche Ausbildungen absolvieren, 10 davon in der Industrie, 26 im Handwerk und 4 in sonstigen Berufen. Bei den Mädchen das gleiche Bild, wenn auch auf fatal niedrigem Niveau: Unter den insgesamt 23 Mädchen, die überhaupt in betriebliche Ausbildungen kommen, befinden sich acht mit Abschlusszeugnissen der Güteklasse 1, von denen je zwei in der Industrie und im Handwerk, dazu vier in sonstigen Berufen einen Ausbildungsvertrag erhalten haben. Diesen acht Mädchen stehen 15 Mädchen mit Zeugnissen der Güteklassen 3 bis 5 (davon acht mit Zeugnissen der Güteklassen 4 und 5) gegenüber, von denen 4 im Handwerk und 11 in sonstigen Berufen betrieblich ausgebildet werden.

In den einjährigen Berufsfachschulen zeigt sich Ähnliches, auch wenn die Zahlen sowohl bei den Jungen als auch bei den Mädchen sehr klein sind: Bei den Jungen besuchen 4 mit Zeugnissen der Qualitätsstufen 1 und 2 eine solche Schule. Ihnen stehen 7 mit Zeugnissen der Qualitätsstufen 3 bis 5 gegenüber, die gleichfalls in eine 1jBFS gehen. Bei den Mädchen haben 3 Zeugnisse der Qualitätsstufen 2 und 3 vorzuweisen, während 4 eine 1jBFS besuchen, die nur ein Abschlusszeugnis der Qualitätsstufe 5 besitzen.

Man darf diese Befunde gewiss nicht überbewerten. Es sind in der Tat nur 86 Jungen und 30 Mädchen, insgesamt 116 von 439 mithin ein Viertel (26,4 %) aller in diese Untersuchung einbezogenen Hauptschulabsolventinnen und -absolventen, die direkt (98) und indirekt (18 über 1jBFS) in betriebliche Ausbildungen gelangen. Aber es hat den Anschein, als sei dieses schmale Segment des Übergangsmarktes noch am ehesten dazu in der Lage, Hauptschülerinnen und -schülern mit Zeugnissen *aller* Güteklassen gleichermaßen faire Zugangschancen zu Ausbildungsplätzen und damit zu Erwerbsarbeit zu ermöglichen. Oder anders – und als Botschaft an Lehrkräfte und Schülerschaft in Hauptschulen formuliert:

> Im Jahr 2005 kam von 439 Hauptschulabsolventinnen und -absolventen aus 12 Schulen im Ostalbkreis zwar nur insgesamt ein Viertel direkt und indirekt (über 1j BFS) in betriebliche Ausbildungen. Bei den Jungen war es jeder Dritte, bei den Mädchen nur jede Neunte. Es ist aber nicht so, dass nur die schulisch Guten einen Ausbildungsplatz bekommen hätten. Im Gegenteil, sowohl bei den 86 Jungen als auch bei den 30 Mädchen waren deren Abschlusszeugnisse über alle Qualitätsstufen hinweg fast gleich verteilt.

Wenn man die Übergange in drei große Kategorien wie folgt zusammenfasst:
(a) Übergänge in Schulen, die zu einem Mittleren Abschluss führen,
(b) Übergänge in Ausbildungen und einjährige Berufsfachschulen, und
(c) Übergänge in Berufsvorbereitungsjahre,
und wenn man die in den obigen Tabellen enthaltenen absoluten Werte in Prozentwerten pro Güteklasse der Hauptschulabschlusszeugnisse darstellt, dann treten diese und weitere Zusammenhänge zwischen Güteklassen und Übergängen noch deutlicher in den Blick.

Übergänge, bezogen auf die Güteklassen (GKL) der erreichten Hauptschulabschlüsse
(dargestellt in Prozentwerten pro Güteklasse)

A. Jungen

	Hauptschulabschlüsse				
Übergänge	GLK 1	GKL 2	GKL 3	GKL 4	GKL 5
in WRS und 2jBFS	**60**	**55**	**23**	**9**	**6**
in Ausbildung und 1jBFS	37	30	41	43	26
in BVJ	3	15	36	48	68
Summen	100	100	100	100	100

B. Mädchen

	Hauptschulabschlüsse				
Übergänge	GKL 1	GKL 2	GKL 3	GKL 4	GKL 5
in WRS und 2jBFS	**84**	**71**	**40**	**33**	**0**
in Ausbildung und 1jBFS	14	6	24	11	20
in BVJ	2	23	36	56	80
Summen	100	100	100	100	100

In der Matrix der Jungen und bis auf eine Ausnahme auch in der Matrix der Mädchen sind alle 15 Felder besetzt. Dies bedeutet, dass man im vorliegenden Datenmaterial für nahezu jede Kombination konkrete Beispiele findet, wenn auch in ganz unterschiedlicher Häufigkeit. Dieser Befund lässt sich als ein deutlicher Hinweis darauf interpretieren, dass offensichtlich die Qualität des Hauptschulabschlusszeugnisses eine wichtige, aber keinesfalls die einzige Variable ist, die darüber entscheidet, zu welchem Anschluss es tatsächlich kommt.

Wenn man den Zusammenhang zwischen den *Übergängen in weiterführende Schulen* und den Güteklassen der Hauptschulabschlüsse betrachtet, so stellt man fest, dass es zwischen Jungen und Mädchen erhebliche Unterschiede gibt. Dies hat ganz wesentlich damit zu tun, dass nur wenige Mädchen anschließend eine Ausbildung anfangen (können). So liegen die Prozentwerte der Mädchen mit Abschlusszeugnissen der Güteklassen 1 bis 4 zwischen 16 und 24 Prozentpunkten über denen der Jungen. Während 60 Prozent der Jungen (in absoluten Zahlen 37 von 62) mit einem Zeugnis der Güteklasse 1 in weiterführende Schulen überwechseln, sind es bei den Mädchen 84 Prozent (in absoluten Zahlen 49 von 58). Bei den Jungen sinken diese Werte über 55 Prozent (30 von 54) derer mit Zeugnissen in Güteklasse 2 auf 23 Prozent (9 von 39) derer mit Zeugnissen in Güteklasse 3. Und nur 9 Prozent (4 von 44) der Jungen mit einem Zeugnis der Güteklasse 4 wagen den Übergang in eine weiterführende Schule. Bei den Mädchen hingegen besuchen 71 Prozent (22 von 31) mit Zeugnissen der Güteklasse 2 und 40 Prozent (13 von 33) mit Zeugnissen der Güteklasse 3 eine weiterführende Schule. Und von den Mädchen mit einem Zeugnis der Güteklasse 4 sind es immer noch ein Drittel (9 von 27) die ihr Glück in einer 2jBFS versuchen. Dabei sind bereits die Übergänge in 2jBFS mit Zeugnissen der Güteklasse 2 bei den Jungen zu mehr als einem Drittel (9 von 24) bei den Mädchen zur Hälfte (8 von 16) mit einem schulischen Risiko behaftet.

Eine Botschaft an die Lehrerinnen und Lehrer ebenso wie an die Schülerinnen und Schüler aufgrund dieser Befunde könnte so lauten:

> Im Jahr 2005 gingen von 439 Hauptschulabsolventinnen und -absolventen aus 12 Schulen im Ostalbkreis 40 Prozent anschließend auf *weiterführende Schulen*. Bei den Jungen war das jeder dritte, bei den Mädchen jede zweite. Wenn man die Zeugnisse aller 439 Schülerinnen und Schüler in fünf Güteklassen aufteilt, dann stellt man fest, dass 17 von 20 Mädchen mit Zeugnissen der besten Güteklasse einen Mittleren Abschluss anstreben. Bei den Jungen mit den besten Zeugnissen sind es 6 von 10. Bei den Mädchen, die ein Abschlusszeugnis der Güteklasse 2 haben, sind es 14 von 20, die eine weiterführende Schule besuchen, bei den Jungen in dieser Gruppe macht das jeder zweite.
> Von denen, deren Zeugnis in die Güteklasse 3 gehört, gehen bei den Mädchen 8 von 20, bei den Jungen 2 von 10 auf weiterführende Schulen. Selbst von denen, die nur ein Abschlusszeugnis der Güteklasse 4 vorweisen können (das sind 44 Jungen und 27 Mädchen) wagen sich 9 Mädchen (ein Drittel) und 4 Jungen (9 Prozent) in weiterführende Schulen. Das Risiko, dass man auf diesem Weg, besonders in den zweijährigen Berufsfachschulen ernsthafte Probleme bekommt, ist groß. Das gilt schon für jeden dritten Schüler und jede zweite Schülerin mit einem Abschlusszeugnis der Güteklasse 2.

Betrachtet man den Zusammenhang zwischen den *Übergängen in Berufseinstiegs- bzw. -vorbereitungsjahre* und den Güteklassen der Hauptschulabschlüsse, dann stellt man fest, dass – wie schon erwähnt – keineswegs dort nur diejenigen ankommen, die ein Abschlusszeugnis der beiden untersten Güteklassen besitzen. Und umgekehrt gilt weder für die Mädchen, und schon gar nicht für die Jungen, dass alle, die ein nur mäßiges Hautschulabschlusszeugnis besitzen, automatisch im BEJ/BVJ landen. Im Gegenteil: Es gibt zwei Jungen und ein Mädchen mit einem Abschlusszeugnis der Güteklasse 1, die in ein BEJ/BVJ einmünden mussten. Jedem siebten Jungen (in absoluten Zahlen 8 von 54) mit einem Abschlusszeugnis der Güteklasse 2 und fast einem Viertel der Mädchen mit einem solchen Zeugnis (absolut 7 von 31) erging es genau so. In der Gruppe derer mit einem Abschlusszeugnis der Güteklasse 3 sind es bei den Jungen und bei den Mädchen fast jeweils 4 von 10, die in einem BVJ landen. Oder anders formuliert: Von 10 Schülern und 10 Schülerinnen, die aus den hier untersuchten Hauptschulen in ein BEJ/BVJ oder einen vergleichbaren schulischen Bildungsgang übergehen, besitzen jeweils knapp zwei ein Hauptschulabschlusszeugnis der Güteklassen 1 bis 3. Sieht man sich genauer an, was mit denen passiert, die nur ein Abschlusszeugnis der Güteklassen 4 und 5 besitzen, so zeigt sich, dass bei den Jungen nur knapp die Hälfte (21 von 44) derer mit einem Zeugnis der Güteklasse 4 anschließend ein BEJ/BVJ besuchen, dazu kommen 7 von 10 mit einem Anschlusszeugnis der Güteklasse 5. Bei den Mädchen liegen die Werte höher. Etwa 6 von 10 (absolut 15 von 27) mit Zeugnissen der Güteklasse 4 und vier von fünf (absolut 35 von 44) mit Zeugnissen der Güteklasse 5 müssen im Anschluss an die Hauptschule in ein BEJ/BVJ. Hinzu kommt, dass sich – wie ausgeführt – unter den insgesamt 147 Schülerinnen und Schülern, die in ein BEJ/BVJ einmündeten, 28 (= 19 %) sind, die formal mit ihren Zeugnissen in eine 2jBFS hätten aufgenommen werden können. Bei den Jungen sind dies 16 von 77, also jeder fünfte, bei den Mädchen sind es 12 von 70, also jede sechste. Die Botschaft an Lehrerinnen und Lehrer ebenso wie an Schülerinnen und Schüler aus diesen Befunden könnte so lauten:

> Im Jahr 2005 mussten von 439 Hauptschulabsolventinnen und -absolventen aus 12 Schulen im Ostalbkreis 147, also jeder dritte Junge und jedes dritte Mädchen anschließend ein BVJ besuchen. Wenn man die Zeugnisse aller 439 Schüler/innen in fünf Güteklassen aufteilt, dann stellt man Folgendes fest:
> Im BVJ sind auch Schülerinnen und Schüler gelandet, die ordentliche, ja sogar gute Abschlusszeugnisse besitzen. Das trifft für jeweils 3 von 10 dieser Mädchen und Jungen zu.
> (1) Jede sechste Schülerin und jeder fünfte Schüler im BVJ besitzt ein Zeugnis, mit dem sie auch in eine zweijährige Berufsfachschule hätten aufgenommen werden können.
> (2) Von den Jungen, die ein Abschlusszeugnis der Güteklasse 4 besitzen, musste nur knapp die Hälfte in ein BVJ. Bei den Mädchen waren es auch nur 6 von10.
> (3) Selbst diejenigen, deren Zeugnis in die schlechteste Güteklasse gehört, landeten nicht alle im BVJ. Bei den Jungen waren es 7 von 10, bei den Mädchen 8 von 10.

Betrachtet man abschließend die *Übergangschancen* der insgesamt 83 Schülerinnen und Schüler (44 Jungen und 39 Mädchen), denen aufgrund ihrer Abschlusszeugnisse ein *generelles Karriere-Risiko* prognostiziert wurde, so stellt man fest, dass selbst diese nicht alle automatisch einem BEJ/BVJ zugewiesen werden. Ein gutes Viertel dieser Jungen (in absoluten Zahlen: 12 von 44) kommt in betriebliche Ausbildungen. Bei den Mädchen gelingt dies jedem siebten (absolut 6 von 39). Drei Viertel der Jungen (32 von 44 = 73 %) und 33 Mädchen (von 39 = 85 %) mit völlig unzureichendem Bildungskapital besuchen aus guten Gründen ein Berufsvorbereitungsjahr. Nur für solche Jugendliche wurde diese Bildungsmaßnahme ursprünglich konzipiert. Insgesamt sind das 65 Absolventinnen und Absolventen aus allen untersuchten Schulen. Von dort kommen jedoch de facto mehr als doppelt so viele in diesen schulischen Bildungsgang. Das ist ein sehr ärgerlicher Befund.

Konsequenzen für die Erziehungs- und Bildungsarbeit an Hauptschulen

Welche Konsequenzen für die Erziehungs- und Bildungsarbeit an Hauptschulen ergeben sich aus diesen Befunden?
Für quantitativ abgesicherte Antworten ist die Basis dieser Untersuchung viel zu schmal. Immerhin sind im Jahr 2005 aus den Hauptschulen Baden-Württembergs insgesamt 37.178 Jugendliche mit einem Hauptschulabschluss abgegangen, davon 20.787 Jungen und 16.391 Mädchen (vgl. www.statistik.baden-wuerttemberg.de). Die hier einbezogenen 439 Jugendlichen sind davon gerade mal 1,2 Prozent. Es kann also nur darum gehen, aufgrund der Befunde dieser Regionalstudie und der daraus gewonnenen Einsichten abschließend einige Anregungen zu formulieren.

Konzeptionelle Konsequenzen

Wenn man sich die tatsächliche Fortsetzung der Bildungswege der 439 Hauptschulabsolventinnen des Jahres 2005 im Ostalbkreis genauer ansieht, dann lässt sich im Blick auf die bislang in den 12 Hauptschulen verbrachte Zeit Folgendes feststellen:

(1) Für 40 Prozent dieser Schülerschaft (genauer: für die Hälfte der Mädchen und für ein Drittel der Jungen) gehörten die Schuljahre 5 bis 9 in den Hauptschulen zu einem Bildungsgang, der für 50 Jugendliche nach einem weiteren Jahr in der Werkrealschule, für die übrigen 126 nach zwei Jahren in einer entsprechenden Berufsfachschule, also nach sechs bzw. sieben Schulbesuchsjahren zu einem Mittleren Abschluss führen soll. Für 3 von 10 ist dieser Weg riskant. Denn ihre bisherigen Leistungen lassen befürchten, dass sie ernsthafte Probleme bekommen. Genau genommen kann man also nur für 28 Prozent *aller* Abgängerinnen und Abgänger mit hinreichender Gewissheit sagen, dass ihnen ihre Herkunftshauptschulen so viel „grundlegende Bildung" vermitteln konnten, dass sie das unmittelbar nächste Teilstück ihres Weges zu einem anspruchsvolleren berufsqualifizierenden oder studienqualifizierenden Bildungsgang erfolgreich bewältigen können. Für die übrigen 12 Prozent auf diesem Weg ist fraglich, was aus ihnen werden wird. Wenn sie vorzeitig abbrechen oder die Prüfung nicht bestehen, dann haben sie nur ihren guten Hauptschulabschluss vorzuweisen, verknüpft mit

dem Makel in einem weiterführenden Bildungsgang gescheitert zu sein. Unter diesem Aspekt stellt sich die Frage, ob dieser Teil der Schülerschaft die Zeit in der Hauptschule wirklich hinreichend anschlussorientiert nutzen konnte und ob ihm dafür die angemessenen Angebote gemacht und ihm das Zweckdienliche abverlangt wurde.

(2) Nur ein Viertel gelangt anschließend in betriebliche Ausbildungen bzw. in einjährige Berufsfachschulen. Bei den Mädchen gilt dies jedoch nur noch für knapp 12 Prozent, bei den Jungen noch immerhin für ein gutes Drittel. Muss nicht auch für diese Gruppe Anschlussorientierung neu buchstabiert werden, zumal wenn sich herausgestellt hat, dass die testierte Qualität der schulischen Leistungen nur von nachrangiger Bedeutung ist, wenn es darum geht, ob man einen Ausbildungsvertrag bekommt oder nicht? Zu fragen ist auch, was die Hauptschulen zur Absicherung des Ausbildungserfolgs schon während der Schulzeit in die Wege leiten können, zumal wenn sich zeigt, dass selbst Jugendliche mit noch völlig unzureichendem Bildungskapital in größerer Zahl (18 von 116 = 15,5 Prozent) in betriebliche Ausbildungsverhältnisse gelangen.

(3) Dass ein Drittel dieser Hauptschulabsolventinnen und -absolventen in Berufseinstiegsjahre und vergleichbare Bildungseinrichtungen einmünden muss, ist nicht hinnehmbar. Zumal der Nachweis geführt werden konnte, dass davon mindestens ein Drittel entweder über Abschlusszeugnisse der Güteklassen 1 bis 3 verfügt oder die Zugangsvoraussetzungen für den Besuch einer zweijährigen Berufsfachschule erfüllt. Mehr Anschlussorientierung für diese Teilgruppe bedeutet eine sehr viel intensivere und sorgfältigere Laufbahnberatung für jeden Einzelnen und wohl auch ein effizienteres Überleitungs-(Krisen-)Management seitens der Hauptschulen und ihrer Lehrerschaft, insbesondere in den letzten Wochen des Schuljahrs.

Ohne eine regelmäßige Diagnostik der Resultate des Hauptschulbildungsganges und seiner Effekte ist eine gründliche Überprüfung seiner Ziele nicht zu leisten. Dazu müssen die erteilten Zensuren und Zeugnisse genauso auf den Prüfstand wie jene Befunde, die man aus der Beobachtung der weiteren Bildungs- und Ausbildungskarrieren von Ehemaligen gewinnt. Ein erster Schritt in diese Richtung kann auf der Basis von Daten geschehen, wie sie für diese Untersuchung ermittelt und ausgewertet wurden.

Organisatorische Konsequenzen

Klar ersichtlich ist, dass die Schülerschaft der Hauptschulen in drei Gruppen zerfällt: eine erste, die es eindeutig darauf anlegt, einen Mittleren Abschluss zu erwerben, eine zweite, die eine Ausbildung jedem weiterem Schulbesuch vorzieht, und eine dritte, die aus Jugendlichen besteht, die sich – aus welchen Gründen auch immer und, wie sich herausstellte, nur zum Teil verursacht durch (zu) geringen Schulerfolg – weder der ersten noch der zweiten Gruppe zurechnen können oder wollen und folglich alle Chancen haben in einem BEJ/BVJ zu landen. Auf eine solchermaßen gegliederte „Kundschaft“ muss man mit einer klugen Organisation der Lerngruppen reagieren. Das Datenmaterial dieser Untersuchung liefert zahlreiche Hinweise, dass da noch vieles verbessert werden kann: Wenn man pro Klasse auflistet, wie viele Hauptschulabschlüsse welcher Qualitätsstufe zustande kamen, und auch, wie viele davon jeweils mit einem generellen Karriere-Risiko behaftet sind, wird augenfällig, welch verheerende Wirkung es hat, wenn man pro Schülerjahrgang leistungshomogene Stammgruppen (Parallelklassen) bildet: Die Leistungsstarken werden stärker, die Leistungsschwachen noch schwächer. Hauptschüler brauchen einerseits Stammgruppen, in denen ein möglichst breites Spektrum von Schülerpersönlichkeiten, auch ein breites Spektrum schulischer Leistungsfähigkeit vertreten ist. Aber sie brauchen zugleich auch die konstante Mitgliedschaft in speziellen Lerngruppen, die auf je spezifische Bedürfnisse u.a. der oben genannten Gruppen zugeschnitten sind. Ob eine kluge Neuorganisation der Lerngruppen im skizzierten Sinn die Abschaffung der Werkrealschule einschließen sollte, wie Hiller (2006, 32) dies aufgrund der Ergebnisse der Reutlinger Untersuchung forderte, wäre zumindest zu diskutieren.

Curriculare Konsequenzen

Pointiert gefragt: Was haben die Hälfte der Hauptschülerinnen und 30 Prozent der Hauptschüler von den vielfältigen Prozeduren der „Orientierung in Berufsfeldern“, von Praktika und Betriebstagen, von BIZ-Besuchen, Berufsberatungsterminen, vom Anfertigen von Bewerbungsmappen und von Bewerbertraining, wenn klar ist, dass sie im Folgejahr bzw. in den beiden Folgejahren weiterhin die Schulbank drücken? Wie viel Unterrichtszeit könnte man stattdessen mit Intensivkursen in Deutsch, Mathematik, Englisch und jenen Sachfächern füllen, die ihnen ein solideres Fundament bieten könnten für all das, was sie in den nächsten Schuljahren erwartet? Zweckmäßig wäre auch, diese Schülerinnen und Schüler an eben jenen Schulen hospitieren zu lassen, die sie anschließend besuchen wollen, statt sie in irgendwelche Betriebspraktika zu schicken.

Für die anderen, deren Ziel es ist, in betriebliche Ausbildungen zu gelangen, sind die Kontakte zu geeigneten Betrieben in vielfältigen Formen zu intensivieren. Praktika und Betriebstage lassen sich durch Kooperationsprojekte mit Betrieben, durch Vergabe von Aufträgen an Lerngruppen usw. ergänzen. Dringend erforderlich ist in diesem Zusammenhang, dass die Hauptschullehrer einer Region von den beiden zuständigen Kammern Einsicht in deren Ausbildungsstatistiken erhalten. Aus ihnen geht hervor, in welche Ausbildungsberufe die Hauptschüler der jeweiligen Region in letzter Zeit tatsächlich vermittelt wurden (und in welche nicht). Diese Statistiken zeigen, was tatsächlich möglich ist, und bieten so die Basis dafür, dass sich Hauptschüler genau dafür zu interessieren lernen können, was ihnen der regionale Ausbildungsmarkt realistischerweise bietet.

Und ein Letztes: Wer hat von der „themenorientierten Projektprüfung“ welchen Nutzen? Unter dem Aspekt „mehr Anschlussorientierung als Abschlussorientierung“ ist festzustellen, dass sich außerhalb der Hauptschulen kein „Abnehmer“ wirklich weder für die Projekte noch für die erteilten Zensuren interessiert. Weil jedoch Prüfungsanforderungen und Prüfungsrituale die voraus laufenden Unterrichts- und Lernzeiten am stärksten modellieren, ist ernsthaft zu fragen, ob diese Zeit in den Hauptschulen nicht besser zu nutzen wäre.

Konsequenzen für die Gestaltung und Begleitung der Übergänge in anschließende schulische Bildungsgänge und in Ausbildungsverhältnisse

In vielen Fällen wäre es sehr zweckmäßig, wenn die Schülerinnen und Schüler zusätzlich zum offiziellen Zeugnis eine verbale Beurteilung bekämen, aus der zu entnehmen ist, über welche Kompetenzen sie verfügen.
Noch viel wichtiger erscheint jedoch, dass Hauptschulen sich frühzeitig – etwa ab Klasse 8 – um Paten und Mentoren bemühen für diejenigen ihrer Schüler, bei denen absehbar ist, dass sie auf ihrem weiteren Weg in Schwierigkeiten geraten, die sie aus eigener Kraft nicht bewältigen können, und die in ihrem häuslichen Umfeld, in Familie und Verwandtschaft nicht über kompetenten Beistand verfügen. Zenke hat ein solches Projekt eindringlich beschrieben (Zenke 2006).

Literatur

Berufsberatung der Agentur für Arbeit Aalen: Info zur Berufsausbildung. Ausgabe 2005/2006.

Bundesagentur für Arbeit: Berufsvorbereitende Bildungsmaßnahmen (BvB) der Bundesagentur für Arbeit (BA). Neues Fachkonzept (12.01.2004). http://www.good-practice.de/fachkonzept_bvb4.pdf.

Der Berufsbildungsbericht 2006: http://www.bmbf.de/pub/bbb_2006.pdf.

Dostal, W.; Parmentier, K.; Schober, K. (Hg.): Mangelnde Schulleistungen oder überzogene Anforderungen? Zur Problematik unbesetzter/unbesetzbarer Ausbildungsplätze: Dokumentation eines Workshops in der Bundesanstalt für Arbeit. Nürnberg 1997.

Friedrich, H.: Jugendliche in Ausbildung; Wunsch und Wirklichkeit. In: Berufsbildung in Wissenschaft und Praxis, 35, H. 3, 2006, 7–11.

Häußler, U.: Werkrealschule und zweijährige Berufsfachschule: Konkurrenz oder sinnvolle Ergänzung. In: Bildung und Wissenschaft, 52, H 11, 1998, 16–17.

Hiller, G. G.; Richert, B.: Zur Ausbildungsreife führen – Aufgabe und Ziel der Hauptschulen? In: Förderverein des Lehrerinnen- und Lehrerseminars Nürtingen e.V. (Hg.): Dokumentation zum Symposium 1900 – 2000 Jahrhundert des Kindes. Nürtingen o. J., H. 3, 2000, 14–27.

Hiller, G. G.: Selbstgestaltung – eine bürgerliche Illusion? In: Schell, H. (Hg.): Selbstgestaltung in der Sonderpädagogik. Begegnungen mit Hansjörg Kautter. Heidelberg 2001, 247–250.

Hiller, G. G.: Kein Abschluss ohne Anschluss? In: Lehren und Lernen. Zeitschrift für Schule und Innovation in Baden-Württemberg, 32, H. 8/9, 2006, 24–33.

Hmiza, H.: Untersuchungen zum Marktwert von Hauptschulabschlüssen: Konsequenzen für die Erziehungs- und Bildungsarbeit an Hauptschulen. Wiss. Hausarbeit. Pädagogische Hochschule Ludwigsburg. Unveröff. Mskr., Ludwigsburg 2007.

Kammerer, T.: Schule – und was kommt jetzt? Schritt für Schritt zur „richtigen" Ausbildung. Bielefeld 2006.

Klauer, K. J.: Perspektiven Pädagogischer Diagnostik. In: Ders. (Hg.): Handbuch der Pädagogischen Diagnostik. 4 Bände. Band 1. Düsseldorf 1978, 3–14.

Richert, B.: Untersuchungen zum „Marktwert" von Hauptschulabschlussprüfungen und die Diskussion um die Schulfremdenprüfung in Förderschulen. Wiss. Hausarbeit. Pädagogische Hochschule Ludwigsburg, Fakultät für Sonderpädagogik. Unveröff. Mskr., Reutlingen 2000.

www.statistik.baden-wuerttemberg.de/Pressemitt/2006,160.asp?BildungKultur.

Zenke, K.: Paten für Schüler/innen der Hauptschule im Übergangsprozess zur Ausbildung: Aufbauhelfer für kulturelles Kapital. In: Lehren und Lernen. Zeitschrift für Schule und Innovation in Baden-Württemberg, 32, H. 6, 2006, 16–20.

Christoph Käppler

Kind-Umfeld-Diagnostik mit besonderer Berücksichtigung des familiären Kontexts

Ausgangsüberlegungen

„Entwicklungsverläufe vollziehen sich immerwährend in Beziehungskontexten", dies soll den nachfolgenden Ausführungen als Ausgangsthese dienen. Die Entwicklungsdynamik geht zum einen vom jeweiligen Individuum selbst aus – auf Basis biologischer sowie psychologischer Prozesse. Zum anderen wird sie zugleich vom jeweiligen sozialen Kontext geprägt, welcher Entwicklungsprozesse anregen und hemmen kann, bis hin zur nachweisbaren Rückwirkung auf die biologisch-genetische Ebene, wie es Forschungsbefunde aus jüngster Vergangenheit nahelegen. Während sich die medizinische Diagnostik vorwiegend mit der erstgenannten Ebene biologischer (genetischer bis physiologischer) Einflussfaktoren befasst und die psychologisch-(sonder-)pädagogische Diagnostik desgleichen mit dem zweitgenannten Spektrum von Faktoren (aus dem Erlebens-, Verhaltens- und Lernbereich), ist es hingegen mit der Ebene sozialer Kontextfaktoren diagnostisch nicht annähernd vergleichbar gut bestellt.

Der vorangestellten Grundannahme entsprechend sind Individuen – auch und gerade wenn sich Schwierigkeiten zeigen – jedoch ohne eine hinreichende Berücksichtigung ihrer sozialen Lebenswelt(en) weder hinreichend zu verstehen oder diagnostisch beurteilbar, noch kann ihnen ohne Einbezug ihres Lebensumfeldes Erfolg versprechend weitergeholfen werden. Eine prominente Rolle spielt dabei fraglos der familiäre Beziehungskontext.[1]
Familiendiagnostische Vorgehensweisen gehen entsprechend von einem kontextbezogenen oder relationalen Grundverständnis aus (Kaslow 1996; Wynne et al. 1992), indem Entwicklungsschwierigkeiten und dergleichen nicht allein in einer Person sondern auch in den Interaktionen von sich entwickelnden Individuen (Jensen/Hoagwood 1997) konzeptuell verankert werden. Hierbei ist auch eine eingehende Analyse von Ressourcenaspekten und Netzwerkcharakteristika (etwa im

[1] Auf die weitgefächerte Problematik der Definition eines Familienbegriffs bzw. familiärer Lebensformen, die heute im steten Wandel begriffen sind, kann hier nicht näher eingegangen werden (vgl. hierzu Schneewind 1999; Hofer et al. 2002; Nave-Herz 2000).

Hinblick auf soziale Unterstützung) einzubeziehen, die in diesem Zusammenhang von wesentlicher Bedeutung sind (Mattejat/Remschmidt 1997).
Der systematische Einbezug von Familienangehörigen bzw. relevanten Bezugspersonen sollte demzufolge in psychologisch-(sonder-)pädagogischen Handlungsfeldern zum festen Bestand von (Qualitäts-)Standards gezählt werden. Dieses Postulat wird auch durch empirische Forschungsbefunde gestützt, welche die Zusammenhänge von Familienbeziehungen und individuellem Wohlbefinden sowie gelingender Entwicklung aufzeigen (Denton 1990; Kaslow 1993; Kreppner/Ullrich 2002; Mattejat/Remschmidt 1995).

Auch wenn die eingangs genannte Grundannahme selbst sowie die diesbezüglichen empirischen Belege vermutlich breite Zustimmung finden dürften, so scheint dies bei entsprechenden diagnostischen Aktivitäten (noch) keinen substanziellen Widerhall zu finden. Hinsichtlich einer praktischen Umsetzung bleibt meist unklar, in welcher Weise relevante Bezugspersonen in den diagnostischen Prozess systematisch einbezogen werden (können). Während auf fast allen Ebenen mittlerweile bewährte Instrumente zur Verfügung stehen, mangelt es noch an geeigneten beziehungs- und familiendiagnostischen Untersuchungsverfahren, d.h. es ist ein Missverhältnis zu konstatieren zwischen dem Umfang und Differenzierungsgrad vorhandener individualdiagnostischer Instrumente (vgl. Achsen I–IV im ICD-10, Remschmidt/Schmidt 1994) im Vergleich zu Verfahren bzw. Beurteilungsprozessen, die auf den Beziehungskontext bezogen sind und meist eher einer impressionistischen Eindrucksbildung entsprechen.

So mag es auch nicht verwundern, dass selbst in bekannten Nachschlagewerken – wie etwa dem prominenten Handbuch psychologischer und pädagogischer Tests von Brickenkamp (2002) – familienbezogenen Verfahren kein eigenes (Unter-)Kapitel gewidmet ist. Dabei werden die Fachprofessionen in den modernen diagnostischen Klassifikationssystemen (wie ICD und ICF) explizit dazu angehalten, im Rahmen der multidimensionalen Diagnostik auch relevante Informationen, die den Beziehungskontext eines Individuums betreffen (vgl. Achse V im ICD-10; Remschmidt/Schmidt 1994) zu dokumentieren. Wie dies, etwa im Hinblick auf die dort zu beurteilenden Kontextfaktoren „Disharmonie in der Familie zwischen Erwachsenen" oder „Feindliche Ablehnung oder Sündenbockzuweisung gegenüber dem Kind" diagnostisch gefasst werden kann und soll, bleibt jedoch weitgehend der einzelnen Fachperson anheimgestellt, was dazu führt, dass solche Gesichtspunkte entweder gar nicht berücksichtigt oder auf wenig nachvollziehbare Weise bewertet werden.

Diese Entbehrungssituation (Mattejat 1993) mag unter anderem mit der Komplexität des Unterfangens einer adäquaten Beschreibung sozialer bzw. familiärer Beziehungssysteme zusammenhängen, die im Folgenden kurz umrissen werden soll, bevor dann einzelne Verfahrensbeispiele exemplarisch vorgestellt werden.

Überblick über geeignete Vorgehensweisen bei Kind-Umfeld-Analysen im Hinblick auf den familiären Kontext

Im folgenden Abschnitt wird nun auf die Frage Bezug genommen, wie mögliche Verfahren zur Berücksichtigung familiärer Kontextfaktoren im Hinblick auf ihre Charakteristika und Eignungsbereiche differenziert werden können.
Im Sinne einer Übersicht über verschiedene Formen familiendiagnostischen Vorgehens lassen sich hierbei zumindest drei wesentliche Dimensionen unterscheiden, die in Abbildung 1 zusammengefasst sind.

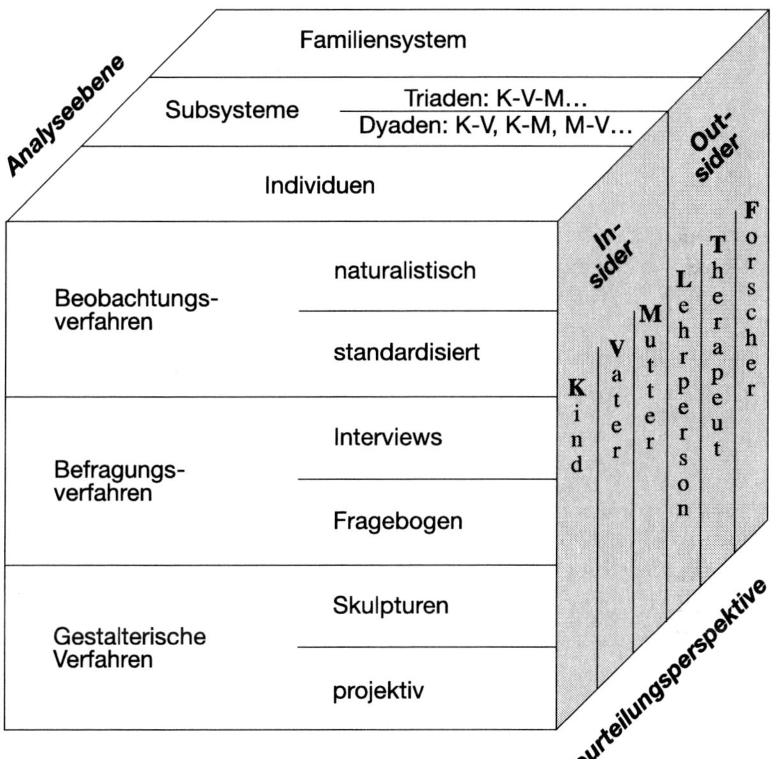

Abbildung 1: Übersicht über familiendiagnostische Verfahren

Es handelt sich hierbei um:
I. *die Art der Datenerhebungsmethodik*
II. *die Beurteilerperspektive sowie*
III. *die Analyseebene.*
Diese Dimensionen werden im Folgenden näher erläutert.

Ad I.: Hinsichtlich der Art und Weise der Datengewinnung lassen sich familiendiagnostische Methoden im Wesentlichen in drei Verfahrensgruppen einteilen:
Zum einen können *Beobachtungsmethoden* herangezogen werden, mit deren Hilfe familiäre Interaktionen direkt in den Fokus genommen werden können. Hierbei kann weiter unterschieden werden, ob die betreffenden Beobachtungen in einem natürlichen Setting (etwa im häuslichen Umfeld) oder in eigens hierfür gestalteten standardisierten Situationen (etwa einer geschaffenen Hausaufgabensituation) stattfinden.
Zum zweiten lässt sich eine Gruppe von *Selbstberichtsmethoden* beschreiben, die zumeist in Form von Interview- und Fragebogenverfahren Anwendung finden.
Als dritter Bereich sind *gestalterische bzw. bildhaft-metaphorische Verfahren* zu nennen, die vereinfacht in die Gruppe der Skulptur- und projektiven Verfahren gegliedert werden können.

Ad II.: Als zweiter wichtiger Gesichtspunkt ist zu unterscheiden, aus wessen Perspektive die Familienbeziehungen beurteilt werden (sollen). Es geht hier also um die Frage nach unterschiedlichen Datenquellen (Olson 1977; Hampson et al. 1989).
Handelt es sich hierbei um ein dem zu beurteilenden Familiensystem selbst zugehöriges Mitglied, so spricht man von der *Insider*-Perspektive, die sich bei einer Familie in der Regel auf die Sichtweise von Eltern und Kindern bezieht.
Im Sinne des Partizipationsgedankens sollte insbesondere der Einbezug von Kindern, wenn immer möglich, in Betracht gezogen werden, will unter dem Begriff Familiendiagnostik (irreführenderweise) nicht lediglich ein exklusiv auf die Eltern (oft allein die Mutter) und ihre Beurteilerperspektive beschränktes Unterfangen verstanden werden. Hinsichtlich der *Outsider*- oder Außenperspektive der Beurteilung kommen u.a. weitere Bezugspersonen aus dem sozialen Umfeld wie Nachbarn etc. sowie aus dem professionellen Kontaktumfeld etwa (Sonder-)Pädagogen und Therapeuten in Frage.
Es versteht sich von selbst und ist anhand empirischer Studien belegt worden, dass sich die verschiedenen (Selbst- und Fremd-)Beurteilerperspektiven durchaus unterscheiden (können) und daher nicht aufeinander reduzierbar bzw. gegenseitig ersetzbar sind, sondern in einem Ergänzungsverhältnis zueinander stehen.

Ad III: Die Analyse von Familienbeziehungen kann auf mindestens drei Ebenen erfolgen, wie es von Cromwell und Peterson (1983) vorgeschlagen wurde.
Die Analyseeinheit können ein oder mehrere Individuen und ihre Sichtweise oder Position innerhalb der Familie sein.
Im Weiteren kann die Familie in Form von Subsystemen betrachtet werden, wobei Beziehungen innerhalb derselben Generation (Eltern- bzw. Paarsubsystem, Geschwistersubsystem) und intergenerationale Dyaden (Eltern-Kind-Beziehungen) sowie gemäß bestimmter Charakteristika (gleich- oder gegengeschlechtlich) unterschieden werden können. Bei entsprechender Familiengröße können weitere Substrukturen wie triadische, tetradische etc. Konstellationen eigens in den Fokus genommen werden.

Schließlich kann die Familie als Ganzes, als Familiensystem, das sich aus dem Beziehungsgefüge aller Beteiligten ergibt, den Schwerpunkt der Analyse bilden.
In Erweiterung der drei beschriebenen Dimensionen können entsprechend der Komplexität des Gegenstandsbereichs einer (möglichst adäquaten) Beschreibung von Familienbeziehungen in Anlehnung an Schneewind (1999; Schneewind/ Schmidt 1999) mindestens vier weitere Aspekte zur Kennzeichnung des Spektrums familienbezogener diagnostischer Vorgehensweisen in Betracht gezogen werden:

IV. Schwerpunkt der Analyse:
Die Analyse kann sich eher auf strukturelle Merkmale der Beziehungen (z.B. Geschwisterfolge) oder prozessorientierte (dynamische) Aspekte (wie Interaktionssequenzen) beziehen.

V. Zeitperspektive:
Der Zeitfokus kann eher auf die Vergangenheit (etwa auf die Phase der Familiengründung), die aktuelle Gegenwart (etwa die derzeitigen Probleme) oder Zukunftsperspektiven (etwa die Hoffnungen und Wünsche der Familienmitglieder) gerichtet werden.

VI. Problem- vs. Lösungsfokus:
Der diagnostische Prozess sollte im Hinblick auf die vorgebrachten Probleme auch vorhandene Ressourcenaspekte und Lösungsstrategien (salutogenetische Aspekte) umfassen.

VII. Anwendungshorizont:
Zuletzt können familienbezogene Assessmentstrategien noch nach dem Einsatzschwerpunkt in Forschung oder psychologisch-(sonder-)pädagogischer Praxis unterschieden werden. In wünschenswertem Sinne sind hierbei natürlich keine falschen Dichotomien zu propagieren, sondern Verfahren zu bevorzugen, die sowohl den Anforderungen der diagnostischen Praxis als auch den jeweiligen Forschungsbedingungen (über die Untersuchung eines Einzelfalls hinaus) gerecht werden können.
Nach dieser Übersicht über die Kerndimensionen, die bei Familienuntersuchungen jeweils zu bedenken sind, sollen im nächsten Schritt nun drei Verfahren exemplarisch vorgestellt werden, die geeignet sind, bestehende diagnostische Möglichkeiten sinnvoll um die soziale Kontextperspektive zu erweitern.

Darstellung von Verfahrensbeispielen aus der Familiendiagnostik

Aus dem im Abbildung 1 umrissenen Spektrum familiendiagnostischer Verfahren – im Sinne einer umfassenderen Übersicht sei in diesem Zusammenhang auf das Handbuch von Cierpka (2003) verwiesen – werden im Folgenden einige ausgewählte, für die ganze Familie geeignete Verfahren vorgestellt, die sich im langjährigen Einsatz durch den Autor sowohl im Hinblick auf Praxis- wie auch auf

Forschungsbezüge bewährt haben. Die vorzustellenden Verfahren bewegen sich dabei im Übergangsbereich zwischen Selbstberichtsmethoden und gestalterisch-spielerischen Zugängen (Dimension I), erlauben im Sinne der Multiperspektivität in einer kindgerechten Weise (auch) die Sichtweise der nachkommenden Generation in die Betrachtung einzubeziehen (Dimension II) und ermöglichen Aussagen auf verschiedenen Analyseebenen (individuell bis systemisch, Dimension III), was hier jedoch jeweils nur kursorisch aufgezeigt werden kann (vgl. dazu ausführlicher: Käppler 2008).

Der Familien-Identifikations-Test (FIT)

Mithilfe des Familien-Identifikations-Tests können innerfamiliäre Identifikations- und Beziehungsmuster in der Regel ab einem Alter von 7–8 Jahren untersucht werden. Der FIT wurde im Anschluss an entsprechende Vorläuferverfahren (Kelly GRID 1955; Q-Sort von Stephenson 1953) von Remschmidt und Mattejat (1999) entwickelt. Bei diesem Untersuchungsverfahren werden einer betreffenden Person 12 Eigenschaftskärtchen vorgelegt. Die Eigenschaften (selbstsicher, selbständig, ängstlich, launisch, nervös, zufrieden, ruhig, lebhaft, gesprächig, verständnisvoll, rücksichtsvoll, freundlich) repräsentieren bekannte und empirisch vielfach bestätigte Dimensionen zur Beschreibung von Personen (‚Emotionale Labilität/Stabilität', Extraversion mit den Aspekten ‚Soziale Aktivität' und ‚Assertivität' sowie ‚Soziale Resonanzfähigkeit'). Diese für die Beschreibungen der eigenen Person sowie anderer Familienmitglieder zu verwendenden Attribute werden auf einer kartonierten Unterlage in fünf Kategorien von „stimmt ganz genau" bis „stimmt überhaupt nicht" einsortiert.

Auf diese spielerische Weise soll die an der Untersuchung teilnehmende Person gemäß aufeinander folgender Instruktionen beschreiben:
- wie sie sich selbst sieht: reales Selbstbild (R),
- wie sie gerne sein würde: ideales Selbstbild (I),
- wie sie ihre Mutter sieht: Fremdbild Mutter (M),
- wie sie ihren Vater sieht: Fremdbild Vater (V).

Zwischen diesen, im Durchschnitt in 15 bis 20 Minuten zu erhebenden Selbst- und Fremdbildern lassen sich dann als Maß für die Ähnlichkeit bzw. Nicht-Übereinstimmung der erhobenen Repräsentationen Korrelationskoeffizienten ermitteln.
Ein erster bedeutender Zusammenhang ergibt sich auf diese Weise zunächst *innerhalb* der Selbstkonzeptebene:

zwischen Real- und Idealselbst (R-I): Selbstkongruenz (kennzeichnet bei hoher bzw. maximaler Ausprägung „Ich bin so, wie ich sein möchte").

Des Weiteren werden die – aus Gründen des Begriffsverständnisses und möglicher Loyalitätskonflikte – bei Kindern und Jugendlichen kaum direkt zu erfragenden Identifikationsmuster im FIT durch eine indirekte Zugangsweise zu erfassen versucht: Die Operationalisierung für Identifikationen bzw. De-Identifikationen (Abgrenzungen) wird über die Berechnung der korrelativen Zusammenhänge *zwischen* Selbstkonzept- und Fremdkonzeptebene realisiert. Dabei ergeben sich als Identifikationsmaße:

- zwischen Realselbst und Mutter-/Vaterbild (R-M/R-V): reale Identifikation mit der Mutter/dem Vater („Ich bin so wie meine Mutter/mein Vater"),
- zwischen Idealselbst und Mutter-/Vaterbild (I-M/I-V): ideale Identifikation mit der Mutter/dem Vater („Ich möchte so sein wie meine Mutter/mein Vater", was eine Vorbildfunktion der Mutter/des Vaters kennzeichnet).

Zur Veranschaulichung soll nun kurz über ein Fallbeispiel einer 16 1/2 Jahre alten weiblichen Jugendlichen einige Tage nach einem Suizidversuch berichtet werden. Zum besseren Kennenlernen und Verständnis des familiären Lebenshintergrundes wurde der FIT mit ihr zweimal durchgeführt.

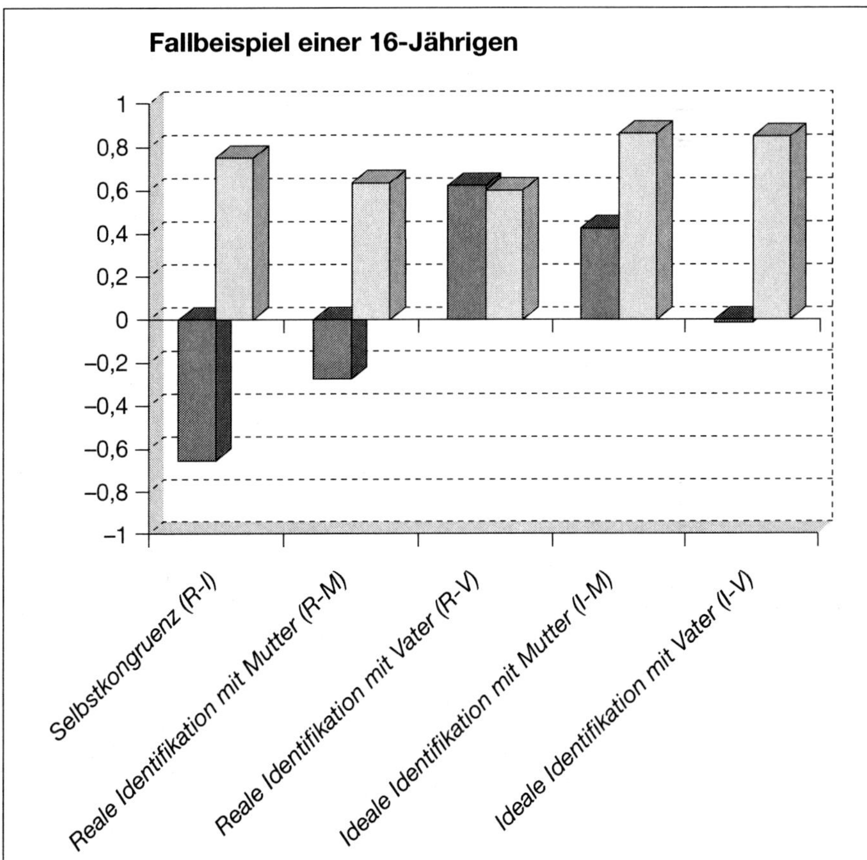

Abbildung 2: Fallbeispiel zum Familienidentifikationstest (16-jähriges Mädchen)

Dabei zeigte sich folgendes Bild (bei der Betrachtung zunächst nur der schwarzen Balken, die sich auf den Ausgangszeitpunkt beziehen):
Auf der Selbstkonzeptebene erweist sich die Selbstkongruenz als höchst auffällig, denn von dem im Manual gekennzeichneten Erwartungsbereich mit Werten zwischen .40 und .80 liegt die Jugendliche hier weit entfernt. Die negativen Korrelationswerte indizieren, dass die betreffende Jugendliche idealerweise nahezu das Gegenteil davon sein möchte, wie sie sich momentan sieht. Das heißt, sie hat ein extrem negatives Selbstbild, was natürlich einen ersten Hinweis auf die Bedingungshintergründe ihres Suizidversuchs geben kann.
Betrachten wir im zweiten Analyseschritt nun die Identifikation dieses Einzelkindes mit ihren Eltern. Eine reale Identifikation (oder Ähnlichkeit) mit ihrer Mutter ist quasi nicht vorhanden, während sie sich mit dem Vater durchaus real identifiziert, d.h. sich ihm als ähnlich erlebt.
Im Hinblick auf die ideale Identifikation sieht es jedoch ganz anders aus: Sie möchte lieber wie die Mutter sein (sie scheint in diesem Sinne ein Vorbild darzustellen), während sie mit dem Vater keine ideale Identifikation (Korrelation um Null) aufweist.
Das heißt zusammengefasst, dass die Jugendliche – neben einem sehr negativ akzentuierten Selbstbild – in der Spannungssituation lebt, ihrer Mutter als Identifikationsfigur sehr ähnlich sein zu wollen, es aber in ihrer Wahrnehmung de facto nicht ist (nicht sein zu können), während es sich mit dem Vater nahezu umgekehrt verhält.
Zum Hintergrund: Die Mutter der Jugendlichen ist als Erwachsenen-Psychiaterin berufstätig. Sie imponiert als überaus starke und erfolgreiche Frau. Der Vater, Vertreter eines technischen Berufs, wirkt eher zurückhaltend und sanft. Die Jugendliche befindet sich also im Konfliktfeld, sich mit dieser „Über-Mutter" ideal identifizieren zu wollen, es aber real nicht zu können. Sie scheint daher familiär eher eine Koalition mit dem eher selbstunsicher wirkenden Vater eingegangen zu sein, um sich besser gegen die Mutter behaupten zu können. So war zu einem gewissen Teil auch der Suizidversuch als gegen sie gerichtet zu verstehen, da er die Mutter sozusagen in ihrem eigenen Kompetenzbereich traf und ihr hier ihre Grenzen aufzuzeigen vermochte.
Diese bemerkenswerten Befunde wurden dann im Zuge einer Rückmelde- und Validierungsphase, die Bestandteil jedes diagnostischen Prozesses sein sollte, erst mit der Tochter selbst besprochen, dann mit ihrem Einverständnis in einem Familiengespräch zum Thema gemacht. Es war für die Eltern sehr aufschlussreich, wie sie von der Tochter wahrgenommen werden, und es wurde über die Thematisierung der verschiedenen Wahrnehmungsperspektiven in der Familie bereits der Beginn eines Veränderungsprozesses eingeleitet.
Dass sich derartige Entwicklungen (vgl. Seiffge-Krenke 1997) unter Heranziehung solcher Verfahren wie des FIT auch mittel- bis langfristig im Sinne einer Stabilisierung der Familienbeziehungen aufzeigen lassen, soll ergänzend mit der Nacherhebung bei derselben Person einige Jahre später, nun einer jungen erwachsenen Frau, mit den helleren Säulen belegt werden, die allesamt unauffällige Werte – sowohl

in den Bereichen der Selbstkongruenz wie auch der Identifikationen (insbesondere auch mit der Mutter) – aufweisen.

Es ist beim Einsatz des Familien-Identifikations-Tests (FIT) auch möglich, weitere vorhandene Familienmitglieder (wie Geschwister oder Großeltern) oder andere relevante Bezugspersonen des erweiterten sozialen Netzes im personalen (z.B. bester Freund) oder institutionellen Sinne (z.B. Lehrer, ggf. Therapeut) auf dieselbe Weise beschreiben zu lassen und in die Analyse einzubeziehen.
Ab dem Jugendalter liegt hierzu neben der beschriebenen Legeversion alternativ auch eine Fragebogenversion vor, die aus zeitökonomischen Gründen oder zum Einbezug von nicht im ‚face-to-face'-Kontakt verfügbaren Personen einsetzbar ist.
Insgesamt hat sich dieses Verfahren sowohl in der Anwendung bei einzelnen Familien als auch im Forschungskontext auf gruppenstatistischer Basis im Hinblick auf die Abbildung von Entwicklungs- und Veränderungsprozessen als sensitiv erwiesen (vgl. Käppler 2005).

Das Familiogramm (FG)

Im folgenden Abschnitt soll nun auf die Neuentwicklung eines Verfahrens namens Familiogramm (Teodoro/Käppler 2003) eingegangen werden, das in der Fortführung des Soziogramms von Moreno (1932) moderne Methoden der Analyse von sozialen Netzwerken (Scott 2000) zur Untersuchung von familiären Beziehungen nutzt. Das auf der Graphentheorie (Wasserman/Faust 1994) aufbauende Verfahren ist flexibel konzipiert, wodurch die Untersuchung verschiedener familienbezogener Aspekte ermöglicht wird.
Die Grundidee besteht in der Erhebung der mentalen Repräsentation des familiären Netzwerks einer Person („egocentric network method"; vgl. Widmer 1999), indem der Proband Merkmale aller im betreffenden System vorhandenen dyadischen Beziehungen einschließlich derer, denen er nicht angehört, beschreibt. Die mittels des Familiogramms erhobene Beziehungsstruktur vermag somit die innere Repräsentation der Familie bei einer betreffenden Person wiederzugeben (Teodoro 2005).
Der erste Schritt zur Durchführung des Familiogramms besteht in der Generierung einer Liste aller Namen der Mitglieder des familiären Systems, indem der Proband zunächst gefragt wird, wer zu seiner Familie gehört. Diese subjektive Familiendefinition, die sich bei einzelnen Familienmitgliedern bereits durchaus unterscheiden kann, ist für sich genommen schon ein Ergebnisaspekt (Levin 1993).
Das Untersuchungsmaterial des Familiogramms besteht aus mit den Namen der einzelnen Familienmitglieder beschriebenen Kärtchen, einem Legebrett aus Karton, das in fünf Spalten eingeteilt ist, die von ‚überhaupt nicht' bis ‚ganz genau' reichen (Rating-Skala von 1 bis 5), sowie einem Dokumentationsbogen, auf dem alle potenziellen Dyaden im Familiensystem jeweils in bidirektionaler Weise aufgeführt sind. Dementsprechend werden die Namenskärtchen in paarweiser Permutation vorgelegt und die jeweilige Beziehung anhand von Aussagesätzen beurteilt (Widmer 1999).

Für die Erhebung der familiären Kohäsion wäre bspw. der folgende Satz jeweils nach dem Grad des Zutreffens einzustufen:
Person ‚A (links)' fühlt sich meistens wohl in der Nähe von ‚B (rechts)'.
Für die Auswertung des Familiogramms werden vier Merkmale zur Kennzeichnung des untersuchten familiären Netzwerks berechnet (Teodoro/Käppler 2003; Teodoro 2005): Jeder Dyade und der ganzen Familie werden je ein Dichte- und Diskrepanz-Wert zugewiesen. Als individuelle Charakteristika werden Werte für die Zentralität und das Prestige für jedes Familienmitglied bestimmt. Zusätzlich wird eine graphische Darstellung der erhobenen Familienbeziehungen erstellt, wofür in Abbildung 3 ein Beispiel gegeben wird.

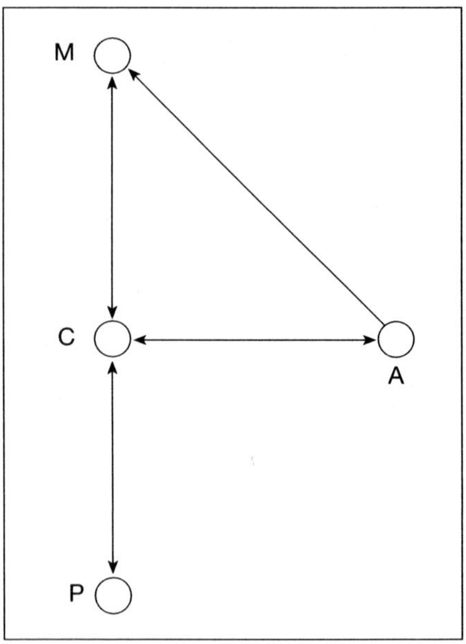

Abbildung 3: Fallbeispiel zum Familiogramm (10-jähriger Junge)

Wie der graphischen Darstellung des Beziehungskontexts (vgl. Abb. 3) zu entnehmen ist, erlebt sich der betreffende 10-jährige Schüler mit auffälligem Sozialverhalten (C) als Bindeglied zwischen Vater (P) und der mütterlichen Seite bestehend aus Mutter (M) und Großmutter (A). Würde man das betreffende Kind, dem als Einzelperson die höchsten Prestige- und Zentralitätswerte zukommen, hypothetisch entfernen, zerfiele das Familiensystem in zwei unverbundene (nicht-kohäsive) Subsysteme. Ein Kind ist in einer von ihm so wahrgenommenen Funktion, den Zusammenhalt des Beziehungsnetzes gewährleisten zu sollen, zweifelsohne (emotional) überfordert und befindet sich in einer sog. „Cut-point"-Position, was zugleich die Instabilität (geringe Dichte) des Familiensystems insgesamt kennzeichnet.

Der Familien-System-Test (FAST)

Das hier abschließend noch vorzustellende Verfahren ist dem Bereich der Skulpturverfahren zuzuordnen, welche die Struktur familiärer Beziehungskonstellation(en) auf eine ganzheitliche (analoge) Weise zu erfassen versuchen (Arnold et al. 2003; Schweitzer/Weber 1982). Der Proband fungiert bei diesen Verfahren in gewisser Weise als „Bildhauer", der zur Darstellung seiner Familie aufgefordert wird, was im Falle des FAST (Gehring 1998) mit Figuren zur Repräsentierung der Familienmitglieder auf symbolisierende Weise geschieht.
Inhaltlich werden die Dimensionen der familiären Kohäsion (emotionale Verbundenheit) sowie Hierarchie (Autorität, Entscheidungsmacht, gegenseitige Einflussmöglichkeiten) erhoben, die sich in der Familienforschung als wesentliche Kernaspekte zur Beschreibung von Beziehungssystemen erwiesen haben.

Der FAST besteht aus einem quadratischen Brett (9 x 9 Felder), männlichen und weiblichen Holzfiguren zur Symbolisierung der Familienmitglieder sowie Holzklötzchen in drei verschiedenen Höhen zur Erhebung der Figuren, mit denen die jeweiligen Macht- und Einflusspositionen zum Ausdruck gebracht werden können. Auf diese Weise stellen die zu untersuchenden Personen ihre Familie in drei verschiedenen Konstellationen dar:
- Als erstes werden sie um die typische Repräsentation ihrer Familie gebeten, wie sie im Alltag erlebt wird.
- Die zweite Instruktion entspricht der idealen Repräsentation, bei welcher der Proband seine Familie so darstellen soll, wie er sie sich wünschen würde.
- Zuletzt erfolgt die Aufstellung der Konfliktrepräsentation, d.h. die Portraitierung der Familie, wie sie sich während einer Auseinandersetzung darstellt.

Die Auswertungsmöglichkeiten des FAST sind vielfältig, etwa im Hinblick auf die aus der strukturellen Familientheorie (Minuchin 1977) abgeleiteten auffälligen Indikatoren wie intergenerationale Koalitionen oder Hierarchieumkehrungen.
Die Vorteile des FAST sind darin zu sehen, dass er sowohl im diagnostischen Prozess einzelner Familien u.a. auf qualitative Weise ausgewertet werden kann als auch – aufgrund der möglichen Quantifizierbarkeit von Nähe und Distanz sowie von Hierarchieunterschieden – in Forschungsstudien eingesetzt werden kann. Darüber hinaus handelt es sich – bis auf die Instruktion – um ein nahezu sprachfreies Verfahren, wodurch es bereits bei Kindern ab 6 Jahren einsetzbar und insbesondere auch für Migrantenpopulationen und interkulturelle Vergleiche geeignet ist.

Abschließende Überlegungen zu Anwendungsperspektiven der Familiendiagnostik

Im einem letzten Abschnitt soll nun noch auf einige die Familiendiagnostik betreffende übergreifende Themen zusammenfassend eingegangen werden.

Wie in diesem Beitrag deutlich werden sollte, liegt im Hinblick auf eine fundierte (familien-)kontextbezogene Diagnostik nicht gerade eine Fülle von Verfahren vor, die den in Abschnitt 2 dargestellten (Kern-)Dimensionen des Familien-Assessment in befriedigendem Maße Rechnung tragen (was etwa den möglichen Einbezug unterschiedlicher Beziehungsperspektiven und Analyseebenen betrifft) und zugleich auch den Anforderungen der Praxis(tauglichkeit) bis hin zu ökonomischen Gesichtspunkten (im Hinblick auf personelle und zeitliche Ressourcen) gerecht werden (Gehring 2000; Heekerens 1997).

Auf der anderen Seite werden jedoch in dieser Hinsicht verfügbare familiendiagnostische Verfahren kaum genutzt, obwohl in (sonder-)pädagogischen Gutachten familiäre Gesichtspunkte regelmäßig thematisiert oder – meist zutreffender – zumindest ‚gestreift' werden. Professionellere methodische Vorgehensweisen bezogen auf diesen (bedeutenden) Bereich, wie sie im vorliegenden Beitrag exemplarisch dargelegt wurden, bleiben zumeist ungenutzt.

Dabei ergeben sich durch den Einsatz geeigneter familiendiagnostischer Verfahren eine Reihe von (zusätzlichen) Informationen, die für deren regelmäßige Berücksichtigung im diagnostischen Prozess sprechen und hier nochmals zusammenfassend aufgeführt werden sollen.

Familiendiagnostische Verfahren können beitragen:

- zu einer Erweiterung der Basis familienrelevanter Informationen, die auf andere Weise entweder überhaupt nicht oder nicht in vergleichbarem Umfang bzw. mit entsprechender Differenziertheit zu gewinnen ist (etwa im Hinblick auf die unterschiedlichen Perspektiven der Familienmitglieder);
- zu einer datengestützten Indikation und konkreten Planung von familienbezogenen (Unterstützungs-)Maßnahmen, die bereits mit einer Rückmeldung der familiendiagnostischen Befunde, wie beispielsweise im Fall der Sichtbarmachung von Wahrnehmungsdiskrepanzen beginnen kann, womit sich der Prozess der Diagnostik *der* Familie zugleich zu einer Diagnostik *für die* Familie erweitert (vgl. Mattejat 1993);
- zur Evaluation von Maßnahmen und durch sie hervorgerufenen (möglicherweise auf familiärer Ebene auch unerwarteten Neben-)Wirkungen (formative und summative Evaluationsaspekte) bis hin zu prognostischen Fragestellungen sowie der Überprüfung der zeitlichen Stabilität (Nachhaltigkeit) von Veränderungen.

Entgegen möglicherweise bestehender Vermutungen sind die Erfahrungen im Hinblick auf den Einsatz solcher familiendiagnostischer Vorgehensweisen auf Seiten der Beteiligten meist von positiver Resonanz gekennzeichnet, wenn dabei einige (Grund-)Regeln beachtet werden.

Auch wenn es im Namen einiger Instrumente so erscheint, ist es in der Regel zu vermeiden von „Tests" zu sprechen und vielmehr explizit darauf hinzuweisen, dass es keine richtigen und falschen Antworten gibt, sondern jeder seine eigene Sicht zum Ausdruck bringen kann.

Darüber hinaus sollte jeder Eindruck vermieden werden, dass es darum ginge, den oder die Verantwortlichen („Schuldigen") für sichtbar gewordene Probleme zu identifizieren. Diese – zumindest unterschwellig – bei vielen Personen vorzufinden-

de Befürchtung aktiv auszuräumen, ist auch im Hinblick auf potenzielle Antworttendenzen (etwa in Richtung sozialer Erwünschtheit) und damit hinsichtlich der Validität der zu gewinnenden Befunde entscheidend. Gelingt dies, sind die Familienmitglieder in der Regel leicht zu einer Beteiligung am familiendiagnostischen Vorgehen bereit und schätzen es vielmehr, dass den Familienbeziehungen und der Situation jedes Einzelnen in der Familie (erstmals) ein dezidiertes Interesse entgegengebracht wird.
Letztlich wäre zu hoffen, dass von einer fortentwickelten Familiendiagnostik wichtige Impulse zu einem verbesserten Verständnis des Wechselspiels von Person-Kontext-Beziehungen und einem darauf aufbauenden gezielteren Angebot von präventiven und psychologisch-(sonder-)pädagogischen Maßnahmen sowie deren Evaluierung (vgl. Mattejat /Ihle 2005; Käppler 2005, Schneewind 2000) ausgehen können.

Literatur

Arnold, S.; Joraschky, P.; Cierpka, A.: Die Skulpturverfahren. In: Cierpka, M. (Hg.): Handbuch der Familiendiagnostik. Berlin 2003², 339–372.

Brickenkamp, R.: Handbuch psychologischer und pädagogischer Tests. Band 1 und 2. Göttingen 2002³.

Cierpka, M. (Hg.): Handbuch der Familiendiagnostik. Berlin 2003².

Cromwell, R. E.; Peterson, G. W.: Multisystem-multimethod family assessment in clinical contexts. In: Family Process, 22, 1983, 147–163.

Denton, W.: A family systems analysis of DSM-III-R. In: Journal of Marital and Family Therapy, 16, 1990, 113–125.

Gehring, T. M.: Der Familien-System-Test (FAST). Weinheim 19982.

Gehring, T. M.: Methoden der Familiendiagnostik: Systemische Ansätze für die Konzeptualisierung von Familieninterventionen. In: Schneewind, K.A. (Hg.): Familienpsychologie im Aufwind – Brückenschläge zwischen Forschung und Praxis. Göttingen 2000, 19–31.

Hampson, R. B.; Beavers. W. R.; Hulgus, Y. F.: Insiders' and outsiders' views of family: the assessment of family competence and style. In: Journal of Family Psychology, 3, 1989, 118–136.

Heekerens, H.-P.: Familiendiagnostik ungeklärt – Diagnose unklar. In: Praxis der Kinderpsychologie und Kinderpsychiatrie, 46, 1997, 489–498.

Hofer, M.; Wild, E.; Noack, P.: Lehrbuch Familienbeziehungen – Eltern und Kinder in der Entwicklung. Göttingen 2002².

Jensen, P. S.; Hoagwood K.: The book of names. In: Development and Psychopathology, 9, 1997, 231–249.

Käppler, C.: Familienbeziehungen bei hyperaktiven Kindern im Behandlungsverlauf. In: Kindheit und Entwicklung, 14, 2005, 21–29 (= Themenheft: Familienbezogene Diagnostik und Intervention, hg. von Mattejat, F.; Ihle, W.).

Käppler, C.: Familiendiagnostik. In: Röhrle, B.; Caspar, F.; Schlottke, P. (Hg.): Lehrbuch der klinisch-psychologischen Diagnostik. Stuttgart 2008, 224-250.

Kaslow, F. W.: Relational diagnosis: An idea whose time has come? In: Family Process, 32, 1993, 255–259.

Kaslow, F. W. (Ed.): Handbook of relational diagnosis and dysfunctional family patterns. New York 1996.

Kelly, G. A.: The psychology of personal constructs. New York 1955.

Kreppner, K.; Ullrich, M.: Zur Bedeutung der Transitionskompetenz in Familien für das Vermeiden oder das Entstehen von Pathologien im Verlauf der individuellen Entwicklung. In: Rollett, B.; Werneck, H. (Hg.): Klinische Entwicklungspsychologie der Familie. Göttingen 2002, 32–45

Levin, I.: Families as mapped realities. In: Journal of Family Issues, 14, 1993, 82–91.

Mattejat, F.: Subjektive und objektive Familiendiagnostik. In: Knölker U.: Schulte-Markwort, M. (Hg.): Subjektivität in der kinder- und jugendpsychiatrischen Diagnostik, Therapie und Forschung: Wissenschaftshistorische, philosophische, psychologische, psychoanalytische und kinder- und jugendpsychiatrische Aspekte. Köln 1993, 112–131.

Mattejat F.; Ihle, W.: Familienorientierte Diagnostik und Intervention bei psychischen Störungen im Kindes- und Jugendalter. In: Kindheit und Entwicklung, 14, 2005, 1–2 (= Themenheft: Familienbezogene Diagnostik und Intervention, hg. von Mattejat, F.; Ihle, W.).

Mattejat, F.; Remschmidt, H.: Gesunde Familien, kranke Kinder? Kranke Familien, gesunde Kinder? In: Lutz, R.; Mark, N. (Hg.): Wie gesund sind Kranke? Göttingen 1995, 257-265.

Mattejat, F.; Remschmidt, H.: Die Bedeutung der Familienbeziehungen für die Bewältigung von psychischen Störungen – Ergebnisse aus empirischen Untersuchungen zur Therapieprognose bei psychisch gestörten Kindern und Jugendlichen. In: Praxis der Kinderpsychologie und Kinderpsychiatrie, 46, 1997, 371–392.

Minuchin, S.: Familien und Familientherapie. Freiburg i. Br. 1977.

Moreno, J. L.: Application of the Group Method to Classification. New York 1932.

Nave-Herz, R.: Wandel der Familie: Eine familiensoziologische Perspektive. In: Schneewind, K. A. (Hg.): Familienpsychologie im Aufwind – Brückenschläge zwischen Forschung und Praxis. Göttingen 2000, 19–31.

Olson, D. H.: ‚Insiders' and ‚outsiders' views of relationships. In: Levinger, G.; Rausch, H. (Eds.): Close relationships. Amherst 1977, 115–136.

Remschmidt, H; Mattejat, F.: Der Familien-Identifikations-Test (FIT). Göttingen 1999.

Remschmidt, H.; Schmidt, M. H.: Multiaxiales Klassifikationsschema für psychische Störungen des Kindes- und Jugendalters nach ICD-10 der WHO. Bern 1994[3].

Schneewind, K. A.: Familienpsychologie. Stuttgart 1999[2].

Schneewind, K. A. (Hg.): Familienpsychologie im Aufwind. Göttingen 2000.

Schneewind, K. A; Schmidt, M.: Familiendiagnostik im Kontext der klinischen Entwicklungspsychologie. In: Oerter, R.; Hagen, C. von; Röper, G.; Noam, G. (Hg.): Klinische Entwicklungspsychologie. Weinheim 1999, 270–298

Schweitzer, J.; Weber, G.: Beziehung als Metapher. Die Familienskulptur als diagnostische, therapeutische und Ausbildungstechnik. In: Familiendynamik, 7, 1982, 113–128.

Scott, J.: Social Network Analysis: A Handbook. London 2000[2].

Seiffge-Krenke, I.: Wie verändern sich die familiären Beziehungen im Jugendalter? In: Zeitschrift für Entwicklungspsychologie und Pädagogische Psychologie, 29, 1997, 133–150.

Stephenson, W.: The study of behavior. Q-technique and its methodology. Chicago 1953.

Teodoro, M. L. M.: Kognitive Repräsentationen familiärer Beziehungen. Methodenkritische Untersuchungen zu Kohäsion und Hierarchie innerhalb des familiären Systems. Hamburg 2005.

Teodoro, M. L. M.; Käppler, C.: Familiograma – Desenvolvimento de un Novo Instrumento para a Avaliação das Relações Familiares (Das Familiogramm – zur Entwicklung eines neuen Instruments zur Untersuchung von Familienbeziehungen). Belo Horizonte: Universidade Federal de Minas Gerais, Departamento de Psicologia, Laboratório de Neuropsicologia do Desenvolvimento (LND) e Laboratório de Psicologia da Família (LPF). In: Psicopatologia do Desenvolvimento – Relatórios Técnicos, 1, 2003, 2–20.

Wasserman, S.; Faust, K.: Social Network Analysis: Methods and Applications. Cambridge 1994.

Widmer, E. D.: Family contexts as cognitive networks: a structural approach of family relationships. In: Personal Relationships, 6, 1999, 487–503.

Wynne, L.C.; Shields, L.G.; Sirkin, M.I.: Illness family theory and family therapy. Conceptual issues. In: Family Process, 31, 1992, 3–18.

Hansjörg Kautter

Entwicklung braucht Utopien, auch Schulentwicklung*

In den frühen neunziger Jahren wurde ich zusammen mit einigen anderen Autoren von Hans-Peter Langfeldt, der einen Reader über „Diagnostik bei Lernbehinderten" (Langfeldt/Kurth 1993) herausgeben wollte, gebeten, ein Statement zur wünschenswerten Weiterentwicklung der sonderpädagogischen Diagnostik abzugeben. Ich habe mein Statement in die Form von elf provokativ formulierten „Wunschphantasien" gebracht, womit ich den Charakter der Utopie zum Ausdruck bringen wollte, einer allerdings „konkreten" Utopie, deren Realisierung ich in absehbarer Zeit für möglich hielt und auch heute noch für wünschenswert und auch für möglich halte. Was von der damaligen Utopie ist inzwischen Realität geworden?

An den Anfang meiner Ausführungen stelle ich meine damaligen „Wunschphantasien":

„Die (Sonder)pädagogischen Diagnostiker mögen ...

(1) ... nicht weiterhin dem Phantom objektiver, zuverlässiger und gültiger operationaler Kriterien der ‚Sonderschulbedürftigkeit' nachjagen ...

(2) ... sich nicht länger in den Dienst pädagogikfeindlicher Ausleseentscheidungen stellen lassen und nicht länger die Möglichkeit langfristiger Prognosen der kindlichen Entwicklung vortäuschen ...

(3) ... erkennen, dass ein kindbezogenes pädagogisches Handeln ohne ein liebendes und einfühlendes Verstehen nicht möglich ist, und sie mögen ihrer eigentlichen Aufgabe nachkommen, nämlich Ausgangsinformationen für das pädagogische Handeln, d.h. für Erziehung und Unterricht, bereitzustellen ...

(4) ... erkennen, dass sich Kinder nur demjenigen öffnen, der ihnen selbst nicht als Stimulus-Geber, sondern als Mensch mit Offenheit und Wärme gegenübertritt ...

(5) ... das Kind als eigenständig handelndes Subjekt und als Partner des Erziehers, Lehrers und Diagnostikers respektieren und nicht als Objekt des Erkennens und des Einwirkens missbrauchen ...

* Geringfügig überarbeitete Fassung eines Vortrags vom 14.05.2003 an der Evangelischen Akademie Bad Boll

(6) ... zur Kenntnis nehmen, dass die diagnostische Tätigkeit wie das pädagogische Handeln Prozesse sozialer Interaktion und als solche in hohem Maße abhängig von der Individualität der interagierenden Personen und von der Einmaligkeit der Situation sind, und Abschied nehmen von der Vorstellung, es gebe ein ‚objektives, reliables und valides' Erkennen des Kindes ...

(7) ... deshalb auch zur Kenntnis nehmen, dass Diagnosen nur vorläufige Entwürfe eines Bildes vom anderen Menschen sind, die sich im Diskurs, wo möglich unter Einbeziehung der Betroffenen (kommunikative Validierung), bzw. im Handeln bewähren müssen (Handlungsvalidierung) und die, sollten sie sich nicht bewähren, ergänzt, differenziert oder verworfen werden müssen ...

(8) ... durch Zusammenarbeit mit dem Kind gewissenhaft die ‚Zone der aktuellen Leistung' und die ‚Zone der nächsten Entwicklung' (im Sinne Wygotskis) in den gesellschaftlich relevanten Gegenstandsbereichen erkunden, um dem Kind individuelle Lernhilfen bereitstellen zu können, die es ihm ermöglichen, den nächsten Entwicklungsschritt zu tun ...

(9) ... auch erkennen, dass der (sonder-)pädagogischen Diagnostik aus der Respektierung des Kindes als Subjekt seines Handelns mit eigenen Anliegen, Interessen und Plänen sowie aus der Anerkennung des sozialen Charakters der diagnostischen Tätigkeit Aufgaben zuwachsen, die bisher nicht immer wahrgenommen wurden:
- Das Kind zu verstehen heißt, dem nachspüren, was dem Kind durch den Kopf geht, was es im Herzen bewegt, und welche Anliegen es durch sein Handeln verfolgt. Dazu muss der Diagnostiker das Kind sorgfältig beobachten, sich in seine Situation hineinversetzen und sich in das Kind einfühlen (Empathie).
- Einfühlung in das Kind heißt auch: in sich selbst hineinhören, die Gefühle wahrnehmen, die das Kind in einem selbst auslöst, ihrer Herkunft in der eigenen Lebensgeschichte nachspüren, sich selbst erkennen, um das Kind besser verstehen zu können.

(10) ... erkennen, dass sie diese zuletzt angedeuteten Aufgaben nicht alleine bewältigen können, sondern dazu die Anregungen anderer brauchen (Supervision, Konsultation, Beratung) ...

(11) Schließlich und endlich mögen die Diagnostiker-Pädagogen zur Kenntnis nehmen, dass das Kind der ‚Akteur seiner eigenen Entwicklung' ist, sie diese Entwicklung nicht ‚machen', sondern nur fördernde Bedingungen dafür schaffen können. Diese Einsicht schützt sie auch vor pädagogischer Resignation" (Kautter 1993).

Was ist in den inzwischen vergangenen Jahren daraus geworden?

Beginnen wir mit den ersten beiden Phantasien, die auf den problematischsten und im Bewusstsein der Öffentlichkeit präsentesten Aspekt der sonderpädagogischen Diagnostik zielen, nämlich die *Legitimierung der Zuweisung von Kindern zu verschiedenen Schultypen.* Das Unwort „Sonderschulbedürftigkeit" können wir mittlerweile ersetzen durch den Begriff „sonderpädagogischer Förderbedarf". Auch das Spektrum institutioneller Möglichkeiten, wo diesem Förderbedarf entsprochen werden kann, hat sich mit den so genannten „ausgelagerten Sonderschulklassen" und anderen Maßnahmen der Kooperation sowie ansatzweise mit den „Integrativen Schulentwicklungsprojekten" erweitert. (Diese Ausführungen beziehen sich auf die schulrechtlichen und schulorganisatorischen Verhältnisse in Baden-Württemberg.) Nach wie vor müssen jedoch auf der Grundlage diagnostischer Informationen der sonderpädagogische Förderbedarf festgestellt und Schullaufbahnentscheidungen getroffen werden. Darüber hinaus ist nicht zu übersehen, dass es auch bei integrativen Lösungen in der Praxis neue Arten von Aussonderung gibt mit der fragwürdigen Unterscheidung von „integrierbaren" und „nicht integrierbaren" behinderten Kindern. Und selbst dort, wo Integrationsklassen schon zum Regelangebot gehören und keine derartigen Aussonderungen vorgenommen werden, wird die Zuteilung zusätzlicher individuumbezogener Ressourcen von der Feststellung des „sonderpädagogischen Förderbedarfs" abhängig gemacht. Boban und Hinz weisen nachdrücklich darauf hin, dass „der Missbrauch der Diagnostik für administrative Zwecke weiter besteht" (1998, 151). Des Weiteren machen die beiden Autoren auf die Problematik des Begriffs „sonderpädagogischer Förderbedarf" aufmerksam; suggeriert dieser Begriff doch eine „Zweiteilung der Menschen" und hält an einer „Alltagstheorie der Andersartigkeit" fest, ja – so möchte ich ergänzen – an einer „Alltagstheorie integrierbarer und nicht integrierbarer Andersartigkeit", sofern man diesbezügliche Tendenzen in der Praxis ins Auge fasst. Damit wird die „Weiterentwicklung einer integrativen zu einer inklusiven Pädagogik" (1998, 152) behindert.

Geht man einmal pragmatisch davon aus, dass wir mit diesen Widersprüchlichkeiten noch einige Zeit leben müssen, so stellt sich doch die Frage, was wir auch unter den derzeit gegebenen Umständen ändern müssen.

Werfen wir zuerst einen Blick auf die Diskussion der *Methoden zur Feststellung des sonderpädagogischen Förderbedarfs*. Die meisten Autoren sind sich einig in der Ablehnung quantitativer Methoden zur Intelligenzmessung, aber auch zur quantitativen Schulleistungsdiagnostik. Die Kritik erscheint unter verschiedenen Gesichtspunkten berechtigt, auf die ich nicht näher eingehen kann. Zweifellos ist es richtig, dass ein quantitativer Wert allein wenig Konkretes über den sonderpädagogischen Förderbedarf aussagt. Empfohlen werden qualitative Methoden wie zum Beispiel Lernprozessbeobachtungen in der schulischen Alltagssituation, offene Gespräche und halb strukturierte Interviews, Dokumentenanalysen und dergleichen mehr. Mand (1998) gibt meines Erachtens zurecht zu bedenken, dass diese in der qualitativen Forschung gängigen Methoden einen hohen zeitlichen Aufwand und ein hohes Maß an diagnostischer Kompetenz verlangen und die Gefahr subjektiver Willkür nicht zu unterschätzen ist, weshalb er für einen überlegten Einsatz auch standardisierter Tests plädiert. Was bei der Kritik quantitativer Verfahren auch häufig übersehen wird, ist, dass moderne standardisierte Tests sich nicht auf die quantitative Merkmalsmessung beschränken, sondern sehr wohl auch differenzierte Anleitungen zu theoriegeleiteten qualitativen Analysen bieten. Bei aller Wertschätzung qualitativer Methoden ist es deshalb unklug, bei der Feststellung des sonderpädagogischen Förderbedarfs standardisierte Verfahren in Bausch und Bogen zu verdammen.

Des Weiteren müssen wir darauf bedacht sein, durch *Aus- und Fortbildung die Kompetenzvoraussetzungen für die Anwendung qualitativer diagnostischer Verfahren zu schaffen.* In der Sonderschullehrerausbildung beobachte ich seit der Lockerung der Schulzuweisungsdiagnostik in der baden-württembergischen Verwaltungsvorschrift von 1999 (Ministerium für Kultus, Jugend und Sport Baden-Württemberg 1999) eine deutliche Tendenz, diagnostische Inhalte zurückzunehmen. In die Grund- und Hauptschullehrer-Ausbildung haben diagnostische Inhalte bis heute allenfalls rudimentär Einzug gehalten. Man verkennt die einfache Tatsache, dass ein individualisierender Unterricht als Voraussetzung für eine integrative bzw. inklusive Schule eine individualisierte Sicht auf die Schülerpersönlichkeiten und ihre individuellen Lebensumstände, also diagnostische Kompetenz verlangt. Meine achte Wunschphantasie scheint also immer noch nicht allgemein realisiert zu sein.

Schließlich ist noch einmal auf der *wissenschaftstheoretischen Problematik qualitativer Diagnosemethoden* zu insistieren: Während in der quantitativen Diagnostik versucht wird, die Einflüsse der Situation und der Person des Diagnostikers auf das Testergebnis zu minimieren, spielen die subjektiven Wahrnehmungen und Situationsdeutungen des Diagnostikers bei der qualitativen Diagnostik eine zentrale Rolle, d.h., qualitative Diagnosen sind in weit höherem Maße „subjektiv“, sie sind subjektive Rekonstruktionen der Wirklichkeit des Kindes durch den Diagnostiker. Dass dieses Bewusstsein Allgemeingut werde, ist Inhalt meiner sechsten und siebten Wunschphantasie. Ich glaube nicht, dass sie schon allenthalben Realität geworden sind.
Aus der Subjektivität unserer Rekonstruktionen folgt zwangsläufig die Forderung nach sozialer und empirischer Kontrolle unserer Diagnosen, wie dies in meiner siebten und zehnten Wunschphantasie zum Ausdruck gebracht ist. Die Verwaltungsvorschrift von 1999 ist ein großer Schritt in diese Richtung. Die Feststellung des sonderpädagogischen Förderbedarfs ist nicht mehr Sache eines einzelnen Sonderschullehrers, sondern eines Teams, bestehend aus dem Sonderpädagogen, dem Grundschulpädagogen, den Eltern, wenn möglich dem Betroffenen selbst und gegebenenfalls weiteren Fachleuten. Jedes Teammitglied bringt seine eigene Sichtweise in den Klärungsprozess ein; angestrebt ist, im Diskurs eine gemeinsame Sichtweise zu gewinnen, Auch eine so erreichte gemeinsame Sichtweise bleibt eine (inter-)subjektive Konstruktion, nicht eines Einzelnen, sondern mehrerer Personen. Es handelt sich immer noch um vorläufige Entwürfe eines Bildes vom Kind mit einer Behinderung in seiner je individuellen Lebenssituation. Ob solche Entwürfe tauglich sind, muss sich in der nachfolgenden Praxis zeigen. Dabei ist dem Praktiker anzuraten, seine Wahrnehmung für unerwartete Entwicklungen, für Handlungsausgänge, die der ursprünglichen (inter-)subjektiven Konstruktion widersprechen, zu schärfen und gegebenenfalls das Bild zu erweitern, zu differenzieren, vielleicht gänzlich umzustrukturieren.

Letztendlich möchte ich noch auf die möglichen *Inhalte bei der Feststellung des sonderpädagogischen Förderbedarfs* eingehen. Aus meiner Sicht kann es nicht weiter angehen, dass man über Sinn oder Unsinn einer Integrationsmaßnahme allein von den Personmerkmalen eines Kindes her entscheidet, also vom Schweregrad einer Behinderung, vom Ausmaß autistischer Züge, aggressiver Tendenzen und anderer normwidriger Verhaltensweisen und dergleichen mehr. Vielmehr muss die diagnostische Abklärung dieser Frage auch den erschwerenden Umfeldbedingungen in Familie, Schule und Öffentlichkeit und vor allem den mobilisierbaren Ressourcen nachgehen. Dabei denke ich zwar auch, aber nicht nur an die ökonomischen, sondern vor allem an die humanen Ressourcen. Ein scheinbar nicht integrierbares Kind wird vielleicht integrierbar, wenn es auf ein Pädagogenteam trifft, das konstruktiv zusammenarbeitet, das bereit ist, gewohnte didaktische Gleise zu verlassen und die vermeintliche Sicherheit gleichschrittigen Lernens aufzugeben, ein Pädagogenteam, das neugierig und am Kind interessiert ist, das um einfühlendes Verstehen bemüht ist, das didaktische und soziale Kreativität entwickelt. Weitere humane Ressourcen sind bei den Eltern und Mitschülern aufzuspüren, aber auch im weiteren Umfeld der Schule. Das alles gilt es zu klären vor einer möglichst einvernehmlichen Entscheidung, an welchem Ort dem Förderbedarf am ehesten Rechnung getragen werden kann, bzw. ob eventuell ein neuer Ort zum Beispiel in Form eines integrativen Schulentwicklungsprojektes oder einer Außenklasse geschaffen werden soll. Zur Vertiefung der skizzierten Problematik sei auf das von Eberwein und Knauer 1998 herausgegebene „Handbuch Lernprozesse verstehen. Wege einer neuen (sonder)pädagogischen Diagnostik“ verwiesen.

Die bisherigen Überlegungen bezogen sich auf den Aspekt der Feststellung des sonderpädagogischen Förderbedarfs, der im Bewusstsein der Öffentlichkeit ganz im Vordergrund steht, wenn es um Fragen der sonderpädagogischen Diagnostik geht, und der die Gemüter wegen der beschriebenen Problematik des Begriffs „sonderpädagogischer Förderbedarf“ erhitzt. Hätten wir in einer fernen Zukunft einmal eine inklusive Schule, würde sich dieser Teil der sonderpädagogischen Diagnostik erübrigen. Es wäre dann auch nicht mehr von sonderpädagogischer, sondern nur noch von pädagogischer Diagnostik zu reden.

Pädagogische Diagnostik hat in einer zukünftigen inklusiven Schule, aber auch in jeder gegenwärtig existierenden Schulart noch eine weitere unverzichtbare Funktion, nämlich bei der *Steuerung schulischer Lernprozesse*. Darauf ist jetzt noch einzugehen. Wenn ich recht sehe, herrscht im fachlichen Diskurs einigermaßen Konsens darüber, dass die in einer integrativen Schule (und nicht nur in dieser, wie uns PISA deutlich gemacht hat) unerlässliche innere Differenzierung und Individualisierung des Unterrichts eine praxisbegleitende Diagnostik verlangt, die auf das einzelne Kind, auf dessen Lernprozesse und Lernvoraussetzungen, Problemlösungen und Strategien der Lebensbewältigung, ferner auf dessen Biographie und je einmalige Lebenssituation zielt. Wie sollten individualisierende Unterrichtsangebote möglich sein, wenn die Lehrkraft keine Ahnung hat von den individuellen

Voraussetzungen des lernenden Kindes! (Wunschphantasie 8) Konsens scheint auch darüber zu bestehen, dass schulisches Lernen nicht einem „Umfüllvorgang aus einem vollen in einen leeren Behälter“ zu vergleichen ist, auch wenn der Blick in die Schulstuben oft das Gegenteil zu belegen scheint. Vielmehr ist schulisches Lernen – und Lernen überhaupt – ein Vorgang aktiver Auseinandersetzung des Individuums mit sich selbst und mit einer mehr oder weniger förderlichen sozialen, materiellen und ideellen Lernumwelt, die wir in der Familie, im Kindergarten, in der Schule und im Leben draußen den Kindern bereitstellen. Nicht wir Eltern und Pädagogen „machen“ die Entwicklung des Kindes, sondern das Kind selbst ist der „Akteur seiner Entwicklung“ (Kautter et al. 1988). Lernen ist Handeln (Wunschphantasien 5 und 11).

Welche Konsequenzen ergeben sich aus dieser *anthropologischen Position* für das praxisbegleitende diagnostische Handeln? Wenn Lernen eine Form des Handelns ist, muss sich die diagnostische Tätigkeit auf das Handeln richten. Die diagnostische Arbeit muss handlungstheoretisch begründet werden. Ich versuche das unter Bezugnahme auf die Handlungstheorie von Groeben und Scheele (Groeben 1986, Scheele und Groeben 1988). Was sind die Merkmale einer Handlung? Nach Scheele und Groeben ist von Handlungen immer dann zu sprechen, „wenn beobachtbare Verhaltensweisen des Menschen als intentional beschrieben werden können“ (1988, 6). „Die Intentionalität des Handelns (unterstellt), dass es sich um ein zielgerichtetes Verhalten handeln muss; dies wiederum setzt voraus, dass die Handlung als Mittel zur Erreichung des Zieles eingesetzt und d.h. (zumindest teilweise) willkürlich gewählt wird“ (Groeben 1986, 71–72). Die Wahl der Handlung erfolgt unter Berücksichtigung des situativen Kontextes: Handeln geschieht immer *in einer für das handelnde Subjekt bedeutungsvollen Situation*. Handlungen sind insofern (für das Subjekt) immer „sinnvoll“ und im Prinzip auch für den Außenbeobachter „nachvollziehbar“, sofern es ihm gelingt, die subjektive Situationsdeutung des handelnden Subjekts nachzuvollziehen. Dies gilt nach Bettelheim auch für Handlungen von Menschen mit schweren psychischen Störungen. Man müsse sich seit Freud immer die Frage stellen: „Warum verhält sich eine Person so und nicht anders? (...) Wenn man diese Frage unterlässt, unterlässt man es auch, die Motivation der Person zu verstehen, so dass man sich nur zu leicht versucht fühlt, das, was im Sinne eines konventionellen Verhaltens offensichtlich keinen Sinn ergibt, einem angeborenen Defekt zuzuschreiben“ (Bettelheim 1977, 507).

Die Situationsdeutung ihrerseits und damit die Wahl der Handlung ist abhängig vom *Erfahrungswissen* der handelnden Person, darüber, wie die Welt ist und wie sie funktioniert, was man von der Welt zu erwarten hat, welche Position und Einflussmöglichkeit die eigene Person in dieser Welt hat. Dieses Erfahrungswissen bezeichnet die Handlungstheorie mit dem Begriff der *„subjektiven Theorien“* der handelnden Person. Man versteht darunter den Niederschlag aller bisherigen Welt- und Selbsterfahrung der handelnden Person. Ich möchte das Gesagte durch ein Beispiel aus der Frühförderung verdeutlichen:

Unsere Projektmitarbeiterin Martina Koch hatte ein entwicklungsverzögertes Mädchen im Kindergartenalter mehrere Jahre begleitet. Sie berichtete folgende kleine Episode:

> „Ich fahre mit Anna – sie ist inzwischen fünf Jahre alt – zum Marktplatz, auf dem ein kleines Kinderkarussell aufgebaut ist. Anna ist fasziniert und betrachtet das Karussell ganz still und mit großen Augen. Auf meine Frage, ob sie eine Runde mitfahren wolle, schüttelt sie erschrocken den Kopf und tritt zwei Schritte vom Karussell zurück. Sie möchte aber auch nicht fort. Also bleiben wir lange stehen und schauen den Kindern zu, die in den kleinen Autos sitzen. Anna scheint hin- und hergerissen zwischen dem Verlangen mitzufahren und der Angst vor dem Neuen. Da fällt ihr ein, dass wir Gabi (ihre Puppe, die sie ständig bei sich trägt) im Auto vergessen haben, und sofort drängt sie darauf, die Puppe zu holen: ‚Gabi!' Auf dem Weg zum Auto muss ich ihr immer wieder versichern, dass wir zum Karussell zurückkehren werden. Wie ich schon vermutet habe, soll nun Gabi Karussell fahren. Wir setzen das Püppchen in ein kleines Auto. Anna verfolgt die Fahrt gespannt, bis wir Gabi abholen. Bei der nächsten Runde ist Anna sofort bereit, zusammen mit Gabi im Feuerwehrauto zu fahren. Sie hat keine Angst mehr, lacht und jauchzt während der Fahrt und ist danach ganz stolz über ihren Mut: ‚Allein Ka-ujell'" (Koch 1983, 65–66).

Das Verhalten des Kindes ist eindeutig als Handeln zu deuten: Anna steht vor einem *Problem*, nämlich dem Konflikt zwischen ihrem Verlangen, Karussell zu fahren, und ihrer Furcht, dieses zu tun. Ihr Verhalten hat deutlich *intentionalen Charakter*, sie hat ein *Handlungsziel* und findet einen *Plan*, um das Ziel zu erreichen: Sie will wie die anderen Kinder alleine Karussell fahren. Das ist gewissermaßen das Oberziel, das sie erreichen möchte. Dazu benötigt sie ihre Puppe Gabi, die stellvertretend die Gefährlichkeit des Unternehmens erproben soll. Das ist der Oberplan, mit dem sie das Oberziel zu erreichen hofft. Ihr Unterziel ist, an die Puppe zu gelangen. Mit dem Wort ‚Gabi' signalisiert sie der Begleiterin ihren Unterplan: Hilf mir, Gabi zu holen. Die Begleiterin hat mit dieser Rekonstruktion die handlungsleitenden inneren Prozesse Annas hinreichend verstanden. Das zeigt der Ausgang der Episode mit der Befriedigung und dem Stolz des Kindes.

Nach handlungstheoretischer Auffassung besteht die Hauptaufgabe der Diagnostik darin, sich um *Verstehen der Handlungen* des andern zu bemühen; das heißt, um die *Rekonstruktion der handlungsleitenden innerpsychischen Prozesse:* Was geht dem Kind durch den Kopf, welche Absichten verfolgt es, welche Gefühle treiben es um? (Kautter 1998; Schlee 1998). Hätte in unserem Beispiel Frau Koch diese Rekonstruktion unterlassen, wäre sie vielleicht mit Anna nach einiger Zeit des Wartens einfach weitergegangen oder hätte sie Anna an die Hand genommen und wäre mit ihr in das Karussell eingestiegen, sie hätte dem Kind eine wichtige Selbst- und Welterfahrung vorenthalten.

Solche Prozesse sind in ihrer Eigenart als *innere* Prozesse nicht von außen beobachtbar. Es erhebt sich deshalb die Frage nach dem methodischen Zugang: Wie können wir uns dem an sich nicht Beobachtbaren annähern? Dieser wichtigen Frage kann ich hier nicht näher nachgehen. Ich verweise auf meine Arbeit im „Handbuch Lernprozesse verstehen", von Eberwein und Knauer herausgegeben (Kautter 1998). Erwähnen möchte ich jedoch wenigstens, welche Kompetenzen für diese Art Diagnostik – ich bezeichne sie als verstehende Diagnostik – notwendig sind:

- Wie wir der Episode entnehmen können, hat die Begleiterin sehr subtile Beobachtungen der Situation und des kindlichen Verhaltens in dieser Situation (wie auch in vielen anderen vorausgehenden Situationen) angestellt. Sie verfügte über eine hoch entwickelte Beobachtungskompetenz.
- Ferner hat sie unter diskreter Respektierung der Privatsphäre der Betroffenen durch Gespräche die bisherige Lebensgeschichte und die gegenwärtige Lebenssituation des Kindes erkundet: Frühgeburt in der 26. Woche mit einem Geburtsgewicht von 1200 Gramm. Zweieinhalb Monate Inkubator. Mit drei Monaten Leistenbruchoperation. Mit zwei Jahren sechswöchiger Krankenhausaufenthalt wegen eines Beinbruchs. Mit drei Jahren dreiwöchiger Krankenhausaufenthalt wegen Keuchhusten. In den ersten drei Lebensjahren Unterbringung in drei verschiedenen Pflegestellen. Zurzeit während der Woche in einer Pflegefamilie, am Wochenende bei ihren Eltern. Die Begleiterin sieht die Spuren dieser Biographie: Neben einer allgemeinen schweren Entwicklungsverzögerung zeigt Anna Verhaltensweisen, die auf große Ängste schließen lassen. Die Begleiterin machte in diesem Teil ihrer diagnostischen Arbeit Gebrauch von ihrer Gesprächskompetenz und ihrem differenzierten entwicklungspsychologischen Wissen.
- Schließlich versetzte sich die Begleiterin in die so rekonstruierte Lebenssituation des Kindes, versuchte nachzuempfinden, wie Anna gegenwärtig in der Welt steht, entdeckte vielleicht aus ihrer eigenen Lebenserfahrung eine gewisse seelische Verwandtschaft mit dem Kind. Dabei machte sie Gebrauch von ihrer Fähigkeit der *Einfühlung (Empathie, Rollenübernahme),* die wohl die wichtigste Teilkompetenz einer verstehenden Diagnostik ist (Piaget 1954; Mead 1968; Krappmann 1969; Bettelheim 1975; Flavell 1975; Hoffman 1979).

Die Notwendigkeit einer verstehenden Diagnostik ist in meiner neunten Wunschphantasie zum Ausdruck gebracht. Wie weit ist aus dieser Utopie in der Praxis schon Realität geworden?! – Wie human eine Schule ist, bemisst sich u.a. auch danach, wie weit die Realisierung dieser Utopie fortgeschritten ist.

Literatur

Bettelheim, B.: Der Weg aus dem Labyrinth. Leben lernen als Therapie. Stuttgart 1975.

Bettelheim, B.: Die Geburt des Selbst. Erfolgreiche Therapie autistischer Kinder. München 1977.

Boban, I.; Hinz, A.: Diagnostik für Integrative Pädagogik. In: Eberwein, H.; Knauer, S. (Hg.): Handbuch Lernprozesse verstehen. Wege einer neuen (sonder)pädagogischen Diagnostik. Weinheim 1998, 151–164.

Eberwein, H.; Knauer, S. (Hg.): Handbuch Lernprozesse verstehen. Wege einer neuen (sonder)pädagogischen Diagnostik. Weinheim 1998.

Flavell, J. H.: Rollenübernahme und Kommunikation bei Kindern. Weinheim 1975.

Groeben, N.: Handeln, Tun, Verhalten als Einheiten einer verstehend-erklärenden Psychologie. Tübingen 1986.

Hoffman, M. L.: Eine Theorie der Moralentwicklung im Jugendalter. In: Montada, L. (Hg.): Brennpunkte der Entwicklungspsychologie. Stuttgart 1979, 252–266.

Kautter, H.; Klein, G.; Laupheimer, W.; Wiegand, H.-S.: Das Kind als Akteur seiner Entwicklung. Idee und Praxis der Selbstgestaltung in der Frühförderung entwicklungsverzögerter und entwicklungsgefährdeter Kinder. Heidelberg 1988.

Kautter, H.: Das Thema des Kindes erkennen. Umrisse einer verstehenden pädagogischen Diagnostik. In: Eberwein, H.; Knauer, S. (Hg.): Handbuch Lernprozesse verstehen. Wege einer neuen (sonder-)pädagogischen Diagnostik. Weinheim 1998, 81–93.

Kautter, H.: Wunschphantasien zur (sonder-)pädagogischen Diagnostik. In: Langfeldt, H. P., a.a.O.

Kurth, E. (Hg.): Diagnostik bei Lernbehinderten. Standpunkte und Ergebnisse einer zwanzigjährigen Diskussion. Neuwied 1993, 287–288.

Koch, M.: Fallstudie über ein Kind mit erheblichen Entwicklungsverzögerungen. Unveröff. Mskr. Reutlingen: Fachbereich Sonderpädagogik 1983.

Krappmann, L.: Soziologische Dimensionen der Identität. Stuttgart 1975[4].

Langfeldt, H.-P.; Kurth, E. (Hg.): Diagnostik bei Lernbehinderten. Standpunkte und Ergebnisse einer zwanzigjährigen Diskussion. Neuwied 1993.

Mand, J.: Förderdiagnostik als Lernprozessdiagnostik. Begründung, Methodenprobleme und diagnostischer Alltag. In: Eberwein, H.; Knauer, S. (Hg.): Handbuch Lernprozesse verstehen. Wege einer neuen (sonder-)pädagogischen Diagnostik. Weinheim 1998, 39–53.

Mead, G. H.: Geist, Identität, Gesellschaft. Frankfurt 1968.

Ministerium für Kultus, Jugend und Sport Baden-Württemberg: Kinder und Jugendliche mit Behinderungen und besonderem Förderbedarf. Verwaltungsvorschrift vom 8. März 1999. Az.: IV/1-6500.333/61. Kultus und Unterricht 1999, 45–49.

Piaget, J.: Das moralische Urteil beim Kinde. Zürich 1954.

Scheele, B.; Groeben, N.: Dialog-Konsens-Methoden. Tübingen 1988.

Schlee, J.: Diagnostik von Lernprozessen durch Rekonstruktion Subjektiver Theorien. In: Eberwein, H.; Knauer, S. (Hg.): Handbuch Lernprozesse verstehen. Wege einer neuen (sonder-)pädagogischen Diagnostik. Weinheim 1998, 66–80.

Karlheinz Kleinbach

Der Pfeil – ein Emblem der Verlegenheit

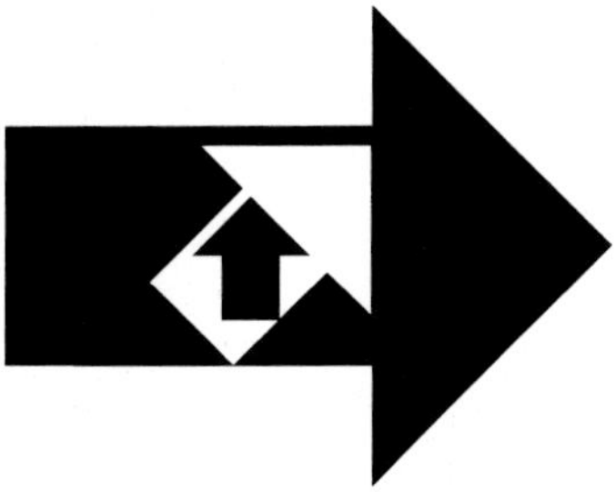

Abb. 1: Stankowski 1972, 29

„Wenn man die Einwände rekonstruiert,
gegen die sie sich richten,
werden wissenschaftliche Artikel
und technische Objekte
so interessant wie eine Oper.“
Bruno Latour 1996a, 83

Fragestellung

Wie kommt es eigentlich, dass visuelle Modelle den Eindruck von Korrektheit und Klarheit vermitteln? In einem Aufsatz zur Methodologie zeigt Bruno Latour die Forschungslogik auf, die zu solchen Produkten führt: „Damit die Welt erkennbar wird, muss sie zu einem Laboratorium werden, und um einen jungfräulichen Urwald in ein Laboratorium zu verwandeln, muß er die Form eines Diagramms annehmen“ (Latour 1996c, 212). Sodann macht er deutlich, wie sich die einzelnen Schritte des Forschungsvorganges zu einer Serie verketten, die quer zur Differenz zwischen den Dingen und den Worten steht. „Die Referenz ist eine Eigenschaft der Kette in ihrer Gesamtheit und nicht der adaequatio rei et intellectus. Die Wahrheit zirkuliert in ihr wie die Elektrizität entlang eines Drahtes, und zwar solange, wie er nicht zerschnitten wird“ (ebd., 238).

Auch der sonderpädagogischen Diagnostik liegen solche Verkettungen einzelner Forschungsabschnitte zugrunde. Diagramme können darin sowohl die Position seitlicher als auch transformativer Referenten einnehmen. Seitlich begleitend *illustrieren* sie Details des Prozesses. Sie können aber auch als *eigenständige Inskription* eine Position im Prozess einnehmen. Für beide Funktionen, ihre illustrierende als auch die inskribierende, müssen die Verkettungsfunktionen „stimmen“.

An drei prominenten Beispielen aus Einführungstexten zur sonderpädagogischen Diagnostik soll deutlich werden, warum es notwendig ist, fundierte Kriterien zur Formulierung von Heuristiken zur Erstellung „guter“ Diagramme zu erarbeiten. Meine

Aufmerksamkeit beschränkt sich dabei auf die taktische Ebene, nämlich die argumentativen und strukturierenden Aufgaben, die Pfeile in solchen Grafiken haben. So möchte ich mich also „auf Großaufnahmen konzentrieren und von ihnen aus beiläufig auf das Ganze (…) gehen, das in Form von Apercus zu veranschlagen ist"(Kracauer 1971, 104f). Mit diesem *Ganzen* ist hier die Frage nach dem eigentlichen Gegenstandsbereich der sonderpädagogischen Diagnostik gemeint: Ist dieser Gegenstandsbereich *matter of fact* oder *matter of concern* (vgl. Latour 2007)? Geht es dabei um tatsächliche Dinge (*state of affairs*) oder um Dinge, die uns etwas angehen?

Vorgehensweise

Wenn die Begriffe Normalität und Normalisierung sozialwissenschaftliche Aufmerksamkeit erlangen, erzeugt die systematische Forschung ‚Kurvenlandschaften' (Gerhard/Link/Holtey 2001; Nikolow 2000). Dabei gilt als ausgemacht, dass Grafiken nicht nur Auslöser für Wissensgenerierung und Handlungen sein können, Sachverhalte anschaulich machen und damit Wissen inkorporieren, sondern sie sind auch konstitutive Bestandteile von Argumenten und Beweisen. Diese Einsicht ist nicht neu. Ludwig Fleck hat bereits 1935 aufgezeigt, wie die Produktion von Wahrheit an Denkstile gebunden ist und wie dabei Ideogramme entstehen, „d.h. graphische Darstellungen gewisser Ideen, gewissen Sinns, eine Art des Begreifens" (Fleck 1980, 183). Dieses denkstilgebundene Gestaltsehen hat zwei Blickrichtungen: Zum einen schafft es eine Unterscheidung zwischen esoterischem Wissen der Insider versus exoterischem Laienverständnis. Zum anderen ermöglicht es den Experten „ein wechselseitiges Hineintreiben in Starrsinn" (ebd., 158), weil eine eindeutige Weise des Begreifens durch Bilder forciert und darin zugleich Wirklichkeit produziert wird (Grab 1993; Köchy 2005). Darin, wie Forscher ihre grafischen Darstellungen organisieren, sind sie den Bauhütten nicht unähnlich, „die das Wissen über die architektonischen Modelle und die Regeln der Bauausführung in Bünden schützten und innerhalb deren Grenzen tradierten" (Mahr 2003, 79). Dagegen stellen sich dem naiv vom eigenen Denkstil befangenen Forscher – ich bin keine Ausnahme! – „*fremde* Denkstile wie Phantasiegebilde vor" (Fleck 1980, 185).

Zur Isomorphie von Denkstil und grafischer Darstellung: Modelle erzeugen, was sie erkennen

An Einführungen und Handbüchern lässt sich am leichtesten erschließen, wie Denkstile funktionieren, denn diese müssen davon ausgehen, dass die Initiation in den esoterischen Datenverkehr lehr- und lernbar ist. Die Bedeutung von Grafiken bei solcher Vermittlungsarbeit soll nachfolgend an drei Beispielen aus dem Denkkollektiv sonderpädagogischer Diagnostik aufgezeigt werden. Angesichts der grundlegenden didaktischen Bedeutung, die Grafiken in der sonderpädagogischen Diagnostik haben, ist es erstaunlich, dass es bisher keinen Zugriff gibt, um diese Gebilde zu bestimmen, um herauszufinden, welchen Regeln sie gehorchen und was sie zu leisten vermögen. Als Versuch in diese Richtung ist der nachfolgende Text zu verstehen. Wie aber verständigt man sich über einen Gegenstand, der bislang übersehen wird?

Weitgehend abseits sonderpädagogischer Aufmerksamkeit gibt es seit etwa zehn Jahren das breit angelegte Vorhaben analog zu einer Allgemeinen Sprachwissenschaft, eine Allgemeine Bildwissenschaft akademisch zu etablieren. Eine Ausnahme hiervon bilden die Masterstudiengänge Sonderpädagogik an den Universitäten Oldenburg und Dortmund. Hinzuweisen ist auf Christian Mürners Arbeiten zur Sichtbarkeit von Differenz (Mürner 2003; Mürner/Schönwiese 2006), auf Cornelia Rengglis Bild-Untersuchungen (2005) sowie Markus Dederichs grundlegendes Plädoyer für eine Aufnahme kultursoziologisch orientierter Bildanalyse (2007). Zu den Protagonisten einer solchen Allgemeinen Bildwissenschaft gehören u. a. Forschungsgruppen um Sybille Krämer, Horst Bredekamp und Horst Wenzel am Berliner Helmholtz-Zentrum für Kulturtechnik (Krämer/Bredekamp 2003; Bredekamp 2005; Hoffmann/Rippl 2006; Wenzel 2007), Klaus Sachse-Hombach an der TU Chemnitz (Majetschak 2005) oder Gottfried Boehm am Kunsthistorischen Seminar Basel (2007), der die Bedeutung bildgebender Verfahren als gemeinsame Forschungsaufgabe von Kunst- und Wissenschaftsgeschichte reklamiert.

Dabei kennt die wissenschaftliche Literatur „eigentlich nur zwei Formen der Darstellung *hors texte:* Tabellen und Abbildungen“, so Hans-Jörg Rheinberger (2003, 9), letztere enthalten alles Mögliche: „von Diagrammen über grafische Kurven bis zu Figurationen, die als Bilder im engeren Sinne gelten“ (ebd.). Lynch (1990) und Hegarty (2005) unterscheiden drei unterschiedliche Kategorien im Gebrauch von Diagrammen in den Wissenschaften *ikonisch, schematisch* und *Karten/Graphen. Ikonische Diagramme* wie Fotos und Linienzeichnungen stellen Beschreibungen von konkreten Objekten dar, bei denen die räumlichen Verhältnisse im Diagramm denen der dargestellten Sache entsprechen, also formgleich sind. *Schematische Darstellungen* können Sachverhalte verdeutlichen, die nicht „offensichtlich“ und zugänglich sind (z. B. Schnitte). Schematisierungen lassen sich dort mit Gewinn einsetzen, wo es um das Herausstellen von Unterschieden geht. *Karten und Graphen* werden in zahlreichen Disziplinen erstellt und benutzt. Es gilt dabei als selbstverständlich, dass Daten sich nur durch Visualisierung beherrschen lassen. Atomare Bestandteile oder molekulare Präparate lassen sich nicht direkt beobachten, sondern können nur via Computer visualisiert werden (Grab 1993, 192; Rheinberger 2003, 17). „Am einen Extrem sind sie (Grafiken, K. K.) heuristischer Natur: der Stromkreis lässt sich mit Nutzen als stationäres hydrodynamisches System begreifen (...) Am anderen Extrem sind die Gegenstände metaphysische Festlegungen: die Wärme eines Körpers *ist* die kinetische Energie seiner Teilchen“, schreibt Thomas Kuhn (1978, 393).

Gleichviel ob es sich dabei um ikonische, schematische oder kartografische Darstellungen handelt, für alle diese diagrammatischen Darstellungen gilt: Sie müssen das Problem der Formatkonvertierung zuverlässig lösen, haben also die Aufgabe *treue*

Relationen (Serres 1981, 105) herzustellen. Denn wir betrachten Grafiken nicht um ihrer selbst willen, sondern um *etwas anderes* zu verstehen, nämlich wie ein Gerät zu bedienen ist, wie zukünftig ein Gebäude aussehen soll oder wie sich Messdaten *anschaulich* ordnen lassen.

Auch für die sonderpädagogische Diagnostik sind diagrammatisch basierte Modellierungsverfahren aktiver Teil des Konstruktions- und Entscheidungsprozesses. Und deshalb geht es auch hier um die Frage, in welche *Art von Gestalt* das Ausgangsmaterial, also ein Objekt, ein Text, eine Zahlenreihe dabei verwandelt wird und welche Einsichten durch diese neue Gestaltgebung möglich (oder verhindert) werden. Nachfolgend werden drei Exemplare solch visueller Optimierung vorgestellt. Sie wurden ausgewählt, weil sie als Lehrbuchtexte im wörtlichen Sinne disziplinierenden Anspruch haben: Sie wollen in die sonderpädagogische Diagnostik einführen. Pfeile haben in diesen drei Grafiken anscheinend stets konstitutive Funktionen.

Konnotationen des Pfeils

In epistemologischer Hinsicht erscheint der Pfeil in Grafiken als „Pathosformel ohne Pathos" (Gießmann 2008, 284), weil durch ihn weder ein klarer Konnex hergestellt noch ein eindeutiger Beweis geliefert wird – übrigens ganz im Gegensatz zu seinem tatsächlichen Gebrauch als Schusswaffe. Es ist deshalb kein Zufall, dass dieser eher diffuse und unbestimmbare Zeichen-Gebrauch des Pfeils zuerst im Bereich der Display-Entwicklung bemerkt und problematisiert wurde (Stankowski 1972; Hahn/Kim 2003; Wyss 2003; Storrer/Wyss 2003; Egenhofer/Kurata 2006; Schettler 2007). So hat beispielsweise die Verwendung des Pfeils auf dem Eingabe-Display eines Elektro-Rollstuhls, eines Fahrkartenautomaten oder eines Mobiltelefons nur *einen* entsprechend programmierten Steuerbefehl, muss aber gleichwohl unterschiedliche intuitive Nutzungsweisen zulassen.

Grobe Richtungen – drei Optimierungen

1. Peter in der Kurvenlandschaft

„Die Untersuchungsergebnisse wurden den Eltern anhand einer grafischen Zusammenfassung der Befunde erläutert (Abb. 3)" (Suchodoletz 2006, 207). Wir können nicht wissen, wie diese Erläuterung bei den Eltern von Peter ankam. Zu hoffen ist, dass wenigstens ein Elternteil über Grundkenntnisse verfügte bezüglich Normalverteilung, Normbereich, Korrelation zwischen T-Wert und EQ-Skala oder sich wenigstens beruhigte angesichts der Ortung von Peter in der Grauzone dieser Kurvenlandschaft.

Die drei Pfeile sollen helfen, besonders wichtige Messergebnisse aus unterschiedlichen Tests in der Normalverteilung besonders herauszuheben. „Das Bild allein

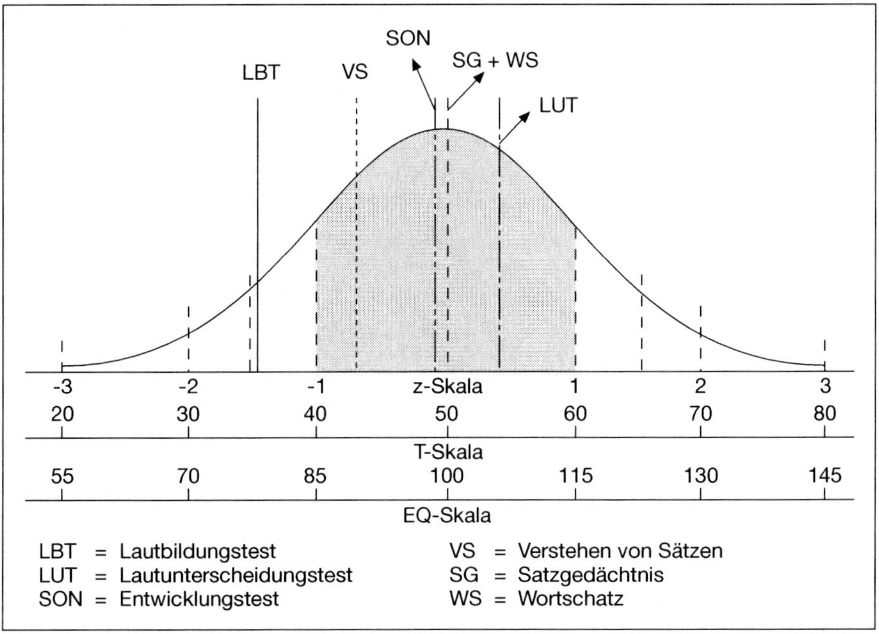

Abb. 2: Suchodoletz 2006, 207

reicht offensichtlich nicht aus. Man muss begreifen, dass ein bloßes Bild keinen Referenten hat" (Latour 1996b, 183). Die Pfeile zeigen deshalb auf bestimmte Stellen in der Grafik, richten die Aufmerksamkeit auf Details, die sonst möglicherweise übersehen würden. Diese Pfeile haben Vergrößerungsfunktion, sie zeigen *heraus* aus der heißen Stelle oder dem wunden Punkt; jedenfalls fungieren sie lediglich auf der Oberfläche der Grafik, sind für die paradigmatische und syntagmatische Ebene dieser Normalkurve unerheblich. Es sind supplementäre Elemente der Kurvenlandschaft. Diese Pfeile haben somit eine Kommunikationsaufgabe; erst sie vervollständigen den Argumentationsbezug der Grafik zum Text. Ihr szientistisches Credo lautet: Diese Grafik besitzt einen Referenten und dieser Referent ist einzigartig und dem Bild äußerlich, vergleichbar der Beziehung zwischen einem Familienfoto und einer Familie. Dieser Referent heißt: Peter ist *normal*. Systematisch übersehen wird dabei, dass sich die vorgestellte wissenschaftliche Tatsache (*matter of fact*) nur durch eine Transkription konstituiert.

2. Konrad Bundschuhs Mandala

„Förderdiagnostik orientiert sich am Subjekt beziehungsweise am Menschen und führt zu Informationen über Entwicklung, Lernverhalten, Wahrnehmung, soziale Bezüge, Emotionalität, Motorik, allgemein über seinen Entwicklungsstand, Lernausgangslage, Fähigkeiten, Kompetenzen und Bedürfnisse mit der Zielrichtung der Einleitung von Förderprozessen (s. Abb.4)“ (Bundschuh 2006, 30).

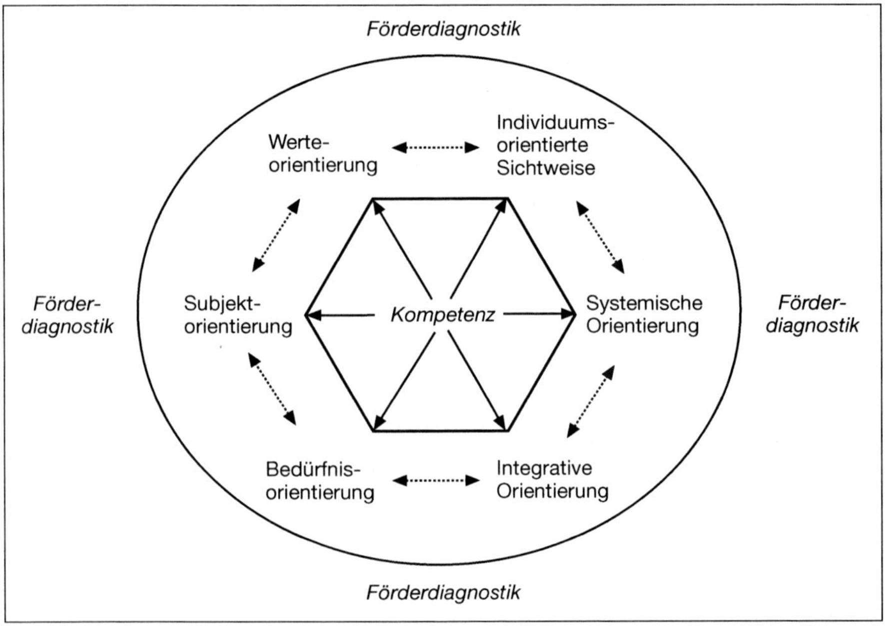

Abb. 3: Bundschuh 2006, 31

Nicht soll uns interessieren der feine Unterschied zwischen Subjekt und Mensch, sondern der Konnex zwischen diesem Text und der Grafik, die den Titel trägt „Querverbindungen kompetenzorientierter Diagnostik“ (ebd.). Welcher Art sind diese Querverbindungen und welche Information wird durch die Pfeile angezeigt? Dehnt sich das Kompetenzzentrum aus? Woraus bestehen die hier angezeigten Einfluss-/Ausflussgrößen? Woraus besteht der Kern dieses Zentrums? Auf den vier Seiten dieser Wirklichkeitskarte ist viermal das Wort ‚Förderdiagnostik‘ ausgebracht. Ist damit – analog zum Himmelsäther – gewissermaßen das diagnostische Fluidum angezeigt, in dem diese Figur schwimmt? Halten wir uns an das Sichtbare. Als (*paradigmatische*) Elemente lassen sich Wert, Bedürfnis, Subjekt, Individuum, System unterscheiden, zwei unterschiedliche Pfeilarten werden verwendet, nämlich Pfeile mit durchgehender Linie, Doppelpfeile mit durchbrochener Linie. *Syntagmatisch* koppeln die Doppelpfeile einige Elemente ringförmig; die aus dem ‚Kompetenz‘-Zentrum in die sechs Ecken führenden Pfeile spannen das Sechseck aus. Diese Ordnungsidee greift dominierend in das semantische Feld der ‚Orientierungen‘ ein, schafft durch die regelmäßige Sechseckform und deren Verspeichung durch die

Pfeile eine harmonische Idealcodierung. In *pragmatischer* Hinsicht wird hier ein Kräftemodell vorgestellt, das entropische Entspanntheit darstellt, in seiner Zentralisierung und idealen pythagoreischen Geschlossenheit lässt es weder zusätzliche Elemente zu, noch dürfen solche fehlen. Eine Bedeutungsgewichtung ist nicht möglich, alles ist gleich wichtig.

Wenn es Aufgabe des Lesers ist, „mit erhöhter Wachsamkeit auf (…) Veränderungen zu achten, die (...) in den Relationen der unterschiedlichen bedeutungsvollen Teile des Diagramms zueinander herbeigeführt werden" (Peirce 1906, 132), dann kommt in dieser Grafik ein Gedanke zur Ruhe als absolute Erkenntnis. Das Diagramm wird zu einem semiotischen Objekt mit quasi magischem Charakter. Sinn offenbart sich hier durch die Parallelisierung von formalen und inhaltlichen Kategorien in einer evidenten geometrischen Figur, die sich leicht memorieren lässt, deren Geschlossenheit zugleich unempfindlich und einwandsimmun macht. Anders als bei Peirce sorgt das Diagramm für einen Abschluss, ist nicht Medium des Denkens und der Konstruktion.

3. Kurzschluss im Schaltplan für Mark

Weil manche Erwachsene zwischen gerichtetem und ungerichtetem aggressiv-dissozialem Verhalten unterscheiden, ist „immer eine mulitmethodale und multimodale Diagnostik aggressiv-dissozialer Störungen nötig. An einem Fallbeispiel eines aggressiv-dissozialen 14-jährigen Jungen wird das praktische Vorgehen er-

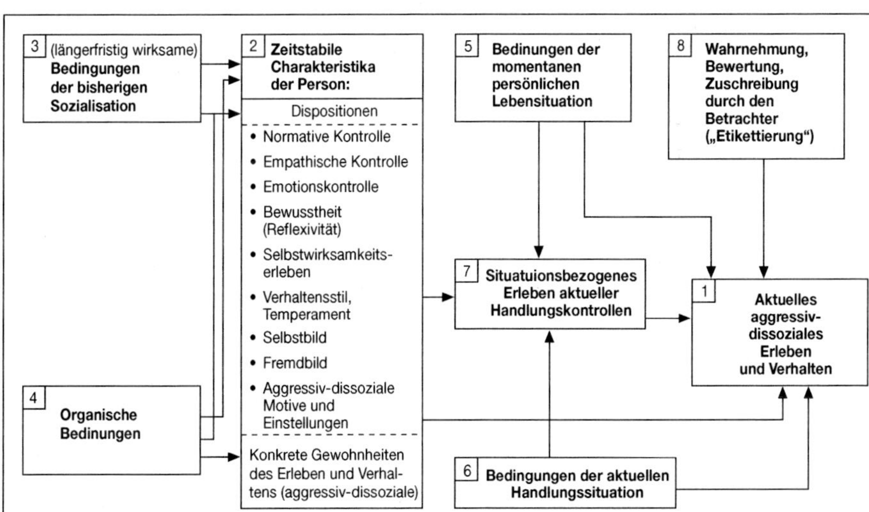

Abb. 4: Seitz 2006, 97

läutert“ (Seitz et al 2006, 89). In knappen Sätzen werden die Auffälligkeiten von Mark bilanziert (‚stationär in einem Heim', ‚Versetzung ausgeschlossen', ‚frech und distanzlos', ‚hält sich nicht an Regeln', ‚stört und provoziert'). Diagnostisches Vorgehen könnte hier mit einer sprachkritischen Analyse einsetzen, etwa mit den Präjudizierungen, die dieser Text enthält. Stattdessen geht es nachfolgend um die visuellen Plausibilitäten des Pfeils in der grafischen Darstellung der Analyse. Denn „zur deskriptiven Diagnostik gehört zunächst die differenzierte Beschreibung des – in Feld 1 der Abbildung 1 angezeigten – aggressiv-dissozialen Verhaltens“ (Seitz 2006, 96). Die Tabelle selbst trägt den Titel „Strukturmodell für die diagnostische Analyse aggressiv-dissozialen Verhaltens“ (ebd., 97).

Der Pfeil wird hier in ganz unterschiedlichen Funktionen verwendet, nämlich als Folge, als Reaktion, als Handlungsrichtung, als Verweis oder als Programmablauf. Anders als in der vorausgehenden Grafik wird hier ein Prozess visualisiert. Wir kennen solche Darstellungen aus der Elektrotechnik. Wie in der Halbleitertechnik der Strom, so fließt hier alles in eine Richtung. Auch wenn unklar bleibt, *was hier fließt*, alles ergießt sich wie beim Galton-Brett zuletzt ins Feld 1 („aktuelles aggressiv-dissoziales Erleben und Verhalten“). Dazwischen liegen Relais-Stationen, in denen sich wie bei Kondensatoren etwas sammelt. Doch welche Substanzen fließen dort hinein? Sind das Datensammlungen, Spannungsenergien, Wahrnehmungsqualitäten, Verhaltensweisen, Fähigkeiten, Erfahrungen? Oder werden damit (nur) Feld-Richtungen angezeigt? Dass sich beispielsweise organische Bedingungen (Feld 4) auf konkrete Gewohnheiten des Erlebens und Verhaltens (Feld 2 unten) auswirken, lässt sich entweder als Binsenweisheit oder als unangemessene Verkürzung eines psychosomatischen Sachverhaltes verstehen; das ist jedoch nur durch die Lektüre des Textes zu klären.

Noch einmal: Konnotationen des Pfeils

Was leisten Pfeile und wozu taugen sie? Es sollte deutlich geworden sein, dass Pfeile in Grafiken ganz Unterschiedliches leisten. Wie lassen sich jeweils deren gemeinte Funktionen herausfinden? Die nachfolgende Übersicht bietet eine erste Orientierung zur Analyse der Zeichenbedeutung von Pfeilen in Grafiken, die das Textverständnis unterstützen sollen. Diese Übersicht hat keinen systematischen Anspruch. Sie kann jedoch helfen bei der Klärung der Frage, was durch die Verwendung des Pfeils angezeigt werden soll: eine Transgression, -mission, -position, -lokalisation, -formation, -lation usw. – jedoch wovon?

Wozu wird der Pfeil verwendet?	*Satz (formal)*	*Beschreibung, Beispiele der argumentativen Wirkung/Absicht*
zeigend	A ist A	Pfeil als „Hier"-Anzeiger. Wittgenstein (PU 454; 1999, 462) fragt: „Wie kommt es, daß der Pfeil ® zeigt?"; genuin deiktische Funktion „Hier"
(materiale) Implikation	A bedingt B	Pfeil ist Indikator einer wahrheitsfunktionalen Aussage: Vertragsmanagement, Verpflichtung, Kausalität; bereits in A steckt B; monokausal, eindimensional
Folgerungsrelation	aus A kann B, C, D werden	Der Pfeil dient als Subjunktor, eine Art Halbleitertechnik, eröffnet Optionen: case scenario, interrogativ, züchterisch, handlungstheoretisch.
Kalkül	A wird als Beginn angezeigt	Das Pfeilende „zeigt" auf den Anfang des Algorithmus; beim Kalkül ist die Prozess-Richtung wesentlich.
Workflow	A dann B, dann ...	Der Pfeil bestimmt eine Abfolge, einen Weg, eine Chronologie; Rezepte, Anleitungen zur Fehlersuche und andere operative Linearisierungskonzepte können dabei auf Begründungen verzichten.
dazwischen	was passiert zwischen A und B?	Der Pfeil enthält eine „Zeitladung" zwischen Zustand A und B, auf dem Weg von A nach B; statt Grammein (Einschreiben) ist Diagrammein, ein Dazwischenschreiben gemeint.
verlagern (topologisch)	von A nach B	Der Pfeil zeigt die Translokation oder den Transport von Daten, Tatsachen, Objekten usw. an; er hat Bewegung indizierende Funktion
generativ	aus A wird B	Der Pfeil ist ein Transformationsinstrument: Gestaltveränderungen, Umformungen lassen sich anzeigen; der Zustand oder das Objekt A enthält die Potenz der Gestaltveränderung.
substituierend	statt A nimm B	Der Pfeil zeigt auf einen Ersatz oder Stellvertreter.
exkludierend	B ausgliedern aus A	Der Pfeil zeigt eine Aussonderungsbewegung: Aus einer Menge A wird ein Element B herausgenommen.
stimulierend	A regt B an/auf	Der Pfeil zeigt transgressiv einen Impuls, eine Einwirkung oder Animation an: Die von A gestoßene Billardkugel trifft auf B und bringt B in Bewegung.
divisio/dihairese	aus A entwikkeln sich B^1 und B^2	Der Pfeil zeigt artbildende Unterschiede an.
supposition	A meint B	Ein Term, Objekt oder Sachverhalt A steht für Term, Objekt, Sachverhalt B; A ist Zeichen für B.
vektoriell	Punkt A in qualifizierter Weise im Kräftefeld B	Der Pfeil ist eine Wertangabe (qualitativ und/oder quantitativ), sowohl bezüglich seiner Richtung, seines Betrags (Länge des Pfeilschafts), er repräsentiert Einflussgrößen (Plural!).
mesomerisch	zwischen A und B gibt es unscharfe Relationen	Der Pfeil zeigt ungefähr auf B, das Verhältnis zwischen beiden lässt sich in mehrfacher Weise darstellen oder verstehen; zwischen A und B gibt es mehrere mögliche Wege.
extrahierend	aus A lässt sich B gewinnen	Algorithmus, Regel, Prozessierung, Programmierung (wie eine Wurzelziehung, ein Index, B ist enthalten wie eine Teilmenge)
filamentös	A verwandelt sich B an	Der Pfeil dringt „an der Stelle des geringsten Widerstandes in die Beute ein und sprengt deren Bestandteile auseinander, deren Trümmer die Zellen sich einverleiben" (Hesse 1910, 276).
kollokativ	A kommt in der Nähe von B vor.	Der Pfeil markiert eine ohnehin vorhandene Nachbarschaft, so wie in der Sprachwissenschaft die typische, spezifische und charakteristische Zweierkombination von Wörtern vorkommt.

Kritik der diagnostischen Vernunft

Hintergrundwissen als Voraussetzung für das Textverständnis muss nicht eigens durch Zeichen expliziert werden. Kognitiven Schemata und mentalen Skripten liegt eine Idee von Rahmung zugrunde, die sich nicht oder nur unzureichend mit dem starren Rahmen einer Informationsverarbeitung vereinbaren lässt. Solche Einsicht ist nicht neu: Bereits die Textrezeptionsforschung der 70er Jahre des letzten Jahrhunderts ging vom Wissenshintergrund für die Konstitution von Bedeutungen aus. Sie konnte deutlich machen, dass kein Text alle Hinweise enthalten kann, die zum Verstehen seines Inhaltes eigentlich nötig sind (vgl. Plümacher 2006, 248). Semantische Inferenzen, also bedeutungsgebende Schlussfolgerungen, sind Ausdruck übergreifender repräsentationaler Einheiten wie Skripts, Szenarios und mentaler Modelle. „Mit ‚Skript', ‚Szenario', ‚mentalem Modell' oder auch ‚Schema' ist ein Wissen um Typik bezeichnet, etwa typische Handlungsabläufe, Szenarien sowie Charakteristika von Dingen und Lebewesen. Es wird angenommen, dass es durch geeignete Zeichenkonstellationen aktiviert wird und im unbewussten kognitiven Hintergrund Interpretationsprozesse lenkt" (Plümacher 2006, 249f). In Erfahrung und Urteil spricht Husserl (1948, 141) von sog. ‚Sinnrahmen'. Diese stützen sich auf intentionale Horizonte, als Möglichkeiten, die das aktuelle Bewusstsein umgeben. Sie sind thematisch ausgerichtet (zeitlich, räumlich, mathematisch usw.). und korrelieren entsprechend mit disziplinären bzw. perspektivischen Ordnungen des Wissens. Auch wenn dies richtig ist, so bleibt doch die Frage, ob es lehr- und lernbare Verfahren gibt, in dieses Hintergrundwissen hineinzukommen und so Teil eines Denkkollektivs zu werden.

Aus dem vorgestellten Fokus ließe sich in folgender Weise hochschuldidaktisches Kapital schlagen: Entgegen der üblichen Abfolge geht die Analyse der Grafiken der Textlektüre voraus. Eingebettete Grafiken fungieren üblicherweise aus stabiler Seitenlage. Durchbricht man diesen Konnex, dann offenbart sich Fragwürdiges an ihnen, das sich günstigenfalls durch den Text aufklären lässt. *Debugging* nennt man bei der Erarbeitung und Erstellung von Computerprogrammen die routinemäßige Bereinigung von Missverständnissen. Ein solchermaßen durchgeführtes Debugging könnte die Grafik überflüssig werden lassen oder gar den Text, hoffentlich nicht beide.

Literatur

Boehm, G.: Wie Bilder Sinn erzeugen. Die Macht des Zeigens. Berlin 2007.

Bredekamp, H.: Darwins Korallen. Frühe Evolutionsmodelle und die Tradition der Naturgeschichte. Berlin 2005.

Bundschuh, K.: Rahmenbedingungen und diagnostische Umsetzung zur Feststellung sonderpädagogischen Förderbedarfs in Bayern. In: Petermann, U.; Petermann, F. (Hg.): Diagnostik sonderpädagogischen Förderbedarfs. Göttingen u.a. 2006, 17–36.

Dederich, M.: Körper, Kultur und Behinderung. Eine Einführung in die Disability Studies. Bielefeld 2007.

Egenhofer, M.; Kurata, Y.: Topological relations of arrow symbols in complex diagrams. In: Barker-Plummer, D; Cox, R.; Swoboda, N. (Eds.): Diagrammatic Representation and Inference, 4th International Conference, Diagrams 2006, Stanford, CA, USA, June 28–30, 2006, Proceedings. Lecture Notes in Computer Science 4045. Berlin/Heidelberg 2006, 112–126.

Fleck, L.: Entstehung und Entwicklung einer wissenschaftlichen Tatsache. Einführung in die Lehre vom Denkstil und Denkkollektiv (1935). Frankfurt/M. 1980.

Gerhard, U.; Link, J.; Schulte-Holtey, E. (Hg.): Infografiken, Medien, Normalisierung. Zur Kartografie politisch-sozialer Landschaften. Heidelberg 2001.

Gießmann, S.: Graphen können alles. Visuelle Modellierung und Netzwerktheorie vor 1900. In: Reichle, I.; Siegel, St.; Spelten, A. (Hg.): Visuelle Modelle. München 2008, 269–284.

Grab, Ch.; Event Display: Visualisierung in der Teilchenphysik. In: Huber, J.; Müller, A. M. (Hg.): Raum und Verfahren. Basel, Frankfurt/M. 1993, 189–204.

Hahn, J.; Kim, J.: Why Are Some Diagrams Easier to Work With? Effects of Diagrammatic Representation on the Cognitive Integration Process of Systems Analysis and Design; Georgia: College of Architecture/Design Computing 2003. http://dcom.arch.gatech.edu/old/Representation/hahn-99why.pdf (entnommen: 25.02.08).

Hegarty, M.: A feature-based syntax of functional categories: the structure, acquisition and specific impairment of functional systems. Berlin, New York 2005.

Hesse, R.: Der Tierkörper als selbständiger Organismus. Leipzig u.a. 1910.

Hoffmann, T.; Rippl, G. (Hg.): Bilder – ein neues Leitmedium? Göttingen 2006.

Husserl, E.: Erfahrung und Urteil. Untersuchungen zur Genealogie der Logik. Hamburg 1948.

Köchy, K.: Zur Funktion des Bildes in den Biowissenschaften. In: Majetschak, St. (Hg.) Bild-Zeichen. Perspektiven einer Wissenschaft vom Bild. München 2005, 215–240.

Kracauer, S. Geschichte. Vor den letzten Dingen. Frankfurt/M. 1971.

Krämer, S.; Bredekamp, H. (Hg.): Bild – Schrift – Zahl. München 2003.

Kuhn, Th. S.: Die Beziehung zwischen Wissenschaftsgeschichte und Wissenschaftstheorie. In: Kuhn, Th. S.: Die Entstehung des Neuen. Frankfurt/M. 1978, 49–71.

Latour, B.: Ein Türschließer streikt. In: Latour, B.: Der Berliner Schlüssel. Berlin 1996[a], 62–84.

Latour, B.: Arbeit mit Bildern oder: Die Umverteilung der wissenschaftlichen Intelligenz. In: Latour, B.: Der Berliner Schlüssel. Berlin 1996[b], 159-190.

Latour, B.: Der Pedalogenfaden der Boa Vista. In: Latour, B.: Der Berliner Schlüssel. Berlin 1996[c], 191–248.

Latour, B.: Elend der Kritik. Vom Krieg um Fakten zu Dingen von Belang. Zürich/Berlin 2007; orig. Why Has Critique Run out of Steam? From Matters of Fact to Matters of Concern. http://www.bruno-latour.fr/articles/article/089.html; (entnommen: 17.04.08).

Lynch, N.: Multivalued possibilities mappings. Cambridge: MIT LCS TR/Massachusetts Institute of Technology, Laboratory for Computer Science 1990.

Mahr, B.: Modellieren. In: Krämer, S.; Bredekamp, H. (Hg.): Bild – Schrift – Zahl. München 2003, 59–86.

Majetschak, S. (Hg.): Bild-Zeichen. Perspektiven einer Wissenschaft vom Bild. München 2005.

Mürner, Ch.: Medien- und Kulturgeschichte behinderter Menschen. Sensationslust und Selbstbestimmung. Weinheim, Basel 2003.

Mürner, Chr.; Schönwiese, V.: Das Bildnis eines behinderten Mannes. Bildkultur der Behinderung vom 16. bis ins 21. Jahrhundert. Ausstellungskatalog und Wörterbuch. Neu Ulm 2006.

Nikolow, S.: Den spröden Zahlenreihen Leben einhauchen. In: Gegenworte, 5, 2000, 70–72.

Peirce, Ch.: Semiotische Schriften Band 3 (1906–1913), herausgegeben und übersetzt von Kloesel, Ch.; Pape, H. Darmstadt 2000.

Plümacher, M.: ‚Weltwissen'. Ein sprachwissenschaftlicher Terminus phänomenologisch betrachtet. In: Lohmar, D.; Fonfara, D. (Hg.): Interdisziplinäre Perspektiven der Phänomenologie. Dordrecht 2006, 247-261.

Renggli, C.: Blinde Flecke. Methodologische Fragmente für eine Analyse von Bildern zu Behinderung. In: Schweizerisches Archiv für Volkskunde, 101, 2005, 1, 79–94.

Rheinberger, H.-J.: Präparate – ‚Bilder' ihrer selbst. In: Bildwelten des Wissens (Kunsthistorisches Jahrbuch für Bildkritik Band 1,2). Oberflächen der Theorie. Berlin 2003, 9–19.

Schettler, B. (Hg.): Powerpoint-Präsentationen: neue Formen der gesellschaftlichen Kommunikation von Wissen. Konstanz 2007.

Seitz, W.; Koglin, U.; Petermann, F.: Diagnostik bei aggressiv-dissozialen Störungen. In: Petermann, U.; Petermann, F. (Hg.): Diagnostik sonderpädagogischen Förderbedarfs. Göttingen u.a. 2006, 89–116.

Serres, M.: Der Parasit. Frankfurt/M. 1981.

Stankowski, A.; Gomringer, E.: Der Pfeil. Starnberg 1972.

Storrer, A.; Wyss, E. L.: Pfeilzeichen: Formen und Funktionen in alten und neuen Medien. In: Schmitz, U./ Wenzel, H. (Hg.): Wissen und neue Medien: Bilder und Zeichen von 800 bis 2000. Berlin 2003. http://www.evawyss.ch/_d/publikationsliste.htm (entnommen: 21.06.08).

Suchodoletz, W.: Diagnostik bei Artikulationsstörungen. In: Petermann, U.; Petermann, F. (Hg.): Diagnostik sonderpädagogischen Förderbedarfs. Göttingen u.a. 2006, 187–210.

Wenzel, H.: Mediengeschichte vor und nach Gutenberg. Darmstadt 2007.

Wyss, E. L.: Pfeile im World Wide Web. Symbole der Orientierung oder Quelle für Missverständnisse? In: Ganz-Blättler, U.; Michel, P. (Hg.) »Sinnbildlich schief«. Missgeschicke bei Symbolgenese und Symbolgebrauch. Bern 2003, 38–60; http://www.evawyss.ch/_d/publikationsliste.htm. (entnommen: 12.03.08).

Wittgenstein, L.: Philosophische Untersuchungen, Werkausgabe Band 1; Frankfurt/M. 1969.

Abbildungen:

Abb.1: Stankowski 1972 ‚Innenleben eines Pfeils'. Abdruck mit freundlicher Genehmigung der Stankowski Stiftung e.V., Stuttgart

Abb. 2: Suchodoletz 2006, 207: ‚Bei Peter erhobene Untersuchungsbefunde'. Abdruck mit freundlicher Genehmigung des Verlags Hogrefe, Göttingen.

Abb. 3: Bundschuh 2006, 31: ‚Querverbindungen kompetenzorientierter Diagnostik'. Abdruck mit freundlicher Genehmigung des Verlags Athena, Oberhausen.

Abb. 4: Seitz 2006, 97, Strukturmodell für die Analyse aggressiv-dissozialen Verhaltens'. Abdruck mit freundlicher Genehmigung des Verlags Hogrefe, Göttingen.

Edgar Kösler

„Man sieht nur, was man weiß"

(J. W. von Goethe)

Mit dem sogenannten Bologna-Prozess verbindet sich ein alle Bereiche der Hochschulen umfassender, tiefgreifender Veränderungsprozess. Neben vielfältigen hochschulpolitischen Implikationen und strukturellen Änderungen, die mit der Einführung der Bachelor- und Masterabschlüsse verbunden sind, bringt die Reform eine Vielzahl hochschuldidaktischer Konsequenzen mit sich, die Hoffnungen und Chancen für die erwachsenenpädagogische Weiterentwicklung der Qualität der Lehre beinhalten. Mit der Modularisierung, in der Studieninhalte und Veranstaltungen zu größeren, zusammenhängenden und abprüfbaren inhaltlichen Einheiten zusammengefasst werden, vollzieht sich gleichzeitig ein Perspektivenwechsel, der sowohl bei der Gestaltung der Module wie beim Aufbau eines Studienganges weitreichende Konsequenzen hat. Anstelle der Fokussierung auf den Zeitaufwand und die Inputs der Lehrenden werden der Arbeitsaufwand und die zu erwerbenden Kompetenzen der Studierenden, d.h. die „learning outcomes", ins Zentrum hochschuldidaktischer Planungen gestellt. Dieser Perspektivenwechsel hin zu einer Kompetenzorientierung bringt damit neue Anforderungen an die Organisation und Gestaltung der Lehre, aber auch an die Begleitung der Studierenden mit sich.

Kompetenzorientierung

In der Literatur finden sich vielfältige Definitionen von Kompetenz, die Frey (2006, 126) wie folgt zusammenfasst: „Besitzt eine Person Kompetenz, so kann sie etwas, ist handlungsfähig und übernimmt für sich und andere Verantwortung. Sie besitzt die Kompetenz, so tätig zu werden, dass sie eine Absicht, ein Ziel oder einen Zweck unter Beachtung von Handlungsprinzipien, Werten, Normen und Regeln, mit Bezug auf konkrete, die jeweilige Handlungssituation bestimmenden Bedingungen, zu erreichen vermag. Wer Kompetenz besitzt, ist erfolgreich und vernünftig tätig. Somit kann man Kompetenz als ein Bündel von körperlichen und geistigen Fähigkeiten bezeichnen, die jemand benötigt, um anstehende Aufgaben und Probleme zielorientiert und verantwortungsvoll zu lösen, die Lösungen zu bewerten und das eigene Repertoire an Handlungsmustern weiterzuentwickeln." Allerdings lassen sich Kompetenzen nicht direkt beobachten. Sie sind vielmehr „innere, unbeobachtbare Voraussetzungen, Dispositionen des selbstorganisierten Handelns einer Person". Als solche werden sie „nur anhand der tatsächlichen Performanz – der Anwendung und des Gebrauchs der Kompetenz“ – erschließbar (Erpenbeck/von Rosenstiel 2003, Xf). Letztlich sind Kompetenzen also Be- bzw. Zuschreibungen auf der Basis von Beobachtungen, die ihrerseits vielfältigen Verzerrungen unterliegen können.

Kompetenzen vollziehen sich damit prinzipiell in Handlungszusammenhängen zwischen Subjekten und Objekten. Systematisiert lassen sich mit Erpenbeck und von Rosenstiel (2003, XIVf) vier basale Klassen von Kompetenzen unterscheiden, in denen wiederum unterschiedliche Fähigkeiten und Fertigkeiten zum Ausdruck kommen:

- „Personale Kompetenzen: Als die Disposition einer Person, reflexiv selbstorganisiert zu handeln, d.h. sich selbst einzuschätzen, produktive Einstellungen, Werthaltungen, Motive und Selbstbilder zu entwickeln, eigene Begabungen, Motivationen, Leistungsvorsätze zu entfalten und sich im Rahmen der Arbeit und außerhalb kreativ zu entwickeln und zu lernen.
- Aktivitäts- und umsetzungsorientierte Kompetenzen: Als die Disposition einer Person, aktiv und gesamtheitlich selbstorganisiert zu handeln und dieses Handeln auf die Umsetzung von Absichten, Vorhaben und Plänen zu richten – entweder für sich selbst oder auch für andere und mit anderen im Team, im Unternehmen, in der Organisation. Diese Dispositionen erfassen damit das Vermögen, die eigenen Emotionen, Motivationen, Fähigkeiten und Erfahrungen und alle anderen Kompetenzen (...) in die eigenen Willensantriebe zu integrieren und Handlungen erfolgreich zu realisieren.
- Fachlich-methodische Kompetenzen: Als die Disposition einer Person, bei der Lösung von sachlich-gegenständlichen Problemen, geistig und physisch selbstorganisiert zu handeln, d.h. mit fachlichen und instrumentellen Kenntnissen, Fertigkeiten und Fähigkeiten kreativ Probleme zu lösen, Wissen sinnorientiert einzuordnen und zu bewerten; das schließt Dispositionen ein, Tätigkeiten und Aufgaben und Lösungen methodisch selbstorganisiert zu gestalten, sowie die Methoden selbst kreativ weiterzuentwickeln.
- Sozial-kommunikative Kompetenzen: Als die Disposition einer Person, kommunikativ und kooperativ selbstorganisiert zu handeln, d.h. sich mit anderen kreativ auseinander zu setzen, sich gruppen- und beziehungsorientiert zu verhalten, und neue Pläne, Aufgaben und Ziele zu entwickeln.“

Seine Attraktivität scheint der Kompetenzbegriff insbesondere durch seine Abgrenzung zum Qualifikationsbegriff zu beziehen. Im Unterschied zum Qualifikationsbegriff, der die Anforderungen des Berufsbildungssystems in bestimmten Qualifikationsprofilen zum Ausdruck bringt und sich deshalb an der Zweckrationalität des Berufssystems orientiert, erscheint der Kompetenzbegriff auch deshalb attraktiv, weil Kompetenz eindeutig an ein Subjekt gekoppelt wird, das, sich selbstorganisierend, schöpferisch kreativ in Situationen handelt.
Deutlich wird dies in einer Gegenüberstellung von Arnold (2001, 269f; vgl. Heyse/Erpenbeck 2004, XVI):

Qualifikation	*Kompetenz*
Qualifikation ist auf die Erfüllung vorgegebener Zwecke gerichtet, also fremdorganisiert	Kompetenz beinhaltet Selbstorganisationsfähigkeit
Qualifikation beschränkt sich auf die Erfüllung konkreter Nachfragen bzw. Anforderungen, ist also objektbezogen	Kompetenz ist subjektbezogen
Qualifikation ist auf unmittelbar tätigkeitsbezogene Kenntnisse, Fähigkeiten und Fertigkeiten verengt	Kompetenz bezieht sich auf die ganze Person, verfolgt also einen ganzheitlichen Anspruch
Qualifikation ist auf die Elemente individueller Fähigkeiten bezogen, die rechtsförmig zertifiziert werden können	Kompetenz-Lernen öffnet das sachverhaltszentrierte Lernen gegenüber den Notwendigkeiten einer Wertevermittlung; Kompetenz umfasst die Vielfalt der prinzipiell unbegrenzten individuellen Handlungsdispositionen
Qualifikation rückt mit seiner Orientierung auf verwertbare Fähigkeiten und Fertigkeiten vom klassischen Bildungsideal (Humbolds „proportionierlicher Ausbildung aller Kräfte") ab	Kompetenz nähert sich dem klassischen Bildungsideal auf eine neue, zeitgemäße Weise

Die Gegenüberstellung macht darauf aufmerksam, dass der Kompetenzbegriff „die Eigenpotentiale und Eigenleistungen der (Lern-)Akteure bei der Lösung von (Handlungs-) Problemen" (Brödel 2002, 39) fokussiert. So verstanden eröffnet das Kompetenzkonzept eine Perspektive, die ganz allgemein auf eine Stärkung der subjektiven Potentiale, der Autonomie- und Selbstverwirklichungsinteressen von Personen zielt.

Deutlich wird auch, dass beide Perspektiven – Kompetenz- und Qualifikationsorientierung – für ein Studium Relevanz behalten, allein schon deshalb, weil zum einen sowohl Fachwissen als auch fachliche Fertigkeiten für die Entwicklung von Kompetenzen unerlässlich sind und zum andern die Vorbereitung auf einen beruflichen Anschluss an das Studium schon aus legitimatorischen und ethischen Gründen geboten erscheint. Beide Aspekte gilt es somit bei der Konstruktion von Modulen und Studiengängen zu beachten.

Allerdings wenden Geißler und Orthey (2002, 72) kritisch ein, dass es bei der Kompetenzdiskussion nicht um eine bildungsorientierte Persönlichkeitsentwicklung geht, sondern um die „Verwertung von Kompetenz". „Es geht um Persönlichkeitsentwicklung für eine konkurrenzfähige Wirtschaft (...). Denn begründet und legitimiert wird die Ausrichtung von Bildungsaktivitäten auf Kompetenzen hin primär durch Veränderungen der Arbeitswelt und ihre neuen Anforderungen."

Aus dieser Kontroverse wird auch deutlich, dass im Gegensatz zu früheren grundlagentheoretischen Diskursen (vgl. z.B. Habermas 1981) der aktuelle Kompetenz-

Diskurs weniger Ausdruck wissenschaftsinterner Entwicklungen ist, sondern vielmehr auf gesellschaftliche Entwicklungen reagiert (vgl. Vonken 2005, 73ff), in denen der Einzelne gezwungen ist, viel aktiver als bisher für die Gestaltung seines Lebens Verantwortung zu tragen. Dazu gehört insbesondere auch die Sorge um den Aufbau und Erhalt der eigenen „Beschäftigungsfähigkeit". Um diese unter den genannten spätmodernen Bedingungen abzusichern, bedarf es dann besonderer Schlüsselfähigkeiten des Menschen wie Flexibilität, Selbstorganisation, Eigenverantwortlichkeit und Handlungsfähigkeit. Der Bologna-Prozess und damit die Umstellung auf das Bachelor-Master-System haben nun genau diese Fähigkeiten im Blick: Unter dem Schlagwort der Kompetenzorientierung geht es damit letztlich neben der Vermittlung fachlicher Qualifikationen immer auch um die Vermittlung dieser „Selbsttechnologien" und Kompetenzen zum „Selbstmanagement" (Lemke et al. 2000, 29). Das heißt, den Studierenden soll beigebracht werden, sich selbst anzuleiten, produktiv zu bleiben im Sinne des lebenslangen, selbstgesteuerten Lernens, das eigene Arbeitsvermögen zu pflegen und zu erweitern. Dem Bildungsbereich kommt danach in spätmodernen Gesellschaften die zentrale Funktion zu, die immer neu entstehenden Problemlagen moderner Gesellschaften in „individuelle Entwicklungsprojekte zu transformieren" (Forneck 2005, 122ff). Sicher ist dies ein Aspekt, der sich im Wert der „employability", der als ein bedeutendes Ziel des Bologna-Prozesses benannt wird, wiederfindet. Andererseits ist in diesem Zusammenhang jedoch auch daran zu erinnern, dass Hochschulen einen Bildungs- und Erziehungsauftrag haben, mit dem sich der pädagogische Anspruch verbindet, nicht nur verwertungs-, markt- und bedarfsorientierte Kompetenzen zu vermitteln.

Vielmehr hängt es vom Bildungsverständnis und dem Gestaltungswillen einer jeden Hochschule ab, inwieweit sie auch ein personales und inhaltliches Angebot curricular und strukturell verankert und zur Verfügung stellt, das die Entwicklung der Studierenden zu beziehungsfähigen, einfühlsamen und solidarischen, sozial und politisch verantwortlich handelnden Persönlichkeiten unterstützt. Angesichts der relativ hohen Autonomie von Hochschulen ist dieses Anliegen durchaus realisierbar (vgl. Gomez/Spoun 2003). „Kompetenzorientierung" jedenfalls schließt dieses Anliegen nicht aus, sondern ausdrücklich mit ein.

Lernen

In diesem Kontext erfahren auch die Diskussionen um neue Lernkulturen oder Konzepte des selbstgesteuerten und informellen Lernens (vgl. Dohmen 2002) einen tieferen Sinn. Mit dem Leitbild der Selbststeuerung verbindet sich die Erwartung an die Lernenden, selbst initiativ zu werden, „um eigene Lernbedürfnisse festzustellen, Lernziele zu formulieren, menschliche und dingliche Ressourcen für das Lernen zu identifizieren, angemessene Lernstrategien zu wählen und zu realisieren und die Lernprozesse zu evaluieren" (Schiersmann 2001, V1/17). Damit entsteht die Frage nach dem Verständnis von Lernen.

Nach dem traditionellen Lernverständnis ist Lernen ein kognitiver, weitgehend rezeptiver Prozess der Aufnahme und Speicherung von Informationen (vgl. Law/Wong 1996). Dabei entsteht Wissen, das „als Merkmal eines Individuums situationsinvariant bleibt“ und für die Lösung von Problemen eingesetzt werden kann (vgl. Law 2000). Damit korrespondiert ein Verständnis von Lehre, das wesentlich aus Instruktion besteht, aus einem “Wissenstransport” (Mandl/Gruber/Renkl 1997), der in der Regel über „darbietende Verfahren mit hoher Dozentendominanz“ (Severing 1994, 112) bewerkstelligt wird.

Entgegen solcher mechanistischer Vorstellungen, die z.B. auch den Einfluss des Kontextes bei der Nutzung des Wissens bei der Problemlösung vernachlässigen, lässt sich Lernen aus einer gemäßigt konstruktivistischen Perspektive „generell als aktiver, selbstgesteuerter, konstruktiver, situativer und sozialer Prozess“ (Reinmann-Rothmeier/Mandl 1997, 356) verstehen.
Lernen ist demnach ein aktiver Aneignungsprozess und setzt damit die aktive Beteiligung, d.h. auch Motivation und Interesse, des Lernenden voraus. Lernen ist selbstgesteuert und konstruktiv, weil die Lernenden infolge ihrer internen, von individuellen Erfahrungen geprägten Strukturen weitestgehend autonom entscheiden, welche Stimuli sie als solche akzeptieren, d.h. wahrnehmen, wie sie diese deuten, verarbeiten und wie sie darauf reagieren. Lernen ist damit ein innengesteuerter Auswahlprozess, bei dem somit das Individuum entscheidet, was zum Lerngegenstand wird. Lernen ist situativ, weil es immer in sozialen Kontexten, in spezifischen Lernumgebungen, in speziellen biografisch geprägten Lebenssituationen stattfindet, d.h., Wissen wird durch das wahrnehmende Subjekt innerhalb dieser Kontexte im Blick auf die jeweilige Verwendungssituation konstruiert. Lernen ist immer auch sozial, insofern es ein interaktionales Geschehen zwischen dem Individuum und seinen jeweiligen Umwelten darstellt und damit von den historischen und soziokulturellen Gegebenheiten beeinflusst ist. Damit ist Wissen ein gesellschaftlich geteiltes Wissen. Erst dadurch wird gegenseitiges Verstehen möglich (vgl. Reinmann-Rothmeier/Mandl 1997, 368 ff).
Lernprozesse können danach nur verstanden werden, wenn die historischen, kulturellen und institutionellen Kontexte, in denen das Individuum lebt, berücksichtigt werden (vgl. Dewey 1981).

Mit diesem Verständnis von Lernen verändert sich auch das Verständnis von Lehre. Deren Funktion besteht weniger aus der Vermittlung von Wissen als vielmehr aus dem Schaffen und Anbieten von Lernumgebungen oder der Gestaltung von Lernarrangements, die potentiell „aktive, konstruktive, selbstgesteuerte, situative und soziale Lernprozesse“ (Reinmann-Rothmeier/Mandl 1997, 370) ermöglichen. Arnold (1996, VI) spricht in diesem Zusammenhang nicht von ungefähr von einer „Ermöglichungsdidaktik“ (vgl. auch Arnold/Gómez Tutor 2007).
Beide Lehr-/Lernauffassungen – Instruktion und Konstruktion – bringen spezifische Vorteile mit sich und zeitigen spezifische Probleme in der Praxis. Instruktives Vorgehen kann dann nützlich sein, wenn Lernende

- über wenig Vorwissen verfügen und einen ersten Überblick über einen Inhaltsbereich erhalten wollen;
- über ein umfangreiches Vorwissen in einem Teilbereich eines Stoffgebiets verfügen und sich über einen anderen Teilbereich informieren wollen;
- über Praxiserfahrung und Handlungskompetenz in einem Gebiet verfügen und sich große Mengen von Hintergrundwissen aneignen wollen.

Als problematisch auf Seiten des instruktiven Verständnisses lassen sich anführen:
- Instruktive Lehrerdominanz verhindert Interaktion und fördert eine passive Haltung der Lernenden, die sehr häufig mit einem Mangel an intrinsischer Motivation und Eigenverantwortung für den Prozess und Erfolg des Lernens verbunden ist.
- Darüber hinaus werden Abhängigkeiten der Lernenden bezogen auf Anleitung, Rückmeldung und Kontrolle unterstützt.
- Außerdem kann das systematisch dargebotene Wissen häufig in Anwendungssituationen nicht effektiv zur Problemlösung genutzt werden, d.h., es wird „träges Wissen“ (Renkl 1996) erzeugt (vgl. Reinmann-Rothmeier/Mandl 1997, 362f).

Konstruktivistisch orientierte Lernarrangements sind angezeigt, wenn die Lernenden
- umfangreiche Vorkenntnisse haben und vertiefende Kenntnisse sich aneignen und anwenden wollen;
- neben dem Erwerb von Wissen auch Problemlöse- und Selbststeuerungskompetenzen entwickeln wollen;
- über konkrete Praxiserfahrungen herausfinden wollen, für welche Verwendungszusammenhänge die zu lernenden Inhalte relevant sind (vgl. Reinmann-Rothmeier/Mandl 1997, 370f).

Kritisch bezüglich der konstruktivistischen Lehr-Lernauffassung wird angeführt, dass
- die Gestaltung von Lernumgebungen sehr zeitintensiv ist und
- Lernende häufig gezielte Anleitung und Unterstützung benötigen; wenn diese fehlen, können Überforderung und geringerer Lernerfolg die Folge sein (vgl. Reinmann-Rothmeier/Mandl 1997, 364ff).

Deshalb kann es in der praktischen Bildungsarbeit nicht sinnvoll sein, einseitig eine Perspektive zu idealisieren. Vielmehr geht es darum, flexibel und begründet Lehr-/Lernarrangements so zu gestalten, dass sie für die Lernenden situationsabhängig den größten Nutzen versprechen. Nach Gruber, Mandl und Renkl (2000, 152) gilt es „eine Balance zwischen notwendigen Konstruktionsprozessen auf Lernerseite und wohlorganisierten Instuktionsprozessen zu finden. (...) Dabei sind für unterschiedliche Kompetenzaspekte unterschiedliche Unterrichtsformen zu bevorzugen; für den Erwerb inhaltlichen Wissens erweisen sich Formen der direkten Instruktion als geeignet, für den Erwerb von Anwendungswissen Formen des situierten Lernens. Über das Bereitstellen komplexer Lernumgebungen ist die Entwicklung verstehenden, auf Erfahrung beruhenden Lernens in authentischen Kontexten realisierbar (Baumert 1998) und eine positive Grundeinstellung zum Lernen hervorrufbar (Prenzel 1998)."

Standen bislang hinsichtlich der Frage nach der Optimierung der erwachsenenpädagogischen Förderung von Kompetenzen vornehmlich kognitive Aspekte des Lehr-/Lernprozesses im Zentrum der Forschung, rückt zunehmend die Frage nach der Bedeutung von Emotionen in den Lernprozessen von Erwachsenen in den Blick. Beispielhaft verwiesen sei hier auf die Frage nach der Lernmotivation, nach dem Umgang mit „Lernwiderständen" oder mit Lernängsten.

Bezug nehmend auf neue Erkenntnisse in der Kognitions- und Hirnforschung weisen Arnold und Gómez Tutor (2006, 37f) darauf hin, dass Emotionen, „die aus vergangenen Lernsituationen ‚mitgebracht' werden, für ein nachhaltiges Lernen entscheidend sind und deshalb sowohl hinsichtlich ihrer aktuellen „gestaltenden und rahmenden Kraft" als auch hinsichtlich ihrer „rekonstellierenden Logik" (vgl. Arnold 2005) bei der Analyse und Gestaltung von Lehr-/Lernprozessen neben kognitiven Aspekten verstärkte Beachtung finden sollten. (Hochschul-)Didaktik sollte deshalb der Erkenntnis Rechnung tragen, „dass Deutungsmuster in Emotionsmuster eingebettet sind und nachhaltiges Lernen nur gelingen kann, wenn die Bewusstmachung innerer Erfahrungen die Aneignung äußerer Erfahrungen ergänzt, und auf diese Weise die Ebenen des emotionalen und des kognitiven Lernens verknüpft werden" (Arnold/Gómez Tutor 2006, 41).

Diese Erkenntnisse haben erhebliche Konsequenzen für das Aufgaben- und Rollenverständnis von Lehrenden. Neben den bereits genannten Aufgaben zu instruktiven bzw. konstruktivistisch zu gestaltenden Lernarrangements treten nun weitere Aufgaben: Von Lehrenden wird nicht nur erwartet, dass sie Lernprozesse anregen und deren Verarbeitung durch strukturierende und vermittelnde Maßnahmen befördern. Eine zentrale und sicher für viele Lehrende herausfordernde neue Aufgabe besteht darin „Lernende in der Reflexion ihrer Reflexionen bzw. im Fühlen ihrer Gefühle zu unterstützen" (Arnold/Gómez Tutor 2006, 44f).

Für Heyse und Erpenbek (2004, XXf) steht deshalb auch außer Frage, dass „Kompetenzen (...) nur in Trainingsformen vermittelbar" sind.

Unabhängig davon bleibt es eine offene Frage, wie es gelingen kann, Lernarrangements so zu gestalten, dass nicht nur „träges Wissen" produziert wird, sondern Qualifikationen und Kompetenzen, die auch in der konkreten beruflichen Situation zur effektiven Aufgabenbewältigung angewendet werden können.

Unbeschadet der Möglichkeit, fachliche Qualifikationen über Formen der direkten Instruktion wie Anleitung und Darbietung zu vermitteln, zeigen Untersuchungen, dass sich Formen des situierten Lernens und Angebote zur Förderung der metakognitiven Kompetenzen (vgl. auch Kaiser 2003) und der Handlungskontrolle als sehr geeignet erweisen, anwendbares Wissen bzw. Kompetenzen zu entwickeln (vgl. Reinmann-Rothmeier/Mandl 1997, 376). Umso mehr gilt heute – mit einer kleinen Ergänzung der Satz von J. W. von Goethe: „Man sieht und fühlt nur, was man weiß".

Kompetenzevaluation

Die Ausrichtung an Kompetenzen hat auch Konsequenzen für die Kultur des Prüfens und die Formen des Leistungsnachweises.
Während Qualifikationen als „Wissens- und Fertigkeitsdispositionen" in abgetrennten, normierbaren Prüfungssituationen gleichsam mechanisch gezeigt werden und durch objektivierbare Verfahren überprüft werden können – sofern dies angesichts des aufgezeigten Lernverständnisses überhaupt sinnvoll erscheint –, sind Kompetenzen „Dispositionen selbstorganisierten Handelns" von kreativen, nicht trivialen Subjekten. Diese sind deshalb „nicht direkt prüfbar, sondern eben nur aus der Realisierung der Fähigkeiten, aus der Handlungsausführung erschließbar und bewertbar" (Heyse/Erpenbeck 2004, XV). Kompetenzen erschließen sich also nur indirekt aus der Beobachtung konkreter Handlungen konkreter Personen in konkreten Situationen. Bei der Aufgabenstellung ist deshalb schon zu fragen, welche unterschiedlichen Lösungswege und Lösungen bei der Aufgabe denkbar sind. Das Ergebnis der Beobachtung wiederum ist entscheidend von der subjektiven Beobachtung und Beschreibung der Beobachter abhängig. Deshalb sollten auch die Beobachtungsfoki der Beobachter im Vorhinein festgelegt und die Deutungs- und Bewertungsmuster bei der Beschreibung der Ergebnisse transparent gemacht werden. Da die Wirkungen von Lehr-/Lernprozessen aus konstruktivistischer Perspektive von einer nicht überschaubaren Fülle von Variablen und von der Eigenlogik des Lernenden abhängt, ist der Lernende sowohl an der Beschreibung und Bewertung des Lernprozesses als auch beim Ziehen von Schlussfolgerungen mindestens gleichberechtigt einzubeziehen (vgl. Arnold/Siebert 2006, 44f).

Kompetenzorientierung und das damit eng zusammenhängende selbstgesteuerte systemisch-konstruktuivistische Lehr-/Lernverständnis verlangen auch eine Passung der zu wählenden Lehr- und Lernformen (z.B. Input-Phasen, Peerteaching, Präsenz- und Selbstlernphasen, sich selbst steuernde Projekte), der Methoden und der zu erwartenden „Produkte" (z.B. empirische Untersuchung, Projektarbeit, Feldstudie, Präsentation, Produkt) sowie die Form des Leistungsnachweises (z.B. Präsentation, Produkt, Prozessbeschreibung, Stundenentwurf, Protolkoll, Interventionsplan, mündliche Prüfung, schriftliche Prüfung, Test, Dokumentation), und dies alles im Bewusstsein, dass das Lernverhalten der Studierenden durch die Art des Leistungsnachweises beeinflusst wird. Auch diesbezüglich gilt es Transparenz herzustellen. Solche differenzierten Planungsschritte helfen entscheidend bei der Formulierung des workloads.

Kompetenzentwicklung – aber wohin?

Angesichts der rasanten Entwicklungen auf dem Arbeitsmarkt und den anderen gesellschaftlichen Feldern stellt sich selbstverständlich die Frage nach den Zielen der Kompetenzentwicklung. Welche Kompetenzen sollen entwickelt werden? Diese

Frage lässt sich nicht pauschal beantworten. Kompetenzen beziehen sich immer auf bestimmte Situationen und Aufgaben, ein bestimmtes Studium, ein bestimmtes Berufsfeld. Es muss deshalb zunächst immer die Frage beantwortet werden, welche Qualifikationen, Fähigkeiten, Fertigkeiten bzw. Kompetenzen erforderlich sind, um die Anforderungen der gestellten Aufgaben zu bewältigen. Bezogen auf ein Studium und damit für die Gestaltung von Modulen, ist das Spezifische eines Studiums im Gegensatz zu anderen Berufsausbildungen zu bedenken. Das Spezifische besteht darin, dass es von Anfang an wissenschaftsbasiert, forschungsorientiert und damit auf die Generierung neuen Wissens angelegt ist. Die wissenschaftliche Kompetenz zeigt sich vor allem in der theoriegeleiteten Herangehensweise zu systematischen Problemlösungen. Deshalb ist es notwendig, von Anfang an die notwendigen Methoden- und Schlüsselkompetenzen integrativ zu vermitteln in Ergänzung zur Vermittlung fachwissenschaftlicher Qualifikation. Kompetenzerwerb im Studium umfasst damit eine breite wissenschaftliche Grundausbildung, die Sensibilisierung für Anforderungen der Praxis und des Arbeitsmarktes durch Praktika, die Vermittlung von Schlüsselqualifikationen und Angebote zur Persönlichkeitsbildung. Deshalb kann eine Studiengangsentwicklung heute aber auch nicht mehr allein aus der fachlichen Perspektive von Hochschullehrern geschehen, sondern muss die Ergebnisse einer zukunftsbezogenen Berufsfeldforschung sowie die Expertise von potentiellen Abnehmern mit einbeziehen.

Kooperation

Angesichts der Komplexität der Problemlagen und Aufgaben in den Feldern wie Erziehung, Bildung, Gesundheit, Inklusion, Bewältigung sozialer Notlagen, können diese nur im Zusammenwirken verschiedener fachlicher und disziplinärer Kompetenzen bearbeitet werden. Allerdings scheint die interdisziplinäre Zusammenarbeit, d.h. „eine Zusammenarbeit auf Zeit“, nur eine Zwischenlösung zu sein. Nach Mittelstraß ist die Entwicklung einer weitergehenden Kooperationsform angesagt, die auf Dauer angelegt ist und damit mittelfristig zu einer neuen „Ordnung des wissenschaftlichen Wissens und der wissenschaftlichen Forschung“ (2003, 10) führen wird. Es ist die Kooperationsform der Transdisziplinarität, die ausgehend von komplexen gesellschaftlichen oder technischen Problemen, problemorientiert über Fächer und Disziplinen hinausgreift und Lösungen sucht. Sie ergänzt disziplinäre und interdisziplinäre Formen wissenschaftlicher Arbeit. Auch dies hat Konsequenzen bei der Entwicklung von Modulen: Sie stellt hohe Anforderungen an die didaktische Planung, macht neue Formen kooperativen Lernens und Lehrens, neue inhaltliche und methodische Zugänge zu Forschungsgegenständen notwendig. Und sie bedarf einer Kultur der Anerkennung und der Wertschätzung der jeweils anderen Professionen, wenn inter- und transdisziplinäre Kooperation gelingen soll.

Die Arbeit eines Hochschullehrers war schon immer höchst anspruchsvoll. Angesichts des gesellschaftlichen und wissenschaftlichen Fortschritts und nicht zuletzt auch befördert durch den Bologna-Prozess ist sie noch komplexer und anspruchsvoller geworden. Jedenfalls reicht es nicht aus, in Modulbeschreibungen bisherige Zielformulierungen im Sinne einer kompetenzorientierten Formulierung einfach umzuetikettieren. Vielmehr verbinden sich mit der Kompetenzausrichtung des Studiums viele offene Fragen (z.B. zur Kompetenzdiagnostik und -messung), die es noch zu klären gilt, und ein Anspruch, dessen Einlösung in der Hochschulpraxis erst noch ganz am Anfang steht.

Literatur

Arnold, R.: Weiterbildung. Ermöglichungsdidaktische Grundlagen. München 1996

Arnold, R.: Stichwort Qualifikation. In: Arnold, R.; Nolda, S.; Nuissl, E. (Hg.): Wörterbuch Erwachsenenpädagogik. Bad Heilbrunn 2001, 268–270.

Arnold, R.; Nolda, S.; Nuissl, E. (Hg.): Wörterbuch Erwachsenenpädagogik. Bad Heilbrunn 2001.

Arnold, R.: Die emotionale Konstruktion der Wirklichkeit. Beiträge zu einer emotionspädagogischen Erwachsenenbildung. Baltmannsweiler 2005.

Arnold, R.; Gómez Tutor, C.: Emotionen im Lernprozess Erwachsener. In: Nuissl, E.; Schiersmann, Ch.; Siebert, H. (Hg.): Report 1/2006, Zeitschrift für Weiterbildungsforschung, 29, 2006, 37–47.

Arnold, R.; Siebert, H.: Die Verschränkung der Blicke. Konstruktivistische Erwachsenenbildung im Dialog. Baltmannsweiler 2006.

Arnold, R.; Gómez Tutor, C.: Grundlinien einer Ermöglichungsdidaktik. Bildung ermöglichen – Vielfalt gestalten. Augsburg 2007.

Brödel, R.: Relationierungen zur Kompetenzdebatte. In: Nuissl, E.; Schiersmann, Ch.; Siebert, H. (Hg.): Literatur- und Forschungsreport Weiterbildung, 49, Juni 2002, 39–47.

Dewey, J.: The later works. 1925–1953. Illinois 1981.

Dohmen, G.: Lebenslang lernen – und wo bleibt die „Bildung"? In: Nuissl, E.; Schiersmann, Ch.; Siebert, H. (Hg.): Literatur- und Forschungsreport Weiterbildung, 49, Juni 2002, 8–14.

Erpenbeck, J.; Rosenstiel, L. von: Handbuch Kompetenzmessung. Erkennen, verstehen und bewerten von Kompetenzen in der betrieblichen, pädagogischen und psychologischen Praxis. Stuttgart 2003.

Forneck, H. J.: Das „unregierte" Subjekt. Lernen in der Weiterbildung. In: Report 28, 2005, 1, 122–127

Frey, A.: Strukturierung und Methoden zur Erfassung von Kompetenz. In: Bildung und Erziehung, 59, 2006, 125–145.

Geißler, K-H.; Orthey, F. M.: Kompetenz: Ein Begriff für das verwertbare Ungefähre. In: Nuissl, E.; Schiersmann, Ch.; Siebert, H. (Hg.): Literatur- und Forschungsreport Weiterbildung, 49, Juni 2002, 69–79.

Gomez, P.; Spoun, S.: Reform der universitären Bildung: Tendenzen und Perspektiven der Universität St. Gallen. Arbeitspapiere des Zentrums für Führung in Gesellschaft und Öffentlichkeit, Band 1. Universität St. Gallen 2003 (www.cpl.unisg.ch).

Gruber, H.; Ziegler, A. (Hg.): Expertiseforschung. Opladen 1996.

Gruber, H.; Mandl, H.; Renkl, A.: Was lernen wir in Schule und Hochschule? In: Mandl, H.; Gerstenmaier, J. (Hg.): Die Kluft zwischen Wissen und Handeln. Empirische und theoretische Lösungsansätze. Göttingen 2000, 139–156.

Habermas, J.: Vorbereitende Bemerkungen zu einer Theorie der kommunikativen Kompetenz. In: Habermas, J.; Luhmann, N.: Theorie der Gesellschaft oder Sozialtechnologie. Was leistet die Systemforschung? Frankfurt 1971, 101–141.

Heyse, V.; Erpenbek, J.: Kompetenztraining. Informations- und Trainingsprogramme. Stuttgart 2004.

Kaiser, A. (Hg.): Selbstlernkompetenz. Metakognitive Grundlagen selbstregulierten Lernens und ihre praktische Umsetzung. München 2003.

Law, L-C.: Die Überwindung der Kluft zwischen Wissen und Handeln aus situativer Sicht. In: Mandl, H.; Gerstenmaier, J. (Hg.): Die Kluft zwischen Wissen und Handeln. Empirische und theoretische Lösungsansätze. Göttingen 2000, 253–287.

Law, L-C.; Wong, P.: Expertise and Instructional Design. In: Gruber, H.; Ziegler, A. (Hg.): Expertiseforschung. Theoretische und methodische Grundlagen. Opladen 1996, 115–147.

Lemke, Th.: Gouvernementalität, Neoliberalismen und Selbsttechnologie. Eine Einleitung. In: Bröckling, U.; Kasmann, S.; Lembke, Th. (Hg.): Gouvernementalität der Gegenwart. Studien zur Ökonomisierung des Sozialen. Frankfurt/M. 2000, 7–40.

Mandl, H.; Gruber, H., Renkl, A.: Lehren und Lernen mit dem Computer. In: Weinert, F. E.; Mandl, H.: Psychologie der Erwachsenenbildung. Göttingen 1997, 355–403.

Mittelstraß, J.: Transdisziplinarität – wissenschaftliche Zukunft und institutionelle Wirklichkeit. Konstanz 2003.

Reinmann-Rothmeier, G.; Mandl, H.: Lehren im Erwachsenenalter. Auffassungen vom Lehren und Lernen, Prinzipien und Methoden. In: Weinert, F. E.; Mandl, H.: Psychologie der Erwachsenenbildung. Göttingen 1997, 355–403.

Renkl, A.: Träges Wissen: Wenn Erlerntes nicht genutzt wird. In: Psychologische Rundschau, 47, 1996, 58–62.

Schiersmann, Ch.: Zielgruppen. In: Arnold, R.; Nolda, S.; Nuissl, E. (Hg.): Wörterbuch Erwachsenenpädagogik. Bad Heilbrunn 2001, 344–347.

Severing, E.: Arbeitsplatznahe Weiterbildung. Betriebspädagogische Konzepte und betriebliche Umsetzungsstrategien. Neuwied 1994.

Vonken, M.: Handlung und Kompetenz. Theoretische Perspektiven für die Erwachsenen- und Berufspädagogik. Wiesbaden 2005.

Klaus Neumann

Kann das bio-psycho-soziale Modell der Funktionsfähigkeit, Behinderung und Gesundheit (ICF) der WHO für die Förderdiagnostik nützlich sein?

Die bisher entwickelten Vorschläge zur Ausgestaltung der diagnostischen Begleitung von Förderprozessen gehen nicht von einer einheitlichen theoretischen Basis aus, so dass sich zwangsläufig unterschiedliche Vorschläge entwickelt haben (z.B. Suhrweier/Hetzner 1993; Eggert 1997; Mutzeck/Jogschies 2004; Bundschuh 2007), die auch unterschiedliche Terminologien zur Folge haben. Eine vereinheitlichende theoretische Basis zur Beschreibung der diagnostischen Schritte wäre daher wünschenswert. Mit dem sog. „bio-psycho-sozialen Modell der Funktionsfähigkeit, Behinderung und Gesundheit" der WHO (International Classification of Functioning, Disability and Health/ICF) liegt seit einiger Zeit (deutsche Fassung: DIMDI 2005) ein Begriffssystem vor, das für eine solche Vereinheitlichung der diagnostischen Sichtweisen und Schrittfolgen geeignet sein könnte. Dieser Beitrag will zu einer diesbezüglichen breiteren Tauglichkeitsprüfung für förderdiagnostische Zwecke anregen, die im deutschsprachigen Raum bisher nur in geringem Umfang stattgefunden hat.

Exkurs: Einige Grundbegriffe der ICF

In einem *ersten Teil* der Systematik wird *Funktionsfähigkeit und Behinderung* unter den Aspekten der Körperfunktionen und -strukturen sowie der Aktivitäten und Partizipation beschrieben, wobei für pädagogische Fragestellungen nicht die Klassifikation einzelner Merkmale, sondern der in dem Strukturmodell enthaltene Hinweis auf die wechselseitige und zirkulär vernetzte Bedingtheit der Beschreibungsebenen von Bedeutung ist. Jede Komponente des ICF-Modells kann in *positiven* oder *negativen* Begriffen ausgedrückt werden, so dass die Begriffe der Defizitorientierung versus Kompetenzorientierung als (komplementäre) Teilaspekte in einem Gesamtzusammenhang gesehen werden können.
Aus Platzgründen können an dieser Stelle nur einige zentrale Begriffe kurz erläutert werden (weitere Hinweise vgl. Schuntermann 2003).

Funktionsfähigkeit ist ein Oberbegriff, der sich auf Körperfunktionen, Körperstrukturen, Aktivitäten und Partizipation bezieht. Er bezeichnet die positiven Aspekte der Interaktion zwischen einer Person (auch mit einem Gesundheitsproblem) und ihren Kontextfaktoren (Umwelt und personbezogene Faktoren).

Behinderung ist ein Oberbegriff für Schädigungen (Funktionsstörungen, Strukturschäden), für Aktivitätseinschränkungen und Beeinträchtigungen der Partizipation (Teilhabe). Er bezeichnet den negativen Aspekt der Interaktion zwischen einer Person (mit Gesundheitsproblem) und ihren Kontextfaktoren (Umwelt und personbezogene Faktoren).
Eine *Aktivität* bezeichnet die Durchführung einer Aufgabe oder Handlung (Aktion) durch ein Individuum (auf Schulkinder bezogen, z.B. Lernen). Ausgangspunkt ist der Mensch als selbständig handelndes Subjekt in Gesellschaft und Umwelt.
Partizipation (Teilhabe) ist das Einbezogensein in eine Lebenssituation. Teilhabemöglichkeiten stellen sich dar als Wechselwirkungen zwischen Funktions- und Strukturstatus sowie Aktivitätsstatus einer Person einerseits und Umweltfaktoren andererseits.

Im *zweiten Teil* werden *Kontextfaktoren* in die Gesamtbetrachtung einbezogen. Damit sind einerseits *Umweltfaktoren* und andererseits *personbezogene Faktoren* gemeint. Beide bestimmen auch und gerade in förderpädagogischen Prozessen die jeweils anzuregenden oder zu unterstützenden Entwicklungsprozesse wesentlich mit. Sie sind daher in alle Förderplanungen einzubeziehen. Das in Abb.1 dargestellte Modell soll verdeutlichen, dass z.B. auch die Umweltfaktoren Einfluss auf alle Komponenten der Funktionsfähigkeit haben bzw. Behinderung mitbewirken können. Sie sind daher für alle Förderplanungen ausgehend von den unmittelbar für das Individuum wirksamen Faktoren zu berücksichtigen.

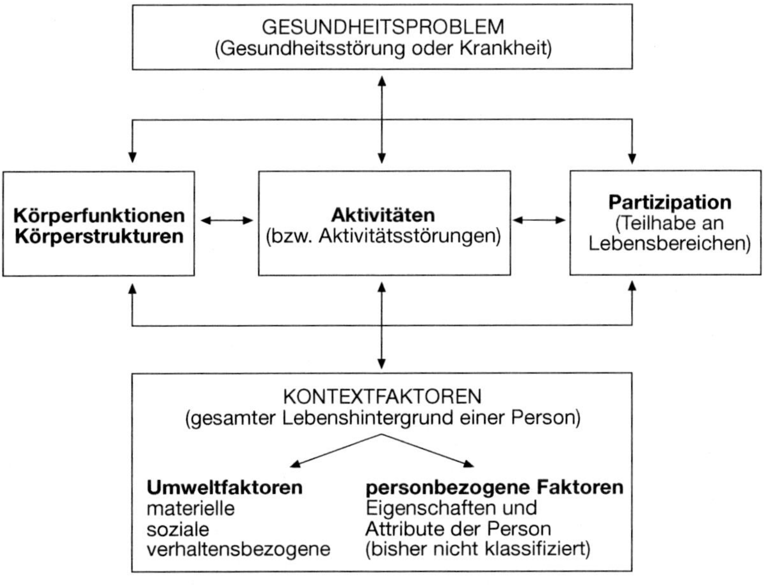

Abb.1: Das bio-psycho-soziale Modell der Komponenten der Gesundheit (bzw. Gesundheitsstörung) und ihre Wechselwirkungen (ICF-Modell)

ICF als Beschreibungsrahmen förderpädagogischer Prozesse

Mit dem in Abb.1 dargestellten bio-psycho-sozialen Modell der WHO (vgl. DIMDI 2005) wurde ein konzeptioneller Rahmen geschaffen, der auch für förderpädagogische Grundüberlegungen genutzt werden kann. Es stellt Behinderung dar im Spannungsfeld zwischen körperlichen Funktionsstörungen oder Strukturveränderungen, Aktivitäts- und Teilhabebeschränkungen und Kontextfaktoren (umwelt- und personbezogene Faktoren) als Wechselwirkung zwischen einer Person mit einem Gesundheitsproblem und ihren Kontextfaktoren bezogen auf ihre Teilhabe an einem Lebensbereich. In der deutschen Fassung der ICF wird ausdrücklich darauf hingewiesen, dass der mehrperspektivische Zugang zur Beschreibung von Behinderung und Funktionsfähigkeit dazu dienen kann, das Modell mit verschiedenen Schwerpunkten und Aspekten weiterzuentwickeln. Erste Ergebnisse einer pädagogisch-diagnostischen Nutzung des Grundkonzepts werden aus Schweizer Schulen berichtet (vgl. Hollenweger/Lienhard 2006).

Intentionen der ICF und allgemeine förderpädagogische Aufgaben

Bezogen auf das ICF-Modell (siehe Abb.1) lassen sich zwei zentrale Aufgabenstellungen der Rehabilitation aus pädagogischer Sicht ableiten:

- der *Ausbau* von *Förder- und Schutzfaktoren*, welche die Teilhabe an wichtigen Lebensbereichen trotz erheblicher gesundheitlicher Beeinträchtigungen unterstützen oder wiederherstellen sollen und
- der *Abbau von Hemmnissen in der Gesellschaft und physikalischen Umwelt* (Barrieren), die die Teilhabe erschweren oder unmöglich machen.

Die immer wieder eingeforderte mehrperspektivische Sichtweise der Wirkungsfaktoren in Entwicklungs- und Bildungsprozessen wird in dem oben dargestellten Grundmodell berücksichtigt. Für die einzelnen Fachrichtungen und Förderschwerpunkte sind diese Zusammenhänge und damit verbundenen Aufgabenstellungen und Zielvorgaben noch zu konkretisieren.

Konzept von Wechselwirkungen

Die seit 2002 vorliegende deutsche Fassung der ICF wird bisher zwar vorrangig als Klassifikationsinstrument für Gesundheitsprobleme genutzt (vgl. Meyer 2003), das dieser Klassifikation zugrunde liegende bio-psycho-soziale Modell basiert jedoch auf einem komplexeren Verständnis des Zusammenwirkens von Faktoren, als dass damit nur medizinische Klassifikationen und Sozialstatistiken erstellt werden sollten. Es ist hier zu fragen, ob die Definitionshoheit über die Zusammenhänge des menschlichen Organismus, seinen Aktivitäten und Teilhabemöglichkeiten (Partizipation) in Wechselwirkung mit bestimmbaren Umweltaspekten und personenbezogenen Faktoren einzig der medizinischen Fraktion überlassen werden sollte. Auch wenn kritisiert wird, dass die „psycho-sozialen Indikatoren“ bisher eher additiv nebeneinander gestellt wurden (vgl. hierzu Schnabel 2006), erscheint das Modell mindestens dazu geeignet, im Rahmen pädagogischer Interventionen ein Problembewusstsein zu schaffen, Fragestellungen in umschriebenen Lebensbereichen in systematisierter Form anzuregen und förderpädagogisches Handeln zielgenauer planbar zu machen.

Dass das ICF-Klassifikationsmodell andererseits verbesserungs- und ergänzungsbedürftig ist, hat Meyer (2003) differenziert dargestellt. Auch die Hinweise von Lindmeier (2002, 2003) zu Beschreibungskriterien von „Leistungsfähigkeit und individueller Leistung" sowie zur bisher fehlenden Ausdifferenzierung „personbezogener Kontextfaktoren" sollten in der Weiterentwicklung des Modells Berücksichtigung finden.

Aufgaben der Förderdiagnostik im Kontext des ICF-Modells

Die Art des Zusammenwirkens und die Gewichtung der jeweils wirksamen förderlichen oder entwicklungshemmenden Faktoren im Einzelfall herauszufinden, sollte eine Aufgabe der förderungsorientierten Diagnostik sein, denn die in der ICF enthaltenen allgemeinen Grundannahmen im Hinblick auf Wechselwirkungen zwischen somatischen, psychischen, sozialen und umweltbedingten Wirkungsfaktoren können z.B. im Förderschwerpunkt „körperliche und motorische Entwicklung" durch die Beschreibung konkreter körperlicher und motorischer Entwicklungsbedingungen in Verbindung mit eben diesen Wechselwirkungen zur Grundlage sehr spezifischer Analysen herangezogen werden.
Der pädagogischen Planung stellt sich im Anschluss die Frage, wie auf der Basis des Beschreibungsmodells Fördermöglichkeiten auf verschiedenen Ebenen aufgezeigt, angeregt und durchgeführt werden können und wie ggf. entwicklungshemmende Faktoren verringert werden können.
Das Grundlagenmodell ist dann von praktischer Bedeutung, wenn es in der Lage ist, die aus der alltäglichen Seherfahrung (vgl. Salber 1965) bekannten Zusammenhänge zwischen körperlichen Funktionsveränderungen, Aktivitätsveränderungen und Teilhabemöglichkeiten in verschiedenen Lebensbereichen (Partizipation) so mit Umweltfaktoren in Verbindung zu bringen, dass alle beteiligten Faktoren in ihren Wirkungszusammenhängen angemessen repräsentiert und beschrieben werden können.

Mit diesem Arbeitsansatz können auch einseitige Ursachenzuschreibungen von Entwicklungs- und Lernproblemen nach medizinischen oder sozialwissenschaftlich orientierten Diagnosemodellen vermieden werden. Durch die Orientierung an dem Grundmodell wird eine Zentrierung auf die Aufdeckung inhaltlicher Zusammenhänge zwischen Gesundheitsproblemen, Aktivitätseinschränkungen und der Beeinflussung von Teilhabechancen an Lebensbereichen durch Umwelteinflüsse angestrebt.

Die im Verlauf der letzten dreißig Jahre entwickelten Vorschläge zur Untersuchung pädagogisch-diagnostischer Fragestellungen lassen sich unter dem programmatischen Begriff der „Förderdiagnostik“ zusammenfassen. Der Begriff der Förderdiagnostik hat in erster Linie eine Appellfunktion, die daran erinnern soll, dass der Stellenwert der Diagnostik in pädagogischen Prozessen generell in Zusammenhang mit der positiven Ausgestaltung individueller Lern- und Entwicklungssituationen gesehen werden sollte. Eine direkte Ableitung pädagogischer oder therapeutischer Ziele aus Ergebnissen der Diagnostik war damit jedoch nie gemeint.
Wiederholt wurde gegen theoretische Ansätze der Förderdiagnostik von Schlee Polemik und Fundamentalkritik (z.B. sog. „naturalistischer Fehlschluss“; Schlee 1985, 2004, 2007, 2008) vorgetragen, die bereits 1985 von verschiedenen Autoren (z.B. Kautter/Munz/Sautter/Schoor 1985; Kornmann 1985) überzeugend zurückgewiesen wurde. Die von Schlee behauptete wertfreie Beschreibung von sog. „Ist-Zuständen“ in der pädagogischen Diagnostik ist nie voraussetzungslos, sondern immer geprägt von bestimmten Seherfahrungen (vgl. Salber 1965), die in ein System von Logifizierungen einmünden. Seinem Vorwurf liegt allerdings auch die Annahme eines sehr eingeengten Spektrums von Wirkfaktoren in pädagogischen Prozessen zugrunde. Dementsprechend wird das Verhältnis von Pädagogik und Diagnostik charakterisiert. Besonders heftig polemisiert er gegen die „Kind-Umfeld-Analyse“, die gänzlich auf beliebigen Annahmen beruhe (Schlee 2004, 32) und Willkür und Vieldeutigkeit zur Folge habe. Sie basiert jedoch auf einem Entwicklungsmodell, das außerindividuelle Einflussfaktoren ausdrücklich anerkennt und diese für den Förderprozess transparenter als bisher machen will. Dieser Sichtweise folgt auch das hier referierte bio-psycho-soziale Modell.

Anregungen zu förderdiagnostischen Fragestellungen durch die ICF

Die ICF führt als differenzierende Untergliederung der Hauptfaktoren (Körperfunktionen und -strukturen, Aktivitäten, Partizipation, Umweltfaktoren) Klassifikationen ein, die als Domänen bezeichnet werden. Darunter wird jeweils eine praktikable und sinnvolle Menge von miteinander im Zusammenhang stehenden physiologischen Funktionen, anatomischen Strukturen, Handlungen, Aufgaben oder Lebensbereichen verstanden, die wir in unserem Zusammenhang als Beschreibungskomponenten auffassen können. Die personbezogenen Faktoren wurden dagegen nicht klassifiziert, sie sind jeweils individuell zu beschreiben.

In schulischen insbesondere förderpädagogischen Arbeitsfeldern lassen sich damit wichtige Fragestellungen systematisieren, so dass die angebliche Willkürlichkeit (s.o. Schlee) von förderdiagnostischen Untersuchungen vermieden wird. Dabei wird davon ausgegangen, dass sich die förderdiagnostische Informationssammlung auf solche Daten konzentriert, die für die schulische Förderung und damit zusammenhängende Lebensbereiche bedeutsam sind. Bestimmte *Leitfragen* können dabei die Untersuchungsrichtung begrenzen.

Diagnostische Informationen bezogen auf Körperfunktionen und -strukturen:

Leitfrage: Welche ICF-basierten Daten der medizinischen Anamnese und Diagnose sind für die weitere individuelle Förderung von besonderer Bedeutung? Diese Daten sind aus der Kooperation mit medizinischen Fachvertretern zu beziehen. Auf die Aufzählung einzelner Bereiche wird hier verzichtet.

Diagnostische Informationen zu Aktivitäten und Teilhabe an Lebensbereichen

Für Aktivitäten und Teilhabe gibt es nur eine gemeinsame Klassifikation. Sie ist auf Lebensbereiche menschlichen Handelns (Aktivitäten) und/oder menschliche Daseinsentfaltung bezogen (vgl. Schuntermann 2003).
Leitfragen: Welche Aktivitäten und Teilhabemöglichkeiten (Partizipation) an bestimmten Lebensbereichen sind für die schulische Förderung und die Gesamtentwicklung eines individuellen Schülers von besonderer Bedeutung?

Folgende Klassifikationsbereiche und Informationen könnten z.B. in die Förderdiagnose einbezogen werden:

1. Lernen und Wissensanwendung: Auf elementares Lernen, Denken, Problemlösen, Bewerten und Entscheiden können sich folgende Fragestellungen beziehen: Wie ist die vorausgehende Lernentwicklung und wie der aktuelle Lern- und Fähigkeitsstand (Kompetenzen) des Schülers/der Schülerin zu beschreiben und einzuschätzen? Welche spezifischen Probleme sind bei der Wissensanwendung diagnostizierbar?
Auf schulisches Lernen bezogen müssen die Fragestellungen jeweils ausdifferenziert werden. Sinnvoll wären z.B. Untersuchungsgesichtspunkte, wie sie z.B. von Kretschmann und Arnold (1999) vorgeschlagen wurden. Für den Primarbereich liegt das auf ICF-Basis entwickelte Instrument der „schulischen Standortgespräche“ vor (Hollenweger/Lienhard 2006).

2. Aufgabenbewältigung und bedeutende Lebensaktivitäten: Die hier zu beschreibenden Aktivitäten müssen in altersspezifischem Kontext gesehen werden: Bearbeitung jeder Art von Aufgaben, Aktivitäten in wichtigen Lebensbereichen wie Bildung und Ausbildung, Arbeit, Freizeit; Durchführung täglicher Routinen; Umgang mit Stress und anderen psychischen Anforderungen.

3. Kommunikation und Teilnahme am Informationsaustausch: Beschreibung des Ausmaßes der aktiven Nutzung von Sprache, des Sprachverständnisses und des Schriftsprachgebrauchs, Erfassung non-verbaler Mitteilungen durch Gesten oder Zeichensprache, der Konversation und des Gebrauchs von Kommunikationsgeräten; Beschreibung der Teilnahmemöglichkeiten am Informationsaustausch. Einschränkungen in diesem Bereich können u. a. auch durch Umweltfaktoren mit verursacht werden, z.B. das Fehlen von Kommunikationshilfen.

4. Mobilität: (a) Bewegung: Fragestellung: Welche Fortbewegungsaktivitäten wie Gehen, Laufen, Steigen usw., mit oder ohne Transportmittel, über kurze, mittlere und lange Distanzen, innerhalb der Wohnung oder außerhalb sind möglich oder eingeschränkt? *(b) Körperposition, -stellung und -haltung sowie Handhabung von Gegenständen:* Fragestellung: Welche Veränderungen der Körperposition, Körperstellung oder -haltung sind möglich oder eingeschränkt? Können z.B. Gegenstände gehalten, bewegt und gehandhabt werden? (c) *Teilnahme an der Mobilität:* Beschreibung der Mobilität in der Wohnung, auf dem Schulweg, in der Schule und in der Nachbarschaft. Abhängig vom Grad der Körperfunktionen und der Aktivitäten können Einschränkungen der Mobilität durch Charakteristika der physikalischen und sozialen Umwelt einer Person auftreten, die es zu kennzeichnen gilt.

5. Selbstversorgung und Sicherung des persönlichen Unterhalts: Beschreibung elementarer Aktivitäten, sich selbst zu versorgen, wie sich selbst zu waschen und abzutrocknen, seinen Körper und seine Körperteile zu pflegen, sich anzukleiden, zu essen und zu trinken und auf seine Gesundheit zu achten. Einschränkungen in diesen Bereichen können auftreten, wenn Umweltfaktoren Hindernisse bei der persönlichen Pflege, Ernährung und Gesundheit der Person verursachen. Dies kann sich in Einzelfällen auch auf Lern- und Entwicklungsmöglichkeiten auswirken.

6. Häusliche Aktivitäten und Teilnahme am häuslichen Leben: Die hier zu beschreibenden Aktivitäten müssen in altersspezifischem Kontext gesehen werden, wenn häusliche und alltägliche Aktivitäten erfasst werden wie das Beschaffen von Lebensmitteln, Kleidung, ggf. Wohnraum und anderen Notwendigkeiten, Haushaltsaktivitäten (z.B. Saubermachen, Reparieren) sowie sich um seinen Besitz zu kümmern und anderen bei ihren täglichen Aktivitäten zu helfen. Einschränkungen in der Teilnahme an diesem Bereich treten auf Grund von sozialen Einstellungen oder sozialen Regeln auf, die sich auf die Verfügbarkeit geeigneter Wohnungen und Ressourcen für die Pflege auswirken. Für in ihrer Mobilität eingeschränkte körperbehinderte Schülerinnen und Schüler gewinnt z.B. dieser Aspekt im Zusammenhang mit dem Ziel selbständiger Lebensführung an Bedeutung.

7. Interpersonelle Aktivitäten und Einbindung in soziale Beziehungen: Beschreibung des sozialen Umgangs und der Beziehungen zu Menschen (Fremde, Freunde, Familienmitglieder, Mitschüler usw.). Einschränkungen in der Einbindung in Beziehungen treten auf Grund von Hindernissen in der sozialen und physikalischen Umwelt auf, üblicherweise auf Grund der Einstellung und des Verhaltens anderer Menschen. Bei körperbehinderten Kindern können hier z.B. auch krankheitsbedingte Zeiten der Trennung von Familie und Freunden als Wirkungsfaktoren in Betracht kommen. Die Wechselwirkungen mit anderen Lebensbereichen sind zu untersuchen.

8. Beteiligung am Bildungs-/Ausbildungswesen (allgemein Arbeits- und Beschäftigungschancen, wirtschaftliches Leben): Frage: Ist die Beteiligung an Bildungs- bzw.

Ausbildungsmöglichkeiten gewährleistet? Dieser Aspekt betrifft auch die Frage des Förderortes. Einschränkungen in der Beteiligung am Bildungs-/Ausbildungswesen werden u. a. durch Merkmale der physikalischen und sozialen Umwelt einer Person verursacht, die es ihr schwer machen, in einer Bildungs-/Ausbildungseinrichtung zu lernen und Wissen anzuwenden (z.B. Zusammenhang zwischen Bildungschancen und sozialer Herkunft). Allerdings ist auch der Einfluss personbezogener Faktoren zu untersuchen.

9. Einbindung in die Gemeinschaft, in soziales und staatsbürgerliches Leben: Im Zusammenhang mit schulischer Förderung kann die Einbindung in die Gemeinschaft, in Erholung und Freizeitaktivitäten wichtig sein. Zu beschreiben wäre die Bedeutung des sozialen Lebens außerhalb der Familie in lokalen oder gemeindebezogenen Vereinigungen, Clubs und Gruppen. Einschränkungen in diesen Bereichen treten auf, wenn Faktoren der sozialen und physikalischen Umwelt als Barrieren in einem dieser Bereiche wirken. Solche Faktoren sollten identifiziert und in ihrer Wirkung beschrieben werden. Schulsozialarbeit hat hier ihren Ansatzpunkt.

Diagnostische Informationssammlung zu Umweltfaktoren (Kontextfaktoren 1)

Die Umweltfaktoren haben Einfluss auf alle Komponenten der Funktionsfähigkeit und der Behinderung und sind von unmittelbar für das Individuum wirksamen Faktoren bis hin zu Faktoren der allgemeinen Umwelt geordnet. In der ICF werden sie durch folgende Kapitel beschrieben: Produkte und Technologien, natürliche und vom Menschen veränderte Umwelt, Unterstützung und Beziehungen, Einstellungen, Dienste, Systeme und Handlungsgrundsätze.
Leitfrage: Welche Umweltfaktoren fördern oder hemmen die individuelle Entwicklung eines Schülers, einer Schülerin, insbesondere im Zusammenhang mit schulischem Lernen?

Die sozialen, gegenständlichen und einstellungsbezogenen Umweltfaktoren haben als externe Faktoren wesentlichen Einfluss auf schulisches Lernen. Schon 1990 haben Hildeschmidt und Sander den Begriff der „*Kind-Umfeld-Analyse*“ geprägt und darauf aufmerksam gemacht, dass auch Faktoren aus dem Lebensumfeld nachhaltig zur Verbesserung der Fördersituation beitragen können. Sie müssen daher systematisch in die Diagnose einbezogen werden. Hierzu gehören sowohl die Fragen nach notwendigen Hilfsmitteln als auch nach z.B. räumlichen Bedingungen, Charakteristika der Lerngruppe, Unterstützung durch Lehrer und Eltern, sozialpflegerischer Unterstützung, Hilfen zur Mobilitätsverbesserung, bisherigen Förderangebote usw.
Das Zusammenwirken von Umweltfaktoren mit den anderen Wirkungsbedingungen (Aktivitäten, Partizipation) ist vielschichtig und komplex. Da an diesem vernetzten Prozess immer mehrere Personen und Institutionen mitwirken, ist zur besseren Abklärung und damit zur Schaffung größerer Transparenz und Kontrollierbarkeit dieser Wirkungen die Zusammenarbeit aller beteiligten Personengruppen hilfreich

(Lehrer, Eltern, Therapeuten usw.). Indem solche Prozesse standardisiert werden, kann auch der Vorwurf der „Beliebigkeit" und „Willkür" in dieser Verfahrensweise (vgl. Schlee 2004, 31f) entkräftet werden. Auf diese Weise können Umweltfaktoren systematisch in die Einschätzung der Teilhabemöglichkeiten einbezogen werden.

Personenbezogene Faktoren (Kontextfaktoren 2)

Um die schematische Darstellung der Grundgedanken des ICF-Modells (vgl. Abb.1) abzurunden, werden abschließend auch die nicht klassifizierten personbezogenen Kontextfaktoren erwähnt. Einen Vorschlag zur Klassifizierung von personbezogenen Kontextfaktoren haben kürzlich Viol/Grotkamp/Seger (2007) entwickelt.
Personenbezogene Faktoren bilden ebenfalls eine Komponente der Kontextfaktoren. Sie sind jedoch wegen der mit ihnen einhergehenden großen soziokulturellen Unterschiedlichkeit nicht in der ICF klassifiziert und müssen fallbezogen berücksichtigt werden. Sie bilden den speziellen Hintergrund des Lebens und der Lebensführung eines Menschen. Sie werden im Rahmen der ICF nicht als Teil eines beschreibbaren Gesundheitsproblems dargestellt (vgl. DIMDI 2005). Zu diesen Faktoren gehören z.B. Geschlecht, ethnische Zugehörigkeit, Alter, Fitness, Lebensstil, Gewohnheiten, Erziehung, Bewältigungsstile, sozialer Hintergrund, Bildung und Ausbildung, Beruf sowie vergangene oder gegenwärtige Erfahrungen, allgemeine Verhaltensmuster und Charakter, individuelles psychisches Leistungsvermögen und andere Merkmale, die in ihrer Gesamtheit oder einzeln in Wechselwirkung mit den vorher beschriebenen Komponenten eine Rolle spielen können.

Anmerkungen zur Förderplanung und Praxisbeispiel

Eine differenzierte Förderplanung setzt voraus, dass die Adressaten der Förderpläne bekannt sind und dass eine produktive Arbeitsbeziehung zwischen dem Verfasser des Fördergutachtens und den Pädagogen, welche die Förderungsvorschläge realisieren sollen, besteht. Die gemeinsame Arbeit von Lehrern, Eltern und Schulbehörden einerseits und die Informationsrückmeldung über den Erfolg der Umsetzung von Fördervorschlägen andererseits könnte die Effizienz der gesamten Förderplanung verbessern.
Weil in der Vergangenheit die Adressaten sonderpädagogischer Gutachten oft unbekannt waren und keine Rückmeldungen erfolgten, fielen die Fördervorschläge häufig trivial aus oder fehlten gänzlich, wie Langfeldt in einer empirischen Studie nachwies (1998, 107). Vor diesem Hintergrund ist die Verbesserung des Zusammenwirkens der am Diagnoseprozess Beteiligten dringend erforderlich.
Eine erste systematische Umsetzung der skizzierten Überlegungen zur Problembeschreibung im schulischen Bereich unter Berücksichtigung der ICF findet seit 2006 in Schweizer Schulbezirken statt (vgl. Bildungsdirektion des Kantons Zürich 2006). Nach umfangreichen Voruntersuchungen wurden sog. „*Schulische Standortgespräche*" unter Zuhilfenahme von standardisierten Beobachtungs- und Protokollformu-

laren im Kanton Zürich eingeführt. Mit Hilfe von neun beobachtbaren Indikatoren in schulrelevanten Bereichen (allgemeines Lernen, mathematisches Lernen, Spracherwerb und Begriffsbildung, Lesen und Schreiben, Umgang mit Anforderungen, Kommunikation, Bewegung und Mobilität, für sich selbst sorgen, Umgang mit Menschen, Freizeit/Erholung/Gemeinschaft) werden Fähigkeiten und Probleme eines Kindes im Kontext seiner konkreten Lebenssituation beschrieben. Dabei werden alle betroffenen Personen in das Verfahren einbezogen, insbesondere in die daran anschließende Festlegung und Formulierung der pädagogischen Zielformulierungen für die zukünftige Förderung. Der Bezugsrahmen der ICF zwingt dabei alle Beteiligten zu einer systematisierten Sicht der Probleme in ihren wechselseitigen Zusammenhängen. Das Verfahren wurde von Hollenweger und Lienhard entwickelt und erprobt und hat sich nach Feststellung der betreffenden Schulbehörde seit 2006 „als nützliches und praktikables Vorgehen bei der Zuweisung zu sonderpädagogischen Maßnahmen“ erwiesen (vgl. Hollenweger/Lienhard 2006).

Literatur

Bildungsdirektion des Kantons Zürich (Hg.): Schulische Standortgespräche – Ein Verfahren zur Förderung und Zuweisung von sonderpädagogischen Maßnahmen. Zürich 2006.

Bundschuh, K.: Förderdiagnostik konkret. Theoretische und praktische Implikationen für die Förderschwerpunkte Lernen, geistige, emotionale und soziale Entwicklung. Bad Heilbrunn 2007.

DIMDI, Deutsches Institut für Medizinische Dokumentation und Information (Hg.): WHO – Kooperationszentrum für das System Internationaler Klassifikationen: ICF – Internationale Klassifikation der Funktionsfähigkeit, Behinderung und Gesundheit. Deutsche Fassung, Stand Okt. 2005. URL: http://(www.dimdi.de/dynamic/de/klassi/downloadcenter/icf/endfassung).[Stand: 02.04.2008].

Eggert, D.: Von den Stärken ausgehen. Dortmund 1997.

Hildeschmidt, A.; Sander, A.: Der ökosystemische Ansatz als Grundlage für Einzelintegration. In: Eberwein, H. (Hg.): Behinderte und Nichtbehinderte lernen gemeinsam. Handbuch der Integrationspädagogik. Weinheim 1990[4], 269–276.

Hollenweger, J.: Die Internationale Klassifikation der Funktionsfähigkeit, Behinderung und Gesundheit (ICF): Ein neues Modell von Behinderungen (Teil I). In: Schweizerische Zeitschrift für Heilpädagogik 2003[a], H. 10, 4–8.

Hollenweger, J.: Die Internationale Klassifikation der Funktionsfähigkeit, Behinderung und Gesundheit (ICF): Ein neues Modell von Behinderungen (Teil II). In: Schweizerische Zeitschrift für Heilpädagogik 2003[b], H. 11, 40–46.

Hollenweger, J.: Die Relevanz der ICF für die Sonderpädagogik. In: Sonderpädagogische Förderung, 50, 2005, 150–168.

Hollenweger, J.; Lienhard, P.: ICF-basiertes Verfahren zur Durchführung schulischer Standortgespräche. Zürich (Publikation durch Bildungsdirektion Kanton Zürich) 2006.

Kautter, H; Munz, W.; Sautter, H.; Schoor, U.: Förderdiagnostik – Eine Diagnostik für Zecken? Kritische Anmerkungen zu J. Schlees Artikel „Kann Diagnostik beim Fördern helfen?“ In: Zeitschrift für Heilpädagogik, 36, 1985, 837–842.

Kleber, E.W.: Diagnostik in pädagogischen Handlungsfeldern. Weinheim 1992.

Kornmann, R.: Förderdiagnostik – ein Bärendienst für Schüler und Lehrer? Kritische Auseinandersetzung mit einigen Anmerkungen von Schlee zu den Ansprüchen der Förderdiagnostik In: Zeitschrift für Heilpädagogik, 36, 1985, 843–850.

Kretschmann, R.; Arnold, K. H.: Leitfaden für Förder- und Entwicklungspläne. In: Zeitschrift für Heilpädagogik, 50, 1999, 410–420.

Langfeldt, H.-P: Behinderte Kinder im Urteil ihrer Lehrkräfte. Heidelberg 1998.

Lindmeier, Ch.: Rehabilitation und Bildung – Möglichkeiten und Grenzen der neuen WHO-Klassifikation der Funktionsfähigkeit, Behinderung und Gesundheit (ICF) Teil I. In: Die neue Sonderschule, 47, 2002, 404–421.

Lindmeier, Ch.: Rehabilitation und Bildung – Möglichkeiten und Grenzen der neuen WHO-Klassifikation der Funktionsfähigkeit, Behinderung und Gesundheit (ICF). Teil II. In: Sonderpädagogische Förderung, 48, 2003, 3–23.

Meyer, A.-H.: Kodieren mit der ICF: Klassifizieren oder Abklassifizieren? Die Internationale Klassifikation der Funktionsfähigkeit, Behinderung und Gesundheit, ihre Potenzen und Probleme. Heidelberg 2003[a].

Meyer, A.-H.: Kritische Anmerkungen zur ICF. Abstract zum Vortrag. In: Rehabilitationswissenschaftliches Kolloquium. Rehabilitation im Gesundheitssystem. Vom 10. bis 12. März 2003 in Bad Kreuznach. DRV-Schriften, Band 40, 2003[b], 67–68.

Mutzeck, W.; Jogschies, P. (Hg.): Neue Entwicklungen in der Förderdiagnostik. Weinheim 2004.

Neumann, K.: Anmerkungen zur Förderdiagnostik bei Kindern mit Körperbehinderung. In: Mutzeck, W.; Jogschies, P. (Hg.): Neue Entwicklungen in der Förderdiagnostik. Weinheim 2004

Neumann, K.: Lehrerkompetenz im Förderschwerpunkt körperliche und motorische Entwicklung. In: Mutzeck, W.; Popp, K. (Hg.): Professionalisierung von Sonderpädagogen. Weinheim 2007.

Salber, W.: Der psychische Gegenstand, Bonn 1965.

Schlee, J.: Helfen verworrene Konzepte dem Denken und Handeln in der Sonderpädagogik? Eine Auseinandersetzung mit der „Förderdiagnostik". In: Zeitschrift für Heilpädagogik, 36, 1985, 860–891.

Schlee, J. (2004): Lösungsversuche als Problem. Zur Vergeblichkeit der sogenannten Förderdiagnostik. In: Mutzeck, W.; Jogschies, P. (Hg.): Neue Entwicklungen in der Förderdiagnostik. Weinheim 2004, 23–38.

Schlee, J.: „Förderdiagnostik ist ein verhängnisvoller Mythos". Interview mit Jörg Schlee. In: Heilpädagogik online 02/2007.

Schlee, J.: 30 Jahre „Förderdiagnostik" – eine kritische Bilanz. In: Zeitschrift für Heilpädagogik, 59, 2008, 122–131.

Schnabel, P.-E.: ICF – Ansprüche, Potenzial und Grenzen. 2006. URL: http://www.rheumanet-owl.de/download/ICF-FortbildungSchnabel.pdf [Stand:02.04.2008].

Schuntermann, M. F.: Behinderung und Rehabilitation: Die Konzepte der WHO und des deutschen Sozialrechts. In: Die neue Sonderschule 44, 1999, 342–363 (Tabellenteil aktualisiert). Wiederveröffentlichung im Internet unter: bidok - Volltextbibliothek: URL: http://bidok.uibk.ac.at/texte/schuntermann-who.html [Stand: 27.03.2001].

Schuntermann, M. F.: Internationale Klassifikation der Funktionsfähigkeit, Behinderung und Gesundheit (ICF) der Weltgesundheitsorganisation (WHO). Einführung und Kurzfassung der ICF. 2003.

Suhrweier, H.; Hetzner, R.: Förderdiagnostik für Kinder mit Behinderungen. Neuwied 1993.

Viol, M.; Grotkamp, S.; Seger, W.: Personbezogene Kontextfaktoren (Kurzversion), Teil II. In: Gesundheitswesen 69, 2007, 34–37.

Matthias Rath

Pädagogische Diagnostik als Bildungsforschung? Überlegungen zu einer Kritik der diagnostischen Vernunft in systemanalytischer Absicht

Bildungsforschung ist *en vogue*. Die internationalen Vergleichstests wie PISA oder IGLU lassen diesen Zweig der empirischen Forschung boomen. Aus verschiedenen Disziplinen finden sich Forschungszugänge, aus der Soziologie, der Ökonomie, der Psychologie und natürlich auch der Erziehungswissenschaft. Allerdings, und dies ist angesichts der Forschungslagen und Traditionen nur als Ergebnis eines medialen Agenda-Settings (McCombs 2000) zu verstehen, geraten dadurch die „Objekte" pädagogischen Forschens aus dem Blick: Das Individuum, der – historisch gesprochen – „Zögling" oder – modern gesagt – „Lerner" wird Teil des Ganzen und kommt als systemisches Element nur mittelbar in den forschenden Blick. Bildungsforschung als Systemanalyse greift erst ab dem Klassenverband als Mikrosystem und zielt darauf ab, „die Bedingungen transparent zu machen, die einen Zustand bzw. eine davon abhängige Leistung und Funktion zu erklären erlaubt" (Zedler 2002, 27). Es ist eine Frage der älteren, eher handlungstheoretisch orientierten Pädagogik, was durch erzieherisches und unterrichtliches Handeln bewirkt werden *soll*, worauf die ältere Generation in Bezug auf die jüngere Generation *abzielt*. Diese im Kern teleologische Fragestellung der Pädagogik ist zum einen (schul-)lebenspraktisch täglich aktuell und zum anderen – aller Werturteilsfreiheit zum Trotz – aus der Bildungsdiskussion nicht wegzudenken. Bildung als *politisches* Ziel gehört, zumindest traditionell, in die Zuständigkeit der praktischen Philosophie, weil sie nach den normativen Begründungszusammenhängen der menschlichen Praxis fragt. Ebenso wie Ökonomie und Ethik, „rechtes" Wirtschaften und „rechtes" Handeln, sind es normative Fragen, wie und auf welchem Wege eine „rechte" Gesellschaft die Ressource Bildung als Allokationsbedingung der nachfolgenden Generation verteilt. Es mag überholt klingen, was Johann Friedrich Herbart der wissenschaftlichen Pädagogik im 19. Jahrhundert ins Stammbuch schrieb:

> „Pädagogik als Wissenschaft hängt ab von der praktischen Philosophie und Psychologie. Jene zeigt das Ziel der Bildung, diese den Weg, die Mittel und Hindernisse" (Herbart 1896, Bd. I, 284).

Als normative Disziplin ist die Pädagogik wissenschaftlich der Psychologie nicht integrierbar. Ein Aufgehen der Pädagogik (und ihrer Diagnostik) in einer Pädagogischen Psychologie ist schon aus historischen Gründen nicht möglich (Brugger/Rath/Wehner 1993; Rath 1994). Aber diese Zuweisung der Pädagogik an eine normative Instanz ist auch aus logischen Gründen unabweislich. Eine pädagogische Zielvorgabe, so sie nicht ideologisch oder religiös vorausgesetzt wird, bedarf der Legitimation jener Wertvorstellungen, die ihrerseits handlungsleitend für pädagogisches Handeln sein sollen. Aktuelle Systemanalyse – ob nun als internationale Vergleichsstudie im Sinne von PISA oder als schulische Selbst- und Fremdevaluation im Rahmen der Schulentwicklung (Rath 2007) – fußt immer auf einem Ideal von „guter Schule", von gutem Erziehen und Unterrichten. Der Blick in die *Realität* des zu Schulenden, zu Erziehenden, zu Bildenden – da vermutete Herbart wohl vor allem das methodische Proprium der Psychologie – gilt als „diagnostisch". Nicht Wunder nimmt also, dass die „pädagogische Diagnostik" wie selbstverständlich der Bildungsforschung zugewiesen wird. Wie Zedler (2002, 30) zeigen kann, ist die pädagogische Diagnostik seit den 1980er Jahren originäres Feld der empirischen Bildungsforschung, wenn auch seit den 1990er Jahren andere systemische Bereiche im Vordergrund stehen, u.a. die Bildungsorganisations- und Bildungsplanforschung. Es kann daher nicht verwundern, dass pädagogische Diagnostik auch als Testforschung und Testkonstruktion geführt wird (ebd.).

Doch ganz so einfach ist es nicht. Der Blick in eine der großen Suchmaschinen oder auch auf die Fachportale der Pädagogik und Psychologie lässt ermessen, wie heterogen der Begriff der „Pädagogischen Diagnostik" eigentlich ist. Angefangen von offensiver Unwissenschaftlichkeit als Ergebnis einer konstatierten mangelnden wissenschaftlichen „Pädagogischen Diagnostik" (vgl. Jöbgen 2006, 64) bis hin zu an Schulleistungstests orientierten Verfahren (vgl. z.B. Bildungsserver Hessen) findet sich unter diesem Ausdruck eine Fülle von Definitionen und Realisierungen. Methodisch reicht die Spannweite von der Biographieanalyse der Sozialen Arbeit, die als hermeneutisches Instrument verstanden werden darf, bis hin zu testheoretisch orientierten Messverfahren einer sich quantitativ verstehenden Erziehungswissenschaft oder Pädagogischen Psychologie.

Ein Gemeinsames mag sein, dass in allen Zugängen doch noch von Pädagogischem die Rede ist. Und dieses Pädagogische, so lehrt uns zumindest die Etymologie dieses Wortes, hat etwas mit Führung zu tun. Es gehört daher zum guten Ton zumindest in den Einleitungen von Lehr- und Handbüchern der pädagogischen Diagnostik, sich auf die Definition im Range einer klassischen Autorität von Karl Josef Klauer zu berufen:

> „Pädagogische Diagnostik ist das Insgesamt von Erkenntnisbemühungen im Dienste aktueller pädagogischer Entscheidungen" (Klauer 1978, 5; Text im Original kursiv).

Eine konkrete „pädagogische Entscheidung" steht also im Vordergrund: Das Kind, der Jugendliche steht vor einem Übergang, ein Weg ist auszumachen und dann ggf. auch zu beschreiten, Leistungen ebenso wie Defizite, objektive Gegebenheiten ebenso wie subjektive Wahrnehmungen und Einstellungen sollen erfasst, verstanden oder gemessen werden, um dieser Entscheidung als Basis zu dienen.

Lesen wir jedoch weiter, über die Einleitungen hinaus, stellen wir fest, dass sich im Laufe der Jahre – und nicht zuletzt unter dem Eindruck der systemischen Bildungsforschung im Nachgang zu den großen Schulleistungstests wie PISA – die Gewichte verschoben haben. Karlheinz Ingenkamp zum Beispiel konnte im Jahre 5 *vor* PISA in der dritten Auflage seines *Lehrbuchs der pädagogischen Diagnostik* diese Zielvorstellung einer konkreten, aktuellen und vor allem das Individuum in den Blick nehmenden Entscheidung bei aller Differenziertheit noch hochhalten:

> „Unter Pädagogischer Diagnostik werden alle Maßnahmen zur Aufhellung von Problemen und Prozessen sowie zur Messung des Lehr- und Lernerfolges und der Bildungsmöglichkeiten des einzelnen im pädagogischen Bereich verstanden, insbesondere solche, die der individuellen Entscheidung über die Wahl der anzustrebenden Qualifikationen der Schullaufbahn, des Ausbildungsganges im Tertiären Bereich und der Berufsausbildung sowie der Weiterbildung dienen" (Ingenkamp 1995, 10).

Zehn Jahre später, im Jahre 5 *nach* PISA, ist in der von Urban Lissmann völlig überarbeiteten, fünften Auflage des *Lehrbuchs der pädagogischen Diagnostik* dieser Aspekt ebenso völlig verschwunden – an seine Stelle sind Begriffe wie Optimierung, Zuweisung und Steuerung getreten:

> „Pädagogische Diagnostik umfasst alle diagnostischen Tätigkeiten, durch die bei einzelnen Lernenden und den in einer Gruppe Lernenden Voraussetzungen und Bedingungen planmäßiger Lehr-Lernprozesse ermittelt, Lernprozesse analysiert und Lernergebnisse festgestellt werden, um individuelles Lernen zu optimieren.
> Zur Pädagogischen Diagnostik gehören ferner die diagnostischen Tätigkeiten, die die Zuweisung zu Lerngruppen oder zu individuellen Förderprogrammen ermöglichen sowie die mehr gesellschaftlich verankerten Aufgaben der Steuerung des Bildungsnachwuchses oder der Erteilung von Qualifikationen zum Ziel haben" (Ingenkamp/Lissmann 2005, 13).

Vielleicht haben ja die psychologischen Diagnostiker Recht, wenn sie feststellen, „Pädagogische Diagnostik" stehe eigentlich in der Tradition des angloamerikanischen „educational measurement" (vgl. Schiefele/Krapp 1981, 77). Dann wäre ja die Betonung des Messens und Wägens nicht ein Wandel, sondern eine Rückkehr. Aber stehen denn beide Zugänge so gegenläufig zueinander, wie es zunächst den Anschein hat? Fachwissenschaftlich ist dieser Punkt unter Umständen sogar völlig irrelevant (vorausgesetzt, man weiß, welcher Fachwissenschaft die Pädagogische Diagnostik zuzurechnen ist). Der Fachdiskurs zum Zusammenhang von Bildungsforschung und Schule hat viele Facetten: Die Serie zu dieser Thematik in der Zeitschrift *Pädagogik* im Jahr 2006 zum Beispiel reicht von Schulleistungsmessverfahren bis hin zur Schulsystemforschung. Das Individuum, der Lerner jedoch kommt nur in einer Thematik indirekt in den Blick, nämlich im Themenfeld Lernen in der Schule. Und dennoch ist die „ältere" traditionelle Pädagogik mit im Boot: In allen Beiträgen wird deutlich, dass es nur sinnvoll ist, Forschung auf Praxis zu übertragen, wenn man eine Vorstellung von „guter Schule", „gutem Unterricht" und einem „guten Schulsystem" hat. Es mag der bildungspolitischen Realität entsprechen, wenn diese Frage letztlich der Kontingenz politischer Mehrheitsverhältnisse übereignet wird (meines Erachtens die eigentliche Krux der bildungspolitischen Lähmung der letzten Jahrzehnte). Als Außenstehender, als Philosoph mit seiner begriffspalterischen *déformation professionnelle* möchte ich vielmehr danach fragen, was die Bedingung der Möglichkeit guter Schule, Erziehung, Bildung ist und damit das Maß einer sich pädagogisch wähnenden Diagnostik. Und ich werde diese Frage vom Anfang her angehen, der bekanntlich dem Wort gehört.

Gehen wir daher der Etymologie des Ausdrucks *Diagnose* nach, so haben wir zunächst die beiden griechischen Wortbestandteile *diá*, das soviel wie „durch, hindurch" bedeutet, und *gignoskein*, das dem deutschen Verb „erkennen" entspricht. Das Verb kommt vom Grundwort *gno*, das uns – und hier schließt sich der Kreis zur Diagnose – in *gnosis* für (Er-)kenntnis überliefert ist. Hier wird also auf eine Kenntnis abgehoben, die durch etwas begründet, gestützt und gesichert wird. Das Adjektiv *diagnostikos* klärt uns darüber auf, woher diese Erkenntnis sich speist, nämlich aus einer Kompetenz, es meint nämlich soviel wie „fähig zu unterscheiden". Der Diagnostiker ist also ein „Unterscheider", er vermag bei einer Sache das wahrzunehmen, was man wissen muss, um diese Sache zuzuweisen. „Diagnose" entspricht daher interessanterweise der altgriechischen Wurzel von „Kritik", *krinein* „(unter-)scheiden" oder auch „trennen". In diesem Sinne versteht zum Beispiel auch Kant seine drei Kritiken *Kritik der reinen Vernunft*, *Kritik der praktischen Vernunft* und *Kritik der Urteilskraft* als Unterscheidungen dessen, was der reinen und praktischen Vernunft und der Urteilskraft jeweils zugetraut und zugemutet werden kann. Der pädagogische Diagnostiker hätte, als Kritiker in diesem Sinne, genau diese Aufgabe, zu klären, was in einer pädagogischen Entscheidung dem Objekt der Pädagogik zugetraut und zugemutet werden dürfe. Was aber ist dieses Objekt und wie macht er das?

Aristoteles gibt uns in seiner *Topik* dafür bereits den maßgebenden Hinweis. Wer die Wirklichkeit, die ihn umgibt, „in den Griff" bekommen will, muss eine bestimmte Begriffslogik an den Tag legen. Diese Logik, die Aristoteles seiner Definitionstheorie zugrunde legt (*Topik* IV, 6), unterscheidet zwischen der *Gattung*, unter die eine bestimmte Art zu subsumieren ist, und der *spezifischen oder artbildenden Differenz*, die eine Art von den anderen Arten einer Gattung unterscheidet.

Spannend wird diese Begriffslogik (die für Aristoteles immer auch eine Ontologik, also eine Bestimmung des tatsächlich Seienden war und nicht nur eine sprachlogische Reflexion), wenn wir uns auf der „untersten Ebene“ bewegen, da, wo bei der seit Petrus Hispanus als *Arbor porphyrii* bekannten didaktischen Visualisierung dieser Definitionslogik die Wurzeln des Baums der Erkenntnis zu denken sind, am Übergang aus einer abstrakten Gattung auf die Ebene der Einzelwesen, der Individuen.

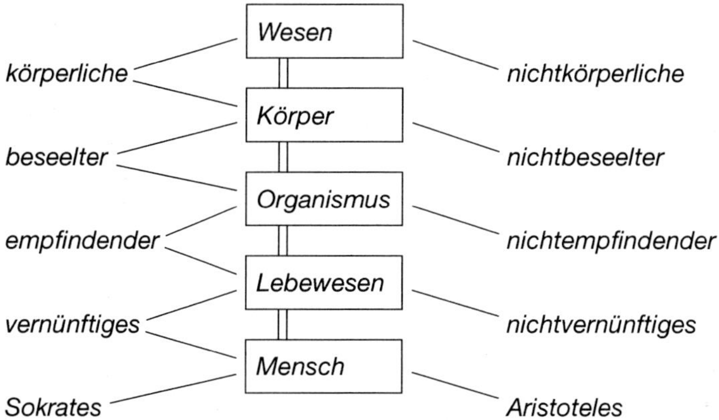

Abb. 1: Arbor Porphyrii (verändert nach http://www.phillex.de/arbor.htm; Zugriff: 13.6.2007)

Die je höhere Gattung (*genus proximum*: Wesen, Körper, Organismus, Lebewesen, Mensch) wird durch einen spezifischen Unterschied (*differentia specifica*: körperlich, beseelt, empfindend, vernünftig) zur je niedrigeren Art differenziert, die ihrerseits als Gattung einer differenzierteren Art fungiert.

Die „unterste“ Art, die selbst nicht wieder in niedrigere Arten differenzierbar ist, ist im hier (Abb. 1) gezeigten Falle des „Baumes über den Menschen“ die Gattung „Mensch“. Ihr subsumiert sind die Einzelwesen, Individuen, die konkreten Menschen eben. Für Aristoteles – im Gegensatz zu seinem Lehrer Platon – war allerdings wichtig, dass diese unterste Ebene zugleich die eigentliche, seiende, d.h. *ontologisch* wertvollste ist. Nur dem konkreten Menschen kommt Sein, Bedeutung und Wahrheit zu. Nur über ihn sind wahre Seinsaussagen möglich. Über alle anderen, abstrakteren Gattungen können wir zwar logisch korrekte Aussagen machen, wo diese aber den Anspruch auf – modern gesprochen – Realität erheben, müssen sie rückgebunden werden an die tiefste Ebene des konkreten Menschen.

Die Rezeption dieser Definitionslehre hat im Laufe der Jahrhunderte eine Fülle unterschiedlicher Kategorisierungs- und Klassifikationssysteme hervorgebracht, nicht zuletzt die Enzyklopädisten haben sich dieser Logik des Subsumierens bedient. Die Subsumtion unter einen Überbegriff (*genus proximum*) erfolgt dabei, in der Sprache der Kybernetik, als *Superierung* (vgl. Weltner 1997; Sappert 2004). Frank

(1969, 109 ff) unterscheidet zwischen einer Superierung durch *Komplexbildung*, bei der unter ein „Superzeichen“ (Stever 2002), zum Beispiel „Schiff“, eine Fülle von anderen Begriffen zu einem Geflecht zusammengefasst werden, in diesem Beispiel „Takelage“, Beiboot“, „Segel“ usw. Wir würden hier auch von einem „Wortfeld“ sprechen, das über die Superierung im Superzeichen eröffnet wird. Bei der Subsumtion unter ein Superzeichen durch „Klassifikation“ (Frank 1969), d.h. durch Abstraktion, gehen hingegen durch die Ausbildung einer allen subsumierten Begriffen invarianten Kategorie, z. B. „Lebewesen“, Informationen verloren, das *genus proximum* ist also inhaltlich ärmer als die subsumierten Arten. In der modernen Sprache der Kybernetik können wir sagen, die aristotelische Konzeption ist im Sinne einer Superierung durch Klassenbildung zu verstehen, sie ruht und steht auf der Ebene des konkreten, des Einzelnen, des Individuums, das (begrifflich-inhaltlich ebenso wie ontologisch) stets reicher ist als sein *genus proximum.*

Was lehrt uns das? Zumindest soviel: Die Subsumtion des Individuums unter eine Klasse oder Gruppe ist immer eine Reduktion, die der Realität des Individuums nicht gerecht wird. Und es ist wichtig zu bemerken, dass diese Subsumtion, sofern sie dazu dienen soll, das Individuum zu „treffen“ (im Sinne einer Beratung, Therapie, Intervention, Prognose usf.), dieses aus systematischen Gründen immer verfehlt. Alle Gattungen sind „nur Repräsentation der Dinge, die der menschliche Intellekt von ihnen hat“ (Seidl 1995, 39). Das Individuum muss vielmehr in seiner konkreten Gestalt erfasst werden, um ihm gerecht zu werden. Der Diagnostiker kann also Kategorien anwenden, um das Einzelne „für sich“ erfassbar zu machen, aber „an sich“ ist das Objekt seiner Diagnose nicht gegeben. Alles Handeln an und mit dem Einzelnen kann an einer Superierung nur den Ausgang nehmen.

Greifen wir vor diesem Hintergrund noch einmal die Klauersche Bestimmung der pädagogischen Diagnostik auf, nämlich sie sei „das Insgesamt von Erkenntnisbemühungen im Dienste aktueller pädagogischer Entscheidungen“ (Klauer 1978, 5), und vergegenwärtigen wir uns, dass (pädagogisches) Entscheiden immer auch zum Handeln führt (auch eine Unterlassung ist eine Handlung, da sie auf der Entscheidung fußt). Dann ist das Objekt der pädagogischen Diagnostik, so sie mehr sein will als logische Kategorisierung, immer der konkrete Mensch, allerdings unter einer spezifischen *differentia specifica*, nämlich als ein zu Erziehender, ein zu Schulender, ein zu Bildender. Die pädagogische Entscheidung, die diesen zu Erziehenden, zu Schulenden, zu Bildenden betreffen wird, die z.B. eine konkrete Fördermaßnahme oder sogar seinen weiteren Bildungsweg und damit die Zuweisung von Allokationsbedingungen für seine zukünftige Gesellschaft bestimmt, bleibt als angemessene Diagnostik dem Individuum verpflichtet. Beispiele für diese Art von Diagnoseverständnis sind nicht so schwer zu finden. So bestimmt Kretschmann (2003), die von ihm und seinen Mitarbeitern vorgelegten Diagnoseverfahren als

> „eine *pädagogische Diagnostik*, zugeschnitten auf den Arbeitsauftrag, die Fachkompetenz und das Arbeitsfeld von Lehrerinnen und Lehrern;

eine *kindnahe Diagnostik*, durchzuführen von Personen, die mit einem Kind täglich, oder zumindest wöchentlich beruflichen Umgang haben, also eine Förderlehrerin, ein Ambulanzlehrer, eine Klassenlehrerin;
eine *prozessorientierte Diagnostik*, bei der nicht nur das Arbeitsergebnis interessiert, sondern auch der Arbeitsstil, die Art, wie ein Kind sich einer Aufgabe nähert und wie es sie ausführt;
eine *dialogische* Diagnostik, bei der die Lehrerin oder der Lehrer durch Gespräche und Nachfragen auch etwas über die innere Befindlichkeit von Kindern zu erfahren trachtet und
eine *lernwegsbegleitende* Diagnostik, bei der bei Problemkindern immer wieder einmal (mehr oder weniger intensiv) ihr aktueller pädagogischer Förderbedarf ermittelt wird" (Kretschmann 2003, Hervorhebung im Original).

Diese Aufzählung, und das ergibt die Logik dieser Bestimmungen, ist nicht abgrenzend, sondern umfassend: Die Diagnostik ist pädagogisch, weil sie den Pädagogen betrifft, der diese nur kindnah anwenden, am Prozess der kindlichen Problemlösung ausrichten, dialogisch auf die Adäquatheit überprüfen und fördernd anwenden kann. Ohne Kretschmanns Konzept in besonderer Weise auszeichnen zu wollen, zeigt es beispielhaft, wo die pädagogische Diagnostik prinzipiell eine rein systemanalytische Betrachtungsweise, wie sie politisch, medial und auch ökonomisch im Moment besonders im Fokus steht, ergänzen und ontisch real machen muss: am konkreten, in seiner individuellen Biographie ernst zu nehmenden Menschen.

Dass dazu die Methoden und Ergebnisse individual- oder sozialpsychologischer Forschung, systemanalytischer Studien und Vergleiche heranzuziehen sind, ist unbezweifelt. Aber das Maß, der „Prüfstein" (Kant), das Unterscheidende einer pädagogischen Diagnostik ist der, im Sinne aristotelischer Begriffslogik gesprochen, „Seinsträger", das Einzelwesen. In anderen Kontexten, z.B. der Geschichtswissenschaft, die mit der Pädagogik gemein hat, immer auf individuelle Biographien und Entscheidungen verwiesen zu sein, selbst wenn diese Daten dann zu sozialgeschichtlichen Analysen aggregiert werden, ist diese Verwiesenheit selbstverständlich. Jakob Burckhardt, einer der Begründer der Geschichtsschreibung als Wissenschaft im 19. Jahrhundert, hat im Duktus dieser Zeit den Gegenstand seiner Disziplin umrissen: der „duldende, strebende und handelnde Mensch" (Burckhardt 1982, 226). Allerdings setzt er hinzu, „wie er ist und immer war und sein wird" (ebd.). Und genau da unterscheidet sich die pädagogische Diagnostik von Geschichtswissenschaft: Die „Pathologie" (Burckhardt) der Geschichte, ihre Einzelfallbezogenheit, geht in einer vor-anthropologischen Historisierung des Menschen als Gattung auf. Pädagogik und ihre Diagnostik hingegen können nicht in einer Superierung unter die Gattung Mensch aufgehoben werden, sondern sie bleiben, wo sie pädagogisches Handeln führen und entscheiden wollen, am konkreten Individuum orientiert.

Literatur

Aristoteles: Topik (Philosophische Schriften, Band 2). Darmstadt 1995.

Brugger, B.; Rath, M.; Wehner, E. G.: Die Geschichte der Pädagogischen Psychologie. In: Weidenmann, B. et al. (Hg.): Pädagogische Psychologie. Ein Lehrbuch. 2., neu ausgestattete Auflage. München, Weinheim 1993, 21–39.

Burckhardt, J.: Über das Studium der Geschichte. Der Text der Weltgeschichtlichen Betrachtungen auf Grund der Vorarbeiten von Ernst Ziegler nach den Handschriften herausgegeben von Peter Ganz. München 1982.

Frank, H. G.: Kybernetische Grundlagen der Pädagogik. 2 Bde. 2. völlig überarbeitete und wesentlich erweiterte Aufl. Stuttgart, Berlin, Köln, Mainz 1969.

Herbart, J. F.: Pädagogische Schriften. 2 Bände. 6. Auflage. Langensalza 1896.

Ingenkamp, K.: Lehrbuch der pädagogischen Diagnostik. 3. Auflage. Weinheim 1995.

Ingenkamp, K.; Lissmann, U.: Lehrbuch der Pädagogischen Diagnostik. 5. völlig überarbeitete Auflage. Weinheim 2005.

Jöbgen, M.: Die pädagogische Diagnostik. Ein rekonstruktionslogisches Verfahren zur Diagnose und Indikationsstellung in der Jugendhilfe. (Diss.) Universität Siegen 2006. Online-Quelle: http://deposit.ddb.de/cgi-bin/dokserv?idn=982652429 [Zugriff: 15.6.2008].

Klauer, K. J.: Perspektiven Pädagogischer Diagnostik. In: Karl, K. J. (Hg.): Handbuch der Pädagogischen Diagnostik. 4 Bände. Band 1. Düsseldorf 1978.

Kretschmann, R.: Pädagogische Diagnostik, Förderpläne und kollegiale Kooperation. 2003. Online-Quelle: http://www.kretschmann-online.de/Aufsaetze/kweb2.htm [Zugriff: 13.6.2008].

McCombs, M.: Agenda-Setting: Zusammenhänge zwischen Massenmedien und Weltbild. In: Schorr, A. (Hg.): Publikums- und Wirkungsforschung. Ein Reader. Wiesbaden 2000, 123–136.

Rath, M.: Der Psychologismusstreit in der deutschen Philosophie. Freiburg, München 1994.

Rath, M.: Qualitätssicherung in der Schule. In: Freistedt, M. (Hg.): Qualitätsmanagement und Evaluation in der Schule. Praxisratgeber mit Software zur gezielten und effektiven Schulentwicklung, Kap. 3.1. Merching 2007.

Sappert, W.: Das Denken ‚diktiert' den Text. Grundlagen der kybernetischen Textanalyse. (Diss.) Flensburg 2004. Online-Quelle: http://www.zhb-flensburg.de/dissert/sappert/Dissertation-Sappert.pdf [Zugriff: 15.6.2008].

Schiefele H.; Krapp A.: Handlexikon zur Psychologie. München 1981.

Seidl, H.: Beiträge zu Aristoteles‘ Naturphilosophie. Amsterdam, Atlanta 1995.

Stever, H.: Theorie der Superzeichen im Rahmen der Bildungsinformatik. In: grkg. Grundlagenstudien aus Kybernetik und Geisteswissenschaft 43, 2002, H. 1, S. 9–14.

Weltner, Klaus: Informationstheorie und Erziehungswissenschaft. In : Barandovská-Frank, V. (Hg.): Kybernetische Pädagogik – Schriften 1964–1997. Band 10. Berlin, Paderborn 1997 [Original 1970].

Zedler, P. (2002): Erziehungswissenschaftliche Bildungsforschung. In: Tippelt, R. (Hg.): Handbuch der Bildungsforschung. Wiesbaden 2002, 21–39.

Heiderose Rübling

Warum Tobias das Ende der Unterrichtsstunde herbeisehnt – und wie junge Lehrerinnen und Lehrer lernen, dies zu verstehen

Tobias hat seinen WZG-Ordner quer auf seinem Tisch liegen. Die Arbeitsblätter haben größtenteils Eselsohren, das Mäppchen liegt ebenfalls quer auf dem Tisch. Tobias sitzt schräg auf dem Stuhl und schaut auf das Arbeitsblatt. Nach kurzer Zeit blickt er sich im Klassenzimmer um. Nach einer Minute schaut er wieder auf sein Blatt. Nach insgesamt zwei Minuten steht er auf und geht sehr langsam auf die andere Seite des Klassenzimmers, um sich ein WZG-Buch zu holen.
Ebenso langsam geht er zurück auf seinen Platz. Sein Blick schweift währenddessen durchs Klassenzimmer.
Am Platz angelangt, setzt er sich, legt das Buch auf seine Unterlagen und blättert es durch. Dabei sitzt er auf dem linken Unterschenkel und stützt sich mit dem rechten Unterarm auf dem Tisch auf.
Die Lehrerin geht zu ihm an den Platz, fragt ihn, was da hinkomme, und sagt, er solle arbeiten.
Danach schreibt Tobias ein Wort auf sein Arbeitsblatt. Er blättert weiter im Buch. Ich gehe an ihm vorbei, um zu sehen, was er bearbeitet. Als ich fast neben ihm stehe, fragt er mich, ob ich ihm sagen könnte, wo Essen liegt.
Die Seite im aufgeschlagenen Buch zeigt eine Deutschlandkarte, in der lediglich die Hauptstädte der Bundesländer eingezeichnet sind.
Ich sage zu ihm: „Dafür brauchst du eine andere Karte. Eine, in der mehr Städte eingezeichnet sind."
– „Bitte, bitte!"
– „Das kannst du selbst."
– „Da steht's nicht."
– „Du brauchst eine andere Karte. Wo findest du eine andere?"
– „Im Atlas?"
Ich nicke ihm zu. Er geht langsam quer durch das Zimmer und bringt das Buch weg. Dann schlendert er in eine andere Ecke des Klassenzimmers, in der die Atlanten stehen. Dort steht er eine Minute und fragt die vorbeikommende Lehrerin dann, welchen Atlas er nehmen solle.
Sie sagt zu ihm, das sei egal, er solle sich an die Arbeit machen. Der Schüler geht zurück an seinen Platz, schlägt den Atlas auf. Nimmt einen Bleistift in die Hand und schlägt diesen rhythmisch gegen seine Stirn, während er in den Atlas schaut.

Philipp kommt vorbei und schaut ihm über die Schulter.
Stjepan kommt dazu, schaut mit ihm in den Atlas und sagt ihm, wo er Wiesbaden eintragen soll.
Stjepan geht. Tobias trägt etwas ein.
Tobias steht auf, geht zu Osman, fragt ihn: „Was machst du nach der Schule?“
Die Lehrerin sagt: „Tobias geh an deinen Platz“. Tobias geht zurück.
Tobias sagt zur Lehrerin: „Ich hab Wiesbaden gefunden. War voll schwer! Wo ist Dortmund?“ Er sitzt weitere zwei Minuten auf seinem Platz, schaut in den Atlas und schlägt sich mit dem Bleistift gegen den Kopf.
Dann steht er auf, holt die Lehrerin an seinen Platz. Sie sagt, er brauche eine andere kopierte Karte und geht. Tobias holt seinen Ordner aus dem Rucksack und schaut zehn Sekunden auf die neue Karte. Er lehnt sich weit auf seinem Stuhl zurück und schaut in die Klasse. Juri läuft an ihm vorbei. Tobias fragt ihn: „Wo ist Dortmund?“ Juri zeigt auf die Karte und sagt: „Da.“ Juri geht.
Tobias setzt sich schräg auf den Stuhl, ein Bein auf dem Stuhl unter das andere geschlagen, und trägt Dortmund ein. Danach schaut er sich im Klassenzimmer um und versucht, Gespräche mit den Klassenkameraden anzufangen. Nach einer Minute schaut er auf sein Arbeitsblatt, sagt: „Nürnberg“, und beginnt die Karte zu studieren. Nach einer halben Minute schaut er zu Osman und fragt ihn, ob er nachher mit ihm das Spiel Städte-Memory spiele.
Die Lehrerin schlägt den Klassengong und sagt zu den Schülern, sie sollen zum Ende kommen und die Sachen wegräumen.
Tobias steht sofort auf, räumt seine Sachen in den Rucksack und bringt den Atlas an seinen Platz.

(20-minütige Beobachtung des Schülers Tobias während der „Werkstattarbeit“ im Fächerverbund Welt-Zeit-Gesellschaft (WZG) zum Thema Deutschland in einer 5. Hauptschulklasse)

Erschwerte Lernsituationen in komplexen Bezugssystemen begreifen und diagnostizieren

Tobias konnte in dieser Lernsituation offensichtlich die an ihn gestellten Erwartungen in Bezug auf Lerninhalt und Arbeitsverhalten nicht erfüllen. Doch was hat den Lern- und Bildungsprozess des Jungen gehemmt oder zumindest erschwert? Nun zählt es nachgerade zu den Kernaufgaben von (Sonderschul-)Lehrern, einzelne Schüler in ihrem Lernprozess wahrzunehmen, zu begleiten und gegebenenfalls zu analysieren, warum die zugedachten Lernaufgaben nicht bewältigt werden konnten, um daraus (sonder-)pädagogische Maßnahmen abzuleiten. Verschiedene Hypothesen könnten in diesem Fall zur Erklärung herangezogen werden:

- Tobias verfügt nicht über die für die „Atlasarbeit“ erforderlichen kognitiven Kompetenzen. Die Aufgabe erfordert ein für ihn zu hohes Abstraktionsniveau.

- Die vorangegangenen Lerninhalte, die nun als Ausgangsbasis erforderlich sind, wurden nicht sicher im Gedächtnis verankert, so dass sie für die aktuelle Aufgabe nicht zur Verfügung stehen und Tobias nicht an Vorwissen anknüpfen kann.
- Es liegen bei Tobias visuelle Wahrnehmungsstörungen vor, die ihm die Orientierung auf der geografischen Karte erschweren.
- Tobias hat Schwierigkeiten in der Aufmerksamkeitssteuerung.

Sicher könnten noch weitere auf den Schüler fokussierende Fragestellungen formuliert und sodann mit diagnostischen Verfahren überprüft werden. Doch dieses Vorgehen allein würde die Problematik einseitig an vermuteten Defiziten von Tobias festmachen.
Eine solch defizitorientierte Diagnostik wird der Komplexität erschwerter Lern- und Bildungsprozesse jedoch nicht gerecht. Vielmehr müssen alle relevanten Einflussgrößen in diesem Bezugssystem in den Blick genommen werden.
Folgende Fragen, die über die individuellen Voraussetzungen von Tobias hinausgehen, stellen sich bei genauerer Betrachtung der Lernsituation:

- Welche Bedeutung hat das Thema für Tobias? Welchen Sinn erkennt er für sich in der Bearbeitung dieser Aufgaben? Welchen Lebensweltbezug hat das Thema für ihn? In welchen subjektiven Kontext kann er das Thema für sich einordnen?
- Welche Rolle spielt die von der Lehrerin gewählte Lernmethode (Werkstattarbeit/Lerntheke) für den Lernerfolg von Tobias? Wie vertraut ist er mit dieser Methode? Welches Lernverhalten zeigt Tobias bei anderen methodischen Zugangsweisen?
- Wie wirkt sich die Beziehungsgestaltung der Lehrerin zu Tobias in dieser Situation aus? Kennt sie seine Stärken und seine Lernschwierigkeiten? Gelingt es ihr, ihn zu motivieren? Welche individuellen Hilfen hält sie für ihn bereit? Wie hätte sich sein Lernverhalten bei persönlicher Unterstützung verändert?
- Welche Beziehung hat Tobias zu seinen Klassenkameraden? Fühlt er sich dazugehörig, akzeptiert und wertgeschätzt? In welchen Sozialformen zeigt er sich lern- und leistungsbereit? Hilft er gerne anderen Schülern?
- Was hat sich vor der Unterrichtsstunde ereignet? Welche Erlebnisse bringt Tobias von zuhause mit? Wie verlief die Pausensituation?

Erschwerte Lern- und Bildungsprozesse sind, das wird erkennbar, in einem komplexen Bedingungsgefüge zu analysieren, das mehrere Bezugssysteme aufweist. Das altbewährte didaktische Dreieck möge dies veranschaulichen (siehe Abb. S. 160).

Erschwerte Bildungsprozesse und Lernschwierigkeiten von Schülern können also sowohl durch individuelle, interaktionale und systemische als auch didaktisch-methodische Besonderheiten bedingt sein. Auf die Gefahr, Lernschwierigkeiten nur auf Seiten des Kindes zu suchen, insbesondere dann, wenn eine Behinderung vorliegt, weist auch Marion Wieczorek hin. In ihren Ausführungen zur Problematik

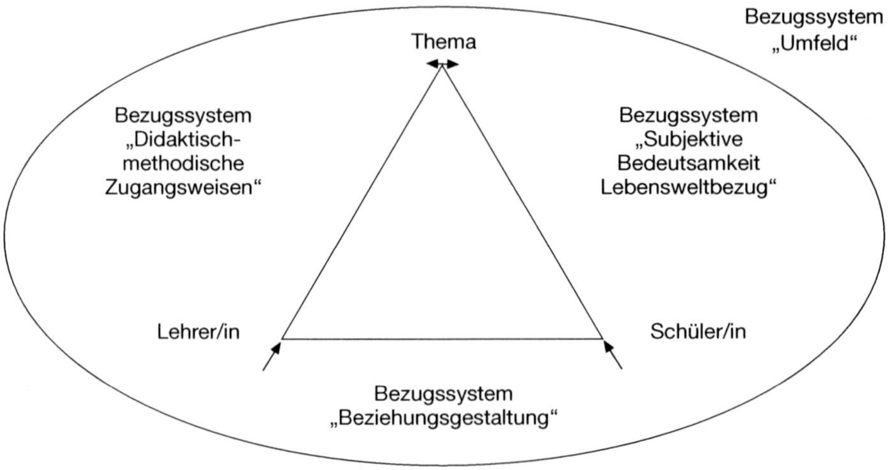

des Mathematikunterrichts bei Schülern mit Körperbehinderungen führt sie aus: „Im Bereich der Körperbehindertenpädagogik scheinen Erklärungen – auch aktuell – noch immer allzu leicht auf Behinderungssyndrome zurückgeführt zu werden. Diese Einstellung hemmt Überlegungen zur Entwicklungsunterstützung im Lernen und setzt die Notwendigkeit methodisch-didaktischer Überlegungen außer Kraft“ (Wieczorek 2005, 235f).

Für die Lernsituation von Tobias könnten aus der Betrachtung der verschiedenen Bezugssysteme folgende Annahmen abgeleitet werden:

- Direkter Unterricht, der geringere Anforderungen an Selbststeuerung und Selbstorganisation stellt, kommt den Fähigkeiten von Tobias möglicherweise eher entgegen.
  Auf den Zusammenhang von offenen Lernsituationen und erschwerten Lernprozessen insbesondere bei Schülern mit geringen metakognitiven Fähigkeiten macht Matthias Grünke in seinen Ausführungen „Richtig fördern – aber wie? Zur Wirksamkeit von Förderkonzepten“ aufmerksam: „Kinder mit Lernschwierigkeiten zeichnen sich nun einmal u.a. dadurch aus, dass sie relativ schlecht dazu in der Lage sind, Struktur zu schaffen, zu planen, zu ordnen und strategisch vorzugehen. Werden sie nun in einer verhältnismäßig offenen und freien Lernsituation mit Anforderungen konfrontiert, in denen genau diese Qualifikationen gefragt sind, fühlen sie sich zwangsläufig überfordert“ (Grünke 2007, 25).
- Eine persönlich zugewandte Unterstützung durch die Lehrkraft, in der Tobias individuelle Hilfe und Motivation erfährt, ist für seinen Lernprozess erforderlich.
  Die Bedeutung der Beziehungsgestaltung zwischen Lehrer und Schüler für das schulische Lehren und Lernen stellt Joachim Bauer in seinen Ausführungen „Lob der Schule“ ausführlich dar. „Alles schulische Lehren und Lernen ist ein-

gebettet in ein interaktives und dialogisches Beziehungsgeschehen. Gelingende Beziehungsgestaltung ist die zwingende Voraussetzung für den schulischen Bildungsprozess, sie ist der unabdingbare Transfusionskanal, über den die Bildungsinhalte die Schüler erreichen können" (Bauer 2007, 15).

- Tobias ist aufzuzeigen, welche Bedeutung das zu bearbeitende Thema für ihn hat, in welchem Gesamtkontext es steht und welchen Gewinn er aus dem zu erwerbenden Wissen für seine Lebensbewältigung ziehen kann.
- Die außerunterrichtliche bzw. außerschulische Situation ist auf mögliche Ressourcen hin zu betrachten.

Zusammengefasst machen die Ausführungen deutlich, dass bei der Beantwortung der Frage, was Lern- und Bildungsprozesse bei Schülern erschwert, mehrere Faktoren in den Fokus treten müssen, Fragen nach der subjektiven Bedeutung von Lerninhalten und deren Vermittlungsstruktur, nach individuellen Voraussetzungen des Schülers, nach interaktionalen und systemischen Zusammenhängen. Sonderpädagogische Diagnostik muss deshalb alle diese Wirkfaktoren, die Einfluss auf Lernprozesse von Schülern haben, in den Blick nehmen.

Erfordernisse für die Ausbildung von (Sonderschul-)Lehrern

Das grundlegende Verständnis für diese komplexen Zusammenhänge sonderpädagogischer Diagnostik eignen sich (Sonderschul-)Lehrer und Lehrerinnen in ihrem Studium und dem daran anschließenden Vorbereitungsdienst an. Studierende der Sonderpädagogik erwerben an der Hochschule Grundkompetenzen in Diagnostik sowie in fachwissenschaftlichen und fachdidaktischen Studienfächern. Aufgrund struktureller Gegebenheiten in Baden-Württemberg werden derzeit fachwissenschaftliche und fachdidaktische Kenntnisse im Grundstudium an den Pädagogischen Hochschulen erworben, diagnostische Grundlagen jedoch erst danach im Haupt- bzw. Aufbaustudium an den sonderpädagogischen Studienstätten. Eine Umfrage mittels eines skalierten Fragebogens bei Lehramtsanwärtern zu Beginn der zweiten Phase der Ausbildung am Seminar in Stegen (2007) machte deutlich, dass sich diese angehenden Lehrerinnen und Lehrer insbesondere in Fragen der Intelligenzdiagnostik gut vorbereitet fühlen. Im Bereich Lernstandsanalyse und Analyse von Lernschwierigkeiten insbesondere in den Kulturtechniken geben sie an, nur über geringe Kenntnisse zu verfügen. Systemkenntnisse, die in einem diagnostischen Prozess ebenfalls notwendig sind, sind nach eigener Auskunft wenig vorhanden.
Es ist folglich eine wesentliche Aufgabe der Sonderschullehrerausbildung in der zweiten Phase (im Vorbereitungsdienst), die im Studium erworbenen Kenntnisse und Kompetenzen in Auseinandersetzung mit komplexen Fragestellungen, wie sie in der Schulwirklichkeit auftreten, zu verknüpfen und diagnostische, fachwissenschaftliche, fachdidaktische sowie erziehungswissenschaftliche und systemische Erkenntnisse zur Analyse erschwerter Bildungsprozesse, zur Ableitung umfassen-

der (sonder-)pädagogischer Maßnahmen und zur Klärung von Lernortfragen theoriegeleitet nutzbar zu machen.

Welche Ausbildungsformate sind dafür erforderlich? Es ist entscheidend, dass die Anwärter die erforderlichen Kompetenzen im Zusammenspiel zwischen Schulpraxis und Seminarausbildung erwerben. Die in der Seminarausbildung verorteten Angebote und Aufgabenstellungen müssen in das schulpraktische Handeln einfließen. Aus der Schulpraxis heraus ergeben sich wiederum Fragestellungen und Problemfelder, die in der Seminarausbildung reflektiert werden. Die nachfolgende Darstellung gibt einen Überblick über die am Seminar Stegen praktizierten Formate:

Ausbildungsformat	*Inhalte*
Seminarveranstaltungen (fachrichtungsspezifisch und -übergreifend)	• Vertiefung von Kenntnissen in Beratung, Gesprächsführung, außerschulischen Unterstützungssystemen sowie in Bezug auf den Erwerb der Kulturtechniken • Begleitung und Reflexion einer aus der Schulpraxis entstandenen diagnostischen Fragestellung • Kennenlernen und Einüben von informellen Verfahren und standardisierten Tests, schwerpunktmäßig entsprechend der sonderpädagogischen Fachrichtung • Erarbeitung eines Instrumentariums zur individuellen Bildungsplanung
Beratende Unterrichtsbesuche	• Erarbeitung des Zusammenhangs von Diagnostik, individueller Bildungsplanung und unterrichtlichen Konsequenzen • exemplarische Lernstandsanalyse an Schülerprodukten • systematische Beobachtung zu speziellen Fragestellungen
Schulpraktisches Handeln Sonderpädagogische Handlungsfelder	• Zusammen mit dem Mentor oder der Mentorin wird ein individueller Bildungsplan für die Schüler erstellt bzw. fortgeschrieben und kontinuierlich evaluiert. • Der Unterricht wird im Hinblick auf die individuellen Voraussetzungen der Schüler geplant, im Anschluss werden die Beobachtungen zusammen mit dem Mentor/der Mentorin reflektiert. • Systemkenntnisse werden im Erkunden sonderpädagogischer Handlungsfelder und außerschulischer Unterstützungssysteme erworben. • Insbesondere in den sonderpädagogischen Diensten werden diagnostische Fragestellungen vertieft bearbeitet.

Zusammenfassung

Entscheidend für den Erwerb der beschriebenen Kompetenzen ist eine ständige Reflexion theoretischer und praktischer Bezüge. Die hierzu erforderlichen Erfahrungs- und Erprobungsfelder müssen aus der konkreten Schulpraxis entstehen, damit die Komplexität der schulischen und unterrichtlichen Realität angemessen erfasst werden kann. Der Erwerb der erforderlichen Kompetenzen kann schlussendlich nur in einem intensiven Zusammenwirken von Hochschule, Schule und Seminar gelingen, damit junge Lehrer und Lehrerinnen lernen, bei Schülern Vorfreude auf kommende Unterrichtsstunden zu entfachen.

Literatur

Bauer, J.: Lob der Schule. Hamburg 2007.

Grünke, M.: Richtig fördern – aber wie? Zur Wirksamkeit von Förderkonzepten. In: VBE Magazin, Juli/August 2007.

Wieczorek, M.: Zur Problematik des Mathematikunterrichts bei Schülern mit Körperbehinderungen – methodisch-didaktische Zugangswege. In: Zeitschrift für Heilpädagogik, 57, 2005, 235–241.

Susanne,
ein Mädchen mit angeborener
Gliedmaßenfehlbildung (Dysmelie)
Linolschnitt 1974

Die sonderpädagogische Diagnostik muss,
um förderndes Handeln vorzubereiten,
ein Bild von der Situation des Kindes
mit Lebensbeeinträchtigungen erarbeiten.

Sie erfährt bei allem Erfolg,
dass sie doch nie erschöpfend den Menschen erschließt.
Seine Unerschließbarkeit
macht die Gottes-Ebenbildlichkeit des Menschen aus,
wie auch immer sein Erscheinungsbild sein mag.

Dies ist aber kein Anlass zur Resignation,
sondern ein Grund für Behutsamkeit und Respekt,
die den Umgang mit Kindern qualifizieren.

Manfred Schmeichel

Rainer Trost

Bedingungsanalytische Diagnostik
Ein Vorschlag zur Überwindung alter Gräben

Der Streit ist alt. Er reicht zurück bis zum Ende der 70er-Jahre, als Emil Kobi (1977) eine schematische Gegenüberstellung von „Einweisungsdiagnostik" und „Förderdiagnostik" vornahm. Wenige Jahre später, 1981, fand in Heidelberg ein Symposium zum Thema „Förderdiagnostik in der Sonderpädagogik: Konzept und Realisierungsmöglichkeiten" statt, das der Frage gewidmet war, wie eine Diagnostik zu konzeptualisieren ist, deren Ergebnisse für die Planung und Durchführung sonderpädagogischer Förderung verwendet werden können und die sich kritisch von einer individuumzentrierten, am traditionellen „medizinischen Modell" orientierten Diagnostik abgrenzt (vgl. Kornmann et al. 1994). Gegenstand und Ursprung der damals begonnenen und bis heute anhaltenden kontroversen Diskussion ist „das Unbehagen an der Diagnostik" (Eggert 1998, 22), die Unzufriedenheit mit einer klassifizierenden, taxonomischen Diagnostik, der nach Auffassung vieler Autoren als alternatives Handlungsmodell Förderdiagnostik vorgezogen werden soll. Stets scheinen sich dabei die Stärken von Förderdiagnostik erst verdeutlichen zu lassen, wenn sie einer als unzureichend empfundenen normorientierten Diagnostik kontrastierend gegenübergestellt werden (vgl. z.B. Bundschuh 1994; Strasser 1994; Breitenbach 2003). Aber es gibt gegen Förderdiagnostik auch ebenso unüberhörbare Einwände: So hält es z.B. Schlee, deren unermüdlichste Kritiker seit den 80er-Jahren, für eine „Tatsache", dass innerhalb von 30 Jahren weder die theoretische Fundierung noch die praktische Nützlichkeit von Förderdiagnostik systematisch dargestellt und nachprüfbar nachgewiesen werden konnte und qualifiziert dementsprechend deren Anliegen und Konzepte mit Begrifflichkeiten wie „Wunschphantasien", „falsche Annahmen", „logische Fehlschlüsse", „Unsinnigkeit" und „Verworrenheit" (Schlee 2008).

Klassifizierende, taxonomische Diagnostik vs. Förderdiagnostik

In polarisierten Diskussionen sind Gegenüberstellungen konträrer Positionen ein gut geeignetes Mittel, um die eigene Auffassung im Vergleich mit einer negativ bewerteten anderen Sichtweise positiv darstellen zu können. Ob dies im Streit um ein adäquates Konzept sonderpädagogischer Diagnostik hilfreich ist, das darf – aus heutiger Sicht – zumindest bezweifelt werden. Vor einer weiteren Auseinandersetzung mit dieser Frage sollen zunächst aber die zentralen Bestimmungsstücke beider diagnostischer Konzepte rekapituliert werden.

Klassifizierende, taxonomische Diagnostik

„Klassifizierende, taxonomische Diagnostik" oder „normorientierte Statusdiagnostik" auf der einen Seite lässt sich als eine Diagnostik charakterisieren, deren Hauptinteresse darauf konzentriert ist, den aktuellen Status einer Person in verschiedenen Persönlichkeits- oder Leistungsbereichen zu erfassen und die Ergebnisse in ein vorgegebenes Normensystem einzuordnen. Sie bedient sich somit des Prinzips der Klassifikation und weist Individuen einem gewöhnlich quantitativ konstruierten Kategorienraster zu. Die Frage, die diese Art von Diagnostik in der Regel zuverlässig beantwortet, lautet: In welchem Ausmaß weichen die Eigenschaften und Kompetenzen eines bestimmten Kindes oder Jugendlichen vom Durchschnittswert einer gleichaltrigen Vergleichsgruppe ab?

Sonderpädagogische Diagnostik versteht sich in diesem Sinne meist als Verfahrensweise zur *Erkundung der individuellen psychischen Struktur*, der bei einem Individuum feststellbaren Persönlichkeitsmerkmale und Eigenschaften sowie zur Ermittlung der Art und Schwere einer spezifischen Beeinträchtigung bei einem Menschen mit Behinderung. Dabei nimmt normorientierte Diagnostik einen individuumzentrierten Blickwinkel ein: Menschliches Verhalten wird als durch individuelle Persönlichkeitsmerkmale determiniert verstanden. Folgerichtig konzentriert sich dieser Ansatz auf beim Individuum messbare Faktoren, außerindividuale Gegebenheiten bleiben dagegen unberücksichtigt: „Der Individuumzentriertheit von Diagnostik entspricht die Eigenschaftsorientiertheit des diagnostischen Vorgehens. Intelligenztestwerte werden als indirekte Messungen eines zugrunde liegenden Persönlichkeitsmerkmals interpretiert und von da aus wird auf künftiges Lernverhalten geschlossen. Außerhalb des Individuums liegende Verursachungsfaktoren geraten dabei weitgehend aus dem Blick" (Eberwein/Knauer 1998, 7).

Klassifizierende, taxonomische Diagnostik beschränkt sich weitgehend auf die *Sachverhaltsebene und das scheinbar objektiv Messbare*, um damit die Intersubjektivität und Überprüfbarkeit ihrer Ergebnisse zu gewährleisten. Sie steht so in der Tradition eines positivistischen Wissenschaftsverständnisses, das mit seiner Orientierung an einem naturwissenschaftlichen Exaktheitsideal die Konzentration auf das kontrolliert Beobachtbare und unter vergleichbaren Bedingungen zuverlässig Feststellbare als Gegenstand diagnostischer Untersuchungen nahelegt.

Methodisch stützt sich klassifizierende Diagnostik vor allem auf *Tests und andere standardisierte psychometrische Verfahren*, da diese nach wissenschaftlichen Standards konstruiert sind und sich aufgrund der geforderten Objektivität, Reliabilität, Validität und sachgemäßen Normierung der Erhebungsinstrumente eine hohe

Stimmigkeit und Gültigkeit der Ergebnisse erwarten lässt. Außerdem erlaubt der Einsatz von Tests die gewünschten *interindividuellen Vergleiche*, d.h., Leistungen und Verhalten eines Menschen können im Vergleich mit einer anderen Person oder einer Bezugsgruppe beurteilt werden. Es sind außerdem *intraindividuelle Vergleiche* durchführbar, wenn von einer Person Messungen mit demselben Instrument zu unterschiedlichen Zeitpunkten vorliegen. Standardisierte Verfahren ermöglichen so die kontrollierte Überprüfung von Entwicklungsfortschritten einer bestimmten Person. Schließlich bieten psychometrische Verfahren ein breites, gut durchdachtes und meist leicht zugängliches Repertoire an Untersuchungsaufgaben, sie sind ökonomisch durchzuführen und leicht einsetzbar.

Allerdings – und dies ist unbestreitbar – haben Tests auch ihre konstruktionsbedingten Probleme und strukturellen Mängel, durch welche die Qualität ihrer Ergebnisse nicht unerheblich beeinträchtigt wird (vgl. Grubitzsch 1991). Insbesondere im Hinblick auf den Einsatz in sonderpädagogischen Arbeitsfeldern sind eine Reihe weiterer Probleme zu nennen, die gegen eine ausschließlich testorientierte Diagnostik sprechen (dazu auch: Kautter 1994):

- Durch die *Objektivitätsanforderung* wird die Interaktion zwischen Diagnostiker und Proband stark eingeschränkt. Gerade in sonderpädagogischen Zusammenhängen wird aber eine Testdurchführung oft nicht gelingen, wenn es keine besondere Ermutigung, Lob und vielleicht auch zusätzliche Pausen für die untersuchte Person gibt. Außerdem ist die Wahrscheinlichkeit hoch, dass die Instruktion nicht für alle Menschen mit Behinderung verständlich ist, insbesondere nicht für diejenigen, deren Sprachfähigkeit beeinträchtigt ist oder deren Sprach- und Kontextverständnis aufgrund ihrer sozio-kulturellen Herkunft nicht den gängigen Anforderungen entspricht, weil sie z.B. einen Migrationshintergrund haben. In solchen Fällen wird es notwendig sein, zusätzliche Erklärungen oder weitere Hilfestellungen zu geben; damit aber lässt sich die Objektivität der Durchführung nicht mehr gewährleisten. Im Übrigen muss ohnehin davon ausgegangen werden, dass die eher kühle, nüchtern-distanzierte Atmosphäre einer formalisierten Testsituation, in der die Probanden zum Objekt einer Untersuchung gemacht werden, Kinder und Jugendliche mit Behinderungen kaum dazu motiviert, ihre Fähigkeiten uneingeschränkt zu zeigen.
- Die *individuumzentrierte Perspektive* psychometrischer Verfahren impliziert, dass die Verantwortlichkeit für ein Testergebnis in das Kind verlagert wird. Es sind seine Fähigkeiten, sein Verhalten, seine Persönlichkeitseigenschaften, deren Ausprägung gemessen wird. Faktoren der Situation, der sozialen, materiellen oder strukturellen Bedingungen des Lebensfeldes liegen außerhalb des Blickwinkels von Tests.
- Die *Ursache eines erhobenen Sachverhaltes* bleibt unklar: Tests beschränken sich auf quantitative Ergebnisse zu Persönlichkeitsmerkmalen oder Verhaltenstendenzen. Weitergehende Aussagen über das Zustandekommen der Persönlichkeitseigenschaften können nicht gemacht werden.

- Psychometrische Verfahren sind mit der ausschließlichen *Angabe eines Zahlenwertes* kaum geeignet, die Lebens- und Lernsituation eines Menschen bzw. die dort vorhandenen Probleme zu erfassen, geschweige denn pädagogische Perspektiven für die Erziehung, Unterstützung und Begleitung eines Menschen mit Behinderung zu eröffnen.

Mit dem Bezug auf die Normen- und Kategoriensysteme eines psychometrischen Zugangs korrespondiert die *Defizitorientierung* der Untersuchungsergebnisse klassifizierender Diagnostik. Da Menschen mit Behinderung in der Regel nicht die Durchschnittsleistungen der Population erreichen, an der die unterschiedlichen Verfahren normiert wurden, erscheinen ihre Fähigkeiten stets als unterdurchschnittlich und damit defizitär. So wird der Blick auf genau jene Bereiche gelenkt, in denen Menschen mit Behinderung nicht einer idealtypischen Norm entsprechen. Es ist deshalb das Charakteristikum defizitorientierter Betrachtung, dass das (negativ) Abweichende betont wird und damit leicht der Eindruck entstehen kann, als ob Behinderung grundsätzlich mit fehlenden Kompetenzen oder problematischen Verhaltensweisen zusammenhängen würde. Diese Implikation klassifizierender Diagnostik ist z.T. heftig kritisiert worden: „Durch ihre statischen, pessimistischen und auf eine ganze Population übergeneralisierten Beschreibungen des ‚Nicht-Könnens' leisten solche Defizitmodelle einem pädagogisch-therapeutischen Pessimismus und Nihilismus Vorschub“ (Goll 1994, 137). Und Ursula Haupt (1996, 23) qualifiziert eine derartige diagnostische Suche nach Defiziten als „Irrweg“: Eine Diagnostik, die sich auf Abweichungen von einer statisch ermittelten Altersnorm konzentriert, wird ihrer Auffassung nach bei Anwendung geeigneter Verfahren ganz sicher welche finden. Und dann gilt: „Die Orientierung am Defizit hat Fremdbestimmung und Entmutigung zur Folge. Diese führen zu weiteren Entwicklungsproblemen, zu weiteren Defiziten“ (ebd.).

Mit der Defizitorientierung klassifizierender Diagnostik geht in der Regel ihre *„Problemzentriertheit“* (Strasser 1994, 38) einher. Die Logik einer diagnostischen Defizitorientierung legt nahe, dass es sich bei Verhaltensauffälligkeiten und Normabweichungen von Menschen mit Behinderung um Probleme handelt. Strasser weist darauf hin, dass eine solche Sichtweise zwar nicht grundsätzlich falsch sei, in vielen Fällen jedoch auch einseitig und unangemessen sein kann: „Für den als behindert geltenden Menschen kann das auffällige Verhalten nämlich auch eine Lösung sein“ (ebd.). Er erläutert dies am Beispiel eines Menschen, der hinkt, weil sein linkes Bein kürzer ist als das rechte, und stellt dazu fest: „Hinken kann sowohl als Problem wie auch als Lösung (das bei der Fortbewegung bedrohte Gleichgewicht zu halten) betrachtet werden“ (ebd.). Für einen Diagnostiker muss es wichtig sein zu erkennen, welche Probleme von Menschen mit Behinderung auch den Charakter von Lösungen haben können und für sie mögliche und erträgliche Formen des Umgangs mit prekären Lebensumständen darstellen. Denn was als Pathologie oder Störung erscheint, kann für den betreffenden Menschen sehr wohl ein subjektiv sinnvolles und einer bestimmten Lebenssituation absolut angepasstes Verhalten sein.

Menschen mit Behinderung unter dem Blickwinkel einer Defizitorientierung zu betrachten, führt unmittelbar zur Idee von *Förderung als Kompensation eines Defizits*. Ein ständiges Anknüpfen aber an Probleme und Defizite hemmt Wachstum, verhindert die Entstehung von Selbstvertrauen und Vertrauen in eigene Fähigkeiten. Menschen wachsen nicht dadurch, das man sich fortgesetzt auf ihre Probleme konzentriert. Eine kompensatorische Förderung, die Defizite dadurch auszugleichen versucht, dass sie Menschen mit Behinderung „an die Normalität heranfördern" (Haupt 1996, 22) will, basiert zwar auf einer alltagstheoretischen Plausibilität, denn es erscheint logisch und überzeugend, dass Kinder genau dort der Förderung bedürfen, wo sie Probleme haben. Sich aber einseitig auf die Schwierigkeiten und fehlenden Kompetenzen von Menschen mit Behinderung zu konzentrieren, hat in der Praxis erhebliche Probleme zur Folge: Ein solcher Ansatz nutzt die Ressourcen und Fähigkeiten der Betreffenden nicht, sondern macht sie zu einem Objekt von Förderung und verhindert eigenaktive Lernprozesse. Barbara Fornefeld formuliert pointiert, dass auf diese Weise Förderung eigentlich nichts anderes bedeuten kann, „als das Kind ‚in Bewegung zu setzen', es ‚zu transportieren', es ‚wegzuschaffen von einem Punkt A zu einem Punkt B', ‚vom Zustand der Unvollkommenheit zu dem der Vollkommenheit', oder noch anders, ‚es mit Hilfe eines Fördermittels, einer Methode oder Therapie auf den Weg zu bringen'. Wie auch immer, eines wird an diesen Deutungsversuchen erkennbar, der ‚Weg des Kindes' ist ein passiver: Es wird auf den Weg gebracht; es ist Objekt der Förderung" (Fornefeld 1995, 90).

Als eine Art Unter- oder Nebenform klassifizierender Diagnostik wird von vielen Autoren die sogenannte *„Selektions-", „Platzierungs-", „Auslese-"* oder *„Einweisungsdiagnostik"* betrachtet (z.B. Langfeldt/Kurth 1993; Kobi 2003; Breitenbach 2003), der die Aufgabe zukommt, sich im Zuge eines Ein- oder Umschulungsverfahrens mit der Frage zu beschäftigen, welche Schule bzw. welche schulische Umgebung für eine Schülerin oder einen Schüler am besten geeignet ist. Von den meisten Befürwortern von Förderdiagnostik wird diese diagnostische Aufgabe außerordentlich negativ beurteilt. Es ist, so Wendeler (2000, 16), eine Tendenz zu beobachten, „die Förderdiagnostik als fortschrittliche Form der Diagnostik zu beschreiben, während die Auslesediagnostik als rückständig und minderwertig betrachtet wird". Der Grund hierfür liegt hauptsächlich darin, dass die betreffenden Autoren sich als Diagnostiker nicht an Ausleseprozeduren beteiligen wollen, welche die Einweisung eines Kindes in eine Sonderschule zur Folge haben. Dahinter steht die Auffassung, dass eine solche „Selektionsdiagnostik" – selbst wenn sie noch so gründlich durchgeführt wird – ein segregiertes Schul- und Ausbildungssystem stabilisiert und die Durchsetzung integrativer Modelle behindert (Kretschmann 1994). Es entsteht dabei der Eindruck, als würde sich sonderpädagogische Diagnostik in Form einer als unzulänglich empfundenen Selektions- und Einweisungsdiagnostik anstößigen Aufgaben widmen, die nur mit einem zweifelhaften methodischen Zugang zu bewältigen sind und deshalb überhaupt nicht in Angriff genommen werden sollten.
Dies ist ein denkbar unglücklicher Standpunkt. Denn tatsächlich sind im sonderpädagogischen Feld ständig institutionelle Fragestellungen zu beantworten: Für die

Betreuung, Erziehung, Bildung und Unterstützung von Menschen mit Behinderung ist ein dichtes Netz von vorschulischen Einrichtungen, Schulen, Ausbildungsstätten und Institutionen im Erwachsenenbereich vorhanden. Wie, wenn nicht mit Hilfe professioneller sonderpädagogischer Diagnostik, sollen Entscheidungsgrundlagen dafür gewonnen werden, welche spezifische Einrichtung für den je einzelnen Menschen mit Behinderung die besten Entwicklungs-, Bildungs- und Lebenschancen bietet?
Zweifelsohne bestehen vielfältige und z.T. gravierende Probleme im Zusammenhang mit einem selektionsorientierten Schulsystem, mit einem unzureichenden Angebot integrativer Möglichkeiten und auch wegen unzureichender Unterrichts- und sonstiger institutioneller Bedingungen. Aber deren Lösung ist Aufgabe bildungs- und sozialpolitischer Anstrengungen. Es wäre fatal und zynisch, wenn es nicht zu den selbstverständlichen Aufgaben sonderpädagogischer Diagnostik zählen würde, sich – auch unter den jeweils gegebenen Bedingungen – mit aller Sorgfalt und Parteilichkeit für die betroffenen Menschen mit Behinderung an der bestmöglichen Absicherung institutionsbezogener Entscheidungen zu beteiligen. Es wird noch darauf zurückzukommen sein, in welcher Weise dies erfolgen kann.

Förderdiagnostik

Die in Abgrenzung zum normorientierten, klassifizierenden Ansatz der sonderpädagogischen Diagnostik ab Beginn der 80er-Jahre entstandene „Förderdiagnostik" hat umfassendere Ziele, als sich allein auf die Messung von Persönlichkeitsmerkmalen zu konzentrieren. Zentrales Anliegen von Förderdiagnostik ist es, Aussagen zum *sonderpädagogischen Förderbedarf* eines Menschen mit Behinderung zu machen und damit notwendige Grundlagen für individualisiertes pädagogisches Handeln zu liefern. Förderdiagnostik akzentuiert also in besonderer Weise den Aspekt der Förderung von Kindern und Jugendlichen, da eine Diagnose alleine nur wenig relevant ist, wenn nicht gleichzeitig Perspektiven für die Gestaltung entwicklungsfördernder Angebote und pädagogische Handlungsmöglichkeiten eröffnet werden können. Förderdiagnostik begreift sich deshalb als integraler Bestandteil pädagogischen Handelns. Der Diagnostiker ist damit kein außenstehender Beobachter mehr, sondern ein am förderdiagnostisch-pädagogischen Prozess Beteiligter (Suhrweier/ Hetzner 1993, 14).

Förderdiagnostik lässt sich nach heutigem Verständnis durch eine Reihe von Aspekten charakterisieren, die insgesamt die Qualität dieses Ansatzes ausmachen:

Förderdiagnostik betrachtet Verhalten und Lernen im sozialen und situativen Kontext: Im Mittelpunkt der Betrachtung steht die Person des Kindes bzw. des Jugendlichen in ihrer Wechselwirkung mit der Umwelt. Basierend auf der Überzeugung, dass menschliches Handeln nicht nur von inneren, sondern wesentlich auch von äußeren Bedingungen abhängt, ist es eines der zentralen Anliegen von Förderdiagnostik, die individuumzentrierte und eigenschaftsorientierte Perspektive klassifizierender Diagnostik zu überwinden. Es wird davon ausgegangen, dass das Verhalten und Handeln von Menschen immer auch in einem Zusammenhang mit den Verhältnissen, in denen es stattfindet, zu sehen ist. Neben dem Blick auf die individuellen Lern- und Lebensprozesse von Menschen mit Behinderung muss sich Diagnostik deshalb auch für die objektiven (materiellen und strukturellen; kulturellen und sozialen) Determinanten interessieren, die deren Welt bestimmen und prägen. Mit anderen Worten: Als Bezugsgröße für das Handeln von Menschen mit Behinderung muss immer auch ihr konkretes Lebensfeld mitberücksichtigt werden, um erfassen zu können, inwieweit ihr Handeln insgesamt in der Folge von Umständen, von Verhältnissen, zu sehen ist. Hildeschmidt und Sander (1999) haben für einen solchen diagnostischen Zugang den Begriff der „Kind-Umfeld-Diagnose" geprägt. Als systemisch-ganzheitlicher diagnostischer Ansatz bezieht sich Förderdiagnostik deshalb auf alle lebensweltlichen Teilsysteme, in die ein Mensch mit Behinderung eingebunden ist.

Förderdiagnostik geht dementsprechend davon aus, dass sich pädagogisches Handeln nicht nur auf den Menschen mit Behinderung selbst konzentrieren kann, sondern stets auch die komplexen Bedingungen seiner aktuellen Lern- und Lebenssituation mitberücksichtigen und diese in gleichem Maße als veränderungs- und förderungswürdig betrachten muss. Handlungsvorschläge sollten sich demnach keinesfalls nur auf die Person des Kindes oder Jugendlichen beziehen, sondern sich auch an die Adresse der professionellen und nichtprofessionellen Bezugspersonen richten und ebenso die strukturellen Bedingungen der privaten und institutionellen Lebenswelt der zu fördernden Menschen einbeziehen.

Förderdiagnostik ist interpretativ und hypothesengeleitet, denn sie versucht stets auch einen verstehenden Zugang zum Handeln der Menschen mit Behinderung zu gewinnen. Eine zentrale Voraussetzung für ein solches Vorgehen ist die Erkenntnis, dass zu Lernprozessen, zu Verhaltensauffälligkeiten, zu sozialem Leben kein Zugang möglich ist, der sich auf die Elemente äußerlicher, quantifizierender Beobachtung und Beschreibung beschränkt. Es sei denn, man wollte in Kauf nehmen, dass zu Gunsten der Überprüfbarkeit von Aussagen ihre Bedeutsamkeit so sehr eingeschränkt ist, dass die eigentlichen Intentionen und handlungsleitenden Momente der Einzelnen letztlich nicht zugänglich sind. Eine solche Auffassung verdankt ihre wissenschaftliche Anerkennung der Durchsetzung des sog. „interpretativen Paradigmas" in den Sozialwissenschaften (Brock et al. 2008), nach dem vorrangiger und inhaltlich wichtigster Bestandteil diagnostischer Analyse die mit dem Mittel der Interpretation gewonnene Herausarbeitung von Bedeutungsstrukturen im Lebenszusammenhang der Individuen sein sollte. Die diagnostische Rekonstruktion von Zusammenhängen und Bedingtheiten des Handelns von Menschen mit Behinderung erfordert dabei nicht nur, die Handlungsgründe der Individuen zu verstehen, sondern – unter Bezug auf eine theoretische Analyse – die ihnen möglicherweise nicht bewussten Handlungsursachen auch zu erklären. Es geht also sowohl um das Verstehen als auch um das Erklären, wenn der Erfahrungs- und Handlungsraum der jeweiligen Menschen ganzheitlich erfasst werden soll. Der dafür notwendige Bezug auf die Subjektivität und die individuelle Sinnhaftigkeit des Handelns eines Menschen auf der einen Seite und zugleich die sozialen, kulturellen und ökonomischen Bedingungshintergründe dieses Handelns auf der anderen Seite macht eine besondere Qualität des förderdiagnostischen Ansatzes aus. In diesem Zusammenhang wird deshalb zu Recht eine „verstehende Diagnostik“ (Jetter 1994) gefordert und festgestellt, dass nicht vom Verstehen eines Menschen gesprochen werden kann, wenn man ihm ein eigenes Verständnis seiner Lebenswelt abspricht, wenn die Sinnhaftigkeit seines Tuns in Zweifel gezogen oder er vorschnell pathologisiert wird.

Förderdiagnostik richtet sich am Prinzip der Individualisierung aus und orientiert sich am einzelnen Kind: Mit der Formulierung „Von der Typologie und Klassifikation zur Individualisierung“ fasst Eggert (1997, 60) einen der wesentlichen Aspekte förderdiagnostischen Denkens zusammen. In der Förderdiagnostik geht es demnach nicht mehr nur um quantitative Messungen und um Vergleiche mit fiktiven oder realen Bezugsgruppen, sondern um die Bewertung individueller Entwicklungen unter dem Einfluss von pädagogischen Interventionen, die auf den je einzelnen Menschen mit Behinderung bezogen sind. An die Stelle des interindividuellen Vergleichs, des Vergleichs also des Einzelnen mit durchschnittlichen Leistungs- und Verhaltensnormen, tritt stattdessen der intraindividuelle Vergleich, d.h. die Einschätzung der Kompetenzen und Handlungsweisen, aber auch der Probleme des Einzelnen im Bezugssystem seiner aktuellen Entwicklungs-, Lern- und Lebensumstände sowie deren Anforderungen. Dabei ist Ausgangspunkt und Maßstab für die Bewertung pädagogischer Befunde das Kind bzw. der Mensch mit Behinderung selbst.

Förderdiagnostik ist parteilich für das Kind: Bei einer förderdiagnostischen Untersuchung geht es nicht darum, als Diagnostiker neutral in scheinbar objektiver Distanz zum Kind zu bleiben. Vielmehr ist die Untersuchung insofern parteilich für das Kind, als alle Anstrengungen unternommen werden, die jeweilige Situation mit den Augen des Kindes zu betrachten, also seinen Standpunkt einzunehmen und aus diesem Blickwinkel geeignete Fördervorschläge zu entwickeln. Förderdiagnostik nimmt also die Perspektive des Kindes sehr ernst.

Förderdiagnostik ist kompetenzorientiert: Förderdiagnostik stellt die vorhandenen Kompetenzen und Ressourcen eines Menschen mit Behinderung in den Mittelpunkt ihrer Betrachtung. Indem Förderdiagnostik von den Stärken eines Menschen mit Behinderung ausgeht, will sie seine Fähigkeiten aktivieren und ihm damit auch die Wertschätzung seiner Person erfahrbar machen. Kompetenzorientierung heißt, von den Stärken des Kindes auszugehen, bestehende Fähigkeiten ebenso wie erschließbare Ressourcen zu identifizieren und das Streben des Kindes nach Eigenständigkeit und Selbstverantwortung zu unterstützen. Kompetent ist aber nicht eine Person „an sich“, vielmehr kann sie es immer nur unter bestimmten Bedingungen hinsichtlich bestimmter Anforderungen und Zielsetzungen sein. Kompetenz ist also keine statische Größe, sondern eine Variable mit individuellen, interaktionalen und umweltbezogenen Komponenten. Wenn Förderdiagnostik vor allem auf das Handlungs- und Entwicklungspotential eines Menschen abhebt, so kann dies keinesfalls bedeuten, ebenso vorhandene Schwächen und Probleme unberücksichtigt zu lassen. Auch solche Themen sind zweifelsohne im Laufe förderdiagnostischer Untersuchungen zu reflektieren, alleine schon deshalb, weil Menschen mit Behinderung in ihrem Alltag oft genug erleben, dass sie Schwächen und Probleme haben und dabei die Grenzen ihrer Handlungsmöglichkeiten erfahren. Aus diesem Grund muss auch die Auseinandersetzung mit dem Nicht-Können Gegenstand von sonderpädagogischer Diagnostik sein. Sie ist jedoch nicht deren primärer Ausgangs- oder Bezugspunkt (vgl. Trost, 2003, 512ff.).

Förderdiagnostik versteht das Handeln eines Kindes oder eines Jugendlichen stets als eigenaktive, subjektiv sinnvolle Auseinandersetzung mit den Bedingungen seiner Lebenswelt: Bereits Piaget hat darauf hingewiesen, das sich Kinder durch die selbstgestaltete, tätige Auseinandersetzung mit ihrer Umwelt entwickeln (vgl. Piaget/Inhelder 2000). Dabei ist es das Kind selbst, das Handlungspläne entwirft und diese auch in stetigem Austausch mit der Umwelt, auf die es handelnd einwirkt, weiterentwickelt. Durch aktive Auseinandersetzung mit der Umwelt, deren Widerständigkeit es auch erfährt, bildet das Kind seine Fähigkeiten und Fertigkeiten aus. In der Folge eines solchen Verständnisses begreift Förderdiagnostik das Kind als Akteur seiner Entwicklung und zielt auf Perspektiven der Förderung, die den Selbstgestaltungsmöglichkeiten des Kindes und dem Vertrauen in dessen Eigenaktivitäten einen hohen Stellenwert beimessen.

Förderdiagnostik hat Prozesscharakter: Es wird davon ausgegangen, dass diagnostische Erkenntnisse immer den Charakter von Hypothesen haben, d.h., die erhobenen Daten, die darauf basierenden Interpretationen und die zunächst formulierten Fördervorschläge werden als lediglich provisorisch gültig und nicht als unumstößliche Fakten begriffen. Dies gilt zum einen für die Interpretationen beobachtbarer Sachverhalte, die in einem kontinuierlichen Prozess durch erneute Beobachtung und Absicherung sowohl gefestigt als auch relativiert werden, unter Umständen aber auch neu und anders zu formulieren sind. Zum anderen erfordert Förderdiagnostik in gleicher Weise die ständige Überprüfung der pädagogischen Fördervorschläge. In einem fortwährenden zirkulären Prozess von diagnostischem Untersuchen, Planen, pädagogischem Handeln, Reflektieren und erneutem Planen von diagnostischen und pädagogischen Handlungen geht es darum, die formulierten Hypothesen zu überprüfen, zu bestätigen und auszudifferenzieren oder aber zu modifizieren bzw. zu verwerfen. Werden Hypothesen aufgegeben, so sind neue zu formulieren und wiederum zu überprüfen. Mit diesem prozesshaften Verlauf hat Förderdiagnostik nicht mehr den Charakter einer einmaligen Erhebung von Daten zu einem bestimmten Zeitpunkt, vielmehr ist sie eine zeitlich erstreckte Begleitdiagnostik für pädagogisches Handeln.

Förderdiagnostik geht mit einer Kritik an standardisierten Verfahren einher und betont qualitative Methoden: Die wesentlichen diagnostischen Methoden, auf die sich förderdiagnostische Untersuchungen in der Regel stützen, sind Beobachtungen und Verhaltensanalysen, Untersuchungen in informellen Situationen und Interviews. Insbesondere die Orientierung an den individuellen Förderbedürfnissen der Menschen mit Behinderung und deren methodisch sorgfältige Ermittlung macht ein breites Spektrum von Untersuchungsverfahren erforderlich, das durch traditionelle Testverfahren nicht abgedeckt werden kann. Dazu kommt, dass Diagnostik im ständigen Prozess von Beobachtung, Hypothesenbildung, pädagogischem Handeln und Neubewertung der Situation einer sehr viel differenzierteren Zugangsweise bedarf, als dies die Durchführung standardisierter Verfahren ermöglicht (vgl. Eggert 1997, 116f.).

Förderdiagnostik erfordert die Selbstreflexion des Diagnostikers: Diagnostische Erkenntnisse kommen nicht unabhängig vom erkennenden Subjekt zustande. In jede diagnostische Wahrnehmung und Interpretation geht prägend das implizite Theorie- und Wertesystem eines Diagnostikers ein. Hinzu kommt, dass Diagnostik ein sozialer Prozess ist, in dem die Beziehung zwischen Untersucher und Kind eine zentrale Rolle spielt. Deshalb muss sich der Diagnostiker stets auch als Teil des diagnostischen Prozesses begreifen, denn sein Verhalten stellt eine wichtige Größe dar, durch die das Lern- und Leistungsverhalten der zu untersuchenden Heranwachsenden mit Behinderung maßgeblich beeinflusst wird. Die wichtige Einsicht, dass Lernprobleme häufig auch aus Lehrproblemen resultieren können, illustriert, dass Lernschwierigkeiten von Schülerinnen und Schülern nicht selten etwas mit der Aufgabenstellung durch den Lehrer, mit seinem didaktischen Geschick, der Abstimmung seiner Instruktionen auf die Interessen und Kompetenzen der Schüler, aber auch mit Sympathien und Antipathien gegenüber Schülern zu tun haben können. Ist man sich dieser Wirkungszusammenhänge bewusst, so wird unmittelbar einsichtig, warum Förderdiagnostik stets ein selbstreflexives Verhalten einschließen muss. Dabei geht es darum, sich als Diagnostiker vor Augen zu führen, dass diagnostische Erkenntnisse keine objektiven, unwiderlegbaren Tatsachen darstellen, sondern Einschätzungen sind, die durchaus fehlerbehaftet sein können. Es gilt: „Die Beschreibung einer Sache ist nicht die Sache selbst!". Wer diagnostiziert muss sich darüber im Klaren sein, welche Einstellungen, Beziehungsanteile, Hypothesen, impliziten Annahmen und theoretischen Erklärungsraster in das Zustandekommen konkreter diagnostischer Aussagen und in die Formulierung von Fördervorschlägen eingegangen sind.

Zwischenfazit

In der gängigen Fachdiskussion erscheinen klassifizierende, taxonomische Diagnostik einerseits und Förderdiagnostik andererseits nicht nur als gegensätzliche und konkurrierende, sondern als sich explizit ausschließende Ansätze, die gegeneinander ausgespielt werden. Zu einem historischen Zeitpunkt, als eine stark testgestützte, normorientierte Diagnostik in der Sonderpädagogik dominant und unerschütterlich etabliert erschien, mag dies angemessen gewesen sein. Die Überwindung einer als unzulänglich empfundenen diagnostischen Praxis und die notwendige Weiterentwicklung diagnostischer Konzepte ließen sich wahrscheinlich nur in der Folge einer die Gegenläufigkeiten akzentuierenden Auseinandersetzung auf den Weg bringen. Heute aber, zu einer Zeit, in der sich die Grundideen von Förderdiagnostik in der Sonderpädagogik weithin durchgesetzt haben, dürfte es sinnvoller sein, die Grabenkämpfe zu beenden und ganz unaufgeregt danach zu fragen, was denn insgesamt an zweckmäßigen und hilfreichen Elementen in den beiden gegensätzlich erscheinenden Ansätzen enthalten ist.

Ein Urteil darüber, was tatsächlich sachdienlich ist, kann ausschließlich von den Aufgaben her getroffen werden, die Diagnostik in sonderpädagogischen Arbeitsfeldern zu bewältigen hat. Deshalb sollen zunächst die Aufgabenbereiche umrissen werden, die Gegenstand sonderpädagogischer Diagnostik sind:

- *Institutionelle Fragestellungen:* Die Entscheidung darüber, in welcher Schule ein Kind mit Behinderung unterrichtet werden soll, zählt zu den häufigsten Fragestellungen im Zusammenhang mit institutionellen Entscheidungen. Tatsächlich ist die Entscheidung über die Aufnahme in eine bestimmte Schule, insbesondere dann, wenn es sich um eine Sonderschule handelt, mit nachhaltigen Folgen für das spätere Leben der Betreffenden verknüpft. Diagnostik im Zusammenhang mit einer Ein- oder Umschulung ist deshalb mit großer Sorgfalt und in hoher Verantwortung gegenüber dem jeweiligen Kind und seinen Angehörigen durchzuführen. Aber auch im vor- und nachschulischen Bereich sind Entscheidungen zu treffen, die sich auf Hilfen für Menschen mit Behinderung durch oder in unterschiedlichen Einrichtungen aus dem ambulanten oder stationären Bereich der Behindertenhilfe beziehen. In all diesen Fällen ist es Aufgabe sonderpädagogischer Diagnostik einen wesentlichen Beitrag zur Absicherung der jeweiligen Entscheidungen zu leisten.

- *Entwicklung und Verhalten:* Sonderpädagogische Diagnostik ist gefragt im Zusammenhang mit der Beurteilung der Entwicklung und des Verhaltens von Menschen mit Behinderung. Dies auch deshalb, weil dieser Personenkreis mehr als Nichtbehinderte von Entwicklungs- und Verhaltensauffälligkeiten, Schulschwierigkeiten und Problemen in der Familie, im Arbeitsleben oder in Wohneinrichtungen betroffen ist. Sonderpädagogische Diagnostik wirkt daran mit, solche Problemlagen zu verstehen und zu erklären sowie Perspektiven zu entwickeln, die zur Verminderung oder Lösung damit eingehender Schwierigkeiten für das Individuum selbst oder für seine Umwelt beitragen können.

- *Erziehungs- und unterrichtsbegleitende Diagnostik (Lernprozessdiagnostik):* Pädagogisches Handeln ist stets von Einschätzungen und Beurteilungen im Hinblick auf den oder die Adressaten und die Wirkungen dieses Handelns begleitet. Eben dies sind diagnostische Prozesse, die zwar meist intuitiv erfolgen, sich aber dennoch konstitutiv auf das Lernen und die individuelle Entwicklung der Betroffenen auswirken. Insbesondere in schulischen Zusammenhängen stellt sonderpädagogische Diagnostik eine Systematisierung dieser Bewertungsprozesse dar und reflektiert, wie angemessener Unterricht angesichts der jeweiligen Lernausgangslage eines Schülers oder einer Schülerin aussehen sollte. Sonderpädagogische Diagnostik wird so zu einem wesentlichen Hilfsmittel der Unterrichtsplanung.

- *Förderplanung*: In ganz unterschiedlichen Zusammenhängen, in denen Menschen mit Behinderung lernen und leben, stellen sich die Fragen, welcher individuelle Förderbedarf für die Betreffenden besteht und welche Ziele sich daraus für die individualisierte Förderung und Unterstützung eines bestimmten Kindes, Jugendlichen oder Erwachsenen mit Behinderung ergeben. Sonderpädagogische Diagnostik wirkt daran mit, diese Fragen zu beantworten, und trägt dazu bei, im Verlauf eines kooperativen und partizipativen Prozesses Perspektiven für Förder-, Betreuungs- oder Unterstützungsangebote zu entwickeln, die auf die jeweilige Person und ihre Lebensumstände zugeschnitten sind (Trost 2005). Da sich aber jede konkrete pädagogische Situation umfassender Planung entzieht, weil sie weder vollständig vorhersehbar noch steuerbar ist, muss jeder noch so differenzierte Plan notwendigerweise hinter der Komplexität des Alltagsgeschehens zurückbleiben. Deshalb steht nicht die Erstellung von Plänen, sondern der Prozess des Planens im Vordergrund: Sonderpädagogische Diagnostik ist im Rahmen von Förderplanung als Teil eines veränderlichen, offenen Arbeitskonzepts zu verstehen, das für jede Person und jeden Lebensbereich spezifiziert werden muss (Trost 2007).

Für die Erfüllung dieser vier Aufgaben kann es notwendig und zielführend sein,
- die aktuellen Dispositionen und Kompetenzen einer Person in verschiedenen Persönlichkeits- oder Leistungsbereichen zu erfassen und in diesem Zusammenhang auch standardisierte psychometrische Verfahren einzusetzen,
- interindividuelle Vergleiche vorzunehmen, um individuelle Leistungen und Verhaltensweisen auch in Bezug zu einer Vergleichsgruppe beurteilen zu können,
- ebenso professionelle wie auf die Bedürfnisse des jeweiligen Kindes abgestimmte diagnostische Beiträge zu Ein- oder Umschulungsverfahren zu leisten,
- Diagnostik stets hypothesengeleitet und interpretativ, d.h. theoriefundiert durchzuführen,
- diagnostische Prozesse individualisiert und am einzelnen Kind orientiert auszurichten,
- diagnostisches Handeln prozesshaft anzulegen,
- die Perspektive des Menschen mit Behinderung einzunehmen und davon auszugehen, dass sein Handeln als situativ angemessen und subjektiv sinnvoll begriffen werden muss,

- Verhalten und Lernen im Sinne einer „Mensch-Umfeld-Diagnose" in seiner Bedingtheit durch die materiellen und strukturellen Determinanten der Lebenswelt eines Menschen mit Behinderung zu sehen,
- sich auf vorhandenen Kompetenzen und Ressourcen (auch im Umfeld) zu beziehen, ohne Beeinträchtigungen und Probleme auszublenden,
- diagnostische Erkenntnisse zu nutzen, um Aussagen zum sonderpädagogischen Förderbedarf eines Menschen mit Behinderung machen zu können, die Förderung nicht als Kompensation eines Defizits, sondern als Herstellung günstigerer Verhältnisse begreifen.

Damit diese Zusammenschau unterschiedlicher Bestimmungsstücke von klassifizierender, taxonomischer Diagnostik und von Förderdiagnostik mehr ist als naiver Pragmatismus oder eine bloße ekklektizistische Aneinanderreihung von Elementen, die verschiedenen diagnostischen Ansätzen entstammen, ist es notwendig, ein diagnostisches Analyse- und Handlungsmodell zu formulieren, das die konzeptionelle Einbindung dieser Komponenten leisten kann. Es wird deshalb im Weiteren der Versuch unternommen, diesen Anspruch mit der Konzeptualisierung einer „Bedingungsanalytischen Diagnostik" einzulösen.

Bedingungsanalytische Diagnostik

Kautter et al. (1980, 21) haben darauf hingewiesen, dass zwischenmenschliches Handeln immer mit diagnostischem Handeln verwoben ist. Wenn einer den Anderen sieht, mit ihm kommuniziert und interagiert, so gewinnt er einen Eindruck von ihm und er interpretiert die Art und Weise, wie sich ihm der Andere präsentiert. Aus den Verhaltensweisen eines Individuums, aus seiner Art, sich zu geben, konstruiert sich sein Gegenüber ein Bild von ihm, deutet seine Handlungen und schließt auf seine Motive. Menschen sind im Alltag unablässig damit beschäftigt, das Verhalten anderer wahrzunehmen und zu versuchen, dieses zu verstehen. Genau dies ist der Kern diagnostischen Handelns.

Anhand eines sehr eingängigen, von Kautter et al. gewählten und im Folgenden etwas abgewandelten Alltagsbeispiels lässt sich illustrieren, was dabei im Einzelnen geschieht (vgl. ebd.): Ich treffe einen Freund und stelle fest, dass er im Vergleich zu sonst wenig spricht und wenn, dann mit ungewohnt leiser Stimme. Er steht mit hängenden Schultern, seine Mundwinkel sind beide nach unten gezogen, der Kopf nach vorne geneigt. Wenn sich ein Freund so präsentiert, dann werde ich wahrscheinlich aus diesen äußeren Anzeigen auf seine innere Befindlichkeit schließen und annehmen, dass es ihm nicht gut geht, dass er bedrückt oder traurig ist. Wahrscheinlich werde ich dann nachfragen, was denn los ist, ob es ihm denn tatsächlich nicht gut geht und wie ich ihm helfen kann.
Diese einfache Situation kann als ein Beispiel für diagnostisches Handeln gelten, das durch folgende Elemente charakterisiert ist:

1. Ich habe bestimmte beobachtbare *Merkmale und Verhaltensweisen* bei meinem Freund *wahrgenommen.*

2. Ich habe meine *Wahrnehmungen interpretiert* und versucht, meinen Freund zu *verstehen.* Im Zuge dessen bin ich zu der Einschätzung gelangt, dass er traurig ist. Damit diese Interpretation möglich war, musste ich über eine Art *„Theorie"* oder über *Erfahrungswissen* verfügen, die mir die Schlussfolgerung erlauben, dass ein gesenkter Kopf, eine leise Stimme, hängende Schultern etc. im Allgemeinen darauf hinweisen, dass jemand traurig oder bedrückt ist.

3. *Die „Diagnose" hat zunächst lediglich den Charakter einer Hypothese.* Auf der Grundlage meiner Einschätzung, also auf der Basis eines „diagnostischen Prozesses", habe ich zwar den Eindruck gewonnen, mein Freund sei traurig, aber ich kann mir dessen zunächst nicht unbedingt sicher sein.

4. Um die Diagnose zu bestätigen – oder im Zweifelsfall auch zu verwerfen –, benötige ich *weitere Informationen* und frage deshalb nach. Falls mein Freund die Vermutung, er sei bedrückt, zurückweist und erklärt, er sei lediglich völlig übermüdet, dann wird sich meine Interpretation als unpassend erweisen und verworfen werden müssen. Ich werde mich dann anders auf ihn beziehen müssen, als wenn ihn etwas traurig machen würde.

5. Die Nachfrage, wie es meinem Freund geht, hat zwar mit meiner Diagnose zu tun, aber auch mit dem *Ziel, das ich anstrebe: ich möchte ihm helfen.* Dies macht es notwendig, dass ich zusätzliche Informationen erhalte. Denn nur, wenn ich genau über den Grund seiner Stimmung Bescheid weiß, werde ich das Richtige sagen oder tun können. Je nachdem, ob es um finanzielle Probleme, Liebeskummer oder Konflikte an seinem Arbeitsplatz geht, werde ich sehr unterschiedliche Formen finden müssen, um adäquat auf sein jeweiliges Problem eingehen zu können.

Solche Prozesse laufen im Alltag tatsächlich nicht in so bewusster oder expliziter Form ab, wie das hier beschrieben wurde, aber sie sind logischer und notwendiger Bestandteil eines Umgangs miteinander, der dadurch charakterisiert ist, dass der eine den anderen verstehen und angemessen auf ihn eingehen will. Ausgangspunkt ist stets, dass wir beobachtbares Verhalten interpretieren und zu einer diagnostischen Urteilsbildung über dieses Verhalten und seine Ursachen kommen. Hintergrund müssen in jedem Fall Annahmen oder theoretische Vorstellungen darüber sein, wie beobachtbare Merkmale oder Handlungsweisen zu interpretieren sind. In Alltagssituationen handelt es sich dabei oft genug um naive Alltags- oder Persönlichkeitstheorien, die handlungsleitend werden.
Dies ist z.B. dann der Fall, wenn versucht wird, den Umgang mit Schülerinnen und Schülern erfolgreicher und effektiver zu gestalten oder angemessen auf vermeintliches Fehlverhalten zu reagieren, und man sich dabei intuitiv handelnd auf das ver-

lässt, was einem spontan in den Sinn kommt oder was sich in anderen Situationen bereits bewährt hat.
Diagnostisches Handeln findet also bei weitem nicht nur in geplanten diagnostischen Arrangements, sondern vor allem in Alltagssituationen statt. Eberwein (1996, 5) merkt dazu an: „Lehrer diagnostizieren täglich im Unterricht, auch wenn sie sich dessen nicht immer bewusst sind. Sie beobachten das Verhalten von Kindern, beurteilen ihre Leistungen und vergeben Zensuren." Und Schuck meint ganz ähnlich: „Diagnostik ist eine Aktivität, die zu jedem pädagogischen Prozess gehört" (2004, 350).

Damit umfasst pädagogisch-psychologische Diagnostik ein breites Spektrum unterschiedlicher Formen, das vom spontanen Verstehen bis hin zur Herstellung besonderer Untersuchungssituationen reicht, in denen aufgrund spezifischer Fragestellungen ausgewählte diagnostische Methoden eingesetzt werden (Kautter et al. 1980, 22). Für alle diese Anlässe gilt aber unterschiedslos, dass sie einem Handlungsschema folgen, das sich in verallgemeinerter Form aus dem eben beschriebenen Alltagsbeispiel ableiten lässt:
Als diagnostisches Handlungsmodell umfasst es 5 Schritte:

1. *Wahrnehmung bzw. Beobachtung diagnostisch relevanter Sachverhalte*
2. *Bezug auf ein theoretisches oder erfahrungsbezogenes Interpretationsraster*
3. *Beurteilung und Interpretation der Beobachtungen in Form vorläufiger Hypothesen*
4. *Bestätigung oder Ablehnung der Hypothesen aufgrund weiterer Informationsbeschaffung*
5. *Überlegungen zur Erziehung, Förderung, Begleitung oder Unterstützung der Klienten.*

Die inhaltliche Struktur dieses diagnostischen Handlungsmodells entspricht also exakt dem Handlungsschema, das sich auch in intuitivem diagnostischem Alltagshandeln findet. In systematisierter Form bildet es das Grundgerüst der hier zu skizzierenden „bedingungsanalytischen Diagnostik".

Die Formulierung einer Untersuchungsfragestellung

Diagnostisches Handeln nimmt stets seinen Ausgangspunkt bei einer Fragestellung aus einem der vier oben genannten Aufgabenbereiche. Demnach können diagnostische Fragestellungen ganz unterschiedlicher Art sein und sich z.B. darauf beziehen,
- welche Hilfen erforderlich sind, damit ein Schüler sinnentnehmend lesen kann,
- wie eine Jugendliche dabei unterstützt werden kann, im Zahlenraum bis 1000 zu addieren,
- welche Unterstützung ein Mensch mit Behinderung benötigt, um selbstständig öffentliche Verkehrsmittel nutzen zu können,

- wie sich das selbstverletzende Verhalten eines Jungen reduzieren lässt,
- welche schulische Umgebung am besten dem Erziehungs- und Förderbedarf eines einzuschulenden Kindes entspricht.

Die *klare Formulierung einer diagnostischen Fragestellung* ist Voraussetzung für den Einstieg in einen diagnostischen Prozess, weil sich alle diagnostischen Überlegungen und Handlungen unmittelbar aus dem konkreten Untersuchungsanlass ergeben bzw. darauf beziehen müssen. Diese enge Bindung des Vorgehens an die eigentliche Fragestellung ist deshalb unverzichtbar, weil das diagnostische Handeln ausschließlich inhaltlichen und nicht methodischen Gesichtspunkten geschuldet sein muss. Von vornherein ist ein definiertes diagnostisches Anliegen mit Mitteln zu verfolgen, die der Fragestellung untergeordnet sind. Es geht nicht darum, sich im verfügbaren Arsenal methodischer Zugänge zu bedienen, um damit Daten zu erheben, deren Bedeutung für die verfolgten diagnostischen Ziele bestenfalls im Nachhinein bestimmt werden kann.

Am Anfang der Bearbeitung diagnostischer Aufgaben sollte jeweils eine *fragestellungsnahe Handlungsbeobachtung* stehen, bei der es zunächst darauf ankommt, sich einen ersten Eindruck von den in der Fragestellung angesprochenen Fähigkeiten bei der zu untersuchenden Person zu verschaffen. Um die Fragestellung endgültig präzisieren zu können, ist es z.B. wichtig zu sehen, auf welche Art ein Schüler bereits liest oder wie weit er rechnen kann, welche Fähigkeiten zur Mobilität ein Mensch bereits erworben hat, welcher Art das selbstverletzende Verhalten ist oder um welche Person es sich bei einem einzuschulenden Kind handelt. Diese ersten Eindrücke orientieren grundlegend über die Art des zu klärenden Sachverhalts, sie liefern aber noch keine expliziten Anhaltspunkte für die Durchführung der Untersuchung. Auch wenn die zu untersuchende Person dem Diagnostiker bzw. der Diagnostikerin bereits bekannt ist, erübrigt sich die fragestellungsnahe Handlungsbeobachtung keineswegs, da sie eine geeignete Möglichkeit ist, in Alltagsroutinen eingefahrene Sehgewohnheiten zu durchbrechen und sich die Freiheit eines neuen Blicks auf einen Menschen mit Behinderung zu nehmen.

Fragestellungsanalyse als Kern bedingungsanalytischer Diagnostik

Als entscheidende Basis für die Interpretation beobachteter Verhaltensweisen oder erhobener Daten wurde der *Bezug auf ein theoretisches oder erfahrungsbezogenes Interpretationsraster* herausgestellt. Ausgangspunkt jeder diagnostischen Untersuchung müssen deshalb theoretische Überlegungen zu den grundlegenden Aspekten der zu untersuchenden Fragestellung sein. Auf die genannten Beispiele bezogen heißt dies, dass gute Kenntnisse über einzelne Stufen des Leseprozesses und alle damit zusammenhängenden Einflussfaktoren vorhanden sein müssen, damit eine Untersuchung dieses Gegenstandsbereichs möglich ist und begründete Überlegungen für eine geeignete Förderung des Schülers angestellt werden können. Gleiches gilt für die Fragestellungen zur Entwicklung des Zahlbegriffs bzw. die mathematische Operation der Addition, zur Fortbewegung mit öffentlichen Verkehrsmitteln,

zum Abbau selbstverletzenden Verhaltens oder zu den wichtigen Kriterien für eine Einschulungsentscheidung. Nur auf der Basis fundierter Überlegungen zum theoretischen Hintergrund, der für die Bearbeitung jeder einzelnen diagnostischen Fragestellung erforderlich ist, kann der Blick differenziert auf die einzelnen Aspekte des zu untersuchenden Verhaltens gerichtet werden (Sautter 2005, 193).
Kretschmann formuliert dazu sehr eindringlich:

Diagnosen (...) können nur dann zu einer Optimierung pädagogischer Angebote beitragen, wenn (...) die Ausführenden – Lehrerinnen und Lehrer – über hinreichende Modelle über Ursachen und Verläufe der Entwicklungsprozesse ihrer Klientel, der regulären Entwicklung und alterstypischer Störungen und Gefährdungen [verfügen]. (...)
Man sieht nur, was man weiß oder, um es mit anderen Worten zu formulieren, das Diagnosehandeln und die diagnostische Sensibilität sind abhängig von den Modellen und Vorstellungen, die man von einem Sachverhalt hat. Nur Lehrerinnen und Lehrer, die über pädagogisches und psychologisches Hintergrundwissen verfügen, sind hinreichend beobachtungssensibel, um Krisensymptome frühzeitig zu erkennen und ggf. eine weitergehende Überprüfung einzuleiten oder zu veranlassen. Eine professionelle Diagnosehandlung ist eine theorie- und hypothesengeleitete gezielte Suche auf der Basis einer Anfangsbeobachtung und einer Anfangsvermutung. Theorielos operierende Diagnostiker sind sehenden Auges blind oder (...) setzen alle verfügbaren Instrumente ein, in der Hoffnung ‚irgend etwas' zu finden. Und in der Tat ‚irgend etwas' findet man immer, mag es nun für die Entwicklung der Person relevant sein oder nicht" (Kretschmann 2003).

Am Anfang einer diagnostischen Untersuchung steht also *in jedem Fall* eine allgemeine, unabhängig von der Situation und den Fähigkeiten des Probanden durchzuführende Analyse des jeweils zu untersuchenden Verhaltens und dessen Bedingungshintergründe. Dies ist der Grund, warum hier von „Bedingungsanalytischer Diagnostik" die Rede ist. Es wird damit entschieden dafür plädiert, eine diagnostische Untersuchung nicht einfach mit dem Einsatz von Untersuchungsinstrumenten zu beginnen, sondern mit einer sogenannten „Fragestellungsanalyse" (vgl. dazu: Sautter 2005, 193ff.), die eine systematisierte und theoriegeleitete Auseinandersetzung mit dem Bedingungsgefüge des in der Fragestellung thematisierten Untersuchungsanliegens darstellt. Während dies im obigen Beispiel unbewusst und intuitiv geschah, geht es bei professionellem diagnostischem Handeln darum, die erforderlichen theoretischen Überlegungen bewusst und explizit anzustellen.
Soll die – am besten schriftlich zu skizzierende – Fragestellungsanalyse alle relevanten Aspekte eines Verhaltens und dessen potenzielle Bedingungshintergründe erfassen, so sind dafür Wissensbestände erforderlich, die weit über die Kenntnisse diagnostischer Methoden hinaus reichen. Denn eine Fragestellungsanalyse muss Überlegungen zu den grundlegenden theoretischen Aspekten einer zu untersuchenden Fragestellung auf verschiedenen Ebenen beinhalten. Dies bezieht sich zunächst auf:

1. Die *Analyse des bestimmten Verhaltens bzw. des Lernprozesses*: In einem ersten Schritt geht es darum, sich detailliert zu vergegenwärtigen, welches direkt beobachtbare Verhalten in der Fragestellung angesprochen ist, wie der entsprechende Handlungs- oder Lernprozess üblicherweise abläuft und welche Faktoren damit in unmittelbarem Zusammenhang stehen. Konkret heiß dies für die bisher verwendeten Beispiele, sich genau vor Augen zu führen, was geschieht bzw. geschehen muss, damit ein Schüler gelingend rechnen oder lesen lernen kann, welche Handlungsabläufe für die Fortbewegung mit öffentlichen Verkehrsmitteln kennzeichnend sind, welche theoretischen Ansätze zu einem Verständnis von selbstverletzendem Verhalten führen könnten oder was es heißt, in eine Schule eingeschult zu werden. Und genauer noch, z.B. im Hinblick auf die Fragestellung aus dem Bereich Mathematik: Wie erfasst ein Heranwachsender den Zahlenraum bis 1000 und mithilfe welcher Techniken kann er operativ mit Zahlen umgehen? Wie geschieht die Addition mit Zehnern und Hundertern, wie die Überschreitung der Hunderter, wie tragen die Gesetze der Addition und die Fähigkeit zum Zerlegen von Zahlen im Stellenwertsystem zur Lösungsfindung bei, etc.?
   Die Fragestellungsanalyse zur Nutzung öffentlicher Verkehrsmittel würde die z.T. noch weiter auszudifferenzierenden Schritte vom Fahrplan- und Uhrlesen über das Aufsuchen der Einstiegshaltestelle, die Fähigkeiten zur Orientierung und Gefahrenabschätzung, das frühzeitige Erkennen der Annäherung an die Ausstiegshaltestelle bis hin zum Aussteigen usw. enthalten (vgl. auch Sautter 2005, 192).
   Sich auf solche Art und Weise die einzelnen Elemente des jeweiligen Lern- oder Handlungsprozesses zu vergegenwärtigen ist alles andere als praxisferne akademische Pedanterie: Nur wenn ein differenziertes theoretisches Hintergrundwissen vorhanden ist, kann sich der diagnostische Blick ebenso angemessen wie präzise auf die einzelnen Aspekte des entsprechenden Verhaltens richten. Ohne derartige Kenntnisse besteht die sehr reelle Gefahr, dass wesentliche Komponenten des Handlungsablaufs, deren diagnostische Berücksichtigung eventuell viel zum Verstehen der Probleme eines Kindes beitragen kann, nicht als bedeutsam wahrgenommen oder sogar übersehen werden. Dabei sollte die theoretische Analyse umso kleinschrittiger sein, „je schwerer sich der behinderte Mensch mit einem Handlungsprozess tut, denn umso bedeutsamer ist jeder kleinste gelingende oder nicht gelingende Prozessschritt im Blick auf mögliche und adäquate Unterstützung. Denn der Mensch ohne Behinderung (hier der Diagnostiker) hat vielfach Teil-Handlungsprozesse so stark automatisiert, dass er ohne Feinanalyse eines Handlungsprozesses Gefahr läuft, sie zu übersehen“ (Sautter 2005, 192).

2. Das zu untersuchende Verhalten eines Menschen mit Behinderung oder ein bestimmter Lern-/Handlungsprozess lässt sich aber nicht aus sich selbst heraus erklären. Deshalb muss neben die Analyse des bestimmten Verhaltens bzw. des Lernprozesses in einem zweiten Teil der Fragestellungsanalyse die *Klärung in-*

dividueller Bedingungshintergründe, Kompetenzen und Lernvoraussetzungen treten, die als Einflussgrößen gewissermaßen „hinter" dem beobachtbaren Verhalten eines Menschen stehen. Je nach Fragestellung sind hier ganz unterschiedliche persönliche Faktoren und Fähigkeiten von Belang. Es kann sich dabei um somatisch-konstitutionelle und gesundheitliche Voraussetzungen handeln, um kognitive Kompetenzen, motorische Fähigkeiten, kommunikative Möglichkeiten, insbesondere das Sprach- und Sprechverhalten, soziale Kompetenzen, den emotionalen Bereich, das Selbstkonzept etc. Ein Kind wird zum Beispiel nur dann Rechnen und Lesen lernen, wenn es über bestimmte kognitive Fähigkeiten verfügt, ein Regel- und Symbolverständnis entwickelt hat, seine Wahrnehmungsfähigkeit ausreicht, um Buchstaben und Zahlen zu erkennen, sein Selbstkonzept durch ein Gefühl der Erfolgszuversicht und nicht der Misserfolgsängstlichkeit bestimmt ist, etc. All dies sind individuelle Kompetenzen, deren diagnostische Untersuchung im je spezifischen Einzelfall erhellen kann, warum ein Schüler gut oder weniger gut lesen bzw. rechnen kann. Im Hinblick auf das Verständnis selbstverletzenden Verhaltens ist es dagegen unabdingbar zu wissen, dass bspw. die Bereiche der kommunikativen Fähigkeiten, der lebenspraktischen Selbstversorgung, der Sinnestätigkeiten, aber auch die emotionale Grundgestimmtheit in einem engen Zusammenhang mit dem Auftreten und der Form dieser Verhaltensauffälligkeit stehen (vgl Mühl et al. 1996, 78).

3. Die Fragestellungsanalyse kann sich nicht nur auf individuumsbezogene Aspekte konzentrieren, sondern muss stets auch die *Bedingungen des Umfeldes eines Menschen* mit berücksichtigen und diese in gleichem Maße als prägend und verursachend für individuelles Verhalten betrachten. Der Grund dafür ist der letztlich selbstverständliche Zusammenhang zwischen Verhalten und Verhältnissen, zwischen individuellen Verhaltensweisen und Strukturen der Lebenswelt: Über welche Fähigkeiten ein Mensch verfügt, was er tut, wie er denkt und fühlt, das ist nicht verstehbar, wenn man nicht die jeweiligen Umweltbedingungen kennt. Kagan (2000, 115) hat eine individuumzentrierte Sichtweise, die Fähigkeiten und Persönlichkeitseigenschaften lediglich als inhärente Attribute eines Menschen betrachtet, als einen der „drei Grundirrtümer der Psychologie" bezeichnet. Er geht deshalb zu Recht davon aus, dass die Kompetenzen und Persönlichkeitscharakteristika eines Menschen nur in ihrem Bezug auf Umfeldbedingungen und biographische Erfahrungszusammenhänge verständlich werden.
   Einen dritten Bereich der Fragestellungsanalyse stellt daher die sogenannte *Mensch-Umfeld-Analyse dar.* Zu klären ist dabei, welche biographischen, sozialen und gesellschaftlichen Bedingungshintergründe in einem Zusammenhang mit dem in der diagnostischen Fragestellung angesprochenen Verhalten stehen. Zu den lebensweltlichen Teilsystemen, die dabei in Betracht zu ziehen sind, gehören vor allem die Familie und die Wohnumgebung, die Bedingungen der Institution, in denen ein Mensch mit Behinderung lernt, lebt oder arbeitet, die dort agierenden Bezugspersonen, ganz besonders aber auch materielle, soziale und kulturelle Aspekte des jeweiligen Umfeldes. So kann es für einen Rollstuhl-

fahrer z.B. einer der wichtigsten Aspekte sein, um öffentliche Verkehrsmittel benutzen zu können, ob diese einen absenkbaren Zugang haben oder nicht. Für das Lesen und Rechnen lernen kann es eine ganz wesentliche Rolle spielen, welcher Lehrer mit welchem didaktischen Material diese Kulturtechniken zu vermitteln versucht, wie die Zusammensetzung einer Klasse aussieht, welchem kulturellen bzw. sprachlichen Zusammenhang ein Schüler entstammt, welche Unterstützung er zu Hause bekommt, etc.
Auch im Hinblick auf die Entstehung von selbstverletzenden Verhaltensweisen kommt Gegebenheiten der sozialen, materiellen und räumlichen Umgebung der Betroffenen eine wesentliche Rolle zu (Mühl et al. 1996, 80). Ganz explizit betont z.B. der materialistische Erklärungsansatz (Lanwer 2002) die Bedeutung von Macht und Bedrohung, von sozialer, sensorischer und emotionaler Deprivation als Faktoren, die selbstverletzendes Verhalten als Autokompensation von Bedingungen der „äußeren Isolation" zur Folge haben.
Alle diese Beispiele sollen in aller Deutlichkeit belegen, dass die Konzeption jeglicher diagnostischer Untersuchung ohne die Berücksichtigung von Umfeldbedingungen von vornherein als unzureichend betrachtet werden muss.

Insgesamt hat die Erarbeitung einer Fragestellungsanalyse zwei wichtige Funktionen:
- zum einen wird der *theoretische Hintergrund* der beabsichtigten Untersuchung expliziert und
- zum anderen wird dadurch eine *Systematisierung und Strukturierung der diagnostischen Vorgehensweise* erreicht.

Durchführung einer Untersuchung im Rahmen bedingungsanalytischer Diagnostik

Die üblicherweise schwierige Frage, wie eine diagnostische Untersuchung beginnt und worauf sie sich anfangs konzentriert, ist im Rahmen bedingungsanalytischer Diagnostik durch die Fragestellungsanalyse bereits beantwortet bzw. vorgegeben: Da geklärt ist, welche individuellen und außerindividuellen Aspekte von diagnostischer Bedeutung sind, wird zunächst eine *Erhebung des Ist-Standes* durchgeführt, die sich auf die im ersten Teil der Fragestellungsanalyse vorgenommene Analyse des beobachtbaren Verhaltens bzw. des Lernprozesses stützt und entsprechende Informationen zusammenträgt. Die einzelnen Verhaltensaspekte sind dabei so genau, breit und vielfältig wie möglich zu erheben, damit generalisierte Aussagen über das Beobachtete zulässig sind.
Es ist davon auszugehen, dass im Verlauf dieser Bestandsaufnahme offensichtlich wird, wo die Fähigkeiten eines Kindes liegen, aber auch worin seine Probleme und Schwierigkeiten bestehen. Die Hinweise darauf sind Ausgangspunkt für den nächsten diagnostischen Schritt, die *Formulierung von Hypothesen*, mit denen der Versuch unternommen wird, das beobachtbare Verhalten zu verstehen und zu erklären. Diagnostik kann sich nicht darauf beschränken, lediglich das zusammenzutragen, was beobachtbar ist, was also alle sehen können, vielmehr besteht die eigentliche

diagnostische Aufgabe darin, über die Formulierung und Überprüfung von Hypothesen zu psychologischen Interpretationen zu gelangen, welche die Bedingungshintergründe beobachtbaren Verhaltes erschließen. Die zentrale Frage lautet dementsprechend in dieser Phase des diagnostischen Prozesses: Welche Bedingungen bzw. Bedingungsgefüge sind vermutlich am Zustandekommen und an der Aufrechterhaltung der ermittelten Handlungsabläufe bzw. Verhaltensweisen beteiligt? Auch hierfür erfolgt wieder der Bezug auf die Fragestellungsanalyse: Zielführende Untersuchungshypothesen kommen dadurch zustande, dass empirisch vorfindbare Daten in einen Zusammenhang mit den in der Fragestellungsanalyse formulierten individuellen und außerindividuellen Bedingungshintergründen gebracht werden. Bestätigen sich entsprechende Hypothesen, so ergeben sich daraus Anhaltspunkte für die Erklärung des Verhaltens, bestätigen sich die Hypothesen nicht, werden sich im diagnostischen Prozess andere Ansatzpunkte ergeben müssen, um neue Hypothesen zu generieren, zu prüfen und abzusichern. Die Formulierung von Hypothesen und deren Untersuchung mit geeigneten Mitteln sind Schritte des diagnostischen Prozesses, die ständig ineinandergreifen und sich so lange wiederholen werden, bis der Diagnostiker zu einem gut begründbaren und für ihn stimmigen Ergebnis gelangt ist.
Ein derartiges hypothesengeleitetes diagnostisches Vorgehen heißt allerdings nicht, alle möglichen Untersuchungsbereiche, die in der Fragestellungsanalyse thematisiert wurden, additiv abzuarbeiten. Vielmehr geht es darum, sich begründet auf diejenigen Aspekte und Bereiche zu konzentrieren, die sich im je konkreten Fall als relevant erweisen.

Erst nach der Entscheidung zur Überprüfung bestimmter Hypothesen ist in Abhängigkeit von diesen die Methodenfrage zu klären. Aus der Breite der diagnostischen Untersuchungsverfahren und -instrumente (standardisierte Verfahren, Beobachtungen in natürlichen oder in Spieltestsituationen, Befragungen, Dokumentenanalyse, etc.) sind diejenigen auszuwählen, die dem jeweils in Frage stehenden Untersuchungsinhalt unter den individuell gegebenen Umständen am besten gerecht werden. Dabei geht es zwar darum, eng am jeweiligen Untersuchungsgegenstand zu bleiben, aber es muss ebenso möglich sein, die subjektiven Vorlieben und Neigungen der Menschen mit Behinderung wie auch die Interessen und Kompetenzen des Diagnostikers selbst zu berücksichtigen (vgl. Sautter 2005, 198ff.).
In diesem Zusammenhang noch eine Anmerkung zum Einsatz von psychometrischen Verfahren: Niemand kann sagen, Tests seien „an sich“ gut oder schlecht. Die Frage nach der Qualität und Tauglichkeit standardisierter Verfahren muss immer anwendungsbezogen formuliert werden und lauten: Wann macht es Sinn, einen Test einzusetzen, und wann nicht? Es kann also nicht darum gehen, Tests prinzipiell in Abrede zu stellen, es muss vielmehr genau abgewogen werden, in welchem Fall es tatsächlich in welcher Form Sinn macht, standardisierte Verfahren zu benützen. Immer muss sich ein Anwender aber auch darüber im Klaren sein, wie die quantitativen Ergebnisse zu bewerten und wofür sie zu benutzen sind, und er sollte ihre Bedeutung nicht überschätzen.

Bedingungsanalytische Diagnostik und Ein- bzw. Umschulungsverfahren

Als prekärste Aufgaben sonderpädagogischer Diagnostik wurden und werden – wie bereits dargestellt – von vielen Vertretern der Förderdiagnostik Platzierungsfragen betrachtet, vor allem, wenn es darum geht, welche Schülerinnen und Schüler in eine bestimmte Sonderschule aufgenommen werden sollen und welche nicht. Insbesondere Breitenbach (2003, 36ff.) hat sich in jüngerer Zeit hierzu nochmals sehr kritisch geäußert und geht davon aus, dass Platzierungsdiagnostik gezwungen sei, die Leistungsfähigkeit eines Kindes oder Jugendlichen zu bewerten, wobei die Kriterien für diese Bewertung die jeweiligen Anforderungsprofile der zur Auswahl stehenden Einrichtung, Schule oder berufsbildenden Institution bilden. Dagegen soll Förderdiagnostik seiner Auffassung nach einen Lern- und Entwicklungsprozess analysieren, der sich ausschließlich auf das Kind bzw. den Jugendlichen in seiner Lernsituation bezieht und Überlegungen zur Gestaltung eines neuen Lernangebotes zum Gegenstand hat. Eine Bewertung sei hier nicht vorzunehmen, da sie für die Gestaltung eines neuen Lernangebotes wenig hilfreich sei:

„Sicherheit über die Richtigkeit der im förderdiagnostischen Prozess gefällten Entscheidung oder aufgestellten Hypothesen ergibt sich ausschließlich aus dem Erfolg oder Misserfolg der Fördermaßnahmen oder des neuen Lernangebotes. Misserfolg bedeutet, dass die gewählten Hypothesen oder die getroffenen Entscheidungen nicht hilfreich und damit unangemessen waren. Gewissheit darüber, ob eine Platzierungsentscheidung richtig oder falsch ist, erhält der Diagnostiker während des diagnostischen Aktes nur über den Vergleich des Leistungs- und Entwicklungsstandes des Untersuchten mit den zur Verfügung stehenden Normen oder Bewertungskriterien. Solche Normen ergeben sich aus dem Anforderungsprofil der zur Auswahl stehenden Einrichtungen“ (Breitenbach 2003, 39).

Dies klingt zunächst plausibel, erweist sich bei genauerer Betrachtung aber als ausgesprochen problematisch: Es ist letztlich wenig einleuchtend, warum unterschiedliche Fragestellungen nicht nur unterschiedliches methodischen Vorgehen, sondern sogar eine ganz eigene Art von Diagnostik erfordern und sich dann auch noch deren Ergebnisse „in der Qualität“ unterscheiden sollen (Breitenbach 2003, 38). Allen diagnostischen Anliegen, sei es die Feststellung eines individuellen Kompetenzprofils, eine Platzierungsentscheidung, die Förderung eines Schülers oder der Umgang mit Verhaltensauffälligkeiten, muss ein vergleichbares Muster der diagnostischen Untersuchung zugrunde liegen, das von der genauen Fragestellung unabhängig ist. Denn die identische Zielstellung, die jegliches sonderpädagogisches diagnostisches Handeln kennzeichnen muss, ist es, Perspektiven für pädagogisches Handeln zu eröffnen, oder in anderen Worten: Aussagen zum „sonderpädagogischen Förderbedarf“ eines Menschen mit Behinderung zu machen. Deshalb wird davon ausgegangen, dass sich im Rahmen der hier vorgeschlagenen Form bedingungsanalytischer Diagnostik auch Fragen der Ein- und Umschulung mit dem vorgestellten Untersuchungsraster bearbeiten lassen: Auch bei Einschulungsentscheidungen muss

eine theoretische Klärung des Untersuchungsanliegens (Fragestellungsanalyse) die Basis für die Durchführung einer hypothesengeleiteten Untersuchung und die Interpretation der Ergebnisse bilden. Darauf aufbauend lassen sich Überlegungen zur Erziehung und zum Förderbedarf eines Kindes und schließlich zum adäquaten Lernort formulieren.
Hinsichtlich dieser Aufgabe befürchtet Breitenbach (2003, 39): „Gerade bei Umschulungsfragen existieren keine eindeutig operationalisierten Anforderungen. Es lässt sich nicht exakt formulieren, welche Fähigkeiten und Fertigkeiten in welchem Ausmaß bei einem Kind vorhanden sein müssen, damit es z.B. in einer Grundschule erfolgreich lernen kann.“ Diese Bedenken relativieren sich, wenn der Blickwinkel umgekehrt und nicht länger danach gefragt wird, welchen schulischen Kriterien ein Kind genügen muss, sondern danach, welche Schule am besten den Förderbedürfnissen eines Kindes gerecht werden kann. Es muss also darum gehen, in erster Linie ein Verständnis für den sonderpädagogischen Förderbedarf eines Kindes zu gewinnen, das lernen und eine Schule besuchen will, und daran anschließend zu entscheiden, in welcher schulischen Umgebung dies am besten möglich ist. Wobei angesichts des bestehenden Schulsystems sicherlich in Kauf genommen werden muss, dass dieses „am besten“ in der Praxis aller Voraussicht nach „am wenigsten schlecht“ bedeutet. Hier ist Heimlich zuzustimmen, der für eine diagnostische Neuorientierung plädiert, die eine „Trennung von Förderbedarf und Förderort“ (1998, 51) impliziert: „Diese beiden Verfahrensschritte waren im herkömmlichen Aufnahmeverfahren eng miteinander verknüpft. Diagnostik fand überwiegend zum Zwecke der Auslese statt. Zukünftig soll jedoch die Feststellung des Förderbedarfs von der Entscheidung über den Förderort abgekoppelt sein“ (ebd.).

Eine beispielhafte Fragestellungsanalyse zum Thema Einschulung[1] würde sich zunächst auf die *Ebene der beobachtbaren Handlungen* beziehen, die ein Schulbesuch mit sich bringt. Als wesentlich können dabei unterschieden werden:

Unmittelbar unterrichtsbezogene Kompetenzen:
- einfache Handlungsabfolgen verstehen können
- sich einfache Handlungsabfolgen merken und vorstellen können
- eigene Beiträge/Vorstellungen kommunizieren können
- pränumerische/numerische Aufgabenstellungen
- Schriftsymbole mit Bedeutung in Verbindung bringen können
- Linien ziehen (gerade, gebogen)
- Tätigkeiten wie Malen, Schneiden, Kleben

Soziale Kompetenzen:
- in Kontakt mit anderen treten können
- sich in Klasse einfügen können

[1] Ich danke Hartmut Sautter, auf den die Ausformulierung dieser Fragestellungsanalyse wesentlich zurückgeht

- Rücksichtnahme
- anderen helfen können
- sich selbst behaupten können
- sich einbringen können (Spiel, Gespräch, Produktion, etc.)
- Lehrer/in bzw. Mitschüler um Hilfe bitten können

Umgang mit Regeln und schulische Ordnungsformen:
- Lehrkraft kennen und erkennen
- sitzen bleiben können
- zuhören können
- auf Anweisungen reagieren können
- sich auf unterrichtliches Geschehen konzentrieren können
- Orientierung im Schulhaus
- Selbstversorgung.

Eine diagnostische Untersuchung hat sich demnach als erstes auf diese Aspekte zu beziehen und sich in Form einer Ist-Stands-Erhebung einen Überblick über die spezifischen Ausprägungen der Kompetenzen und Fertigkeiten, die Stärken und Schwächen des einzuschulenden Kindes zu verschaffen. Dabei kann es sehr wichtig sein, dass Lehrerinnen und Lehrer die genannten Kriterien nicht im Lichte ihrer eigenen mittelschichtorientierten Sozialisation interpretieren, sondern auch den lebensweltlichen Bezugssystemen soziokulturell benachteiligter Kinder bzw. von Kindern mit Migrationshintergrund gerecht werden (vgl. hierzu auch den Beitrag von Weiß in diesem Band).
In einem nächsten Schritt, wenn es darum geht, einen hypothesengeleitet-interpretativen und verstehenden Zugang zu den beobachteten Verhaltensweisen zu gewinnen, können die unterschiedlichen Bereiche *individueller Bedingungshintergründe* sowie *biografische und strukturelle Aspekte* als Orientierungspunkte für die diagnostische Urteilsbildung dienen:

Individuelle Kompetenzen und Lernvoraussetzungen:
- kognitive Kompetenzen (inkl. Kurzzeitgedächtnis/Langzeitgedächtnis)
- Wahrnehmung (inkl. Sinnesprüfung)
- soziale Fähigkeiten
- Kommunikation
- Motorik (Fein-/Grobmotorik)
- emotionaler Bereich/Selbstkonzept
- Aufmerksamkeit/Konzentration/Motivation
- Mobilität

Umfeldbedingungen (Kind-Umfeld-Analyse:)
- Familie
- Herkunft (Lern-/Entwicklungsgeschichte)
- schulische Bedingungen

Am vorläufigen Ende des diagnostischen Prozesses stehen bei Einschulungsuntersuchungen – wie bei jeder anderen Fragestellung auch – Aussagen zum sonderpädagogischen Förderbedarf, also Aussagen zur Erziehung und Förderung der untersuchten Jungen und Mädchen, die an deren spezifischen Bedürfnissen orientiert sind. Erst wenn dieser Förderbedarf geklärt ist, kann daran anknüpfend eine Entscheidung über den richtigen schulischen Lernort getroffen werden. Dies setzt allerdings zwingend eine ebenso gründliche Diagnostik der vor Ort gegebenen Schullandschaft, ihrer jeweiligen Angebote und Anforderungen voraus.

Bedingungsanalytische Diagnostik und Perspektiven pädagogischen Handelns

Wie am Beispiel der Einschulungsuntersuchung bereits deutlich wurde, zielt diagnostisches Handeln in der hier vorgestellten Form darauf, Perspektiven für pädagogisches Handeln und die Gestaltung entwicklungsfördernder Angebote zu eröffnen – so, wie dies als elementares konzeptionelles Element für Förderdiagnostik beschrieben wurde. Aus der Analyse eines aktuellen Ist-Standes und seiner interpretativen Durchdringung müssen Ansatzpunkte für die pädagogische Arbeit resultieren. Dahinter steht die Überzeugung, dass diagnostische Ergebnisse alleine nur wenig Relevanz haben, wenn es nicht gelingt, die gewonnenen Erkenntnisse für die Entwicklungsförderung der betreffenden Person, für Lern- und Lehrprozesse, für die Begleitung und Unterstützung eines Menschen mit Behinderung zu nutzen. Die Erfassung des Ist-Standes bzw. der Lernausgangslage kann sich demnach nicht auf die Analyse von Defiziten im Unterschied zu durchschnittlichen Leistungsniveaus beschränken, vielmehr wird angestrebt, eine Vorstellung davon zu gewinnen, wie die „Zone der nächsten Entwicklung“ (Wygotski) aussehen kann und welche nächsten Schritte unternommen werden können, um – ausgehend vom individuellen Leistungsvermögen – weiteres Lernen und Wachstum zu ermöglichen. Dazu zählen die Identifizierung bzw. Schaffung einer Umgebung, in der das Kind seine Möglichkeiten realisieren kann, die Suche nach der am geringsten einschränkenden Lebens- und Lernumwelt („least restrictive environment“) und die Erstellung individueller Erziehungs- und Förderpläne.

Grundsätzlich darf jedoch nicht davon ausgegangen werden, dass es eine eindeutige Verknüpfung von Diagnostik und Pädagogik gibt, vielmehr besteht zwischen den diagnostisch gewonnenen Hypothesen und Interpretationen und den zu entwickelnden Fördervorschlägen nur ein mittelbarer Zusammenhang. Ganz sicher lässt sich zwischen Diagnostik und Pädagogik kein direktes Kausalverhältnis konstruieren. Dies ist vor allem durch zwei Faktoren begründet: Zum einen unterscheidet sich jeder Mensch mit Behinderung von anderen Menschen mit Behinderung, verfügt über andere Stärken und Schwächen, ist in einen unterschiedlichen lebensweltlichen Zusammenhang eingebettet und hat je eigene Bedürfnisse und Interessen: „Jedes Kind ist anders, lernt anders, besitzt andere Stärken und Schwächen und organisiert die Aneignung von Wirklichkeit selbst. Es gibt deshalb keine Garantie

für eine Entsprechung von Lehren und Lernen" (Eberwein 1996, 13). Allein schon aus dieser Tatsache folgt, dass für jeden konkreten Einzelfall individuell stimmige Perspektiven zu entwickeln sind, die nur für diesen Einzelfall angemessen sind, nicht aber für einen anderen.
Ein zweiter Grund ist der unbestreitbare Umstand, dass Pädagogen über unterschiedliche pädagogische Konzepte und Visionen verfügen und dass unter ihnen keineswegs Einigkeit besteht, wie auf den ermittelten Förderbedarf eines Menschen mit Behinderung mit entsprechenden Angeboten adäquat zu reagieren ist.. Folglich können die pädagogischen Schlussfolgerungen, die jeweils aus diagnostischen Erkenntnissen gezogen werden, recht unterschiedlich ausfallen und mit verschiedenen Zielvorstellungen einher gehen. Oder, um es mit der hier verwendeten Begrifflichkeit zu formulieren: Es kann nicht die eine, „richtige" Fragestellungsanalyse geben, weil auch hier unterschiedliche theoretische Auffassungen im Spiel sein können und sich aus diesem Grund auch bei gleicher Ist-Stands-Analyse die Vorstellungen hinsichtlich der pädagogischen Konsequenzen deutlich unterscheiden können.
Wird beispielsweise selbstverletzendes Verhalten (SVV) im theoretischen Horizont psychodynamischer Ansätze begriffen, so wird die Bedeutung von Beziehungsstrukturen im Vordergrund stehen und SVV in der Folge von Erfahrungen der Wertlosigkeit bzw. Entwertung, des Ausgeschlossen-Seins und der emotionalen Vernachlässigung verstanden werden. Ein kommunikationstheoretischer Zugang hingegen wird SVV als Resultat des Zusammenbruchs eines tragfähigen Dialogs und unzureichender Interaktions- und Kommunikationskompetenz auffassen, was zu anderen pädagogischen Angeboten führt. Wer lerntheoretische Konzepte favorisiert, wird schließlich Lernprozesse, insbesondere positive Verstärkung und Vermeidungslernen als Faktoren begreifen, die an der Aufrechterhaltung und Ausgestaltung von SVV beteiligt sind. Es ist leicht vorstellbar, dass daraus wiederum ganz andere Vorschläge für pädagogische oder therapeutische Interventionen folgen können.

Ungeachtet dieser mangelnden Eindeutigkeit im Verhältnis von Diagnostik und Pädagogik bleibt der prinzipielle Ansatz der vorgeschlagenen bedingungsanalytischen Diagnostik unberührt: Es geht darum, einen theoriefundierten, verstehenden Zugang zum Handeln und zum Lebensfeld eines Menschen mit Behinderung zu gewinnen und damit die bestmögliche Basis für sorgfältige Überlegungen im Hinblick auf die Schaffung adäquater Lern- und Erziehungsangebote zu finden. Und da der diagnostische Prozess in der vorgestellten Form primär von inhaltlichen Gesichtspunkten bzw. von einer theoretischen Klärung diagnostischer Frage- oder Problemstellungen seinen Ausgang nimmt und auch ständig darauf bezogen bleibt, soll bedingungsanalytische Diagnostik so verstanden werden können, dass sich Anspruch und Methoden sowohl von klassifizierender, taxonomischer Diagnostik als auch von Förderdiagnostik darunter subsumieren lassen.

Literatur

Breitenbach, E.: Förderdiagnostik. Theoretische Grundlagen und Konsequenzen für die Praxis. Würzburg 2003.

Brock, D.; Junge, M.; Diefenbach, H.; Keller, R.; Villányi, D.: Soziologische Paradigmen nach Talcott Parsons. Wiesbaden 2008.

Bundschuh, K.: Praxiskonzepte der Förderdiagnostik. Möglichkeiten der Anwendung in der sonder- oder heilpädagogischen Praxis. Bad Heilbrunn 1994.

Eberwein, H.: Förderdiagnostik als Lernprozessdiagnostik. In: Behinderte in Familie, Schule und Gesellschaft, 19, 1996, 5–14.

Eberwein, H.; Knauer, S.: Einführung und Problemstellung. In: Eberwein, H.; Knauer, S. (Hg.).: Handbuch Lernprozesse verstehen. Wege einer neuen (sonder-)pädagogischen Diagnostik. Weinheim, Basel 1998, 7–14.

Eggert, D.: Von den Stärken ausgehen ... Individuelle Entwicklungspläne (IEP) in der Lernförderungsdiagnostik. Dortmund 1997.

Eggert, D.: Von der Testdiagnostik zur qualitativen Diagnose in der Sonderpädagogik. In: Eberwein, H.; Knauer, S. (Hg.): Handbuch Lernprozesse verstehen. Wege einer neuen (sonder-)pädagogischen Diagnostik. Weinheim, Basel 1998, 16–38.

Fornefeld, B.: Das schwerstbehinderte Kinder und seine Erziehung. Beiträge zu einer Theorie der Erziehung. Heidelberg 1995.

Goll, H.: Vom Defizitkatalog zum Kompetenzinventar. In: Hofmann, T.; Klingmüller, B. (Hg.): Abhängigkeit und Autonomie. Neue Wege in der Geistigbehindertenpädagogik. Berlin 1994, 130–154.

Grubitzsch, S.: Testtheorie – Testpraxis. Psychologische Tests und Prüfverfahren im kritischen Überblick. Reinbek bei Hamburg 1991.

Haupt, U.: Körperbehinderte Kinder verstehen lernen. Auf dem Weg zu einer anderen Diagnostik und Förderung. Düsseldorf 1996.

Heimlich, U.: Förderdiagnostik bei Lernschwierigkeiten – Anregungen für die Praxis. In: Mutzeck, W. (Hg.): Förderdiagnostik bei Lern- und Verhaltensstörungen. Konzepte und Methoden. Weinheim 1998, 43–58.

Hildeschmidt, A.; Sander, A.: Der ökosystemische Ansatz als Grundlage für Einzelintegration. In: Eberwein, H. (Hg.): Handbuch Integrationspädagogik. Weinheim 1999[5], 269–276.

Jetter, K.: ‚Verstehende Diagnostik'. In: Geistige Behinderung, 33, 1994, 297–307.

Kagan J.: Die drei Grundirrtümer der Psychologie. Weinheim 2000.

Kautter, H.: Einige sozialpsychologische Aspekte förderungsdiagnostischer Arbeit. In: Kornmann, R.; Meister, H.; Schlee, J. (Hg.): Förderungsdiagnostik: Konzept und Realisierungsmöglichkeiten. Heidelberg 1994[3], 2–8.

Kautter, H.; Munz, W.; Sautter, H.; Schoor, U.: Die Bedeutung der Diagnostik für das Sonderpädagogische Handeln. Studienbegleitbrief der Fernuniversität Hagen. Hagen 1980.

Kobi, E. E.: Einweisungsdiagnostik – Förderdiagnostik: Eine schematisierte Gegenüberstellung. In: Vierteljahresschrift für Heilpädagogik, 46, 1977, 115–123.

Kobi E. E.: Diagnostik in der heilpädagogischen Arbeit. Luzern 2003[5].

Kornmann, R.; Meister, H.; Schlee, J. (Hg.): Förderungsdiagnostik: Konzept und Realisierungsmöglichkeiten. Heidelberg 1994[3].

Kretschmann, R.: Die unvermeidliche Zweckentfremdung der Förderdiagnostik in einem selektionsorientierten Bildungssystem. In: Kornmann, R.; Meister, H.; Schlee, J. (Hg.): Förderungsdiagnostik: Konzept und Realisierungsmöglichkeiten. Heidelberg 1994[3], 43–48.

Kretschmann, R.: Erfordernisse und Elemente einer Diagnostik-Ausbildung für Lehrerinnen und Lehrer. In: Journal für LehrerInnenbildung, 2, 2003, 9–19, Online-Quelle: http://www.kretschmann-online.de/Aufsaetze/Diagnostikausbildung.html [Zugriff: 13.7.2008].

Langfeldt, H.; Kurth, E. (Hg.): Diagnostik bei Lernbehinderten. Neuwied 1993.

Lanwer, W.: Selbstverletzungen bei Menschen mit einer sogenannten geistigen Behinderung. Butzbach 2002.

Mühl, H.; Neukäter, H.; Schulz, K.: Selbstverletzendes Verhalten bei Menschen mit geistiger Behinderung. Ein Lehrbuch aus pädagogischer Sicht. Bern, Stuttgart, Wien 1996.

Piaget, J., Inhelder, B.: Die Psychologie des Kindes. München 2000[8].

Sautter, H.: Förderorientierte Erhebungen. In: Stahl, B.; Irblich, D. (Hg.): Diagnostik bei Menschen mit geistiger Behinderung. Ein interdisziplinäres Handbuch. Göttingen 2005, 186–203.

Schlee, J.: 30 Jahre „Förderdiagnostik" – eine kritische Bilanz. In: Zeitschrift für Heilpädagogik, 59, 2008, 122–131.

Strasser, U.: Wahrnehmen, Verstehen, Handeln: Förderdiagnostik für Menschen mit einer geistigen Behinderung. Luzern 1994.

Suhrweier H.; Hetzner, R.: Förderdiagnostik für Kinder mit Behinderungen. Neuwied 1993.

Trost, R.: Förderplanung mit Menschen mit geistiger Behinderung. In: Irblich, D.; Stahl, B. (Hg.): Menschen mit geistiger Behinderung – Psychologische Grundlagen, Konzepte und Tätigkeitsfelder, Göttingen, Bern, Toronto, Seattle 2003, 502–558.

Trost, R.: Diagnostisches Handeln und personzentrierte Planung. In: Stahl, B.; Irblich, D. (Hg): Diagnostik bei Menschen mit geistiger Behinderung. Ein interdisziplinäres Handbuch. Göttingen 2005, 204–214.

Trost, R.: Förderplanung. In: Theunissen, G.; Kulig, W.; Schirbort, K. (Hg.): Handlexikon Geistige Behinderung. Stuttgart 2007, 117–119.

Wendeler, J.: Förderdiagnostik für Grund- und Sonderschulen. Praxisorientierte Entwicklung von Lernzieltests. Weinheim, Basel 2000.

Elisabeth Wehr-Herbst

Spotlights aus der Empirie – Beispiele segensreicher Effekte psychologisch-pädagogischer Diagnostik in der Schule für Körperbehinderte

Liebe Ursel,
während unserer 28-jährigen Zusammenarbeit waren wir uns glücklicherweise in der Betrachtung der psychologisch-pädagogischen Diagnostik immer sehr einig: Ein verantwortungsvoll und gut ausgebildeter Psychologe und Diagnostiker betreibt Diagnostik nie zum Selbstzweck. Er hat selbstverständlich immer die zukünftige optimale Förderung des Kindes und Jugendlichen im Blick! Daher beteiligten wir uns auch nicht an der damaligen äußerst heftigen Diskussion zur Förderdiagnostik. Dementsprechend habe ich im weiteren Verlauf nicht vor, auf theoretische Ausführungen zur Diagnostik im sonderpädagogischen Feld detaillierter einzugehen.

Zwei kurze Vorbemerkungen erachte ich jedoch für notwendig:
In den 80er Jahren war die mittlerweile gängige Formel der ‚Kind-Umfeld-Analyse' noch nicht geboren, aber wir vertraten in unserer Diagnostikausbildung der zukünftigen Sonderschullehrer für Körperbehindertenpädagogik schon damals vehement die Meinung, dass jede Diagnostik das Umfeld des betrachteten Schülers in den Blick nehmen muss: sowohl mit Explorationen als auch mit Verhaltensbeobachtungen. Damals und jetzt ein Muss in jedem Gutachten!
Die zweite Vorbemerkung bezieht sich auf die besondere Situation an der Schule für Körperbehinderte. Die Schule für Körperbehinderte ist die einzige Schulform, an der verschiedene Bildungspläne angeboten werden. Die körperbehinderten Schüler können mit den entsprechenden Abschlüssen (Hauptschulabschluss, Realschulabschluss, Abitur) ihre Schulzeit beenden. Außerdem wird an den Schulen für Körperbehinderte der Bildungsplan für Lernbehinderte (Förderschüler) angeboten, derjenige für Geistigbehinderte sowie der für Grundschüler. Nicht zu vergessen sind die Schwerstbehinderten, die eine nicht zu vernachlässigende Gruppe mit speziellem Förderbedarf darstellen.
Bedingt ist diese Heterogenität der Schülerschaft durch die Heterogenität der möglichen Schädigungen, die sich nicht nur auf das Physische beziehen, sondern auch auf kognitive Beeinträchtigungen (mehr als 73 % der Schüler haben nach Wehr-Herbst (1988) eine zerebrale Schädigung) sowie auf emotionale, soziale und motivationale Faktoren. Ein sehr großes Problem stellen die Beeinträchtigungen der Sprache und des Sprechens dar, bis hin zur fehlenden Lautsprache (nach Rheinweiler (1995) fast 60 %). Vielfältige Störungen

der auditiven und visuellen Wahrnehmung können hinzukommen. Alle genannten Aspekte sind häufig Anlass für diagnostische Untersuchungen und in der Folge davon häufig Anlass, das Förderkonzept zu verändern, d. h. individuell zu optimieren.
Es scheint plausibel, dass es aufgrund dieser Fülle von vorhandenen Sekundär- und Tertiärfolgen äußerst schwierig sein kann, ein körperbehindertes Kind sowohl der richtigen Schulart zuzuordnen als auch innerhalb der Schule für Körperbehinderte dem passenden Bildungsplan. Dies ist einer der Gründe, warum die psychologisch-pädagogische Diagnostik an der Schule für Körperbehinderte eine meiner Ansicht nach größere Bedeutung hat als an anderen Sonderschularten.

Psychologisch-pädagogische Diagnostik in der Schule für Körperbehinderte

Die im Folgenden wiedergegebenen Beispiele stammen aus der jahrelangen Betreuung von Studierenden, die an den Schulen für Körperbehinderte in ganz Baden-Württemberg diagnostische Untersuchungen durchführten, um danach ein Prüfungsgutachten anzufertigen. Sie wurden dabei von uns betreut. Die Fragestellungen kamen aus der Praxis, d. h. von den Klassenlehrern und Klassenlehrerinnen. Nach anfänglicher Skepsis betrachten sie das Angebot aus der Hochschule heute wohlwollend und wissend, dass aus ihren Reihen in der Regel niemand so viel Zeit und unverbrauchtes Engagement in diese Aufgabe stecken kann wie die Studierenden, die sich häufig bis zu vier Monaten intensiv mit „ihrem“ Schüler und seinem Umfeld auseinandersetzen.

In einem der spektakulärsten Fälle der letzten Zeit ging es um einen 8-jährigen körperbehinderten Jungen, nennen wir ihn Johannes, welcher eine 2. Klasse besuchte, die nach dem Lehrplan der Schule für Geistigbehinderte unterrichtet wurde. Johannes wurden außerdem autistische Züge bescheinigt (er zog sich zurück, nahm wenig sozialen und verbalen Kontakt auf, zeigte zeitweise stereotype Verhaltensweisen). Die Sonderschullehrerin meinte, er sei der Leistungsstärkste der Klasse, und meldete diagnostischen Bedarf an. Die Studentin ermittelte im Laufe ihrer Recherchen in einem differenzierten Intelligenztest, der Kaufman-Assessment Battery for Children (K-ABC), den er motiviert und problemlos mitmachte, eine durchschnittliche intellektuelle Leistungsfähigkeit (IQ = 104) im Vergleich mit gleichaltrigen nicht behinderten Kindern! Ein völlig unerwartetes Ergebnis! Glücklicherweise reagierten die beteiligten Lehrer und die Schule sehr schnell: Johannes wurde sofort in eine leistungsstärkere Klasse versetzt, die nach dem Grundschul- und Förderlehrplan unterrichtet wurde. Johannes „blühte auf“, freute sich über die neuen sozialen Kontakte, sprich Klassenkameraden, und rief der Studentin bei einem ihrer nächsten Besuche fröhlich und lebhaft zu: „Ich gehe niemals mehr in meine alte Klasse zurück!“ Auch die Eltern äußerten sich ihr gegenüber dankbar und glücklich. Ich interpretiere, dass Johannes durch den fehlenden adäquaten Austausch mit Klassenkameraden, die nicht „auf seiner Wellenlänge“ (sprich kognitivem Niveau) lagen, in die „innere Emigration“ ging und deshalb autistische Züge zeigte. Oder resignierte er?

Ähnliche Fälle gab es mehrere. Zum Beispiel auch Jasmin, ein Mädchen mit Sotos Syndrom, d.h mit einem beschleunigten Körperwachstum in den ersten vier Lebensjahren und mit zerebralem Gigantismus (Makrozephalus) unklarer Ursache (Pschyrembel 2002), das 9 Jahre alt war und die 3. Klasse einer Schule für Körperbehinderte besuchte, wo sie nach dem Lehrplan der Förderschule unterrichtet wurde. Bei ihr war nach Aussage der Klassenlehrerin in der letzten Zeit ein Entwicklungsschub zu verzeichnen und sie schien in der derzeitigen Klasse möglicherweise unterfordert. Die diagnostischen Ergebnisse des Studenten ergaben u.a. einen völlig durchschnittlichen Intelligenzwert (IQ = 95), so dass – sehr zur Zufriedenheit der Eltern – die Umschulung in die Regel-Grundschule empfohlen werden konnte. Der Größenunterschied war nun auch nicht mehr so auffallend und diskriminierend für das Mädchen wie zu Beginn der Schulzeit.

Ein extremer Fall war Karim, der mit seinen 13 Jahren in einer 8. Klasse an der Schule für Körperbehinderte nach dem Bildungsplan der Schule für Geistigbehinderte unterrichtet wurde. Seine medizinische Diagnose (welche für die vorliegende Problematik nicht unerheblich ist) lautete: Psychomotorischer Entwicklungsrückstand sowie früher eine Grand-Mal-Epilepsie. Er war nach Aussage der Klassenlehrerin der leistungsstärkste Schüler der Klasse und sehr motiviert zu lernen. Der Förderschullehrplan wurde angedacht. Die Exploration der Studentin mit Karim ergab, dass er emotionale Probleme hatte und die Schule wechseln wollte. Dies war verständlich, denn er zeigte keine groben motorischen Auffälligkeiten und die Epilepsie war nicht mehr relevant. Vermutlich nahm er auch keine dämpfenden antiepileptischen Medikamente mehr ein. Dadurch könnte sein Leistungsschub erklärt werden und auch das Ergebnis der diagnostischen Untersuchung: Eine durchschnittliche intellektuelle Leistungsfähigkeit (IQ = 90 in der K-ABC)! Nun kann ein bereits 13 Jahre alter Schüler, der sechs oder sieben Jahre lang nach dem Bildungsplan der Schule für Geistigbehinderte unterrichtet wurde, nicht nahtlos in eine Hauptschule umgeschult werden. Jedoch hat er die Chance, nach einigen Jahren Förderschule bzw. in einer Klasse mit Förderschullehrplan an der Schule für Körperbehinderte den Hauptschulabschluss dennoch abzulegen. Es ist allerdings nicht bekannt, ob sich noch eine solche gelungene Schulkarriere ergeben hat.

Komplizierter liegt der Fall, wenn Schüler kaum oder nicht über Lautsprache verfügen. Es wird ungleich schwieriger, Schülern in ihrer Förderung gerecht zu werden, wenn sie annähernd unverständlich sprechen (Dysarthrie) oder gar keine Lautsprache haben (Anarthrie). Dysarthrie und Anarthrie sind häufig mit schwerer körperlicher Schädigung, d. h. mit einer zerebralen Bewegungsstörung in Form einer Tetraparese verknüpft, sowie häufig mit Rollstuhlabhängigkeit.

Die dunkelhäutige Makena besuchte mit ihren 4 ½ Jahren noch einen Sonderschulkindergarten. Bei ihr war eine Infantile Cerebralparese mit schweren dysarthrischen Problemen verbunden. Makena litt darunter, dass sie wegen ihrer verwaschenen und undeutlichen Aussprache nicht verstanden wurde. Sie wollte doch etwas mitteilen! Etwas, was ihr wichtig war! In den medizinischen Akten wurde ihr dazuhin eine sprachliche und kognitive Retardierung bescheinigt. Die diagnostische Fragestellung sollte im Wesentlichen die Möglichkeiten der Unterstützten Kommunikation untersuchen und klären, welcher Talker, also welcher tragbare PC mit Sprachausgabe, für sie geeignet sein könnte. Dazu mussten kognitive, sprachliche und motorische Fähigkeiten abgeklärt werden. Zur relativen Überraschung aller Beteiligten wurde in einem nonverbalen Intelligenztestverfahren (SON 2 ½-7) ein Wert in der oberen Hälfte des Durchschnitts ermittelt (IQ = 105), wohlgemerkt immer im Vergleich mit gleichaltrigen nicht behinderten Kindern. Dieses Ergebnis stellte die Weichen für ein differenziertes Kommunikationssystem mit Sprachausgabe in deutlich anspruchsvoller Richtung. Wir hoffen, dass die Probleme des kleinen Mädchens, das sich nur schwer verständlich machen konnte und so viel sagen wollte, auf dem Hintergrund dieser Ergebnisse schneller verringert werden konnten, als dies ohne gründliche Diagnostik möglich gewesen wäre. Es ist ein Glücksfall, wenn solche segensreiche Ergebnisse bereits im Vorschulalter herausgefunden werden.

Ein fast klassischer, aber auch sehr schwieriger Fall an der Schule für Körperbehinderte war Artur. Artur hatte eine Athetose, Hör- und Sehbehinderung sowie eine schwere Dysarthrie. Mit 8 Jahren besuchte er die 1. Klasse einer Schule für Körperbehinderte mit Förderschullehrplan und hatte, was erschwerend hinzukam, Russisch als Muttersprache. Um ihn mit elektronischen Hilfsmitteln zu versorgen und ihn schulisch adäquat fördern zu können, waren diagnostisch sein Sprachverständnis, seine kognitiven Stärken und Schwächen und seine derzeitige kommunikative Situation zu erheben. Im Schulalltag, das weiß ich aus eigener Erfahrung, ist es ungeheuer schwierig, einen Schüler in seiner Leistungsfähigkeit richtig einzuschätzen, wenn er sich nur sehr langsam und unverständlich ausdrücken kann, so dass beim Zuhören die Klassenkameraden die Geduld verlieren und womöglich bald auch die Lehrer. Der betroffene Schüler gibt viel zu früh resignierend auf und stellt das Reden und Sich-Mitteilen ein. Es ist in solchen Fällen wichtig, dem Schüler frühzeitig Lesen und Schreiben beizubringen (wenn möglich), damit er eine PC-Tastatur bedienen kann, um sich so differenziert mitteilen zu können. Im Fall von Artur zeigten die diagnostischen Ergebnisse, dass sowohl sein deutsches (!) Sprachverständnis als auch seine intellektuellen Kompetenzen völlig im Durchschnitt lagen (IQ = 95). Als Nebenergebnis ergab sich sozusagen die Empfehlung, ihn in eine Klasse zu versetzen, die nach dem Grundschullehrplan unterrichtet wurde.

Auch Bestegül konnte mit ihren 8 ½ Jahren aufgrund einer Tetraparese, verbunden mit Athetose und Rollstuhlabhängigkeit, nicht sprechen. Sie zeigte ‚ja' und ‚nein' und schien nach Aussage des Klassenlehrers eine gute Auffassungsgabe zu haben. Trotzdem war sie in eine Klasse eingegliedert, die sowohl nach den Bildungsplänen der Schule für Geistigbehinderte als auch der Förderschule unterrichtet wurde. Auch hier bestätigte die Diagnostik dem Mädchen eine durchschnittliche Intelligenz und die Empfehlung, sie zukünftig anspruchsvoller zu unterrichten.

Hoffentlich ergeht es nicht vielen Schülern so wie Robert (ebenfalls Tetraparese, schwere Dysarthrie, Rollstuhlabhängigkeit), der erst mit 12 Jahren in eine Förderschulklasse der Schule für Körperbehinderte versetzt wurde, weil es in der Routine des Schulalltags und vor allem aufgrund seiner schwer verständlichen Sprache zu schwierig war herauszufinden, dass er nicht geistig behindert ist!

Als letztes Beispiel zu diesem Thema soll noch Kevin erwähnt werden, welcher ebenfalls mit Tetraparese auf den Rollstuhl angewiesen war und ebenfalls nur eine schwer verständliche Aussprache hatte. Er war mit seinen 14 Jahren in einer Mittelstufenklasse für Geistigbehinderte an der Schule für Körperbehinderte eingruppiert und offensichtlich der Beste der Gruppe. Er hatte – das ergab die diagnostische Untersuchung – einen Intelligenzquotienten von 98! Also eine völlig durchschnittliche intellektuelle Leistungsfähigkeit! Hat das niemand vorher in Erwägung gezogen? Hat niemand Anlass für Diagnostik gesehen? Ich vermute, dass Kevin dazuhin ein sehr angenehmer und braver Schüler war, welcher in der Klasse nur positiv auffiel. Jede Klassenlehrerin und jeder Klassenlehrer wollte ihn in seinen sieben oder acht Schuljahren wohl gerne behalten.

Kinder und Jugendliche mit großen Sprechproblemen bis hin zu fehlender Lautsprache sind eine besondere Risikogruppe – auch an der Schule für Körperbehinderte –, der unbedingt mehr Aufmerksamkeit geschenkt werden muss. Wenn ich die aufgezählten Fälle zusammenschauend betrachte (und sie ließen sich fortsetzen), mir die Schüler vor Augen halte, wie sie sich nicht oder nur sehr verwaschen, häufig grimassierend, verbal ausdrücken können, habe ich die Vermutung, dass sich selbst Professionelle nur schwer dem Vorurteil entziehen können, dass Sprechprobleme gleichzusetzen sind mit Intelligenzeinschränkungen.

Eine weitere, schwierig zu beschulende Gruppe von Schülerinnen und Schülern sind solche, die zusätzlich zu ihrer zerebralen Bewegungsstörung eine Epilepsie haben oder hatten (vgl. Beispiel oben). Hier finden sich Fälle an den Sonderschulen, wo in einer sorgfältigen und zeitaufwändigen Diagnostik herausgefunden wurde, dass es häufig die Eltern sind, die nicht genug über das Krankheitsbild informiert sind.
In einem Beispiel, das mir besonders eindrücklich in Erinnerung geblieben ist, handelte es sich um einen ca. 13 Jahre alten Schüler türkischer Herkunft mit Infantiler Cerebralparese und Epilepsie. Die Klassenlehrerin machte sich Sorgen und beklagte häufige Fehlzeiten des Schülers sowie einen unerklärlichen Abfall seiner schulischen Leistungen in letzter Zeit. Eine engagierte Studentin übernahm diese diagnostische Fragestellung. Sie konnte einen guten emotionalen Bezug zur Mutter des Schülers aufbauen (ein Glücksfall) und führte – trotz Sprachproblemen – mehrere Gespräche (Explorationen) mit ihr. Dies war in diesem Fall der Schlüssel zur Klärung des Problems: Sie erfuhr, dass die Mutter sich rührend um ihren Sohn kümmerte und sich Sorgen wegen der vielen epileptischen Anfälle machte. Sie erfuhr aber auch, dass die Eltern ihren Sohn vorzeitig aus dem Krankenhausaufenthalt zum Einstellen der antiepileptischen Medikamente mit nach Hause nahmen.

Zu Hause gab die Mutter die dringend notwendigen und unbedingt regelmäßig zu verabreichenden Antiepileptika nach Gutdünken, also sehr unregelmäßig. Damit ließen sich zum einen die gehäuft auftretenden epileptischen Anfälle erklären. Die andere sonderpädagogische Schlussfolgerung war, dass es offensichtlich gravierende sog. Compliance-Probleme mit dem behandelnden Arzt gab: Die Eltern hatten offenbar fast nichts vom Krankheitsbild der Epilepsie verstanden und auch nicht die Wichtigkeit der äußerst regelmäßigen Einnahme der verordneten Medikamente realisiert. Vermutlich hatten die Eltern aus Höflichkeit dem Arzt gegenüber nicht nachgefragt. Ein Dolmetscher wäre hier sicher von Vorteil gewesen. Die so informierte Klassenlehrerin reagierte schnell und es wurde eine Klassenkonferenz zur Information der Eltern einberufen, um die fehlenden medizinischen Informationen samt deren Auswirkungen auf das schulische und häusliche Leben des Jungen nachzuholen. Diese Konferenz gelang zur Zufriedenheit aller Beteiligten!

Rückblickend möchte ich betonen, dass die genannten Beispiele segensreicher Effekte aus der Diagnostik jeweils sehr verkürzt dargestellt sind. Ich habe versucht, nur ein kurzes Blitzlicht auf das erstaunlichste und unerwartetste Ergebnis zu werfen. Die vielen Intelligenztestwerte ergeben im Gesamten gesehen ein schiefes Bild. Sie stehen nur in einigen Fragestellungen im Mittelpunkt der diagnostischen Untersuchungen in der Körperbehindertenpädagogik. Diese harten Daten waren jedoch häufig (in vorsichtiger Interpretation auf den Schüler bezogen und in Zusammenschau mit den vorausgegangenen Hypothesen der Klassenleitung) das schlagendste Argument für einen Bildungsgangwechsel zum Vorteil des jeweiligen Schülers bzw. der jeweiligen Schülerin.
Die Probleme mit der häufig fehlenden lautsprachlichen Kommunikation stehen in der aktuellen Körperbehindertenpädagogik verstärkt im Mittelpunkt. Es sind große Fortschritte im Hinblick auf Unterstützte Kommunikation und den Einsatz elektronischer Hilfsmittel zu verzeichnen (vgl. z. B. Boenisch/Sachse 2007). Dennoch ist die Kommunikation mit einem körperbehinderten Jugendlichen, der mir mit synthetischer Stimme antwortet, nicht einfach.

Literatur

Boenisch, J.; Sachse, S.: Diagnostik und Beratung in der Unterstützten Kommunikation. Karlsruhe 2007.

Pschyrembel: Klinisches Wörterbuch. 259. Aufl. Berlin 2002.

Rheinweiler, R.: Sprachstörungen und Körperbehinderungen. In: Grohnfeldt, M. (Hrsg.): Handbuch der Sprachtherapie, Band 8. Berlin 1995.

Wehr-Herbst E. Wahrnehmung und Bewegung. Heidelberg 1988.

Hans Weiß

Die Entdeckung von „overlooked positives" versus „Schönsehen": Zum Problem einer kultur- und lebensweltfairen Diagnostik

„Ich finde in jeder Familie etwas, das positiv ist, und wenn's nur die Katze ist."
eine Frühförderin

Problemaufriss

Im Sinne der ursprünglichen griechischen Wortbedeutung von Diagnose – ‚Durchforschung' bzw. „Feststellung unterscheidender Merkmale" (von Kienle 1957, 91) – müssen Menschen in ihrem privaten und beruflichen Alltag, beispielsweise im Erziehungsgeschäft, ständig ‚diagnostizieren', konkrete Situationen auf „unterscheidende Merkmale" ‚durchforschen', um subjektiv und intersubjektiv begründbare Entscheidungen zu fällen und somit handlungsfähig zu bleiben. Will ein Autofahrer eine richtige Entscheidung über die höchstmögliche Geschwindigkeit auf einer gerade von ihm befahrenen Straße treffen, muss er deren „unterscheidende Merkmale" in einer Art Alltagsdiagnose feststellen, etwa Breite, Belag, Kurvenverlauf, Verkehrsaufkommen, Art der Straße wie Ortsdurchfahrt oder freie Strecke ... Im Unterricht ist es gerade aus einer förderdiagnostischen Perspektive erforderlich, die Lernprozesse von (einzelnen) Schülerinnen und Schülern auf Fortschritte wie Probleme und Widerstände laufend, d.h. auch in alltagsbezogenen Lehr-/Lernsituationen, zu analysieren, damit die Lernenden gegebenenfalls mit Hilfestellungen ihren Weg von der ‚Zone der aktuellen Leistung' im Sinne Wygotskis zur ‚Zone der nächsten Entwicklung' zu gehen vermögen. Ebenso gehört zu einer angemessenen Vorbereitung der Lehrperson auf ein Elterngespräch, dass sie versucht, sich an Hand verfügbarer Informationen ein (diagnostisches) Bild von den Eltern zu machen, um sich auf sie möglichst gut einstellen zu können.

Diagnostisches Handeln – sei es z.B. zur Abklärung von Schullaufbahnentscheidungen im Rahmen einer Platzierungsdiagnostik oder sei es in einem weit gefassten Diagnostikverständnis im Rahmen einer alltagsbezogenen Lehr-/Lerndiagnostik – läuft Gefahr, Fehlern der sozialen Wahrnehmung und Bewertung zu unterliegen, auch deshalb weil es sich an impliziten oder – wie in standardisierten Testverfahren – kodifizierten Beurteilungsmaßstäben aus einem westlich-bürgerlichen bzw. mittelschichtorientierten Kulturkontext ausrichtet. So wurde in der Sonderpädagogik, speziell der Lernbehindertenpädagogik, zu Recht immer wieder darauf hingewiesen, dass Intelligenztestverfahren in der Platzierungsdiagnostik, etwa bei der Frage einer Aufnahme eines Kindes in die Förderschule, Kinder aus psychosozial belasteten Lebensverhältnissen vor allem auf der sprachlichen Ebene benachteiligen (vgl. z.B. Zimmermann/Kornmann 1977). Aber nicht nur (standardisierte) Intelligenz- und Leistungstests weisen einen ‚Mittelschicht-Bias' auf. Vielmehr unterliegen Menschen auch in ihren diagnostischen Alltagsprozessen und Entscheidungen oftmals Fehlern der sozialen Wahrnehmung und Bewertung bei der „Feststellung unterscheidender Merkmale", die zu mehr oder weniger großen Verzerrungen und zu Benachteiligungen gegenüber Angehörigen von Gruppen führen, die in Herkunft und Lebenswelt dem Diagnostizierenden fremd sind.. Im (sonder-)pädagogischen Kontext erhalten diese sozialpsychologisch vielfach untersuchten Zusammenhänge durch den sogenannten „Matthäus-Effekt"[1] eine besondere Brisanz. So lassen sich die unter dem „Pygmalion-Effekt" bekannt gewordenen empirischen Ergebnisse von Rosenthal und Jacobson (1971) folgendermaßen zusammenfassen: Gegenüber leistungsstärkeren Schülerinnen und Schülern zeigen Lehrerinnen und Lehrer tendenziell mehr emotionale Wärme, mehr Freundlichkeit, sie bieten mehr Unterstützung, warten länger auf eine Antwort und geben mehr Hilfen und bei richtigen Antworten mehr positive Rückmeldungen sowie bei falschen Lösungen weniger Kritik als gegenüber leistungsschwächeren Schülerinnen und Schülern (vgl. Rosenthal 1975).

Diagnoserelevante Wahrnehmungs- und Beurteilungsfehler treten jedoch nicht nur in Erziehung und Unterricht auf. Sie finden sich ebenso in der Arbeit mit Eltern und Familien, sei es wiederum in mehr oder weniger alltagsbezogenen Situationen wie bei ‚Tür- und Angel-Gesprächen', Elternabenden und dergleichen oder sei es bei diagnostischen Vorhaben im engeren Sinn wie der Analyse und Beurteilung des Lebensumfeldes von Schülerinnen und Schülern, d.h. ihrer Eltern, Familien und Herkunftsverhältnisse. Dies geschieht etwa im Rahmen einer ökosystemischen Kind-Umfeld-Diagnostik (Deutscher Bildungsrat 1974, 47) zur Klärung der Kontextfaktoren im Sinne der ICF. Besonders die Beurteilung von Familienmerkmalen, Lebens- und Erziehungsumständen unterliegt normativen Maßstäben, in die soziokulturelle Bewertungen einfließen, vor allem dann, wenn sich die Familien in ihrer Lebensform von der mittelschichtspezifisch-(klein-)bürgerlichen Lebensform der Fachleute deutlich unterscheiden. So können z.B. bei Familien, die in gravierender Armut und sozialer Randständigkeit leben, aus unzureichender Kenntnis der lebensweltlichen Bedingungen dieser Familien diagnostische Wahrnehmungs-

[1] Im Matthäus-Evangelium heißt es: „Denn wer da hat, dem wird gegeben, daß er die Fülle habe; wer aber nicht hat, von dem wird genommen, was er hat" (Matth. 13,12). In säkularisierter Form kommt dieser Effekt im Sozial- und Bildungsbereich sowie in weiteren gesellschaftlichen Kontexten häufig vor.

verzerrungen im Sinne eines ‚Mittelschicht-Bias' entstehen. Sie erschweren eine halbwegs faire Beurteilung der Betroffenen und belasten damit die Entwicklung eines Arbeitsbündnisses mit ihnen. Nicht selten kommt es vor, dass Eltern z.B. von Förderschülern mit Negativ-Attributen bloßgestellt und skandalisiert werden (vgl. Weiß 2001). Vielfach herrscht dann auch achselzuckende Resignation, wenn es um die Frage geht, wie man mit Familien in schwierigen Lebenslagen, mit Familien in chronischer Armut und am Rande stehend, mit Familien, in denen Kinder zumindest tendenziell vernachlässigt werden, sinnvoll zusammenarbeiten kann.

Aber wäre es nicht – so ist andererseits zu fragen – sozialromantisches Schönreden, wollte man bestehende Defizite in der Lebenswelt soziokulturell benachteiligter Kinder, Vernachlässigung ihrer Grundbedürfnisse (vgl. Klein 1985), Gewalterfahrungen in Familien und dergleichen mehr negieren? Hieße es nicht, die Not von Kindern, die in derlei Verhältnissen leben, zu verbrämen? Liefe es nicht gar auf ein Nicht-Ernstnehmen von Eltern hinaus, wollte man deren mögliche Anteile am Zustandekommen ihrer prekären Lebenswelten ignorieren und sich damit die Möglichkeit nehmen, ihnen gegenüber, wo es sinnvoll erscheint, solche Anteile respektvoll anzusprechen? Ist die vorangestellte Aussage einer Frühförderin, die über sehr lange Zeit fast ausschließlich mit sozial gravierend benachteiligten Familien zusammenarbeitete, nicht schlichter Zynismus, wenn man nur an der Katze etwas Positives findet?

Wie also müsste ein diagnostisches Wahrnehmen, Interpretieren und Beurteilen im Kontext von sozial benachteiligten und randständigen Familien jenseits von „kulturimperialistischer" Attitüde (Hiller 1991, 21) einerseits und sozialromantischen Schönredens andererseits aussehen? Spezifischer gefragt: Wie kann ein Mehr an kultur- und lebensweltbezogener Fairness in diagnostischen Prozessen erreicht werden? Um hierzu umrisshafte Überlegungen anzubieten, ist es zunächst erforderlich, einige (Hinter-)Gründe für einseitige oder verzerrende Sicht- und Verstehensweisen des (sonder-)pädagogischen Fachpersonals gegenüber Menschen aus sozial-kulturell fremden Lebenswelten wenigstens fragmentarisch zu nennen.

Die sozial-kulturell „andere" Welt im Erleben und Verhalten von Fachpersonen

Als Angehörige (klein-)bürgerlicher Lebenswelten befinden sich Fachleute in einer ökonomischen, gesellschaftlichen und kulturellen Distanz (vgl. Hiller 1991, 25) zu den Lebenswelten sozial benachteiligter und randständiger Menschen. Sie nehmen deren Verhaltensweisen als Ausdruck verinnerlichter subkultureller Orientierungen und Handlungsmuster meist nur von außen und durch eine mittelschichtgeprägte Brille gefärbt wahr, ohne die tiefer gehenden Zusammenhänge und Bedingungen mit zu bedenken. Daher sind ihnen diese Menschen mit ihren Wertvorstellungen, Normen und Lebenspraktiken letztlich fremd und unverständlich – dies umso mehr, als z.B. mittelschichtorientierten Lehrerinnen und Lehrern oftmals auch ein hinreichendes Wissen über die Lebenswelten ihrer Schülerinnen und Schüler fehlt.

So konnte Thomas Müller (2005) in einer qualitativen Befragung von Sonderschullehrerinnen und -lehrern an 23 Förderschulen (Schulen mit dem Förderschwerpunkt Lernen) feststellen, dass die interviewten Lehrerinnen und Lehrer im Wesentlichen nur durch die Erzählungen ihrer Schülerinnen und Schüler Kenntnisse über deren häusliche Lebenswelt haben, selten jedoch durch direkte Kontakte mit den Eltern oder unmittelbare Einblicke beispielsweise im Rahmen von Hausbesuchen (vgl. Müller 2006, 47 und 52f.). Die Schwierigkeiten, ja Grenzen, die Lebenswirklichkeit der Schülerinnen und Schüler angemessen wahrzunehmen und ihre Lebenswirklichkeit zu verstehen, wurden in einem Interview deutlich zum Ausdruck gebracht:

„Das ist schon schwierig. Ich denk, wenn man ernsthaft daran interessiert ist, wie die Schüler wohnen, wie die Schüler leben, aus einem Gespräch, ganz selten auch über Hausbesuche, da kriegt man auch einiges mit. Aber sich die Lebenswelt wirklich anzueignen, mit den ganzen sozialen und emotionalen Belastungen, die da herrschen, das ist ganz, ganz schwierig, da wirklich einen Bezug zu finden. Man kann es vielleicht in Grundzügen erahnen, man kann sich vielleicht ein gewisses Expertenwissen auch aneignen, wie es solchen Familien auch geht, über Kontakte mit den ganzen Hilfseinrichtungen, Kontakte mit öffentlicher Fürsorge oder Kontrolle auch. Aber sich wirklich in die Leute reinzudenken, die Perspektivlosigkeit zu realisieren, das ist schwer“ (zit. nach Müller 2006, 47).

Nicht immer sind sich (sonder-)pädagogische Fachpersonen der Probleme und Grenzen ihres Einfühlens und Hineindenkens in eine andere, fremde Lebenswelt so (selbst-)kritisch bewusst, wie es in dieser Interviewäußerung zum Ausdruck kommt. Teilwissen in Verbindung mit (klein-)bürgerlichen Wahrnehmungs- und Interpretationsschablonen führt häufig zu Vorurteilen und erzeugt Abwehr: Professionelle unterliegen dann nur allzu leicht der Versuchung, sich das herausfordernd ‚Fremde' dadurch anzueignen, dass sie den Menschen der fremden Lebenswelt ansinnen, sich ihren Wertorientierungen und Handlungsmustern anzupassen – ohne den subjektiven Sinn und die lebensweltliche ‚Logik' der ihnen fremden Lebenspraxis zu bedenken, zu beachten und zu achten. Derartige kolonialistische Bestrebungen gleichen, zugespitzt formuliert, den aussichtslosen Bemühungen eines Bergvolkes, Bewohnern an der Küste zu erklären, wie man vernünftig lebt.

Die soziale Distanz und der von den eigenen Normen selbstverständlich geprägte Blick stehen in einem engen Zusammenhang mit einem primär kindorientierten Verständnis von ‚Elternarbeit', wie es vor allem für die (Sonder-)Schule häufig kennzeichnend ist. Darin werden die Eltern in ihrer *Funktion* als Mutter oder Vater ihres Kindes betrachtet und bestenfalls nachrangig als Personen mit eigenen Bedürfnissen und Vorstellungen im Kontext ihrer Lebensgeschichte und Lebenswelt. Eine primär oder ausschließlich kindorientierte ‚Elternarbeit' wird darauf abzielen, die Eltern zu veranlassen, die z.B. von Lehrerinnen und Lehrern wahrgenommenen Bedürfnisse ihrer Schülerinnen und Schüler angemessener zu berücksichtigen. Die Fachleute laufen dabei Gefahr, nicht hinreichend darauf zu achten, ob dies unter den eingeschränkten Bedingungen der familiären Lebenswelten überhaupt möglich ist. Gerade hier ist eine Quelle für erhebliche Belastungen in der Zusammenarbeit zu sehen.

Besonders schwerwiegend werden mögliche soziale Wahrnehmungs- und Beurteilungsfehler im Kontext des Kinderschutzes, wenn Fachpersonen, z.B. Frühförderinnen, bei ihrer Arbeit beobachten, dass die Grundbedürfnisse der von ihnen betreuten Kinder, etwa in der Pflege, Ernährung und basalen Zuwendung, nicht immer hinreichend gestillt werden. Eine genauere – diagnostische – Abklärung ist für sie angesichts unterschiedlicher soziokultureller Lebensformen schon deshalb schwierig, weil kindliche Entwicklungsbedürfnisse, „sieht man von den elementaren Bedürfnissen des Säuglings während des extrauterinen Frühjahres (Portmann) einmal ab", „keine anthropologischen Fixpunkte" (Hiller 1991, 51f.) sind, vielmehr sind die Vorstellungen darüber, „was ein Kind zum Aufwachsen braucht", „in höchstem Maße geschichts- und gesellschaftsabhängig" (Schone et al. 1997, 25). Identifiziert sich eine Frühförderin dann verständlicherweise in einer ‚mütterlichen' Form der Übertragung mit einem betroffenen Kind und übernimmt (unbewusst) eine Art ‚Rettungsrolle' für dieses Kind, wird es für sie besonders schwierig, ein klares diagnostisches Urteil über Ausmaß und Grad einer möglichen Vernachlässigung zu erstellen – weshalb in solchen brisanten Situationen Intervision und Supervision dringend geboten sind.

Ein nicht unwesentlicher Grund für diagnoserelevante Wahrnehmungsfehler könnte auch darin liegen, dass die mit randständigen, sozial benachteiligten Kindern und ihren Familien arbeitenden pädagogischen Fachpersonen, z.B. an Förderschulen, versucht sind, sich im Sinne einer Entlastung und einigermaßen befriedigenden Selbsteinschätzung von den Stereotypen der ‚Dummen', ‚Faulen' und ‚Asozialen' unbewusst zu distanzieren, die auf sie ebenfalls übertragen werden könnten (wer gibt sich schon mit den „Schmuddelkindern" ab?). Hans Georg Rockemer stellte die provokante und sicher zugespitzte These auf, an Schulen für Lernbehinderte (wie sie damals noch hießen) unterrichtende Lehrerinnen und Lehrer seien „dem gleichen Mechanismus ausgesetzt, der am Werk ist, wenn die ‚Verrücktheit' seiner Patienten auf den Psychiater übertragen wird. Die feindseligen Stereotype gegenüber einer von der gesellschaftlichen Norm abweichenden Minderheit werden in beiden Fällen auf den übertragen, der sich irgendwie mit dieser Minderheit befasst. Er wird mit seiner Klientel identifiziert" (1975, 89). In diesem Sinne stellen auch für Gerd Iben (1974, 22) Randgruppenkinder – und man muss hinzufügen: ihre Eltern und Familien – für die Lehrperson „eine pädagogische Provokation" dar. Sich von denjenigen ein Stück weit zu distanzieren, mit denen man von seinem beruflichen Auftrag her zusammenarbeiten muss (und auch möchte – darin liegt ja gerade eine tiefe Ambivalenz), kann allzu leicht zu Einseitigkeiten und Verzerrungen in der Wahrnehmung und im Verstehen führen.

Die sozial-kulturell „andere" Welt im Erleben und Verhalten von Familien in schwierigen Lebenslagen

Lebensweltliche und kulturspezifische Differenzen und daraus folgende Ambivalenzen bei den Professionellen haben ihre Entsprechung auf der ‚anderen' Seite: Eltern und Familien in schwierigen Lebenslagen und in Randständigkeit erleben pädagogische Fachpersonen als zwiespältig, weil sie eine Welt repräsentieren mit

Werten, Normen und Anforderungen, an denen diese Familien oftmals gescheitert sind, auch habituell. Lehrerinnen und Lehrer vertreten mit der Schule eine ‚Mittelklasseinstitution', mit der diese Eltern selbst einerseits häufig vielfältige Erfahrungen des Scheiterns, der Diskriminierung und Stigmatisierung verbinden, andererseits auch – zumal mit Sonderschulen – Erfahrungen, dass ihnen pädagogische Zuwendung und Verständnis zuteil wurden. Beide gegensätzlichen Erfahrungsstränge können in der Interaktion und Kommunikation mit der Schule ihrer Kinder reaktiviert werden.

Skepsis und Misstrauen gegenüber fachlichen Interventionen werden sich dann erhöhen, wenn Eltern spüren oder wissen, dass diese Interventionen nicht nur in helfender Absicht erfolgen, sondern mit Kontrolle verbunden sind. Wird beispielsweise die Frühförderung einer Familie vom Jugendamt zur Auflage gemacht, verbunden mit der Androhung einschneidenderer Sanktionen wie der Fremdunterbringung eines Kindes, wird eine tragfähige Zusammenarbeit (zunächst) erheblich erschwert sein.

Hinzu kommt, dass Familien in prekären Lebenslagen dem psychologischen und pädagogischen Fachpersonal oftmals nicht das lebensweltspezifische Wissen und die Kompetenzen zutrauen, die aus ihrer Sicht notwendig wären, um ihnen eine wirksame Hilfe sein zu können. So wünschten in einer schon älteren US-amerikanischen Studie (Eheart/Ciccone 1982) Mütter mit entwicklungsverzögerten Kindern für sich selbst keine professionelle Beratung, weil sie nach Meinung der Autoren zwar die Fachleute als Experten für ihre Kinder ansahen, jedoch nicht als Experten dafür, wie sie persönlich mit ihrer Situation zurechtkommen. Zu ähnlichen Ergebnissen kam eine qualitative Erhebung von Buchholz et al. (1984, 230–257): Unterschichtfamilien sahen den Berater unter anderem nicht als „ausreichend kompetenten Experten" an (ebd., 250) und die Distanz zwischen ihnen und dem „Akademiker ‚Berater'" schränke „ein ausreichendes Verstehen ihrer Lebenswelt" ein (ebd., 251).

Skepsis und Ambivalenzen auf beiden Seiten beeinflussen somit die Interaktion und Kommunikation miteinander, damit aber auch die gegenseitige Wahrnehmung und Beurteilung.

Wege zu einer angemesseneren diagnoserelevanten Wahrnehmung und Interpretation

Diese umrisshafte Analyse erschwerender Bedingungen möglichst kultur- und lebensweltfairer Sicht- und Verstehensweisen und der daraus resultierenden Bewertungen bietet zugleich Ansatzpunkte für Antwortversuche auf die Frage, wie die Gefahren eines zu Lasten der Betroffenen gehenden ‚Bias' in einer weit oder enger gefassten Diagnostik von Menschen aus einer ‚fremden' Welt reduziert werden könnten. Fragmentarische Antworten sollen unter den folgenden vier Aspekten entwickelt werden.

(1) Anschauungs- und erfahrungsbezogener Erwerb lebensweltlicher, (sub-)kulturspezifischer Kenntnisse

Ein wichtiger Schritt zu einer Annäherung an die Lebenswirklichkeit von soziokulturell benachteiligten und randständigen Kindern und Jugendlichen und deren Familien besteht sicher darin, vorurteilsfördernde Wissenslücken über deren Lebenswelt zu reduzieren und möglichst realitätsnahe Vorstellungen über (sub-)kulturspezifische (Über-)Lebensformen entwickeln zu können. Insofern sind Versuche, Kenntnisse und Vorstellungen über die familiäre Lebenswelt der Schülerinnen und Schüler hauptsächlich durch Gespräche mit diesen selbst zu gewinnen, wie dies Müller (2005, 2006) in seiner Befragung feststellte, sicher nicht ausreichend (so wichtig sie sind), weil sie ein im wörtlichen und im übertragenen Sinne des Wortes ein-seitiges Bild ergeben.

Um diese Einseitigkeit der Informationsaufnahme der lebensweltlichen Situation ihrer Schülerinnen und Schüler insbesondere aus benachteiligten Verhältnissen auszugleichen, bietet sich für Lehrerinnen und Lehrer ein verstärkter Austausch mit deren Eltern und Familien an. In der Befragung von Müller wurde jedoch von den interviewten Förderschullehrerinnen und -lehrern „Elternarbeit einerseits als fehlend, andererseits aber sehr wünschenswert benannt“ (2006, 53). Diese resignativ wirkende Einschätzung gründete auch auf Erfahrungen mit Hausbesuchen. Die wenigen Lehrer, die Hausbesuche unternommen hatten, „gaben an, es als sehr schwierig erlebt zu haben und zum Teil auch, wohl aus Scham seitens der Eltern, nicht in die Wohnung der Familien Einlass erhalten zu haben“ (ebd.).

Entgegen derartiger Erfahrungen ist gleichwohl auf die Chancen von Hausbesuchen bei sozial benachteiligten, randständigen Familien hinzuweisen – auch und gerade im Hinblick auf eine lebensweltlich faire Wahrnehmung und Beurteilung der Eltern und Familien. Als eine ehemalige Kollegin noch an einer Schule für Körperbehinderte arbeitete, beobachtete sie, wie ein von ihr betreutes Mädchen vor allem in den Wintermonaten ausgesprochen ungepflegt war. Sie bemerkte in ihr ein wachsendes Unverständnis, ja eine Wut auf die Mutter. Bei einem Hausbesuch entdeckte sie dann, wie die Familie nur einen Wasseranschluss außerhalb der ärmlichen Wohnung benutzen konnte, der zudem an kalten Tagen nicht selten eingefroren war. Dieser unmittelbare Einblick in die Alltagsprobleme der Familie machte der Lehrerin schlagartig klar, dass ihre Einschätzungen der Mutter gegenüber schlichtweg unangemessen waren, eben aus einem (klein-)bürgerlich-mittelschichtspezifischen Blickwinkel mit der selbstverständlichen Annahme eines damit korrespondierenden Wohnstandards.

In der Möglichkeit einer unmittelbaren Einsichtnahme in die Lebenswelt von Kindern und ihren Familien liegt also ein besonderer Wert von Hausbesuchen und anderen Formen einer lebensweltlich ausgerichteten Zusammenarbeit – vorausgesetzt, man ist sich als Fachperson seiner Gastrolle bewusst und kann dies auch der Familie in respektvoller Weise verdeutlichen.

Allerdings kann das leibhaftige In-Augenschein-Nehmen der Lebenswelten von Familien in deprivierten Lebenslagen in Form von Hausbesuchen nur dann zu deren besseren Verstehen führen, wenn es gleichzeitig eingebunden wird in eine Reflexion der gewonnenen Informationen im Wissen um die Zusammenhänge von lebensweltlichen Bedingungen und der (sub-)kulturspezifischen Lebensform. Ansonsten wirken Einblicke in die ‚fremde' Lebenswelt unter Umständen selektiv-konkretistisch und sogar vorurteilsverstärkend. Mareile Krause (1989) beispielsweise musste in einer Befragung von Lehrern, Schulleitern und Vertretern der Schulverwaltung in Hamburg über deren Kenntnisstand bezüglich der kulturspezifischen Lebensweisen von Sinti und Roma Folgendes feststellen:

„Die Kenntnisse von Lehrern und Schulleitern über die Lebensweise der Roma und Sinti werden zufällig und sehr oberflächlich durch den Kontakt zu Roma- und Sinti-Eltern erworben. Auf dieser Ebene der Auseinandersetzung kann kein einheitliches Bild einer eigenständigen Kultur entstehen, sondern immer nur ein Feststellen von Andersartigkeit in Konfliktsituationen. Eine positive Betrachtung wird dadurch fast unmöglich" (1989, 136).

Allein der (fragmentarische) Erfahrungsgewinn und Kenntniserwerb durch die *unmittelbare* Begegnung mit Kindern und Jugendlichen aus sozial benachteiligten Lebenswelten ohne und mit Migrationshintergrund bzw. anderen ethnisch-kulturellen Kontexten, wie beispielsweise von Sinti und Roma, aber auch Kontakte mit deren Eltern, beides im Rahmen der pädagogischen Alltagsarbeit, genügen also nicht. Diese Interaktionssituationen können unter Umständen von Anfang an belastend sein, was eher zur Bildung einseitiger Wissensfragmente und – etwa bei Sinti- und Roma-Kindern – ethnozentristischer Vorurteile beiträgt.

(2) Systematischere Aneignung und vor allem Verarbeitung von Wissen
Halb- und nicht reflektiertes Wissen über Menschen aus fremden Lebenswelten, sei es unmittelbar über Anschauung oder medial erworben, kann Klischee- und Vorurteilsbildung generieren oder verstärken. Es bedarf daher eines systematischeren Erwerbs von Kenntnissen und vor allem der Verarbeitung, Einordnung und (selbst-)kritischen Reflexion des erworbenen Wissens. Wenn Lehrerinnen und Lehrer Sinti- und Roma-Kinder unterrichten, wäre es für sie und ihre pädagogische Arbeit gewinnbringend, sich intensiver und vor allem ein Stück weit in systematischer Form mit den Lebensbedingungen dieser ethnischen Minorität auseinanderzusetzen. Es geht dabei vor allem um die Kenntnis geschichtlicher Erfahrungen (ursprüngliche Aufoktroyierung einer nichtsesshaften Lebensweise, Verfolgung, Zwangsassimilation, Vernichtung in der NS-Zeit ...), der gegenwärtigen gesellschaftlichen Situation sowie der für die Schule relevanten Aspekte der traditionell mündlich überlieferten Kultur (soziale Strukturen, Religion, Sprache, Sozialisation der Kinder). Diese Inhalte finden in der regulären Lehreraus- und -fortbildung kaum Berücksichtigung. Es bedarf daher in besonderer Weise der Eigeninitiative von Lehrerinnen und Lehrern. Diese kann zur Gründung schulinterner und Schulen übergreifender Arbeits-

gemeinschaften führen, evtl. unter Beteiligung von Fachleuten, die mit Sinti und Roma vertraut sind (z.B. aus der Sozialarbeit). Als Einstieg und Grundlage bietet sich dazu die Beschäftigung mit einschlägiger Literatur an.

Letzteres gilt in analoger Weise für eine systematischere Information über andere Gruppen von Kindern und Jugendlichen sowie deren Familien jenseits mittelschichtspezifischer Lebenswelten. Gotthilf G. Hiller sieht hier als „Annäherungsmöglichkeiten" an die Lebenswelt von Schülerinnen und Schülern des Förderschwerpunktes Lernen zum einen ebenfalls die Beschäftigung mit „erzählender Literatur zum Leben von Kindern, Jugendlichen und Erwachsenen in gestörten Verhältnissen" (1991, 30) und mit entsprechender „theoretischer Literatur" (ebd., 31). Darüber hinaus schlägt er als besonders eindrückliche „Annäherungsmöglichkeit" sowohl für Studierende wie auch für Lehrer und andere Personen z.B. aus dem ehrenamtlichen Bereich eine „kontinuierliche, über mehrere Jahre praktizierte ‚nachgehende Betreuung' einzelner Schüler" (ebd., 26) vor.

Auch in der Arbeit mit Migrantenfamilien und deren Kindern ist es wichtig, über hinreichende Kenntnisse bezüglich der Verarbeitungs- und Handlungsmuster solcher Familien zu verfügen, wenn sie „'nicht mehr dort', aber auch ‚noch nicht hier'" (Lanfranchi 1998, 116) sind, Kenntnisse speziell auch über deren „übergreifende Sinnzusammenhänge" (ebd.), die sie aus den Herkunftsländern mitgebracht haben, jedoch im Aufnahmeland nicht mehr gelten.

Nach Lanfranchi beschränken sich Fachleute „in der diagnostischen, beraterischen oder therapeutischen Arbeit mit Migrantenfamilien (...) häufig auf das Hier und Jetzt der Problemlage" (1998, 118). Der Prozess der Migration selbst und die damit verbundenen Probleme eines „Kulturschocks" in der Übergangswirklichkeit der Familien werden von den Fachleuten oftmals zu wenig beleuchtet, weshalb es auch zu fehlerhaften diagnostischen Einschätzungen kommt. Um diese zu verringern, entwickelte der Autor – vor dem Hintergrund seiner Schweizer Erfahrungen als Psychologe der Fachstelle Interkulturelle Pädagogik in Zürich – ein Phasenmodell der Übergangswirklichkeit dieser Familien, demzufolge diese fünf Phasen durchlaufen. In Kenntnis des schematisierenden Charakters von Phasenmodellen betrachtet er dieses Modell als orientierende Reflexionshilfe. Am Beispiel der dritten Phase zeigt Lanfranchi (1998, 119) auf, wie leicht die für diese Phase charakteristischen Verhaltensweisen von Migrantenfamilien fehlinterpretiert werden, wenn man über ihre Sinn- und Handlungsmuster in der Übergangswirklichkeit nicht hinreichend Bescheid weiß. Diese dritte Phase dient der „Stabilitätserhaltung", bevor es zu einem „Stabilitätsbruch" (4. Phase) kommt, der dann über eine „Strukturtransformation" einen „Anschluß an die ‚neue Welt'" (5. Phase) ermöglicht. Lanfranchi (1998, 119) schreibt:

„So kann man zum Beispiel beobachten, daß Familien in der dritten Migrationsphase überlieferte Lebensmuster strikte handhaben, und daß dadurch eine gewisse Starrheit in der Familienorganisation herrscht. Die Familie ‚hält zusammen', leistet Widerstand als Überlebensprinzip gegen Einwirkungen von außen und unterdrückt Konflikte. Gefühle von Trauer und Schmerz lassen Migranten in dieser Phase der Stabilitätserhaltung kaum zu. Auch auf einschneidende Ereignisse wie die Geburt eines behinderten Kindes oder dessen Nachzug in die Schweiz scheint die Familie nach außen kaum zu reagieren. Dabei sollten Fachleute Widerstand nicht von vornherein als ‚Noncompliance', als ‚fehlende Motivation' pathologisieren, sondern vielmehr als die einzige Möglichkeit der Familie erkennen, die Kontrolle der Situation nicht ganz zu verlieren. Wird ein solcher Widerstand respektiert und sozusagen als Vorbote von Wandel positiv gedeutet, können frühzeitige Abbrüche in der beraterisch-sonderpädagogischen Beziehung vermieden und konstruktive Bewältigungsstrategien entwickelt werden. Das ist die beste Voraussetzung dafür, daß das krisenhafte Geschehen des Stabilitätsbruchs in Phase vier (die vor allem durch grundlegende Umwälzungen des traditionalen Rollenverständnisses eintritt) überwunden werden kann – zugunsten der Strukturtransformation und des Anschlusses an die ‚neue Welt' (Phase fünf)."

Dieses Beispiel ist ein eindrücklicher Beleg für die Bedeutung eines hinreichenden, verarbeiteten Fundus an einschlägigen Kenntnissen über die spezifischen Handlungs- und Deutungsmuster sowie Sinnzusammenhänge, kurz: über den (sub-)kulturellen Kontext von Menschen aus fremden Lebenswelten – als Möglichkeitsbedingung dafür, Wahrnehmungs- und Beurteilungsfehler in diagnostischen Prozessen möglichst niedrig zu halten.

(3) Die (selbst-)reflexive Auseinandersetzung mit den „Anderen" und „Fremden" (auch als Teil des eigenen Selbst)

Wenn Fachpersonen Menschen aus einer ihnen ethnisch-kulturell oder zumindest subkulturell ‚fremden' Welt begegnen und konfrontiert werden mit deren von ihren eigenen Wertvorstellungen, Normen und Orientierungsmustern unterschiedlichen (sub-)kulturellen Lebensweisen, dann ist dies immer auch zugleich eine Begegnung dieser Fachpersonen mit sich selbst. Dies hat nicht selten Abgrenzung und Abwehr zur Folge – bis hin zu einem unterschwelligen impliziten oder expliziten kulturellen Zentrismus oder – im Falle des ethnisch-kulturell Fremden – zu einem Rassismus, der oft nur von politisch korrekten Denk- und Sprachmustern überlagert wird. In diesem Sinne ist bei Stuart Hall (1989, 919) zu lesen:

„Der rassistische Diskurs hat eine eigentümliche Struktur: Er bündelt die den jeweiligen Gruppen zugesprochenen Charakteristika in zwei binär entgegengesetzte Gruppen. Die ausgeschlossene Gruppe (Migranten und sonstige Minderheiten; H. W.) verkörpert das Gegenteil der Tugenden, die die Identitätsgemeinschaft (die Bevölkerungsmehrheit; H. W.) auszeichnet. Das heißt also, weil wir rational sind, müssen sie irrational sein, weil wir kultiviert sind, müssen sie primitiv sein, wir haben gelernt, Triebverzicht zu leisten, sie sind Opfer unendlicher Lust und Begierde, wir sind durch den Geist beherrscht, sie können ihren Körper bewegen, wir denken, sie tanzen usw. Jede Eigenschaft ist das umgekehrte Spiegelbild der anderen" (zit. nach Prakash-Özer 1995, 6).

Dieses Zitat bringt zum Ausdruck, dass das Fremde nicht unabhängig vom Eigenen zu denken ist, das Fremde vielmehr, wie es Fragner (1995, 12) formuliert, die Rückseite des Eigenen darstellt. In dem, was Angehörige der Bevölkerungsmehrheit als fremdartig, unbekannt und unheimlich erfahren, ist auch Eigenes enthalten, das sie aber oftmals als unbewusst entstanden abspalten und sozusagen „zum Feind" erklären. Eigenes und Fremdartiges stehen also in einer Relation. In dem Spruch: „Sieh, das Fremde ist ganz wie Du" kommt dies treffend zum Ausdruck.

Diese innere Verbindung von Eigenem und Fremdem, von Eigenartigem und Fremdartigem kann gerade im Zusammenhang mit einer möglichst kultur- und lebensweltfairen – auch diagnoserelevanten – Wahrnehmung und Beurteilung nicht deutlich genug herausgestellt werden. Andrea Lanfranchi hat Recht, wenn er als primäre Voraussetzung für die Arbeit mit Migrantenkindern und ihren Familien etwa im Rahmen der Frühförderung die „Selbstreflexion und Persönlichkeitsbildung" der Frühförder-Fachperson ansieht. Er charakterisiert diese Selbstreflexion und Persönlichkeitsbildung als „Begegnung mit Fremden = Begegnung mit mir" (1995, 29). Auf eine Kurzformel gebracht heißt dies: Die Auseinandersetzung mit dem Fremden schließt die Auseinandersetzung mit mir selbst wesentlich ein. Diese Auseinandersetzung steht für Lanfranchi in ihrer Bedeutung noch vor dem „Sich-Aneignen von Informationen über ‚fremde Kulturen'" (ebd.) und vor der Informationsgewinnung z.B. über die Situation einheimischer Familien in benachteiligten Lebenslagen, wie sie oben als erste Aspekte einer Annäherung an ‚fremde Welten' angesprochen wurde.[2] Dabei stehen Selbstreflexion und Informationsgewinnung natürlich im Zusammenhang; das eine ist nicht ohne das andere zu denken.

(4) Doppelte reflexive Distanz zu der eigenen und fremden Welt (mit ihren jeweiligen Wertvorstellungen und Normen)
Eine möglichst (sub-)kulturfaire Wahrnehmung und Beschreibung fremder Lebenswelten – sei es in einer weit gefassten Alltagsdiagnostik, sei es in einer enger gefassten Diagnostik zum Zwecke formaler Entscheidungen – verlangt vom Diagnostizierenden, zu den eigenen meist mittelschichtorientierten Wertvorstellungen und Normen in Distanz zu treten. Dazu ist es notwendig, (sub-)kulturspezifische Verhaltensweisen, persönliche Werte und Normen nicht *unkontrolliert* in die Bewertung

[2] In dieser Akzentuierung der Selbstreflexion als Auseinandersetzung und „Begegnung mit mir" bei Lanfranchi sehe ich eine interessante Analogie zu Michael Wagner (2004), der im Lichte einer radikalkonstruktivistischen Perspektive – ausgehend von phänomenologischen Überlegungen Wilhelm Pfeffers (1988) zu Schwierigkeiten und Möglichkeiten des Fremdverstehens von Menschen mit schwerer (geistiger) Behinderung und der dadurch entstehenden „mögliche[n] Befremdung und Verunsicherung" (Wagner 2004, 229) durch diese Menschen – ebenfalls die Begegnung und Auseinandersetzung des Lehrers mit sich selbst und die daraus sich ergebende Chance „der Modifikation des eigenen Selbstverständnisses" (ebd., 228) betont: „Je differenzierter und intensiver er sich mit den möglichen und durchaus unterschiedlichen Bedeutungen seines eigenen Verhaltens und den Zusammenhängen, Strukturen und Prinzipien seiner Lebenswelt auseinandersetzt, desto leichter kann es ihm dann vielleicht auch gelingen, befremdlichen Verhaltensweisen anderer eine Bedeutung zuzuschreiben" (ebd.).

der Eltern und Familie, ihrer Lebenswelt, ihrer Deutungs- und Handlungsmuster, und in die Bewertung der Erziehungssituation von Kindern einfließen zu lassen. Vielmehr kommt es darauf an, mögliche überfordernde Ansprüche an die Eltern und Familie und mögliche falsche Einschätzungen ihrer Situation und falsche Voraussetzungen der eigenen Vorgehensweise immer wieder selbstkritisch aufzuspüren (vgl. Arbeitsgruppe „Familienzentrum Neuperlach" 1980, 89).

Doch wie gelingt es, abgehoben von den eigenen Vorstellungen die Einschätzungen und Handlungsweisen der Eltern als Ausdruck ihrer subjektiven Deutungs- und Handlungsmuster zu verstehen, d.h. in ihrer ‚inneren Logik' zu begreifen? Dazu bedarf es einer *doppelten reflexiven Distanz,* zum einen einer reflexiven Distanz zu den eigenen Wertvorstellungen und Normen, zum anderen einer reflexiven Distanz zu den kulturellen Lebensmustern der Familie und ihrer Mitglieder.

Zu dem eigenen Werte- und Normensystem, zum eigenen Lebenskonzept in Distanz zu treten, kann bereits damit beginnen, kritisch nach dessen Allgemeingültigkeit zu fragen. Dann muss man feststellen – und dies wird im Zuge vieler knapper werdenden Ressourcen immer deutlicher –, dass die normale bürgerliche Lebensform des Mittelschichtangehörigen in der sogenannten Ersten Welt schon aus ökologischen Gründen keineswegs als Universalmodell taugt. Würden alle Menschen dieser Welt so leben wie wir, müsste dies auf relativ kurze Sicht zu einer unumkehrbaren Zerstörung der planetarischen Lebensgrundlagen führen.

In reflexive Distanz zu den subjektiven Deutungs- und Handlungsmustern von Kindern, Jugendlichen und Familien aus fremden Lebenswelten zu treten heißt, diese Muster als Ausdruck lebensweltlich geprägter und lebensgeschichtlich gewordener Strategien zu begreifen, mit denen diese Menschen ihre oftmals prekäre Lebenswirklichkeit zu bewältigen suchen. Dazu gehört auch, die dahinter liegenden sozialstrukturellen Problemfaktoren zu analysieren. Genau dies entspricht einer – weit oder enger gefassten – Diagnostik, die individuelle, gruppen- und populationsspezifische Eigenschaften und Verhaltensweisen im Kontext ihrer Relationen, Strukturen sowie lebensweltlichen und lebensgeschichtlichen Bedingungen wahrzunehmen und zu verstehen sucht.

Eine solche Wahrnehmungsperspektive kann dazu beitragen, sich die ‚guten Gründe' des Denkens und Handelns von Menschen unter deprivierten Lebensverhältnissen bewusst zu machen, auch wenn sie unseren normativen Vorstellungen nicht entsprechen mögen.

Sogenannte ‚overlooked positives', d.h. Verhaltensmerkmale, die bei sozial deklassierten Menschen leicht übersehen werden, sind, wie die Erfahrungen in der Frühförderung zeigen, unter anderen:

- Sie entwickeln eine ihnen gemäße Authentizität, die oft stärker ausgeprägt ist als bei Mittelschichtangehörigen.

- Sie haben durchgängig die Vorstellung, mein Kind soll es besser haben als ich.
- Sie haben bei allen Konfliktpotentialen oftmals ein zum Teil die Familie übergreifendes Gruppenbewusstsein, das sich als ‚sozialer Kitt' erweisen kann.[3]

Demgegenüber fand Müller (2005) in seiner Befragung von Sonderschullehrern an Schulen mit dem Förderschwerpunkt Lernen offenbar nur wenige Hinweise auf eine ausgeprägtere Wahrnehmungssensibilität der interviewten Lehrerinnen und Lehrer für mögliche ‚overlooked positives' ihrer Schülerinnen und Schüler. Thesenartig stellt er fest: „Lehrer an Förderschulen nehmen ihre Schüler im Umgang mit ihrer Armut nicht als qualifiziert wahr" (Müller 2006, 47). Nur ein Drittel von ihnen gab an, ihre „Schüler als erfinderisch oder trickreich zu erleben, wenn es darum gehe, das Beste aus der eigenen Lage zu machen" (ebd., 51).

Hier sei nochmals auf das anfängliche Zitat einer Frühförderin verwiesen, die über langjährige Erfahrungen mit sozial benachteiligten Familien verfügt. Es war in keiner Weise von ihr zynisch gemeint, sondern sie wollte damit zum Ausdruck bringen, dass sich die Familie um die den Kindern liebgewordene Katze halbwegs verlässlich kümmert. Das sensible Aufspüren solcher Momente, mögen sie auch vordergründig als belanglos erscheinen, und sie den Betroffenen widerzuspiegeln kann ein Kristallisationspunkt zur Bildung einer ersten Verständigungsgrundlage für ein zu entwickelndes Arbeitsbündnis sein. Voraussetzung ist allerdings, dass solche positiven Äußerungen nicht nur taktisch gemeint sind, was dem Prinzip der Echtheit widersprechen und von den Familien wohl auch schnell erkannt werden würde. Ohne das „reichlich strapazierte" Wort Ressourcenorientierung zu verwenden, um damit „Missstände schönzureden", geht es realistischerweise oftmals darum, „an dem ‚Wenigen, was vorhanden ist', anzusetzen" (Poss 2002, 172).

Die Erarbeitung dieser doppelten reflexiven Distanz als wichtiger Bestandteil der angesprochenen Selbstreflexion und Persönlichkeitsbildung muss durch Praxisberatung, Intervision und Supervision unterstützt werden.

Abschließende Anmerkungen

Mit dem Postulat einer möglichst kultur- und lebensweltfairen Diagnostik sind, das dürfte deutlich geworden sein, hohe Ansprüche an einschlägige, verarbeitete Kenntnisse und an (Selbst-)Reflexionsfähigkeit verbunden. Der gegenwärtige Diskurs über das Aufwachsen einer größer gewordenen Zahl von Kindern in Armuts- und sonstwie prekären Lebensverhältnissen und deren Familien zeigt die Ideologieanfälligkeit selbst von ‚harten' empirischen Tatbeständen. So werden sozioökonomi-

[3] Persönliche Mitteilung von Lutwin Temmes, ehemaliger Leiter der Frühförderstelle Würzburg

sche und gesellschaftspolitische Bedingungen für ein Auseinanderdriften von Arm und Reich und die wachsende Zahl von Familien mit Kindern in Armut und deren Folgen häufig dadurch verharmlost, dass den betroffenen Menschen und ihrem Verhalten die ‚Schuld' für ihre Situation zugeschrieben wird (vgl. Weiß 2005). Umso mehr kommt es darauf an, in diagnostischen Prozessen bei Menschen in Armut und Benachteiligung den gesellschaftlich-strukturellen Bedingungen im Zusammenhang von Armut und Verhalten, also dem *relationalen* Kontext, bei der Einordnung wahrgenommener Verhaltensweisen ihren angemessenen Stellenwert zu geben – ansonsten wird ein notwendiges „Nach unten sehen" (Niejahr 2005) auch in der Diagnostik zu einem Hinab-Sehen aus einer arrogant-kulturimperialistischen Perspektive.

Um sogenannte ‚overlooked positives' von Menschen aus fremden Lebenswelten wahrzunehmen und – ebenso wie deren problematische Verhaltensweisen – vor dem Hintergrund ihrer Lebenswelt und Lebensgeschichte einzuordnen, bedarf es des offenen Blicks jenseits einer kulturimperialistischer Arroganz, aber auch diesseits eines ‚Sozialromantizismus', der die Not und Nötigungen von Menschen im Keller der Gesellschaft leugnen oder verbrämen will. Zwischen beidem die Balance zu halten ist schwierig und erfordert mit kultur- und lebensweltspezifischen Wissensbeständen angereicherte Reflexions- und Analysefähigkeiten. Wohl auch dann ist das Postulat einer (sub-)kulturfairen Diagnostik vor allem in Psychologie und (Sonder-)Pädagogik wohl nur annäherungsweise erfüllbar – gleichwohl wäre damit in der Reduzierung individuellen Leidens an der Gesellschaft einiges erreicht.

Literatur

Arbeitsgruppe „Familienzentrum Neuperlach": Eine Beratungsstelle für sozioökonomisch benachteiligte Familien in München. In: Gerlicher, K. (Hg.): Prävention. Vorbeugende Tätigkeiten in Erziehungs- und Familienberatungsstellen. Göttingen 1980, 68–96.

Buchholz, W.; Gmür, W.; Höfer, R.; Strauss, F.: Lebenswelt und Familienwirklichkeit. Studien zur Praxis der Familienberatung. Frankfurt/M., New York 1984.

Deutscher Bildungsrat. Empfehlungen der Bildungskommission: Zur pädagogischen Förderung behinderter und von Behinderung bedrohter Kinder und Jugendlicher. Stuttgart 1974.

Eheart, B. K.; Ciccone, J.: Special needs of low-income mothers of developmentally delayed children. In: American Journal of Mental Deficiency, 87, 1982, 26–33.

Fragner, J.: Das Bild des Fremden in uns. In: Behinderte in Familie, Schule und Gesellschaft, 18, 1995, 6, 11–20.

Hall, S.: Rassismus als ideologischer Diskurs. In: Das Argument, Nr. 178, 31, 1989, 913–922.

Hiller, G. G.: Ausbruch aus dem Bildungskeller. Pädagogische Provokationen. Langenau-Ulm 1991[2].

Iben, G.: Sonderschule und gesellschaftliche Randgruppen mit besonderer Berücksichtigung von Ausbildungsfragen. In: Behindertenpädagogik in Hessen, 13, 1974, Beiheft 1, 18–28.

Kienle, R. von (Hg.): Keysers Fremdwörterlexikon. Heidelberg 1957.

Klein, G.: Lernbehinderte Kinder und Jugendliche. Stuttgart 1985.

Krause, M.: Verfolgung durch Erziehung. Eine Untersuchung über die jahrhundertelange Kontinuität staatlicher Erziehungsmaßnahmen im Dienst der Vernichtung kultureller Identität von Roma und Sinti. Ammersbek bei Hamburg 1989.

Lanfranchi, A.: Vom Kulturschock zum Behindertenschock. Heilpädagogische Früherziehung für Immigrantenkinder und ihr System. In: Eisner-Binkert, B. (Hg.): Heilpädagogische Früherziehung im Aufbruch. Eine systemisch orientierte Betrachtungsweise. Luzern 1995, 17–34.

Lanfranchi, A.: Vom Kulturschock zum Behindertenschock. Beratung in der Frühförderung mit „Fremden". In: Frühförderung interdisziplinär, 17, 1998, 116–124.

Müller, Th.: Armut von Kindern an Förderschulen. Beschreibung und Analyse des Phänomens der Armut von Kindern, sowie empirische Untersuchung seiner Wahrnehmung durch Förderschullehrer. Hamburg 2005.

Müller, Th.: Armut von Kindern an Förderschulen. Zur Wahrnehmung eines vielschichtigen Phänomens durch Lehrer an Förderschulen. In: Behinderte in Familie, Schule und Gesellschaft, 29, 2006, 1, 42–55.

Niejahr. E.: Nach unten sehen. In: Die Zeit vom 10.03.2005, Nr. 11, 7.

Pfeffer, W.: Förderung schwer geistig Behinderter. Eine Grundlegung. Würzburg 1988.

Poss, M.: Ressourcenorientierte Familienhilfe. Methodische Ansätze für die (un-)mögliche Arbeit mit vernachlässigenden Familien. In: Zenz, W. M.; Bächer, K.; Blum-Maurice, R. (Hg.): Die vergessenen Kinder. Vernachlässigung, Armut und Unterversorgung in Deutschland. Köln 2002, 172–186.

Prakash-Özer, S.: Porträts. Ein Mischlingsessay aus wissenschaftlicher Reflexion und biographischer Prosa. In: Behinderte in Familie, Schule und Gesellschaft, 18, 1995, 6, 5–10.

Rockemer, H. G.: Das von der Gesellschaft behinderte Kind und das Selbstverständnis seines Lehrers. In: Leber, A./Reiser, H. (Hrsg.): Sozialpädagogik, Psychoanalyse und Sozialkritik. Perspektiven sozialer Berufe. Neuwied 1975[2], 87–105.

Rosenthal, R.: Der Pygmalion-Effekt lebt. In: Psychologie heute, 2, 1975, 6, 18–21 und 76–79.

Rosenthal, R.; Jacobson, L.: Pygmalion im Unterricht. Lehrererwartungen und Intelligenzentwicklung der Schüler. Weinheim, Basel 1971.

Schone, R.; Gintzel, U.; Jordan, E.; Kalscheuer, M.; Münder, J.: Kinder in Not. Vernachlässigung im frühen Kindesalter und Perspektiven sozialer Arbeit. Münster 1997.

Wagner, M.: Die Rolle des Lehrers aus konstruktivistischer Perspektive. In: Fischer, E. (Hg.): Welt verstehen – Wirklichkeit konstruieren. Unterricht bei Kindern und Jugendlichen mit geistiger Behinderung. Dortmund 2004, 221–234.

Weiß, H.: Armut und soziale Benachteiligung: Was bedeuten sie für die Heil- und Sonderpädagogik? In: Die neue Sonderschule 46, 2001, 350–368.

Weiß, H.: „Nach unten sehen": Armut und Benachteiligung in der aktuellen Diskussion – Herausforderungen für familienorientierte „frühe Hilfen". In: Hiller, G. G.; Jauch, P. (Hg.): Akzeptiert als fremd und anders. Pädagogische Beiträge zu einer Kultur des Respekts. Langenau-Ulm 2005, 188–198.

Zimmermann, K. W.; Kornmann, R.: Psychodiagnostik. In: Kanter, G. O.; Speck, O. (Hg.): Pädagogik der Lernbehinderten. Berlin 1977, 457–486.

Hermann Wenzel

Zielsetzungen und Wirkungen der Pränataldiagnostik
Genetische Auslese und eugenisches Denken

Ein Fortleben eugenischen Denkens ist nicht zu bestreiten, wenn man den Umgang mit und die Einstellung zu Krankheit und Behinderung etwas genauer in den Blick nimmt. So wurde bereits wiederholt festgestellt, Abtreibungen und Fetozid mit dem Ziel, *behindertes Leben* zu vermeiden, seien *„neue Formen der Euthanasie"*, die erst durch moderne Methoden vorgeburtlicher Untersuchungen möglich wurden. Werde mit Hilfe pränataldiagnostischer Verfahren festgestellt, dass der Verdacht auf eine Behinderung bestehe, so führe dies in den meisten Fällen zur Abtreibung (vgl. Klee 1990; Stössel 1991).

Euthanasie ist auch bei uns in Deutschland zumindest kein Tabu mehr, wenn man etwa an die Diskussion um die gesetzliche Zulassung der *aktiven Sterbehilfe* denkt, daran also, dass nicht nur das Lebensrecht Neugeborener mit schweren Behinderungen, sondern auch das unheilbar Kranker, komatöser und/oder dementer alter Patienten in Frage gestellt wird.

Das Verbot *fremdnützliger Forschung an Nichteinwilligungsfähigen* wird auch bei uns häufig übertreten. Und obwohl meines Wissens bis heute niemand durch *Gentherapie* geheilt wurde, werden entsprechende Forschungsvorhaben – etwa zur Heilung Parkinsonscher Erkrankung – mit diesem Therapieziel begründet. Die Zulassung *verbrauchender Forschung an Embryonen* zum Beispiel, wofür die *Menschenrechtskonvention zur Biomedizin* die gesetzlichen Grundlagen schaffen sollte, wird auch bei uns immer dringender gefordert. Erst jüngst hat dies zu einer fristverlängernden Änderung des bislang sehr restriktiven deutschen *Embryonenschutzgesetzes* geführt, um dadurch die vermeintlich zu eng begrenzten Forschungsmöglichkeiten an embryonalen Stammzellen zu erweitern.

Die Humangenetik hat in der Nachkriegszeit durch neue Erkenntnisse rasch einen internationalen Aufschwung genommen. So wurden unter anderem die Anzahl der Chromosomen und weitere Zusammenhänge zwischen genetisch bedingten Krankheiten und Chromosomenabweichungen entdeckt (zum Beispiel Trisomie 13: Pätau-Syndrom; Trisomie 18: Edwards-Syndrom; Trisomie 21: Down-Syndrom). In Deutschland konnte sich die Humangenetik jedoch zunächst nur mühsam wieder Geltung verschaffen, weil sie für die Verbrechen des NS-Regimes mit verantwortlich gemacht worden war. Medizin und Humangenetik haben sich deshalb von der *alten Eugenik* deutlich distanziert und bestreiten eugenische Zielsetzungen bis heute heftig. So hat die *Bundesärztekammer* 1998 in ihren Mutterschaftsrichtlinien festgelegt: *„Keine Maßnahme der pränatalen Diagnostik hat eine eugenische Zielsetzung"* (Deutsches Ärzteblatt 1998).

Gleichwohl ist festzuhalten, dass eugenisches Denken nach 1945 zunächst ungebrochen und danach noch latent bis in die Gegenwart hinein fortlebte. So erschienen zum Beispiel 1949 Hans Fittings „Grundzüge der Vererbungslehre". Dieses Buch wurde bis über die fünfziger Jahre hinaus als Schulbuch im Biologieunterricht verwendet. Man findet darin unter anderem ein Schaubild zur „Verschiebung der Zusammensetzung der Bevölkerung, wenn Familien mit wahrscheinlich hochwertigem Erbgut durchschnittlich nur zwei, die mit weniger hochwertigem vier Kinder haben" (Fitting 1949, 299, Fig. 165). Das gleiche Schaubild wurde bereits 1933 in der Zeitschrift „Volk und Rasse" (Heft 8, 1933) veröffentlicht, dort allerdings unter der lapidaren Überschrift: „Verschlechterung der Bevölkerung bei zu schwacher Fortpflanzung der wertvollen Familien".

1969 fand in Marburg ein internationaler Kongress zum Thema „Genetik und Gesellschaft" statt (vgl. Wendt 1970). Gerhard Wendt, Humangenetiker schon während der NS-Zeit, meinte hier zur Frage „Kontinuität oder Neuanfang?", die neue Humangenetik habe „nichts zu tun mit den Wunschvorstellungen der Nazizeit, in der man durch Zwangssterilisation die Erbkranken ausrotten wollte". Die moderne Humangenetik sehe „ihre Aufgabe für die Gesellschaft nicht in fragwürdigen Plänen zur Verbesserung der menschlichen Art und nicht in utopischen Vorstellungen über die Manipulation menschlicher Erbanlagen" (Wendt 1970, 2). War damals schon Skepsis gegenüber dieser Absage an eugenische Zielvorstellungen der Humangenetik angebracht, so ist sie es erst recht in Anbetracht gegenwärtiger Tendenzen.

Vor dem Hintergrund wirtschaftlicher und demografischer Veränderungen und der rasanten Entwicklung neuer medizintechnischer Möglichkeiten kann kein Zweifel mehr daran bestehen, dass in den letzten zwei, drei Jahrzehnten eugenisches Denken auch bei uns wieder mehr und mehr Platz gegriffen hat. Besonderes öffentliches Interesse fand hierbei die *Gentechnologie* und die zunehmend mit ihr verquickte *Reproduktionsmedizin*: Nicht nur das *reproduktive Klonen*, sondern auch die *Präimplantations-* und die *Pränataldiagnostik* sollen dazu beitragen, dass bestimmte Erbkrankheiten, Chromosomenbesonderheiten und körperliche Fehlbildungen erfasst und vermieden werden.

Damit haben sich gesellschaftliche Wertvorstellungen allmählich in eine Richtung verschoben, in der sie mit dem überkommenen christlichen und humanistischen Verständnis vom Menschen zunehmend in Konflikt geraten.
Dies mag das folgende Beispiel veranschaulichen: 1999 wurde auf dem 8. Deutschen Kongress für Philosophie in Konstanz Peter Sloterdijks Vision diskutiert,

durch genetische Selektion und die Vervielfältigung genetisch gleicher Menschen (also durch *reproduktives Klonen*) einen *„Menschenpark der Gesunden und Leistungsfähigen“* zu schaffen. Dabei wurden gegen *„gentechnologische Selektion und Abtreibungen bis zur Geburt“* keine grundsätzlichen Einwände erhoben. In den Medien wurde die Auffassung vertreten, die moralische Empörung der Öffentlichkeit werde sich schnell legen, *„sobald durch die neuen Techniken Leiden verringert und Leistungen gesteigert werden können“* (Südwestpresse Ulm, 8.10.1999).

An den Zielsetzungen und Wirkungen der Pränataldiagnostik wird besonders augenfällig, dass eine genetische Selektion in unserer Gesellschaft auf zunehmende Akzeptanz stößt:
Mit der Fruchtwasseruntersuchung, der sogenannten *Amniozentese*, wurde die medizinische Genetik seit Anfang der siebziger Jahre in Westdeutschland Bestandteil der Schwangerenvorsorge. Die medizinische Forschung nahm damit zugleich das genetische Fehlbildungsrisiko und die Zahl der geschädigten Kinder sowie weitere genetische Diagnosemöglichkeiten in den Blick. Die Ergebnisse dieser Forschung trugen zum Aufbau genetischer Beratungsstellen bei und beeinflussten die ärztlichen Vorgaben zur Schwangerenvorsorge, die 1978 neu formuliert wurden. Späte Mütter gelten seither als *Risikoschwangere* und können kostenfrei eine Fruchtwasseruntersuchung durchführen lassen. In den siebziger Jahren wurde mit der Einführung einer *embryopathischen Indikation* der § 218 StGB so verändert, dass bei einem geschädigten Fötus ein straffreier Schwangerschaftsabbruch innerhalb einer zeitlichen Grenze ermöglicht wurde. Eine *medizinische Indikation* zur Abtreibung war möglich, wenn die physische und psychische Situation der Schwangeren hierzu Anlass bot. Da dieser Anlass aber auch aus der Tatsache des geschädigten Fötus und der möglichen Geburt eines behinderten Kindes hergeleitet werden konnte, verstärkte sich die Tendenz, Kinder mit einer Behinderung grundsätzlich als „unzumutbar“ anzusehen.

Bis heute ist es deshalb so geblieben, dass die meisten Paare sich gegen die Fortsetzung einer Schwangerschaft entscheiden, wenn eine genetisch bedingte Krankheit oder Fehlbildung des Babys im Mutterleib festgestellt wird. Bei der Diagnose Down-Syndrom (Trisomie 21) gilt dies immerhin für 90 Prozent der Fälle *„Etwa 200 Kinder werden nach Angaben des Statistischen Bundesamtes in Deutschland jährlich jenseits der 22. Schwangerschaftswoche abgetrieben. Diese sogenannten Spätaborte sind selten im Vergleich zu den 130.000 Abbrüchen aus sozialen Gründen“*, die bis zur 12. Schwangerschaftswoche jährlich vorgenommen werden. *„Trotzdem provozieren gerade die Spätabbrüche eine ethische Debatte. Es geht um das Recht auf Leben bei zu erwartender Krankheit oder Behinderung“* (Wüsthof 2008, 35).

Weil das Bundesverfassungsgericht einen Schwangerschaftsabbruch nach *„embryopathischer Indikation“* als Diskriminierung Behinderter interpretierte und für rechtswidrig erklärte, wurden 1995 Schwangerschaftsabbrüche aufgrund diagnostizierter schwerer Fehlbildungen oder Chromosomenstörungen gesetzlich verboten. Geändert hat sich hierdurch allerdings nicht viel. Straffreie Abbrüche sind weiterhin möglich, jetzt eben nur noch aus *medizinischer Indikation* (siehe oben), *„um eine Gefahr für das Leben oder die Gefahr einer schwerwiegenden Beeinträchtigung für den körperlichen oder seelischen Gesundheitszustand der Schwangeren abzuwenden"* (ebd., 35). Dies bedeutet, dass eine Schwangerschaft theoretisch noch bis zum Entbindungstermin beendet werden kann.

Der Wunsch, ein Kind zu bekommen, wird heute in der Regel durch planerische und rationale Überlegungen begleitet, die sich nicht nur auf den Zeitpunkt der Geburt, sondern auch auf die „Qualität" des Kindes beziehen. Pränataldiagnostik nimmt mit ihren speziellen Verfahren von Beginn der Schwangerschaft an diese Qualität in den Blick. Und bei künstlicher Befruchtung ermöglicht es die Präimplantationsdiagnostik, die Eizelle vor ihrer Einpflanzung auf mögliche genetische Schädigungen hin zu überprüfen. Nimmt man die Entschlüsselung des Genoms im Juni 2000 hinzu, könnte – wie es in manchen Medienberichten damals euphorisch hieß – in Zukunft sogar *der Traum vom „perfekten Kind"* oder von einem bis ins Detail geplanten *„Designer-Baby"* Wirklichkeit werden.

Setzt man allerdings dagegen, dass etwa 3 Prozent aller Kinder mit einer Behinderung zur Welt kommen und dass ein großer Teil hiervon erst während der Schwangerschaft oder während der Geburt geschädigt, der weitaus geringere Teil jedoch mit einer genetisch bedingten Behinderung geboren wird und dass 99 Prozent aller Behinderungen erst im Verlauf des späteren Lebens entstehen, dann wird deutlich, dass *genetische Selektion* keine Gewähr für ein *gesundes und glückliches Leben ohne Behinderung* bieten kann.

Es sind vornehmlich Frauen in qualifizierten Berufen, die ihren Kinderwunsch erst zu einem späteren Zeitpunkt ihres Lebens verwirklichen wollen. (Jüngst erst hat eine über Sechzigjährige durch eine Eizellenspende ein Kind geboren!) Da das Risiko einer genetischen Schädigung und eines schwierigen Schwangerschaftsverlaufs mit einer späten Mutterschaft zweifellos zunimmt, liegt es für diese Frauen nahe, mit Hilfe der modernen Medizin derlei möglichst auszuschließen. Die Pränataldiagnostik verspricht ihnen einen Zuwachs an Autonomie und Selbstbestimmung, weil sie ein Leben ohne Belastung durch ein behindertes Kind zu garantieren scheint. *„Als präventiv medizinische Maßnahme passt sie zu einem Lebenskonzept, in dem planerisch und planend mit dem eigenen Leben umgegangen wird"* (Schindele 1990, 103 f.).
Mit den zunehmenden Möglichkeiten der Medizin haben sich in den letzten Jahrzehnten *„die Grenzen dessen, was allgemein als zumutbar akzeptiert wird"* (Schindele 1999, 14) allmählich verschoben. So ist zum Beispiel die Zahl bestimmter *invasiver* Verfahren wie der Fruchtwasseruntersuchung oder der *Chorionzottenbiopsie*, bei denen durch Punktion oder Gewebeentnahme in den Körper der Schwangeren eingegriffen wird, stark angestiegen. Schwangeren fällt es aufgrund gesellschaftli-

cher Erwartungen offensichtlich zunehmend schwerer, sich bewusst gegen solche vorgeburtlichen Untersuchungen zu entscheiden, weil dies als verantwortungslos gilt.

Mit den Konflikten und Ängsten, die dabei entstehen, werden sie jedoch oft alleine gelassen, und über mögliche Komplikationen werden sie meist nicht hinreichend informiert. Da solche Verfahren beim Verdacht, dass mit dem Fötus etwas nicht stimmen könnte, oft weitere Untersuchungen nach sich ziehen, verursachen sie bis zum abschließenden Befund eine distanzierte Haltung zum Kind. Sie bewirken gewissermaßen eine Schwangerschaft *auf Probe*. Wird eine genetische Schädigung festgestellt, entscheiden sich die meisten Frauen für einen Abbruch der Schwangerschaft.
Sie tun dies, weil ihre Hoffnung auf ein ersehntes Wunschkind enttäuscht wurde, weil die Garantie auf ein gesundes Kind nicht eingelöst werden konnte, weil der Fötus durch die vorgeburtlichen Untersuchungen in das Kalkül der Verwertbarkeit geriet und sie in ihrer Auffassung bestärkt hat, dass ein Kind nicht zur Belastung werden darf, wenn es als bereichernd empfunden werden soll. Ein möglicherweise behindertes Kind kann und soll deshalb vorgeburtlich ausgesondert, d.h. *„selektiert"* werden.

Es ist gesellschaftlich auch nicht erwünscht. Bei einer genetischen Reduktion menschlichen Lebens scheint dessen bedingungslose Akzeptanz nicht mehr möglich zu sein, wenn bestimmte Qualitätskriterien nicht erfüllt sind. Auslese im Rahmen vorgeburtlicher Untersuchungen ist deshalb in unserer Gesellschaft längst anerkannt, und das Bewusstsein, dass es sich bei der Selektion *„behinderter"* Föten in der Tat um eine *„neue Form der Euthanasie"* handelt, scheint immer mehr zu schwinden. Hinter der *„Effizienz und Produktorientierung"* der Pränataldiagnostik (vgl. Schindele 1990, 211) verbirgt sich zudem ein an wirtschaftlichen Aspekten ausgerichtetes eugenisches Denken. Wenn ein *fehlerhaftes Endprodukt* diagnostiziert wird, haben allerdings die schwangeren Frauen die Risiken und Belastungen einer selektiven Abtreibung alleine zu tragen.

Entscheiden sie sich eines entsprechenden genetischen Befundes wegen für eine Abtreibung, so muss von der zwanzigsten Schwangerschaftswoche an eine künstliche Geburt eingeleitet werden. Schätzungen zufolge geschieht dies bei uns – wie bereits erwähnt – jährlich in 200 bis 300 Fällen. Ab der dreiundzwanzigsten Woche können Kinder eine solche *Spätabtreibung* überleben. Dass sich dabei im Spannungsfeld zwischen dem Selbstbestimmungsrecht der Frau und dem Lebensrecht des Kindes schwere ethische Fragen aufdrängen, haben Ereignisse wie der sogenannte *„Oldenburger Fall"* Anfang der neunziger Jahre gezeigt. Damals überlebte ein Kind mit Down-Syndrom seine Abtreibung in der 25. Schwangerschaftswoche. Lebenserhaltende Maßnahmen wurden trotz der ärztlichen Verpflichtung hierzu nicht ergriffen. Erst nach zehn Stunden, in denen man im Kreißsaal den lediglich in Tücher gewickelten und auf 28 Grad abgekühlten Säugling in der Hoffnung sich selbst überlassen hatte, dass er doch noch sterben werde, wurde eine intensivmedizinische Behandlung eingeleitet, so dass das Kind mit schwerster Behinderung schließlich überlebte. Die Mutter verklagte den verantwortlichen Arzt wegen *„misslungener Abtreibung"* auf Schmerzensgeld, das dieser dann allerdings nicht zahlen musste. Der Richter verurteilte ihn gleichwohl zu einer Geldstrafe, weil er die notwendigen intensivmedizinischen Maßnahmen zunächst unterlassen hatte. Der kleine Junge, dem seine späteren Pflegeeltern den Namen Tim gaben, musste zunächst ein Dreivierteljahr lang im Krankenhaus bleiben, weil seine leiblichen Eltern mit ihm als schwerstbehindertem Baby nichts zu tun haben wollten. In einem weiteren Fall wenige Jahre später hat ein Gericht der Klage eines Elternpaares stattgegeben und einen Gynäkologen zu Schadenersatz verurteilt, weil dieser während der Schwangerschaft eine drohende Behinderung nicht erkannt hatte.

Um solchen Klagen zu entgehen, wird in vergleichbaren Fällen das Problem unter Umständen durch *Fetozid*, d.h. durch Töten des Kindes im Uterus gelöst. *„Der Eingriff dauert nur wenige Minuten. Der Frauenarzt spritzt Kaliumchlorid mit einer (...) langen Nadel (...) direkt"* in das *„Herz"* des noch ungeborenen Kindes in der Gebärmutter (Wüsthof 2008, 35).

Manfred Lütz, Chefarzt eines Kölner Krankenhauses und Mitglied der Päpstlichen Akademie für das Leben, schrieb hierzu jüngst in einem ZEIT-Artikel: *„Ich habe einmal vor etwa 40 Pflegedienstleitungen die Lage der Spätabtreibungen in Deutschland geschildert und am Schluss gefragt, wer das vorher wusste. Zwei Drittel hatten zum ersten Mal gehört, dass man Kinder im Geburtskanal mit einer Kaliumspritze ins Herz töten darf, de facto mit der einzigen Begründung, dass das Kind behindert ist, zum Beispiel eine Hasenscharte aufweist. Diese grausame Tötungsprozedur ist im Gegensatz zur Abtreibung gesunder Kinder nicht rechtswidrig und wird von der Krankenkasse bezahlt. Kölner Gynäkologen sind inzwischen dafür berühmt, dass sie bei Zwillingsschwangerschaften gezielt das behinderte Kind töten könnten, sodass nur das nichtbehinderte Kind lebend geboren wird."* (Lütz 2008, 4).

Bis zum Einsetzen der ersten Wehen ist dies rechtlich zulässig. *„Die ethische Grenze zwischen sterben lassen durch Behandlungsverzicht und aktiver Tötung wird durch die Praxis des Fetocids überschritten"* (Krebs 1999, 54). Eine an der technischen Machbarkeit orientierte Medizin scheint keine Grenze menschlichen Lebens mehr zu kennen und missachtet die damit entstehenden Probleme. Selbst wenn dies von Humangenetikern und Medizinern geleugnet wird, geht es letztlich darum, dass Geburten genetisch belasteter Kinder verhindert werden. Das Machbare – dies zeigt sich auch in der Entwicklung der Gentechnologie – verändert normative Orientierungen unserer Gesellschaft in Richtung der allgemeinen Akzeptanz einer an eugenischem Denken orientierten Praxis. Die bekannten utilitaristischen Thesen des australischen Philosophen Peter Singer sind nur eine Zuspitzung dessen, was sich in weiten Kreisen der Bevölkerung als Konsens abzuzeichnen beginnt: Behindertes Leben ist „unwertes" Leben.

Im 6. Kapitel seiner „Praktischen Ethik" (1984) äußert sich Peter Singer zu Fragen der Euthanasie: Es gebe Neugeborene, Kinder, Erwachsene und Alte, die so krank oder schwer behindert seien, dass ihre Krankheit oder Behinderung für sie und auch für die Gesellschaft ein unerträgliches und unzumutbares Leid bedeute, so dass es gewissermaßen ein Akt der Humanität sei, sie von ihrem Leiden zu erlösen. Oder aber sie besäßen kein klares Bewusstsein ihrer selbst, seien deshalb zwar ein menschliches Gattungswesen, aber keine reflexionsfähige Person mit einer Vorstellung von Vergangenheit, Gegenwart und Zukunft. Um das Glück der Gesunden zu sichern und möglichst zu maximieren, könne es deshalb sogar rechtlich geboten sein, sich von ihrer Last durch Tötung zu befreien.
Da Säuglinge und kleine Kinder noch über kein Selbstbewusstsein verfügten, seien sie zwar menschliche Gattungswesen, aber noch keine Personen, denen Würde und absoluter Lebensschutz zuerkannt werden müssten. Es gebe andere Lebewesen wie beispielsweise Delphine und Schweine, denen aufgrund ihres Bewusstseins mehr Personenhaftigkeit zukomme als Säuglingen, Schwerstbehinderten und dementen Alten.

Der Hamburger Rechtsphilosoph und Strafrechtler Reinhard Merkel hält den Fetozid, d.h. die Tötung behinderter Ungeborener in der Gebärmutter, sogar für rechtlich geboten. Dass der Schwangeren ein behindertes Kind nicht zugemutet werden könne, sei nach § 218a Absatz 2 StGB nämlich die einzige Legitimation für einen Spätabbruch. Ein Eingriff aber, der dieses Ziel verfehle und das geborene Kind (wie im „Oldenburger Fall") lebenslang zusätzlich schädige, sei illegitim.

Die Bundesärztekammer plädiert für eine Veränderung des § 218, die der Auffassung des Bundesgerichtshofes Rechnung trägt, der zufolge die Rechtfertigungsgründe für einen Schwangerschaftsabbruch mit dem *Gestationsalter* wachsen müssen. Das bedeutet, dass mit wachsendem Reifegrad des Ungeborenen strengere Kriterien für die Indikation zum Abbruch gelten sollen (vgl. Wüsthof 2008, 35).

Krankheit und schwere Behinderung werden trotz dieser Intention der Bundesärztekammer mit Schmerz und Leid gleichgesetzt. Und in einer Gesellschaft, die „Glück" zur Leitmaxime des Lebens macht, gilt es dies unter allen Umständen zu vermeiden. Robert Spaemann meint hierzu: *„Diese Gesellschaft ist potentiell terroristisch. Es gibt in ihr so etwas wie eine Pflicht zum Glücklichsein, zum keep smiling. Der Anblick von Schmerz, Leiden, Krankheit, Verunstaltung und Tod gilt als unzumutbar"* (Spaemann 1991, 45).

Als Fazit bleibt abschließend festzuhalten, dass ein wesentlicher Unterschied zwischen der „alten" Eugenik vom ausgehenden 19. Jahrhundert bis zum Ende der NS-Zeit und der „neuen" Eugenik der Gegenwart darin besteht, dass diese *„neue Ideologie"* – so Georg Antor und Ulrich Bleidick – *„anders"* daherkommt. *„Der Mechanismus der pränatalen Kontrolle, die Aussonderung alles genetisch Mangelhaften, die Illusion der Leidfreiheit; alles das stellt sich indirekt, aber sublimer, gründlicher ein, mit technischer Perfektion und propagandistischer Verklärung in den Massenmedien, nicht staatlich aufgezwungen. Der Geist ist derselbe, die Argumente bedienen sich einer modernisierten Sprache"* (Antor/Bleidick 2000, 71).

Literatur

Antor, G.; Bleidick, U.: Behindertenpädagogik als angewandte Ethik. Berlin, Köln 2000.

Deutsches Ärzteblatt, H. 50 v. 11.12.1998.

Emmerich, M. (Hg.): Im Zeitalter der Bio-Macht. 25 Jahre Gentechnik – eine kritische Bilanz. Frankfurt a.M. 1999.

Fitting, H.: Grundzüge der Vererbungslehre. Stuttgart 1949.

Henn, W.: Warum Frauen nicht schwach, Schwarze nicht dumm und Behinderte nicht arm dran sind. Der Mythos von den guten Genen. Freiburg i. Br. 2004.

Klee, E.: „Durch Zyankali erlöst": Sterbehilfe und Euthanasie heute. Frankfurt a.M. 1990.

Krebs, R.: Eine späte Abtreibung ist manchmal eine Frühgeburt. Zur öffentlichen Debatte über lebendgeborene abgetriebene Kinder in: Kurmann, M.; Wegener, H. (Hg.): Sichtwechsel. Schwangerschaft und pränatale Diagnostik. Düsseldorf 1999, 53–55.

Kurmann, M.; Wegener, H. (Hg.): Sichtwechsel. Schwangerschaft und pränatale Diagnostik. Düsseldorf 1999.

Lütz, M.: Erhebet die Herzen, beuget die Knie. In: DIE ZEIT, Nr. 17 v. 17. Apr. 2008.

Schindele, E.: Gläserne Gebär-Mütter: Vorgeburtliche Diagnostik – Fluch oder Segen? Frankfurt a.M. 1990.

Schindele, E.: Moderne Schwangerschaften. Zwischen Machbarkeit und Auslese. In: Kurmann, M.; Wegener, H. (Hg.): Sichtwechsel. Schwangerschaft und pränatale Diagnostik. Düsseldorf 1999, 14–22.

Singer, P.: Praktische Ethik. Stuttgart 1984.

Spaemann, R.: Sind alle Menschen Personen? Über neue philosophische Rechtfertigungen der Lebensvernichtung. In: Stössel, J.-P. (Hg.): Tüchtig oder tot. Die Entsorgung des Leidens. Freiburg i. Br. 1991, 133–147.

Südwestpresse Ulm: Für das Klonen von Menschen (8.10.1999) und: Männer kriegen keine Kinder (11.10.1999).

Volk und Rasse, H. 8, 1933.

Wendt, G. (Hg.): Genetik und Gesellschaft – Marburger Forum Philippinum. Stuttgart 1970.

Wüsthof, A.: Besser tot als lebend? In: DIE ZEIT Nr. 12 v. 13. März 2008.

Margarita Wittoch

Anregungen zur Diagnose von Erziehungs- und Unterrichtsbedingungen

Einführung

Im Rahmen der Qualitätsentwicklung und Selbstevaluation wurden den Schulen Baden-Württembergs Evaluationsinstrumente zur Verfügung gestellt, die verschiedenen Qualitätsbereichen zugeordnet werden können. An erster Stelle steht der Qualitätsbereich „Unterricht", dann folgen die Bereiche „Professionalität", „Schulmanagement", „Schul- und Klassenklima" sowie der Qualitätsbereich „Partnerschaften". Auf der Suche nach Selbstevaluationsmöglichkeiten für Lehrende bei der Planung des eigenen aktuellen Unterrichts bin ich im Qualitätsbereich „Professionalität" nicht fündig geworden, weil hier nur die Kooperation der Lehrenden, ihre Weiterqualifikation und ihre beruflichen Anforderungen und Belastungen thematisiert werden. Im Qualitätsbereich „Unterricht", bei dem es neben der Umsetzung des Bildungsplanes und der Leistungsbeurteilung um die Gestaltung der Lehr- und Lernprozesse geht, werden 14 verschiedene Evaluationsinstrumente vorgestellt. Schülerbefragungen über verschiedene Aspekte des Unterrichts nehmen den größten Teil ein. Außerdem gibt es Vorschläge zur Beobachtung des Unterrichts durch Kollegen oder andere Personen. Für die unterrichtenden Lehrerinnen ist nur ein Fragebogen zur Koedukation im Unterricht und zu den sozialen Lernformen vorhanden.

Mir scheint es aber für eine Selbstevaluation der Lehr- und Lernprozesse unumgänglich, dass jede Lehrerin in die Lage versetzt wird, die Planung ihres Unterrichts anhand lernrelevanter Variablen analysieren zu können, um daraus selber Erkenntnisse über die Art ihres Unterrichts zu gewinnen. In einem anschließenden Reflexionsprozess hat jede Lehrerin darüber hinaus die Möglichkeit ihr unterrichtliches Tun zu optimieren. Selbsterkenntnisprozesse bilden die Basis für eine Stabilisierung des eigenen Selbstwertes, was eine notwendige Voraussetzung ist für jede Form einer erstrebenswerten Veränderung des eigenen Denkens, Erlebens und Handelns.

In meinem Beitrag möchte ich deshalb ein Evaluationsinstrument vorschlagen zur Diagnose von verschiedenartigen Erziehungs- und Unterrichtsbedingungen für die Hand der Lehrerin. Dieser Vorschlag soll eine Hilfe für Lehrende sein, mit dem sich die Planung und Durchführung des eigenen Unterrichts selbst evaluieren lässt. Dadurch kann eine Reflexion des eigenen erziehenden und unterrichtenden Handelns für Lehrende möglich werden. Jeder Lehrende kann eine Antwort finden auf die Frage: „Welche Lernchancen biete ich meinen Schülern durch meinen Unterricht?"

Um als Lehrerin im schulischen Alltag handlungsfähig zu werden, zu sein und zu bleiben, steht man vor der Aufgabe, die theoretischen Zielsetzungen in Handlungspläne übersetzen zu müssen. „Eine von vielen notwendigen Maßnahmen zur Steigerung der Qualität des Unterrichts ist" – so eine Empfehlung aus der BLK-Expertise von 1997 – eine „Weiterentwicklung der Aufgabenkultur, denn die Beschäftigung mit Aufgaben, in weit verstandenem Sinn ist sicher die dominierende Schülertätigkeit im Mathematikunterricht" (Blum/Wiegand 2000, 52). Diese Feststellung kann man meiner Erfahrung nach auch auf die meisten anderen Unterrichtsfächer ausdehnen.
Aufgaben, mit denen sich Lehrerinnen und Schülerinnen auseinandersetzen sollten, erzeugen meiner Ansicht nach sehr komplexe Situationen. Aus diesem Grunde möchte ich von Lernarrangements sprechen. Lernarrangements oder Aufgabenstellungen sind die Kristallisationspunkte, die Lehrende ihren Schülerinnen als Lernchancen anbieten können. Um Lernprozesse anzuregen, auszulösen und aufrecht zu erhalten, scheinen mir neben den fachlichen Inhalten vier Unterrichtsvariablen bedeutsam: (1) die Formen sozialer Interaktion, (2) die Grade der Vertrautheit, (3) die Arten der Motivation und (4) die Grade der Strukturiertheit.

Formen sozialer Interaktion bei einem Lernarrangement

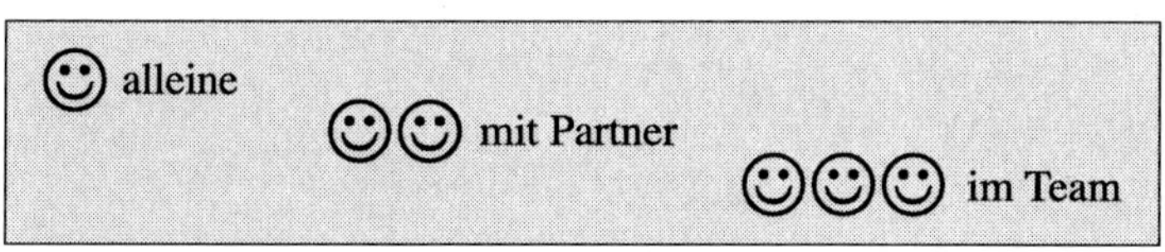

Ihren Unterricht können Sie so planen, dass Ihre Schülerinnen Lernarrangements überwiegend als Einzelarbeit ausführen. Sie können aber auch bei Ihren Schülern Partnerarbeit initiieren oder sie bestimmte Lernarrangements im Team erarbeiten lassen. Welche Lernchancen sind in den verschiedenen sozialen Interaktionsformen für ihre Schüler enthalten?

Wenn man Schülern die drei beschriebenen Interaktionsformen zur Wahl stellt, zeigt sich häufig – sowohl in der Primar- als auch in der Sekundarstufe – dass es Kinder und Jugendliche gibt, die immer die gleiche Form wählen (Wittoch 1999, 71). Schülerinnen, die sich immer wieder für die Einzelarbeit entscheiden, erleben diese möglicherweise als eine positive Aufforderung, weil sie wissen, „wie es geht", und sie sich eine erfolgreiche Bearbeitung zutrauen. Die Wahl der Einzelarbeit kann aber auch eine Vermeidungsstrategie sein, wenn Schüler das „Gemeinsam mit anderen" fürchten. Sie möchten vermeiden, von den anderen herabgesetzt zu werden oder abhängig zu sein. Vielleicht kommen ihnen Gruppen undurchsichtig und chaotisch vor, in denen sie sich als hilflos und ohnmächtig erfahren und sich wehrlos Konflikten ausgeliefert sehen. Das macht sie unsicher und bereitet ihnen große Angst.

Es gibt in jeder Klasse auch Schülerinnen, die gerne mit einem Partner ihrer Wahl zusammenarbeiten oder auch mit einer zufälligen Partnerin. Manchmal erwarten sie vom Partner, dass er ihnen sagt oder zeigt, „wie es geht“, oder sie erwarten, dass er ohne Einwände die eigenen Ideen und Anweisungen ausführt. Aber es gibt auch Partner, die einfach gut zusammenarbeiten, weil sie aussprechen können, was sie denken und zuhören können, wenn der andere etwas erklärt (Wittoch 1987).

Bevorzugt ein Schüler das Arbeiten in einem Team, fühlt er sich vielleicht besonders wohl, wenn er andere beim Arbeiten beobachten kann; wenn er sehen kann, wie „sie es machen“, wie sie diskutieren, wie sie sich entscheiden. Das ist für ihn eine Chance an diesem Modellverhalten zu lernen. Andere Schüler sehen im Team vielleicht eine Möglichkeit, ihre eigenen Ideen in einer Gruppe zu verwirklichen oder auch nur einfach den „Boss“ zu spielen.

Wenn wir diese Einstellungen der Kinder und Jugendlichen, die sie im Rahmen ihrer bisherigen Lebenserfahrungen entwickelt haben, ernst nehmen, enthält jede Interaktionsform jeweils andere wichtige Lernchancen für den Erwerb sozialer Kompetenz. Wenn sich ein Schüler in der Einzelarbeit einer Aufgabe stellt, hat er die Chance, eigene Lösungsstrategien auszuprobieren oder bisher erworbene anzuwenden, aber auch die eigenen Schwierigkeiten zu entdecken und Wege ausfindig zu machen, sich Hilfe zu holen. Zur Einzelarbeit brauche ich mutiges Selbstvertrauen, aber mit zunehmender Übung stärkt das „Alleine-Machen“ das Vertrauen in meine eigenen Fähigkeiten. Nur wenn Schüler im Unterricht Handlungsstrategien erworben und Problemlösestrategien ausprobiert haben, können sie das Selbstvertrauen entwickeln, das sie für eine hoffnungsgetragene Auseinandersetzung in der Einzelsituation benötigen.

Die Partnerarbeit – eher eine intime soziale Situation – enthält die Möglichkeit, eigene Ideen, Vorgehensweisen und Schwierigkeiten auszusprechen und erklären zu lernen. Außerdem kann man viel Erfahrung sammeln beim Zuhören und Zusehen und dabei gewahr werden, welche Ideen der Partner hat, wie er Lösungswege beginnt oder wo seine Schwierigkeiten zum Vorschein kommen. Wenn in der Partnerarbeit ein Handlungsergebnis erwartet wird, gilt es, die vorhandenen Ideen abzuwägen und gemeinsame Entscheidungen zu treffen. Diese soziale Arbeitsform ist eine gute Startmöglichkeit, um bei dem Einzelnen ein „Wir-Gefühl“ entstehen zu lassen.

Die Teamarbeit ist eine von vielen möglichen Formen der Gruppenarbeit. Sie zeichnet sich dadurch aus, dass im Team eine Balance zwischen einer sozialpsychologischen Dimension, dem eigenen Wohlbefinden, und einer didaktisch-methodischen Dimension, dem Handlungsergebnis, hergestellt werden muss (Wittoch 2000). Teamarbeit kann am besten auf den Weg gebracht werden, wenn eine kompetente Person die Teammitglieder durch die vier wichtigsten Phasen einer Teamarbeit begleitet. In der ersten Phase muss ein Ziel, eine Aufgabe, gefunden werden, mit der sich alle Teammitglieder identifizieren können. In der zweiten Phase muss ein Plan erstellt werden, wie die Gruppe das Ziel erreichen kann und will, und in der dritten Phase muss dieser Plan in die Tat umgesetzt werden. Für die vierte Phase benötigt man auch bei fortgeschrittenen Teammitgliedern immer eine kompetente Teambegleiterin. In dieser Phase wird unter Anleitung das Miteinander der Teammitglieder für alle erfahrbar gemacht und reflektiert (sozialpsychologische Dimension) und das Ergebnis dargestellt, gewürdigt und unter die Lupe genommen (didaktisch-methodische Dimension).

Grade der Vertrautheit eines Lernarrangements

Eine neue, unbekannte Lernsituation kann bei einigen Schülerinnen Neugier auslösen und den mutigen Versuch, etwas auszuprobieren. Bei anderen Kindern oder Jugendlichen kann die gleiche Situation Unsicherheit wachrufen und Angst erzeugen mit der Folge, dass Spiele und Lernarrangements dieser Art gemieden werden. Nach Auffassung der Individualpsychologie Alfred Adlers (Brunner/Titze 1995) hängt diese Gegensätzlichkeit des Verhaltens mit dem Ausprägungsgrad des eigenen Minderwertigkeitsgefühls zusammen. Adler versteht darunter das unangenehme Erleben der eigenen Unzulänglichkeit oder Unterlegenheit.

Das erlebte, aber meist unbewusst vorhandene Minderwertigkeitsgefühl kann in zwei sehr unterschiedlichen Ausprägungen zum Verhaltensmotiv werden. Einmal kann es Mut und Risikofreudigkeit entstehen lassen, mit dem Ziel, die eigene Lebenssituation zu verbessern, indem man sich entschlossen mit neuen, unbekannten Situationen konfrontiert. Auf diesem Wege kommt alles selbstbestimmte Lernen in Gang. Wenn aber das Minderwertigkeitsgefühl vor allem als versagte Anerkennung und Geltung wahrgenommen wird, entsteht eine Diskrepanz zwischen einem negativ erlebten Selbstbild und einem erwünschten überhöhten eigenen Idealbild. Dieser ständige Konflikt der Selbstwahrnehmung führt zu einem Verhalten der Fehl- und Überkompensation und zu einer ständigen Wechseldusche zwischen Minderwertigkeitsgefühlen und „Größenwahn“, wie Adler es nennt. Bei dieser labilen Selbsterfahrung werden alle riskanten Lebens- und Lernsituationen ausgeschaltet oder vermieden und nur noch die vertrauten Situationen aufgesucht, die nicht mit Ohnmachts-, Hilflosigkeits- und Versagenserlebnissen aufgeladen sind.

Den höchsten Grad an Vertrautheit haben Handlungssequenzen und Wissensinhalte erreicht, wenn sie leicht aus dem Gedächtnis abrufbar und in hohem Maße automatisiert sind. Nur Schülerinnen, bei denen Handlungs- und Denkabläufe eine gewisse Automation erreicht haben, können sie als Handwerkszeug bei der Bearbeitung von Lernarrangements einsetzen. Das gilt nicht nur für das kleine Einmaleins, das Aufsuchen einer bestimmten Seite in einem Buch oder die Vorbereitung eines Arbeitsplatzes zum Werken, sondern auch für die Art, wie man sich entschuldigt oder wie man sich mit Freundinnen verabredet. Für automatisierte Handlungssequenzen benötigt man von der individuell begrenzten Aufmerksamkeitskapazität nur einen geringen Teil; so bleibt noch viel Kapazität frei für den Inhalt der Aufgabenstellung. Nur wenn der Lese- und Schreibvorgang eines Kindes automatisiert ist, hat es genügend Aufmerksamkeit frei, um sie auf den Inhalt von Texten zu lenken.

Bis zur automatisierten Handlung ist es aber ein weiter Weg. Die Wissenschaft unterscheidet drei Schritte beim Erlernen von Fertigkeiten (Zimbardo 1995, 379):

1. Im ersten Schritt lernt man den Handlungsablauf durch Beobachtung anderer Personen kennen. Hilfreich ist es, wenn der Handelnde sein Tun verbal begleitet, etwa beim Zeichnen einer Linie mit einem Lineal oder beim Suchen der Abfahrtszeit in einem Fahrplan.

2. Im zweiten Schritt wird das durch Beobachtung erworbene Wissen in die Tat umgesetzt, dabei muss das eigene Faktenwissen in Handlungswissen umgewandelt werden. Wer einmal das Skifahren gelernt hat, weiß, wie langwierig und schwierig dieser Umsetzungsprozess in eigenes Können sein kann.

3. Im dritten Schritt kann die zunächst mit höchster Aufmerksamkeit durchgeführte Handlung mehr und mehr automatisiert werden, sodass sie immer weniger Aufmerksamkeit benötigt, wenn sie aus dem Langzeitgedächtnis abgerufen wird. Abhängig vom Komplexitätsgrad der Handlungssequenz und der Konstellation der einzelnen Person, kann die Automatisierung lange, aber auch sehr lange dauern.

   Einige Schülerinnen suchen selbstverständlich gewordene Lernarrangements in der Freiarbeit immer wieder gerne auf, weil sie ihnen das Gefühl des Könnens und der Souveränität vermitteln. Andere Schüler erleben dabei das Gefühl der Langeweile und wenden sich lieber neuen und unbekannten Aufgabenstellungen zu. Bei der Unterrichtsplanung sollten wir unseren Schülern Chancen eröffnen, mit Mut unbekannten und fremden Aufgabenstellungen begegnen zu können, sich bei vertrauten Lernarrangements wohlzufühlen und sich bei automatisierten Handlungsabläufen erholen und erfreuen zu können, weil sie diese schon „wie im Schlaf" beherrschen.

Arten der Motivation durch ein Lernarrangement

tätigkeitsorientiert
ergebnisorientiert
leistungsorientiert

Wie wir aus Forschungsergebnissen der Entwicklungspsychologie wissen, werden Kinder, die sich einigermaßen normal entwickeln, vor dem 18. Lebensmonat ausschließlich durch Tätigsein angeregt, ihre Umwelt zu erkunden. Erst danach fangen sie an, sich für das Ergebnis ihres Tätigseins zu interessieren. Das kann man beobachten, wenn es einem Kind wichtig wird einen Turm zu bauen, während es zuvor nur wahllos Steine aufeinander gesetzt hat. Eine Tätigkeit wird zu einer Handlung, wenn ein Ziel damit verfolgt wird. Heckhausen (1985) bezeichnet Tätigkeiten und Ergebnishandlungen als Vorläufer von Leistungshandlungen. Sobald das Motiv des Handelns darin besteht, durch das Ergebnis eine Bewertung der eigenen Person zu erhalten, spricht man von Leistungsmotivation. Diese Betrachtung führt dazu, dass das Auftreten von Tätigkeiten oder Ergebnishandlungen bei älteren Kindern, Jugendlichen sowie Erwachsenen als Formen der Regression angesehen werden, weil sie sich in einer theoretisch angenommenen Hierarchie unterhalb einer Leistungshandlung befinden.

Von dieser Sichtweise möchte ich mich ganz deutlich distanzieren. Ich halte es für angemessen, sinnvoll, ja sogar lebensnotwendig, dass auch Jugendliche und Erwachsene „Freude am Tätigsein" und Freude an sachorientierten Ergebnishandlungen erfahren. Dabei kann ich mich auf Erkenntnisse der Gestaltpsychologen Max Wertheimer und Wolfgang Mezger sowie auf die Individualpsychologie Alfred Adlers stützen. Einen weiteren Beleg liefern die Untersuchungen von Csikzsentmihalyi (1985). Das freudige Aufgehen im Tätigsein bezeichnet Csikzsentmihalyi als „flow-Erlebnis". Er konnte nachweisen, dass ein 48-stündiger „flow–Entzug" bei Jugendlichen und Erwachsenen zu starken Beeinträchtigungen führte. Sie fühlten sich müder und angespannter, während ihre Kreativität deutlich nachließ. Sie wurden gereizter, niedergeschlagener sowie unkonzentrierter und klagten vermehrt über Kopfschmerzen. Einige mussten sogar das Experiment deswegen abbrechen. Auf diesem Hintergrund erscheint es mir wichtig, im Unterricht aller Schulstufen Lernarrangements nicht nur zuzulassen, sondern zu fördern, die das Tätigsein der Schülerinnen anregen.

Zum Tätigsein in verschiedenen Lernarrangements zähle ich zum Beispiel: an einer Linie entlang schneiden, ein Inhaltsverzeichnis lesen, eine Liste erstellen, Symbole in einem Stadtplan lesen, sich Notizen machen oder eine Verabredung treffen. Das Tätigsein der Schülerinnen ist eine Beobachtungsfundgrube. Aus der Art ihres Vorgehens kann man Schlüsse ziehen auf den bis zu diesem Zeitpunkt bereits automatisierten Tätigkeitsplan, den ein Schüler meist unbewusst anwendet. Sind bestimmte Tätigkeitsabläufe nicht von Erfolg gekrönt, kann man dem Schüler zurückmelden, welche Teile seines Planes „goldrichtig“ sind, und ihm Anregungen geben, andere Teile seines bisherigen Tätigkeitsplanes zu modifizieren oder zu ergänzen bis das Ganze als Handlungsplan erfolgreich wird.

Eine Tätigkeit wird zu einer Handlung, wenn sie auf ein Ziel ausgerichtet und auf das Ziel hin organisiert wird. So erreicht man ein Handlungsergebnis, das nach Abschluss des Handlungsprozesses unabhängig von seinem Urheber weiter existiert. Orientiert an diesem Ergebnis können bei dem Urheber positive Gefühle ausgelöst werden, zum Beispiel, wenn etwas passt, wenn etwas schön aussieht, wenn etwas fliegen kann. Negative Gefühle stellen sich ein, wenn etwas fehlt, wenn es nicht zusammenpasst oder wenn ein Text verschmiert ist. Die emotionale Anteilnahme ist bei einer ergebnisorientierten Motivation ausschließlich am Gelingen oder Misslingen des Handlungsergebnisses orientiert.

Sobald aber das Motiv des Handelns darin besteht, über das Ergebnis eine Bewertung der eigenen Person zu erhalten, spricht man vom Leistungsmotiv. Das Ergebnis gibt mir dann als Erfolg oder Misserfolg Auskunft über meine eigene Tüchtigkeit. Die Gefühle, die damit verbunden sind, basieren auf einer Bewertung meiner Person. Ich freue mich, weil *ich* das Modellflugzeug zum Fliegen gebracht habe, oder ich bin enttäuscht und ärgerlich, weil *ich* das Bewerbungsschreiben verschmiert habe. Unterschiedliche Gefühlstönungen begleiten einen Schüler schon von Beginn an und meist auch während des ganzen Handlungsprozesses, wenn es ihm um Leistung geht. Es gibt Schülerinnen, die von Furcht vor Misserfolg bedrängt werden, und andere, die von Hoffnung auf Erfolg getragen werden. Mit der letzten Einstellung kann man locker und kreativ arbeiten, aber bei „Furcht vor Misserfolg“ stellen sich Sorge und Angst ein, was bis zur völligen Blockade eines Handlungsablaufes führen kann.

Bei häufiger Wiederholung von Handlungsabläufen, die von „Furcht vor Misserfolg“ geprägt sind, entsteht ein Selbstkonzept der eigenen Minderwertigkeit. Dieses wird verfestigt, wenn sich die offizielle Bewertung von Leistungen ausschließlich auf das „soziale Bezugssystem“ bezieht. Dann kann ein Selbstbild entstehen wie: „Mathe kann ich nicht“, „Ich bin eine schlechte Schülerin“ oder „Alle anderen sind besser“. Wenn Lehrende ein „sachorientiertes Bezugsystem“ bei ihrer Beurteilung von Handlungsergebnissen der Schüler benutzen, kann ein differenziertes und inhaltsreiches Selbstbild entstehen, wie: „Schriftliche Addition kann ich fast immer, bei der schriftlichen Multiplikation muss ich unheimlich aufpassen, dann klappt es meistens.“ Eine besondere Chance erhalten Schülerinnen, auch solche, die sich schwertun, wenn Lehrerinnen bei der Bewertung ein „individuelles Bezugsystem“ anwenden. Diese Form der Bewertung kann man besonders anschaulich machen, wenn man den Schülern identische Lernarrangements zu verschiedenen Zeitpunkten des Lernprozesses vorlegt. Dann können sie in den meisten Fällen selber feststellen, dass ein Lernarrangement, das ihnen am Anfang Angst und Sorge bereitet hatte, Wochen später durchaus bearbeitet werden konnte und beim dritten Mal ganz leicht von der Hand ging. Dabei hat auch die Güte des Arbeitens deutlich zugenommen.

Lernarrangements, die am Tätigsein oder am Handlungsergebnis orientiert sind, fördern die Lernprozesse der Schüler, weil sie Erkenntnisse über Erfolg versprechende Tätigkeits- und Handlungsprozesse wahrscheinlich machen. Zum Aufbau eines realistischen, positiv getönten Selbstkonzeptes der eigenen Lernfähigkeit und der eigenen Tüchtigkeit tragen leistungsorientierte Lernarrangements bei, wenn Lehrer bei ihrer Bewertung ein „individuelles Bezugsystem" oder ein „sachorientiertes Bezugsystem" zugrunde legen.

Grade der Strukturiertheit eines Lernarrangements

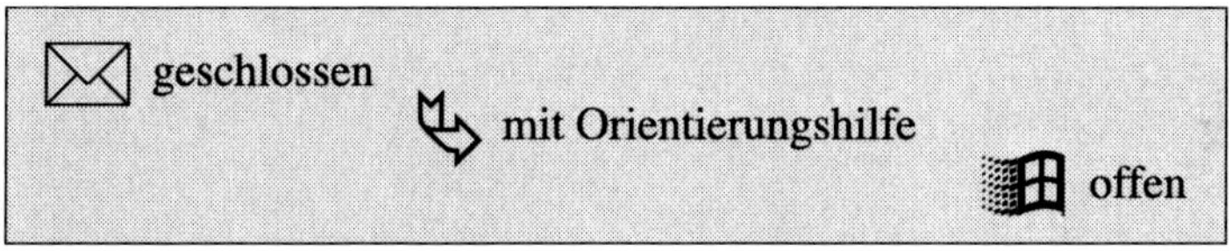

Wenn man bei einer Aufgabenstellung die Struktur ins Auge fasst, lassen sich zwei Extreme ausmachen. Ein Lernarrangement kann „hoch strukturiert" sein, dann spricht man von einer geschlossenen Aufgabe; oder es kann „unstrukturiert" sein, dann spricht man von einer offenen Aufgabe. Unterschiedliche Aufgabenstrukturen lösen beim Bearbeiter unterschiedliche Denk-, Handlungs- und Lösungsprozesse aus. Bei der geschlossenen Aufgabenstellung: „Suche alle Hauptwörter aus dem Text und unterstreiche sie!" kann das Ergebnis nur richtig oder falsch sein. Bei der offenen Aufgabenstellung: „Suche mindestens fünf Hauptwörter aus dem Text und unterstreiche sie!" gibt es sehr viele gleichwertige Ergebnisse und der Bearbeiter kann bestimmen, welches Ergebnis er erreichen will.

Wenn man die Erkenntnisse der Gestaltpsychologie (Duncker 1935; Wertheimer 1957; Mezger 1971) zugrunde legt, lassen sich bei jeder Aufgabenstellung drei Strukturelemente unterscheiden: die Ausgangslage, das Geforderte der Zielsituation und die Denk- und Handlungsstrategien, durch die eine Ausgangslage in die geforderte Ziellage überführt werden kann. Als hoch strukturiert erleben Kinder, Jugendliche und Erwachsene eine Aufgabenstellung, wenn sie die Ausgangslage erkennen, das Geforderte der Zielsituation daraus ableiten können und über Denk- und Handlungsstrategien verfügen, von der Ausgangslage ausgehend die Ziellage zu erreichen. Das Erleben einer hohen Strukturiertheit hängt vom Verständnis der Aufgabenstellung ab und von den kognitiven Fähigkeiten der bearbeitenden Person.

Was macht hoch strukturierte Lernarrangements für eine Reihe von Kindern so attraktiv? Es ist das Gefühl der Sicherheit, ausgelöst durch die Eindeutigkeit der Situation, die nur *ein* richtiges Ergebnis zulässt, und durch das Bedürfnis, die Erwartung der Lehrenden zu erfüllen. Es gibt aber auch eine Reihe von Schülerinnen, die diesen geschlossenen Aufgaben mit eindeutiger Zielsetzung ausweichen, weil sie Angst haben, die damit verbundenen Erwartungen nicht erfüllen zu können. Sie haben die Vorstellung, dabei ginge es um „Sein oder Nichtsein" und die „Furcht zu versagen" führt dazu, dass sie geschlossenen Aufgaben ausweichen, häufig auf sehr kreative Weise. Die gleichen Kinder und Jugendlichen finden meist einen besseren Zugang zu unstrukturierten, offenen Lernarrangements.

Offene Situationen findet man vorwiegend bei allem künstlerischen Tun. Sie bestehen auch aus den drei Strukturelementen. Bei gleicher Ausgangslage lassen sie aber mehrere Zielvorstellungen zu und aus diesem Grunde sind verschiedenartige, aber gleichwertige Ergebnisse möglich. Jedes selbst gesetzte Ziel ist auf einem eigenen Weg erreichbar (Wertheimer 1957; Wittoch 1999). Es besteht aber auch die Möglichkeit für ein Ziel unterschiedliche Ausgangslagen zu wählen. Diese Offenheit weckt beim Bearbeiter eine hohe Sensitivität für die Bedingungen der Situation, fordert eine geistige Beweglichkeit heraus und eröffnet Räume für die eigenen Ideen. Auf der einen Seite hat man das Gefühl, sich in der Situation voll engagieren zu müssen, und bei jedem Handlungsschritt befürchtet man, vielleicht doch nicht das „Richtige" zu machen. Diese Dialektik zwischen Überzeugung und Zweifel hat Rollo May (1987) bei vielen Künstlern gefunden, aber Kinder und Jugendliche kennen dieses Erleben auch. Während die einen unstrukturierte Situationen lieben und immer wieder aufsuchen, erwächst bei anderen in den gleichen Situationen ein Gefühl der Unsicherheit und Angst.

„Maximilian legt bei der Kreissparkasse Eningen 500 Euro für zwei Jahre an. Der Jahreszins beträgt zurzeit 4,7 %. Wie hoch ist sein Kapital am Ende?" Wenn ein Schüler die Zinsrechnung beherrscht, ist es für ihn eine geschlossene Aufgabenstellung, bei der alle drei Strukturelemente bekannt sind. Eine andere Aufgabenstellung lautet: „Lukas will sein Geld anlegen. Kannst Du ihn beraten?" Bei diesem Lernarrangement sind alle drei Strukturelemente offen. Man kennt die Ausgangsbedingung nicht, man weiß nicht, wie viel Geld Lukas anlegen will, wie und für wie lange er es anlegen will und welche Zinsen zurzeit bei welchen Anlageformen möglich sind. Das Ziel kann man nur vermuten, und erst wenn man es genau weiß, kann man nach einem angemessenen Lösungsweg oder nach mehreren suchen. Bei dieser total offenen Aufgabe müsste man zunächst mit Lukas sprechen, um einige Bedingungen zu klären. Dann müsste man bei verschiedenen Geldinstituten Informationen einholen. Es gäbe bei diesem offenen Lernarrangement eine ganze Reihe von Etappen bis zu einer befriedigenden Klärung.

Neben Lernarrangements mit den beschriebenen Extremstrukturen habe ich eine dritte Art im Unterricht eingeführt und praktiziert: Lernarrangements mit Orientierungshilfen. Eine solche Aufgabenstellungen könnte lauten: „Uta will 450 Euro bei einem Geldinstitut günstig für ein Jahr anlegen. Kannst Du sie beraten?“ Bei dieser Aufgabenstellung gibt es auf der einen Seite eindeutige Angaben, aber auch Offenheit. Man müsste Informationen bei verschiedenen Geldinstituten einholen. Bei Lernarrangements mit Orientierungshilfen können Sie als Lehrerin den Grad der Offenheit selbst bestimmen. „Suche Informationen über Getreidesorten!“ Diese Aufgabe können Sie ganz offen, ohne Einschränkung stellen, aber auch mit der Orientierung „Suche im Internet“ oder mit dem klaren Hinweis auf eine Seite im Schulbuch.

Wenn Schülerinnen im Unterricht solchen Lernarrangements mit unterschiedlichen Strukturen begegnen, erhalten sie die Chance, verschiedenartige Denk- und Handlungsstrategien zu erproben. Bei geschlossenen Aufgabenstellungen lernen sie konvergentes Denken und Handeln, das nur ein richtiges Ergebnis zulässt und bei offenen Aufgabenstellungen oder solchen mit Orientierungshilfen lernen sie divergentes Denken und Handeln, das verschiedenartige, gleichwertige Ergebnisse möglich macht.

Dokumentation der Unterrichtsplanung

In den vorausgegangenen Kapiteln habe ich versucht, Variationen von vier wesentlichen Unterrichtsvariablen darzustellen, die unabhängig vom Alter der Schülerinnen, dem Unterrichtsfach und dem jeweils konkreten Inhalt Wirkfähigkeiten während des Lernprozesses entfalten:

- Einstellungen zum sozialen Miteinander,
- Einstellungen zur Vertrautheit und Fremdheit eines Weltausschnittes,
- Einstellungen zur Motivation des eigenen Handelns und
- Einstellungen zum denkenden Umgang mit einzelnen Weltausschnitten.

Nun möchte ich Ihnen einen Vorschlag unterbreiten, wie Sie Ihre Unterrichtsplanung an Hand dieser vier Unterrichtsvariablen analysieren können. Als Analyseeinheit schlage ich das Lernarrangement vor, mit dem die Schüler während des Unterrichts konfrontiert werden und mit dem sie sich auseinanderzusetzen haben.

Wenn Sie der Überzeugung sind, dass diese Unterrichtsvariablen für die Lernprozesse Ihrer Schülerinnen von Bedeutung sind, dann wird es hilfreich für Sie sein, ihre Unterrichtsplanung zu dokumentieren. In der Tabelle, die ich Ihnen vorschlage, sollte der Name des Lernarrangements und der Zeitpunkt des Einsatzes im Unterricht festgehalten werden. Ganz rechts ist noch eine Spalte vorgesehen, in der Sie den fachlichen Inhalt kennzeichnen können. Für jedes Unterrichtsfach sollten Sie eine eigene Dokumentationstabelle anlegen. Mein Beispiel bezieht sich auf den Mathematikunterricht (vgl. Abb. 1)

Schule: Klassse: Lehrerin:
Lernarrangements für den Mathematikunterricht

Name	Zeitpunkt	Struktriertheit			Soziale Interaktion			Motivation			Vertrautheit			mathem. Inhalt
		✉	➴	⊞	☺	☺☺	☺☺☺	✍	⊙	👍	❄	🏠	?	
zum Beispiel: Tangram	8.1.2008	×	❍	❍	×	❍	❍	❍	×	❍	×	❍	❍	Flächeninhalt
zum Beispiel Konferenz	16.1.2008	❍	×	❍	❍	×	❍	×	×	❍	❍	×	❍	halbschriftliche Addition

Abbildung 1: Tabelle zur Dokumentation von Lernarrangements im Mathematikunterricht.

Mithilfe dieser Tabelle lässt sich jedes konkrete Lernarrangement bezüglich der vier Unterrichtsvariablen einschätzen. Wenn Sie zunächst die soziale Interaktion ins Auge fassen, sollten Sie entscheiden, ob das Lernarrangement von jedem einzeln zu bewältigen ist, ob mit einem Partner oder in einer Gruppe gearbeitet werden soll und ihr Ergebnis sodann in Ihrer Tabelle kennzeichnen. Wenn Sie dann das Handlungsmotiv ins Auge fassen, versuchen Sie herauszufinden, ob es Ihnen bei der Aufgabenstellung vor allem um das Tätigsein der Schülerinnen geht oder ob Sie ein Handlungsergebnis erwarten. Kreuzen Sie dann entweder die „Hand mit dem Stift" oder den „Punkt im Kreis" an. Wenn es Ihnen darauf ankommt, dass die Schüler Leistung zeigen, die Sie an der Qualität der Aufgabenlösung festmachen wollen, dann sollten Sie das Leistungssymbol, die „Faust" ankreuzen. Für ein Gelingen Ihres Unterrichtsplanes ist es notwendig, dass Sie auch den Schülerinnen deutlich machen, worauf es Ihnen beim jeweiligen Lernarrangement ankommt. „Bei dieser Aufgabe kommt es mir darauf an, dass ihr mit einem Partner überlegt, wie man bei der Konstruktion eines Parallelogramms vorgehen könnte. Ihr könnt Skizzen dazu machen" (Partnersymbol und Tätigkeitssymbol). „Jeder von euch soll ohne Hilfe nach den vorgegebenen Maßen ein Parallelogramm zeichnen" (Symbol für Einzelarbeit und Symbol für Handlungsergebnis).

Nun können Sie den Grad der Vertrautheit ins Auge fassen. Ist es ein Lernarrangement, das den Schülern hoch vertraut ist und geradezu schon automatisiert ist (Symbol „Schneekristall") oder ist es zwar vertraut, aber noch weit von einem selbstverständlichen Umgang damit entfernt (Symbol „Haus"), dann machen Sie das entsprechende Kreuz. Das zu entscheiden macht oft Schwierigkeiten, weil das Wunschdenken einer Lehrerin nicht immer mit der Realität übereinstimmt. Einfacher ist es zu entscheiden, ob eine Aufgabenstellung für die meisten Schülerinnen ganz fremd ist. Wenn dies der Fall ist, dann kommt das Kreuz für Ihr Lernarrangement unter das „Fragezeichen". Am Schwierigsten ist es, den Grad der Strukturiertheit eines Lernarrangements zu diagnostizieren. Am Vertrautesten sind uns geschlossene Aufgabenstellungen, bei denen es nur eine richtige Lösung gibt. Wenn Ihr Lernarrangement diese Struktur hat, kreuzen Sie den „geschlossenen Briefumschlag“ an. Erwarten Sie von Ihren Schülern individuell unterschiedliche, aber gleichwertige Ergebnisse, dann handelt es sich um eine offene Aufgabenstellung und Sie können das „Fenster“ ankreuzen. Wenn Sie einem offenen Lernarrangement Orientierungshilfen für den Lösungsprozess beifügen, dann sollten Sie den „abgeknickten Pfeil“ in Ihrer Matrix wählen.

Eine solche Unterrichtsdokumentation ist geeignet, die im Unterricht angebotenen Lernchancen nach einer gewissen Zeit selbst noch einmal zu analysieren. Dabei lässt sich feststellen, welche fachlichen Inhalte in den Lernarrangements bearbeitet worden sind. Wenn Sie darüber hinaus das Augenmerk auf die vier Unterrichtsvariablen lenken, können Sie erkennen, welche der möglichen Variationen Sie in einem bestimmten Unterrichtsfach gewählt haben und welche Lernchancen Sie dadurch Ihren Schülern geboten haben. Mit dieser Selbsterkenntnis über den eigenen Unterricht können Sie Ihre Unterrichtsevaluation abschließen. Sie können natürlich darüber hinaus auch Konsequenzen daraus ziehen und die bisher vernachlässigten Variationen bei Ihrer zukünftigen Planung berücksichtigen, um die Lernchancen Ihrer Schülerinnen im Bereich der sozialen Interaktion, der Handlungsmotivation, der Aufgabenstrukturen und im Umgang mit unterschiedlichen Formen der Vertrautheit zu erweitern.

Zusammenfassung

In diesem Beitrag habe ich Ihnen ein Instrument vorgeschlagen, das geeignet ist, in den einzelnen Schulfächern die Planung und Durchführung Ihres Unterrichts zu diagnostizieren. Bei der Planung eines Lernarrangements können Sie neben den fachlichen Inhalten die geeignete soziale Interaktionsform wählen, den Grad der Vertrautheit in Ihrer Schülergruppe einschätzen, das Motiv des Handelns berücksichtigen und den Grad der Strukturiertheit festlegen. Durch die Dokumentation der im Unterricht verwirklichten Lernarrangements können Sie in jedem Ihrer Unterrichtsfächer die Erkenntnis gewinnen, welche Variante der einzelnen Unterrichtsvariablen besonders häufig vertreten ist. Sie können sich sodann überlegen, ob es sich bei den gewählten Lernarrangements zum Beispiel um die Vorlieben jener Autoren handelt, deren Unterrichtsmaterial sie eingesetzt haben, oder ob sich darin die Vorlieben Ihres Mentors, ihres Ausbildungslehrers oder Ihres Arbeitsgemeinschaftsleiters widerspiegeln. Wie weit sind Sie selbst an dieser Auswahl beteiligt? Wenn Sie wollen, können Sie diese Erkenntnisse für Ihre weitere Unterrichtsplanung auswerten und auf diese Weise die Qualität Ihres Unterrichts verbessern. Je variationsreicher Ihr Unterrichtsangebot wird, desto größer sind die Lernchancen, die Sie ihren Schülern bieten. Jede neue Variation Ihres Unterrichts weckt bei Ihren Schülerinnen neue Erlebnis-, Denk- und Handlungsmöglichkeiten.

Literatur

Blum, W.; Wiegand, B.: Offene Aufgaben – wie und wozu? In: mathematik lehren 2002, H. 100, 52–55.

Brunner, R.; Titze, M. (Hg.): Wörterbuch der Individualpsychologie. München, Basel 1995.

Csikszentmihalyi, M.: Das flow-Erlebnis. Stuttgart 1985.

Duncker, K.: Zur Psychologie des produktiven Denkens. Berlin 1935.

Heckhausen, H.: Emotion im Leistungsverhalten aus autogenetischer Sicht. In: Eggers, Ch. (Hg.): Emotionalität und Motivation im Kindes- und Jugendalter. Frankfurt/M. 1985, 95–131.

May, R.: Der Mut zur Kreativität. Paderborn 1987.

Mezger, W.: Psychologie für Erzieher. Bochum 1971.

Wertheimer, M.: Produktives Denken. Frankfurt/M. 1957.

Wittoch, M.: Schüler experimentieren in Partnerarbeit. In: IPN (Hg.): AKTIF. Erfahrungsberichte und Studien. Kiel 1987, 207–251.

Wittoch, M.: Schöpferische Kräfte entfalten. Heidelberg 1999.

Wittoch, M.: Lernen und Lehren im Team. In: Fachverband für Behindertenpädagogik Baden-Württemberg (Hg): Neue Konzeptionen und Unterrichtsformen in Sonderschulen. Karlsruhe 2000, 3–13.

Wittoch, M. : Aufmerksamkeit zwischen Routine und Achtsamkeit. In: Grundschule 37, 2005, H. 5, 8–12.

Zimbardo, P. G.: Psychologie. Berlin 1995.

www.schule-bw.de

www.evaluation-bw.de

Autorinnen und Autoren

Fritz Butzke
Mitgründer und Mitglied der Schulleitung der Stephen Hawking Schule Neckargemünd, Mitgründer des Leonardo da Vinci Gymnasiums Neckargemünd, Lehrbeauftragter für Sonderpädagogik in Bonn, Köln, Reutlingen und Heidelberg.

Barbara Fornefeld
Dr. phil. habil., Professorin für Geistigbehindertenpädagogik unter besonderer Berücksichtigung schulischer und außerschulischer Erziehung schwerstbehinderter Kinder, Jugendlicher und Erwachsener,
Universität zu Köln.

Alfred Fries
Dr. phil. habil., Dipl.-Psych., Privatdozent und Akademischer Direktor am Lehrstuhl Sonderpädagogik II,
Universität Würzburg.

Waltraud Hackenberg
Dr. phil. habil., Dipl.-Päd., Dipl.-Psych., Professorin für Sonderpädagogische Psychologie und Frühförderung,
Pädagogische Hochschule Ludwigsburg/Reutlingen.

Gotthilf Gerhard Hiller
Dr. phil., em. Professor für Sonderpädagogische Erwachsenenbildung,
Pädagogische Hochschule Ludwigsburg/Reutlingen.

Hicham Hmiza
Anwärter für das Lehramt an Grund- und Hauptschulen, Reutlingen.

Christoph De Oliveira Käppler
Dr. phil., Dipl.-Psych., Professor für die Pädagogik der Erziehungshilfe,
Pädagogische Hochschule Ludwigsburg/Reutlingen.

Hansjörg Kautter
Dr. phil., Dipl.-Psych., em. Professor für Sonderpädagogische Psychologie,
Pädagogische Hochschule Ludwigsburg/Reutlingen.

Karlheinz Kleinbach
Dr. rer. soc., Akademischer Oberrat für Allgemeine Sonderpädagogik und Rehabilitationspädagogik,
Pädagogische Hochschule Ludwigsburg/Reutlingen.

Edgar Kösler
Dr. rer. soc., Dipl.-Päd., Professor für Heilpädagogik,
Rektor der Katholischen Fachhochschule Freiburg.

Klaus Neumann
Dr. phil., em. Professor für Körperbehindertenpädagogik,
Universität Leipzig.

Matthias Rath
Dr. phil. habil., Dipl.-Päd., Professor für Philosophie,
Pädagogische Hochschule Ludwigsburg.

Heiderose Rübling
Studiendirektorin, Staatliches Seminar für Didaktik und Lehrerbildung Freiburg,
Abteilung Sonderschulen.

Manfred Schmeichel
em. Professor für Körperbehindertenpädagogik, Pädagogische Hochschule
Ludwigsburg/Reutlingen.

Rainer Trost
Dr. rer. soc., Dipl.-Psych., Dipl.-Päd., Professor für Geistigbehindertenpädagogik,
Pädagogische Hochschule Ludwigsburg/Reutlingen.

Elisabeth Wehr-Herbst
Dr. paed., Dipl.-Psych., Akademische Oberrätin für Körperbehindertenpädagogik,
Pädagogische Hochschule Ludwigsburg/Reutlingen.

Hans Weiß
Dr. phil., Professor für Körperbehindertenpädagogik,
Pädagogische Hochschule Ludwigsburg/Reutlingen.

Hermann Wenzel
Dr. phil., em. Professor für Allgemeine und Rehabilitationspädagogik,
Pädagogische Hochschule Reutlingen/Ludwigsburg.

Margarita Wittoch
Dr. phil., Dipl.-Psych., em. Professorin für Sonderpädagogische Psychologie,
Pädagogische Hochschule Ludwigsburg/Reutlingen.